les fosses carolines

DU MÊME AUTEUR

Chez Pierre Belfond :
Les Ritals
Les Russkoffs
Bête et méchant
Les yeux plus grands que le ventre
Maria
Les Écritures
Louise la Pétroleuse (théâtre)
... Et le singe devint con (L'Aurore de l'Humanité. I)
Le con se surpasse (L'Aurore de l'Humanité. II)

Aux Éditions du Square :
Le saviez-vous ?
Le saviez-vous ? (2e fournée)
Les aventures de Napoléon

Aux Éditions Hara-Kiri :
4, rue Choron

Chez Jean-Jacques Pauvert :
Stop-Crève
Droite-Gauche, piège à cons

Aux Éditions Julliard :
(Collection « Humour secret »)
Cavanna

Chez 10/18
Je l'ai pas lu, je l'ai pas vu, mais j'en ai entendu causer (1969-1970)

Aux Éditions l'École des Loisirs :
adapté en vers français par Cavanna
Max et Moritz, de Wilhelm Busch
Crasse-Tignasse (Der Struwwelpeter)

cavanna

les fosses carolines

PIERRE BELFOND
216, boulevard Saint-Germain
75007 Paris

Si vous souhaitez recevoir notre catalogue
et être tenu au courant de nos publications,
envoyez vos nom et adresse en citant ce livre,
aux Editions Belfond,
216, bd Saint-Germain 75007 Paris.
Et pour le Canada à
Edipresse, 1983 Inc., 5198 rue Saint-Hubert,
Montréal, Québec H2J 2Y3, Canada.

ISBN 2-7144-1949-6

... in estivo tempore Karolus voluisset cum navibus venire in Franciam et aliquem fossatum iussisset facere inter duo flumina id est inter Alcmona et Ratanza...

Annales de Lorsch

... En été, Karl voulut avec ses navires venir en Franconie et il ordonna de creuser une tranchée entre deux rivières, soit entre l'Altmühl et la Regnitz...

AVANT-PROPOS

Ceci est un roman. Un roman d'aventures. Il se situe en des temps lointains. C'est donc un roman historique.

Ce n'est pas ce que l'amateur averti appellerait un « péplum » ou un « ben-hur ». Ce n'est pas non plus un récit à châteaux forts, tournois, gentes dames et gracieux sires, tout cliquetant d'armures et de ceintures de chasteté. Ça se situe entre les deux. Dans le grand trou noir, oui, c'est ça.

Ces temps m'ont toujours fasciné. Les temps du grand chambard. L'obscur et formidable bouillonnement que fut l'Europe — le Monde d'alors — depuis l'irruption victorieuse des Barbares dans l'Empire romain jusqu'au verrouillage de la féodalité. Ce qu'à l'école communale on appelait « les Grandes Invasions », et leur suite : « les Royaumes Barbares ». Soit, en Gaule : Mérovingiens, Carolingiens, premiers Capétiens. Six siècles. On passait rapidement sur ces siècles brouillons et crapuleux, sur ces rois assassins, ces Chilpéric, ces Gontramn, ces Frédégonde..., sur ces lamentables « rois fainéants » !... On n'y trouvait guère à louer, par-ci par-là, qu'un Clovis, un Dagobert, un Charlemagne, non qu'ils eussent été moins scélérats que les autres, mais ils avaient su se faire respecter et avaient « agrandi le patrimoine ». Tel était le critère selon lequel l'école de la République jugeait les rois de France : un bon roi gagnait des guerres et fauchait des provinces, un mauvais roi faisait l'inverse.

Or ces temps méprisés furent les plus importants de l'histoire de l'Europe. Car ils furent les temps du Grand Brassage. Les temps où les peuples errants, après avoir bien tourbillonné et bien ravagé, se mirent enfin en place pour ne plus bouger.

Les temps où s'entrechoquent, s'exterminent et puis se mêlent les masses humaines précipitées de partout : des steppes d'Asie, des forêts du Nord, des déserts d'Afrique...

Les temps où les laboureurs sédentaires romanisés, Celtes, Ibères ou Italiens, engloutissent et digèrent leurs envahisseurs, Teutons, Vikings ou Arabes, tandis que, dans les immensités extérieures inconnues du Romain, les grouillantes tribus slaves, jetées hors de leurs territoires d'errance par les hordes turco-mongoles déferlant siècle après siècle — Huns, Avars, Khasars, Bulgars, Tatars, Magyars,... — digèrent elles aussi leurs vainqueurs ou, parfois, leur cèdent la place.

Les temps où les mysticismes nouveaux, accrochés à la queue du cheval des conquérants, s'en vont convertir le monde par le tranchant du sabre. L'Islam manque de peu d'y réussir, mais la religion du crucifié, délogée de ses lieux de naissance et rejetée vers le Nord, s'impose à des peuples brutaux et tenaces qui soumettront la planète... Et déjà la cassure Orient-Occident, qui deviendra le Grand Schisme, coupe le monde chrétien en deux.

... Les temps où se fit l'Europe des Bâtards. Notre Europe. Nous sommes tous des bâtards. Tant mieux pour l'Europe.

***

L'institution de la chevalerie, codifiée, ritualisée, n'existait pas à l'époque où se situe ce récit. Elle ne fut telle qu'à partir du XIe siècle, lorsque l'Eglise et les souverains décidèrent qu'il était urgent de détourner l'ardeur et l'arrogance des jeunes féodaux vers des occupations moins stupides que s'entre-tuer à grands coups de lance ou d'épée et moins nuisibles pour les affaires que rançonner paysans et négociants. On proposa donc à ces jeunes turbulents un idéal exaltant et quelque peu ascétique, nous dirions « romantique » : la chevalerie. Une espèce de mouvement de jeunesse pour grands boy-scouts. C'est à cette époque aussi que naquit le roman de chevalerie et que la chanson de geste prit le tour que nous lui connaissons.

Mais le chevalier, lui, existait bel et bien, au VIIIe siècle. C'était l'homme de cheval, le « noble homme » germanique, libre, c'est-à-dire ni esclave ni serf, ayant droit de porter la lance et l'épée, dévoué au chef de guerre qu'il s'était (en principe) librement choisi... et ayant les moyens de payer pour son cheval, ses armes, son équipement, ceux de son écuyer et d'un ou deux valets ! Charlemagne, épris de romanité, voyait là un prolongement de l'ordre équestre des Romains, qu'il n'avait d'ailleurs pas très bien compris et qu'il adaptait à sa façon encore toute barbare de voir les choses.

« Chevalier » n'était pas alors un titre nobiliaire, ni un grade dans la hiérarchie de l'Etat carolingien, comme « comte » ou « baron », mais néanmoins l'expression de l'appartenance à une caste, à une noblesse, qui était en fait celle des conquérants germaniques. Le lien de fidélité du chevalier à son protecteur direct et le même lien répercuté de bas en haut jusqu'au souverain fut l'embryon du serment de vasselage et donc de ce qui devait devenir le système féodal, lequel commence à se mettre en place sous Charlemagne puis se développera irrésistiblement sous ses faibles successeurs jusqu'à devenir ce formidable contre-pouvoir qui se dressera en face du pouvoir central jusqu'à l'ère des révolutions.

Les chansons de geste, qui mettent en scène la gloire de Charlemagne et de ses preux, sont essentiellement des épopées exaltant la chevalerie. Fixées dans leur forme définitive aux XIe et XIIe siècles, donc trois à quatre siècles après les faits dont elles s'inspirent, ce sont des écrits de circonstance, nous dirions de propagande, destinés, en idéalisant les exploits des preux et leur dévouement à leur suzerain, à faire des auditeurs des vassaux exemplaires.

Charlemagne, personnage par ailleurs tout à fait historique, est aussi le fabuleux « Karles li Res, nostre emperere magnes » de la Chanson de Roland, « l'empereur à la barbe fleurie » de Victor Hugo. En fait, il n'avait pas de barbe. Je ne lui en ai donc pas mis. On sait assez bien de quoi il avait l'air : un colosse (1,90 m), tendance à l'embonpoint, grosse moustache, tour à tour bonasse et coléreux, gros mangeur, grand buveur, grand baiseur (Cinq femmes légitimes tuées sous lui, peut-être six. Jamais moins de quatre concubines officielles à la fois).

Si l'impératrice Irène a tout d'une femme fatale pour film péplum à gros budget, une espèce de Cléopâtre en plus méchant, je n'y peux rien : elle était vraiment comme ça.

⁂

Je n'ai pas cru devoir faire s'exprimer mes personnages comme il est d'usage dans un roman historique : « Holà, tavernier du dyable ! Boute icy, et du meilleur ! », cette sorte de chose... J'ai donc traduit les paroles des bonnes gens du haut Moyen Age en phrases d'aujourd'hui. C'est, à mon avis, la seule façon de faire vivant, c'est-à-dire vrai.

Presque tout ce qui est relaté ici est véridique ou aurait pu l'être. Rien n'y contredit l'Histoire, certaines choses l'expliquent (l'éclairent, peut-être ?).

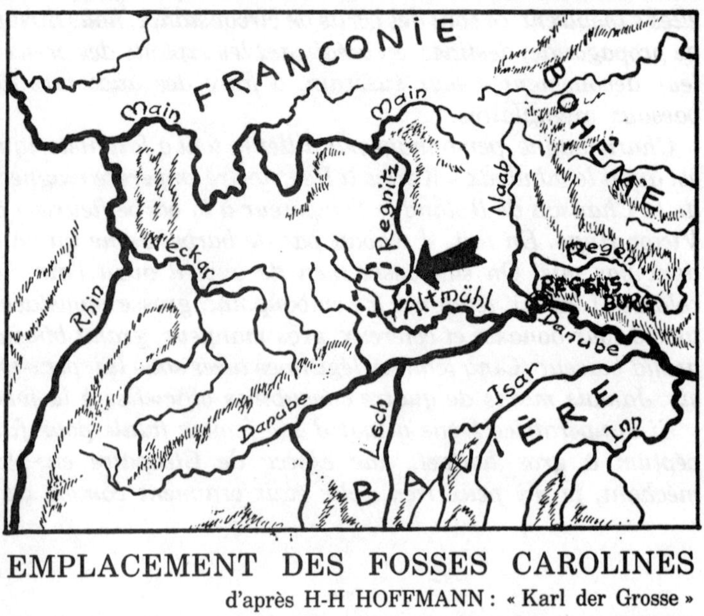

EMPLACEMENT DES FOSSES CAROLINES

d'après H-H HOFFMANN : « Karl der Grosse »

Il existe en Bavière un endroit où la rivière Regnitz, sous-affluent du Rhin, n'est séparée de la rivière Altmühl, affluent du Danube, que par une distance d'environ deux kilomètres. On peut voir, encore actuellement, une espèce de bras mort qui part de l'Altmühl perpendiculairement au lit de la rivière et se dirige droit au Nord-Est sur un peu moins d'un kilomètre. Ce bras mort s'interrompt brusquement, comme coupé à la hache, non loin du village de Graben. On peut voir également, partant de la Regnitz, près du village de Dettenheim, un autre bras mort, celui-là comblé par des alluvions, qui se dirige droit au Sud pendant quelques centaines de mètres et s'interrompt lui aussi brusquement. Ces deux bras morts ont un tracé rectiligne et se trouvent dans l'exact prolongement l'un de l'autre. Vus du ciel, l'impression est saisissante. On dirait deux mains tendues qui cherchent désespérément à se rejoindre. Ces deux tronçons pathétiques sont les Fosses Carolines (Karolinische Gräben).

Signature-monogramme de Charlemagne faite à l'aide d'un pochoir. (En cherchant un peu, on y retrouve toutes les lettres du nom KAROLUS.)

LONDRES
SAXONS
ODER
AACHEN
RHIN
SEINE
PARIS
ROYAUME DES FRANCS
LOIRE
DANUBE
GARONNE
RHÔNE
ALPES
MILAN
VENISE
RONCEVAUX
SARRAZINS
TAGE
PYRÉNÉES
CORDOUE
ROME
CARTHAGE

BULGARS DE LA VOLGA
DON
DNIEPR
VOLGA
OURAL
vistule
portes de fer
DANUBE
BULGARS
CAUCASE
byzance
constantinople
ROMAIN D'ORIENT
ROUTE DE LA
TIGRE
EUPHRATE
JERUSALEM
Bagdad
ALEXANDRIE
SARRAZINS
NIL
L'EUROPE EN 793

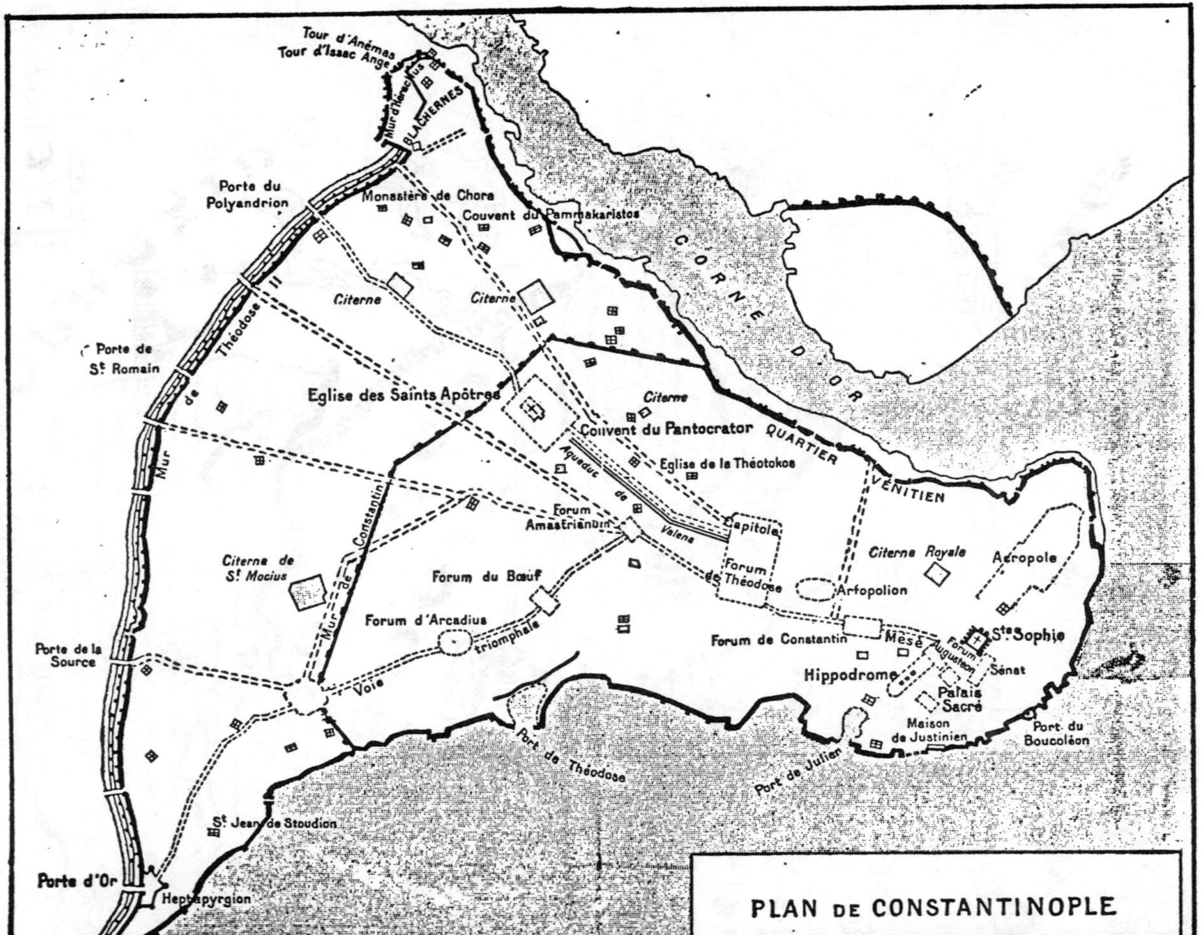

PLAN DE CONSTANTINOPLE

PROLOGUE

C'était à Galata, faubourg de Byzance, dans les jardins d'une taverne.

— Où je t'ai déjà vu, toi ? Attends... Ça y est... Mais non, c'est pas possible ! Non... Pas possible...

— ... ?

— Excuse-moi, chevalier, c'est ma mémoire... Ou alors j'ai des visions.

— ... ?

— Ecoute, tant pis, c'est plus fort que moi. Va pas croire que c'est pour me faire payer un coup à boire. Tu me dis oui, tu me dis non, c'est tout.

— ... ?

— Je t'ai déjà vu, c'est sûr. Et je sais où je t'ai vu. A Roncevaux. Voilà où c'était. A Roncevaux, nom de Dieu ! C'est pas ça ?

— ...

— A Roncevaux. Parfaitement. Je te revois tout à fait bien, maintenant. Avec quelques rides en moins et le heaume sur la tête. Les joues plus rondes, peut-être... Mais personne n'en est sorti vivant, de Roncevaux ! Personne... Sauf moi. Et ça, y a que moi qui le sais... Alors, maintenant, on serait deux ? Ah, dis donc !

— ...

— Attends voir... T'étais à cheval. Ça me revient. Attends, attends... Tu commandais un escadron. Voilà, c'est ça. Alors, t'es un seigneur, chevalier ? Un leude à Roland, peut-être ? Un baron ?

— Hé, petite ! Apporte-nous du vin. Bien frais, surtout.

— Tu parles bien le grec, chevalier. Mais tu parlerais encore mieux le tudesque des Francs, pas vrai ? Ce sacré accent teuton ! Rien à faire, ça ne part qu'avec la bête ! Ça les fait rire, ces cons. Moi, tu vois, c'est pareil, sauf que mon accent, à moi, c'est plutôt celui des Gaules, vu que je suis né au bord du fleuve Seine, au flanc de la Montagne à Geneviève, au milieu des vignes, de là-haut on voit Paris, c'est une petite bourgade de par là-bas, tu peux pas connaître, bien plaisante, ma foi... Si ça te fait plaisir, on continue en tudesque, ça me va aussi, parce qu'il faut que je te dise, ma maman est une Gauloise pur jus, une Parisia, fille d'un tonnelier, mais mon papa était le fils d'un baron, on l'avait fait moine mais lui n'était pas d'accord, alors il a fait le mur, et il a connu ma maman, et elle l'a caché, et puis il s'est déguisé en ouvrier tonnelier et il a fait des tonneaux pour mon grand-père, les gens faisaient semblant de ne pas remarquer son accent, le seigneur évêque n'y a vu que du feu, et voilà, quoi... Le soir, mon papa, en cachette, m'apprenait à parler le tudesque, c'était sa langue naturelle, ça le faisait pleurer mais en même temps ça lui faisait du bien, je sais pas si tu me comprends.

— Prosit, camarade ! A ta santé !

— A la nôtre ! A la mort qu'a pas voulu de nous !

— Aux copains qui y sont restés !

Tous les deux ensemble, debout :

— Hoch ! Hoch ! Hoch !

Ils vident les vastes gobelets d'étain. Cul sec.

⁂

Quelques cruches plus tard :

— Ah, dis donc, Roncevaux... Cette dégelée qu'on a pris !

— Oh, dis, minute ! Ces ploucs puants, bien planqués là-haut à nous faire tomber la montagne sur la tête, c'est trop facile, aussi ! J'aurais voulu les tenir seulement un quart d'heure face à face, tiens ! Avec mes gars, on en aurait fait du hachis !

— Moi, j'étais à pied. Pauvre con de vilain, bête à chagrin. Archer d'élite, quand même. Je m'étais engagé, marre de gratter la terre et de bouffer des raves. Tu parles, oui ! J'en ai jamais tant bavé qu'à l'armée, et pour finir me voilà coincé dans ce trou du cul du diable à recevoir des rochers et des flèches en veux-tu en voilà... Avec les copains, tous des archers à pied comme moi, on a riposté tant qu'on a pu, tu penses, mais nos flèches n'arrivaient pas à grimper si haut, et alors elles nous retombaient sur la gueule... Enfin, bon, tu sais tout ça... Dis donc, sans vouloir être indiscret, comment t'en es sorti ? Moi, je te dirai après.

— Ils m'ont cru mort. Moi aussi, je me croyais mort. Ils m'ont tout fauché. Et puis j'ai bougé, paraît. Enfin, bon, je me suis réveillé dans une hutte, prisonnier chez les Basques, à poil et bien mal en point. Ce que ça peut puer le bouc, ces sauvages ! Ils m'ont revendu à l'émir de Saragosse. Ces Sarrazins ont des médecins, t'as pas idée. Ils m'ont recousu, ils m'ont frotté avec je ne sais quel onguent, ils m'ont remis sur pied. Ils avaient en tête de me rendre contre rançon, je suppose... Et puis ça a tourné autrement.

Il a un geste du bras, une moue de la lippe.

— Enfin, bon, j'ai pas mal bourlingué, depuis, et me voilà.

— Et te voilà... Ouais... Pour moi, je vais te dire franchement, quand j'ai compris que c'était foutu, qu'on se faisait hacher comme des cons sans profit pour personne rien que pour que vous autres comtes et barons vous vous donniez le plaisir et le spectacle de crever dans l'honneur et le panache, alors, moi, j'ai commencé à penser à mes os... Et ce fou à lier de Roland qui gueulait « Sus ! Sus ! » au lieu de sonner du cor pour appeler les copains !... Sus à quoi, je te demande ? D'ennemi en vue, pas la queue d'un. Tous planqués là-haut, six cents pieds à pic, à nous massacrer bien à leur aise. Alors Roland, tu sais quoi ? Voilà qu'il se met à cogner à coups d'épée sur la montagne. Je te jure ! Un vrai furieux. Et bing, et bang, vas-y que je te cogne, les étincelles ça y allait, les silex volaient partout, dzouïnng, je suis sûr qu'il y a des gars qu'ont morflé comme ça et qu'auraient peut-être échappé aux parpaings des Basques... Olivier et les autres pairs lui hurlaient « Sonne du cor, Roland ! Sonne, nom de Dieu, sonne donc ! » Ça le rendait encore plus enragé. Il disait « Pas besoin de renfort ! C'est pas des pauvres cons de ploucs avec la crotte au cul qui vont baiser l'armée franque, non mais des fois ! » Et il tapait plus fort, de taille par-ci, d'estoc par-là, et les têtes des barons volaient autour de lui, même des têtes de chevaux, j'ai vu. Je te dis que ce cinglé-là nous a tué plus de monde que les Basques... Et puis voilà que sa Durandal s'est cassée en deux, une épée fée pourtant, capable de te fendre une montagne du haut en bas d'un seul coup, faut le faire, bon, peut-être pas le Mont-Blanc, mais une de ces montagnes Pyrénées de par là-bas, ça je l'ai vu. Et juste à ce moment-là il a reçu un pavé qui lui a aplati le heaume sur les oreilles, ça l'a calmé. Il est tombé sur le cul, il a regardé le désastre tout autour, il a dit « Oh, merde ! » et alors, là, il a quand même soufflé dans son putain de cor. Mais c'était trop tard, comme t'es pas sans savoir. Si seulement quelqu'un d'un peu plus raisonnable avait pu mettre la main sur un cor quand ça valait encore la peine... C'est pas l'envie qui leur en manquait, remarque. Mais c'était le seul et unique cor réglementaire de toute l'arrière-garde et y avait que le chef, c'est-à-dire Roland, cet enfant de salaud, qui avait le droit de souffler dedans. C'est le règlement, quoi. Mais je t'apprends rien... Holà, fillette, remets-nous ça ! A ta santé, chevalier.

Ils trinquent, ils boivent.

— Alors, voilà. J'avais un bras cassé, une flèche dans le gras de la cuisse et un parpaing m'avait arraché une oreille, ça fait que j'en ai plus qu'une, tiens, tu peux voir. J'ai pas attendu que les autres salopards viennent finir le boulot, je me suis traîné va savoir comment sous les fougères, et puis de là dans un trou sous les rochers, un trou d'ours, mais ça je l'ai su après, quand j'ai senti que ça puait l'ours et la merde d'ours et que justement j'étais en train de ramper dedans, à te faire dégueuler tripes et boyaux, et c'est bien ce que j'ai fait. Je me disais « Dans l'état où je suis, l'ours va me bouffer tout vivant, et qu'est-ce que je pourrai faire ? » Heureusement, l'ours était parti, tout ce ramdam l'avait contrarié, probable. Il faisait noir, là-dedans, j'y voyais rien... Bon, j'ai attendu que ça se tasse. Les Basques sont descendus de leurs crêtes en gueulant dans leur jargon, ils ont tué tout ce qui bougeait encore, tout ce qui ne bougeait plus ils l'ont retué, après ça ils ont dépouillé les macchabées, ils rigolaient, c'était la fête. Parmi eux il y avait quelques seigneurs sarrazins, j'ai bien reconnu, je parle un peu l'arabe, j'ai eu une copine mauresque. Mais ce qui m'a tordu la tripe, c'est quand j'ai entendu une voix de par chez nous, une voix qui parlait le bon vieux tudesque de Franconie, et sans accent, la vache... Une voix de seigneur, si tu vois. Et même que je suis sûr de l'avoir déjà entendue avant, je saurais pas dire où ni quand, mais je suis sûr et certain...

L'autre buveur baisse la tête. Son poing se crispe sur le gobelet d'étain.

— Oh, Ganelon, Ganelon traître et félon... grince-t-il entre ses dents. Et puis il hausse les épaules, fait « Ach ! », vide son gobelet d'un coup et se torche la moustache d'un revers de coude. Ils se taisent tous deux, le temps de voir défiler les visages des copains morts qui aimaient tant la rigolade. Le buveur courtaud soupire :

— Enfin, comme tu dis, on est là... Excuse si je suis curieux, mais je me pose la question : tu n'as pas rejoint l'armée, après ?

— Non.

— Mais enfin, t'es seigneur baron, ou peut-être même plus... Ton château[1], ta terre, ta femme, tes enfants... Pfuitt ?

— Pfuitt.

— Comme ça ?

— On m'a fait tort.

— Ah.

— Et puis, je suis mort, non ?

— Parce que tu le veux bien.

— Avoir fait Roncevaux et n'être pas mort, ce serait être félon.

— Ou mort ou traître... T'as raison.

— D'ailleurs, tu es là, toi aussi ! Tu es mort, toi aussi.

— Oh, moi, qu'est-ce que je suis, moi ? Je veux dire : qu'est-ce que j'étais ? Piétaille, vermine, viande à fouler aux chevaux... Nulle femelle ne se languit de moi, nulle terre ne tombe en friche.

— De quoi vis-tu ?

— De l'air du temps. J'ai fait le marin sur les nefs marchandes, le débardeur quand j'en avais ma claque de naviguer, et aussi le terrassier, le maçon, le muletier... Il m'arrive de jouer le gagnant à l'Hippodrome sur une bonne cote. Alors j'ai du fric, je m'achète une esclave mignonne et pas trop chère, avec toutes ces guerres il y a de temps en temps de gros arrivages, les prix dégringolent. Je la mets au lupanar, elle me nourrit avec son cul, si c'est une courageuse

1. A la fin du VIIIe siècle, le « château » n'était encore qu'une grosse ferme fortifiée de palissades. Ce n'était cependant plus la « villa » romaine, mais déjà le château.

je peux même vivre tout à fait gentiment, mais ça ne dure pas. Jamais. Ces salopes, un Grec s'amène, ou un de ces bâtards de Persans, pédé comme un phoque mais elles y voient que du feu, elles voient que ses yeux de fils de prince avec ces cils noirs qu'ils ont, ça leur chamboule la mentalité, elles croient que c'est arrivé, le grand amour, la villa dans les orangers, et paf, elles se retrouvent chez les Bulgars, ou chez les Avars, qui vont se mettre dessus à deux ou trois cents bonshommes bourrés à crever et te la défoncent vite fait, et ils se la finissent comme cible pour s'exercer au tir à l'arc. Ces races, ça aime rigoler. Et pour ce que l'argent leur coûte... Saccage et pillage, c'est la belle vie ! Seulement, moi, honnête propriétaire, c'est mon capital qui s'envole et je me retrouve à zéro. Tu comprends, faudrait être tout le temps dessus, pas les quitter de l'œil, et moi justement me faut du mouvement, que veux-tu que je te dise... Bon, c'est la vie. Et toi ? T'as pas l'air tellement cousu d'or, si tu veux mon avis.

— Moi... Chevalier je suis, chevalier je reste. Mais je me suis mis à mon compte, si tu vois.

— Non, je vois pas.

— Eh bien, je travaille à la commande. Je vais de çà, de là, je fais les boulots dangereux. Les boulots où il faut une épée, une lance et du poil au cœur.

— Oh, chevalier errant ?

— Il y en a qui appellent ça comme ça depuis quelque temps, surtout les poètes, les chanteurs ambulants. Ils ont trouvé ça... « Chevalier errant ». Ça plaît aux dames... Eh bien, bon, je suis chevalier errant.

— Tu t'y retrouves, question crampes d'estomac ?

— Bof... Je vis sur des coups. Il y en a de beaux. Voilà trois mois, j'ai dessoudé un dragon. Il terrorisait douze villages. Il lui fallait une vierge par mois. Le truc classique, quoi. Il ne pouvait digérer que ça, de la vierge, et bien élevée, surtout. Tu tardais d'un seul jour, il sortait de son trou et foutait le feu à un village. C'était vite fait : il ouvrait la gueule, il toussait deux trois coups, et voilà qu'il te crachait une flamme de bien dix toises de long[1]. Tout cramait en un clin d'œil, des cabanes en torchis couvertes de chaume, tu parles, les culs-terreux couraient partout, mais rien à faire, le dragon les cueillait un

1. 1 toise = pas loin de 2 mètres.

à un par le col comme des petits chats, et il les refoutait dans le feu.

— Et les ploucs, ils toléraient ?

— Ce que tu veux qu'ils fassent, les pauvres vermines ? Inexpugnable, il était. Les dragons, c'est comme ça. Une peau en silex. Même les paupières, les flèches cassent dessus. C'est pourquoi c'est des bêtes si dangereuses.

— Et le seigneur du coin ? Il y avait bien un château, avec dedans un chevalier chevauchant, portant épée, lance et haubert, non ?

— Le seigneur chevalier de ce pays-là ? Oh oui, il avait essayé. Et il s'était fait rôtir tout vivant dans son gilet de buffle à plaques de fer, et son cheval avec. Alors les paysans se sont réunis, et ils ont décidé de se cotiser pour se payer les services d'un chevalier errant. Ils m'ont proposé l'affaire. Moi, je ne refuse jamais un contrat. Payé moitié à la commande, le reste à la fin du boulot. Ça ne faisait quand même pas gras, ils étaient pauvres à crever, la veuve du seigneur les tondait à ras. Dame, c'est pas elle qu'aurait balancé son fric à un chevalier errant pour qu'il tue le dragon ! Rien à foutre, du dragon ! De pucelle, il y a longtemps qu'il n'y en avait plus chez elle, et quant aux croquants, hein, qu'ils se démerdent.

— Alors, le dragon, tu l'as eu ? Ah, dis donc ! Comment tu t'y es pris ?

— Boah... C'est un métier.

— Il était gros ?

— J'ai vu plus gros. Les dragons de maintenant, vois-tu, c'est plus ça. C'est moins goinfre, ça chipote. Les villageois leur refilent une vieille carne de grand'mère qui ne gagne plus les raves qu'elle mange, ils s'en contentent. En tout cas, ils font comme si. On ne va pas se saigner aux quatre veines et embaucher un chevalier errant, même au rabais, pour une gâteuse, n'est-ce pas ? En un sens, c'est même plutôt utile, ces petites bêtes, ça nettoie. Et puis, il y en a moins, c'est un fait. On les a trop pourchassés. Surtout depuis que le roi Karl s'est mis à nettoyer un peu partout à droite à gauche, qu'il installe dans toute l'Europe jusqu'au fin fond des forêts des garnisons et des monastères, le dragon donne nettement moins. C'est de la bête qu'aime pas trop le militaire ni l'eau bénite. Timide, je dirais. Pareil pour les fées, les lutins, les enchanteurs et toute l'engeance... Et en même temps, comme par hasard, les seigneurs barons n'ont plus le temps ni les moyens, le roi Karl avec ses guerres les tient sans cesse à chevaucher à tous les diables et vide leur bourse. C'est que ça coûte, l'équipement d'un homme à cheval ! L'acier de Tolède, les Sarrazins se le gardent pour leurs saloperies de cimeterres à découper du chrétien, on n'en a que par contrebande, et dame, ça se paye. Encore faut-il équiper l'écuyer, les valets, les gens de pied... Avant, je travaillais surtout pour les particuliers, je remplaçais le seigneur ou la noble veuve dans les duels, les jugements de Dieu, des choses comme ça. S'ils avaient de quoi payer, naturellement. Le jugement de Dieu, c'était ma spécialité.

— Et t'as jamais été tué ?

— Comme tu vois... Dieu a toujours été avec moi.

— Et aussi ton bras, qu'est pas mauvais non plus, je suppose.

— De ce côté-là, j'ai pas à me plaindre.

— Et tes adversaires ?

— Ils perdaient. A tous les coups. Eux, la vie. Leur client, son procès. J'avais une certaine réputation. Mais, comme je te disais, les temps ont changé. Les barons n'ont plus le sou, ils ont autre chose à faire que chercher des poux à leurs voisins...

— Du coup, plus de procès. Et plus de jugements de Dieu.

— Voilà. Alors, maintenant, je fais les communautés. J'escorte les caravanes de marchands, les pèlerins qui vont en Terre Sainte ou à Compostelle, je fais rendre gorge aux brigands qui brigandent dans les campagnes...

— Tu tues les dragons.

— A l'occasion, oui. C'est le tout beau coup, le dragon. Tu gagnes ton salaire vite fait.

— Chevalier ?

— Oui ?

— Tu n'as pas d'écuyer ?

— J'en avais un. Il a été imprudent. Je lui disais « Jamais sous le vent du dragon, Siegfrid, jamais ! » Il a oublié ça. Une seule fois. A peine le temps de cligner de l'œil, le dragon l'a reniflé, hop, grillé comme une saucisse. Je n'ai même pas pu récupérer ses armes, l'acier avait fondu.

— Donc, tu es sans écuyer. Eh bien, prends-moi comme écuyer.

— Je n'ai pas de quoi me payer un écuyer, compagnon.

— Et Siegfrid ?

— Siegfrid travaillait au pair. Il était jeune, il apprenait le métier.

— Eh bien, prends-moi au pair. Tu n'auras même pas à me nourrir. C'est moi qui te nourrirai.

— Tu sais fourbir les armes ? Débosseler un heaume ? Rafistoler un haubert ? Panser un cheval ? Soigner les blessures ? Faire la tambouille ? Eloigner les loups, les vampires et les créatures de la nuit ?

— Et tirer à l'arc comme pas un, et pister l'ennemi à la trace et au flair, et trouver à manger dans le désert, et reconnaître rien qu'à la couleur de son œil si une ribaude a le cul sain ou pourri, et bien d'autres choses utiles au voyageur... J'étais à Roncevaux, seigneur.

— Tope là, soldat. Ton nom ?

— Raymond, chevalier.

— Moi, c'est Renaud. Est-ce que tu connais une auberge pas trop moche mais pas trop chère, Raymond ? Je suis étranger à Byzance, j'arrive de Terre Sainte, un convoi de moines irlandais que j'ai escortés et qui s'y sont tellement plu qu'ils sont restés là-bas, au milieu de ces Sarrazins tout noirs et de ces Juifs mécréants. Ça fait que je suis revenu seul, et que me voilà dans cette Byzance où je ne connais personne.

— Maintenant, tu me connais, moi, seigneur Renaud. Tu n'es plus perdu. Je te montrerai Byzance, la plus belle ville du monde, plus belle qu'Athènes, plus belle que Rome quand Rome était belle... Viens, j'ai ton affaire. Une chambre aux Blachernes. Quartier très chic. Une veuve qui me veut du bien. Elle te fera un prix.

Il rit.

— On mettra une pancarte sur la porte :

AUX ANCIENS DE RONCEVAUX

Seigneur Renaud, Chevalier errant

Enquêtes - Filatures - Duels - Jugements de Dieu - Destruction de dragons et de toute vermine - Exploits héroïques en tout genre (Seulement pour la bonne cause. Fourbes s'abstenir) - On paie comptant.

— Parce que tu sais écrire, toi ?

— Non.

— Moi non plus.

II

[illegible]

[illegible]

PREMIER CHAPITRE

En l'an sept-cent-quatre-vingt-treizième de l'Incarnation du Seigneur Christ Jésus, fils de Marie Toujours Vierge et Sauveur des hommes,

Karl, fils de Pépin, seul roi des Francs ripuaires et des Francs saliens, potentat des Gaules, patrice des Romains, roi des Lombards, protecteur des Sicambres, des Saxons, des Alamans, des Burgondes, des Wisigoths d'Aquitaine et des Ostrogoths d'Italie, des Chamaves, des Bructères, des Chattes et de tous les peuples tudesques en deçà et au-delà du Rhin,

Karl, de par le Christ Jésus maître et seigneur de l'étendue entre le Grand Océan qui ferme le monde à l'Occident et les Montagnes de Fer de l'Orient au-delà desquelles il n'y a plus que la steppe informe où rôdent le Hun sans dieux et le Scythe mangeur de choses immondes,

Karl, fils de Pépin, que les peuples déjà nomment Karl der Grosse s'ils sont de noble race tudesque, Carolus Magnus s'ils sont clercs tonsurés et Charlemagne s'ils sont manants de vulgaire engeance celto-romaine,

Karl, le roi Karl, à la tête de ses armées invaincues, fait route vers la Pannonie lointaine afin d'écraser une fois pour toutes et d'effacer de devant la face du ciel l'arrogante nation des Avars, fils des Huns et Huns d'entre les Huns, qui ne croient ni en Christ ni en Mahom et ravagent férocement les provinces orientales du royaume des Francs[1].

---

1. L'empire des Avars qu'eut à affronter Charlemagne n'était plus, malgré son arrogance et ses prétentions, que le reliquat bien rétréci de ce qu'il avait

⁂

L'armée s'est rassemblée dans la grande plaine où coule le fleuve Danube, entre Bavière et Bohême, entre montagne et montagne. Devant les tentes alignées fument les feux. Sans cesse arrivent de nouveaux contingents, cors sonnant, oriflammes et gonfanons claquant au vent.

Ils arrivent du Nord, ils arrivent du Sud. Ceux du Nord arrivent à pied, ou à cheval s'ils sont seigneurs et nantis. Ceux du Sud débarquent des nefs aux larges panses qu'ont portées jusqu'au Danube les rivières généreuses descendues par les vertes vallées. Car au Nord s'étend la crête abrupte, le pays entre Rhin et Danube, là où les eaux se divisent et choisissent leur versant, qui vers les brumes laiteuses de l'Océan Germanique, qui vers les lumineux matins de la Mer Byzantine.

Et à cela nul ne peut rien, pas même le roi Karl. Et les nefs puissantes venues des pays du Rhin, de la Meuse, de l'Elbe, de la Weser et de l'Oder doivent toucher terre et renoncer bien avant d'être remontées jusqu'à la source, car leur quille racle les graviers du fond. Et les fiers guerriers francs quittent le bord accueillant, eux, leurs chevaux, leurs armes, leurs valets, leurs futailles et leurs putes criardes, tout cela on le charge à charrois et à mulets, tout ce qu'il faut à une armée qui part se battre au loin, tout ce qui ne peut pas marcher sur

---

été cent cinquante ans plus tôt, lorsque s'étendait sa terrible puissance sur un territoire immense allant de la Baltique à la mer Noire et de l'Elbe à la Volga. Il avait été fondé par des hordes de Huns chassés des steppes de l'Asie Centrale par leurs vassaux turcs révoltés. Ces Huns en débandade s'étaient regroupés en une nouvelle confédération mongole qui avait pris le nom d'Avars (Ouar-Khounis). Surgissant dans la grande plaine européenne, ils eurent l'agréable surprise d'y trouver de gras pâturages occupés par des populations slaves ou finnoises très clairsemées qu'ils eurent rapidement soumises. Puis, l'audace leur venant, ils avaient chassé de leurs territoires plusieurs nations germaniques nouvellement installées, tels les Gépides et les Lombards, ce qui les avait amenés au contact direct du royaume des Francs. Ce nouvel empire hun occupait à peu près l'étendue qui avait été celle de l'empire d'Attila, un siècle plus tôt. Les nouveaux Huns avaient d'ailleurs retrouvé sur place, entre Danube et Karpates (l'actuelle Hongrie) et autour de la mer Noire, des colonies hunniques, débris de la Grande Horde d'Attila, organisées militairement et solidement établies... Mais en 793 le pouvoir réel du Khâ-khan des Avars ne s'étendait plus guère au-delà des montagnes bordant la plaine hongroise.

deux ou sur quatre pieds, et donc on franchit la montagne, sous pluie et sous soleil. Les guerriers arrachés à leurs dés pestent, blasphèment le nom sacré du Seigneur Christ et vouent sa Mère Très Sainte aux copulations infâmes, non sans toutefois avoir jeté un œil alentour car l'armée est fort bien garnie en prêtres, moines et tonsurés de toute espèce qui ne plaisantent pas avec le crime de sacrilège. Le roi Karl est fort pieux.

Cependant les nefs allégées sont halées sur la berge à grand renfort de leviers et d'épaisses machineries de bois habilement combinées par les ingénieurs grecs arrachés à monceaux d'or au Basileus de Byzance, et puis posées sur un chemin de troncs de sapins arrangés en un berceau où vient se mouler le ventre de la nef. Quantité de cordages fort gros et fort longs sont fixés à des anneaux prévus pour cela. Les prisonniers de guerre agrippent les cordages, chacun à sa place assignée. Le cor lance son éclatant signal, les longs fouets sifflent sur les dos courbés, les cordes se tendent toutes ensemble. La masse énorme frémit et s'arrache. Un pas après un pas, la nef avance en se dandinant, pataude, humiliée comme un canard qui se traîne à terre. Ses mâts, là-haut, oscillent sur le ciel.

Les prisonniers-forçats, presque tous des Avars raflés lors de la précédente expédition de Pannonie, deux ans plus tôt, et maintenus en vie par le roi Karl, contre ses habitudes, pour servir à ses grands desseins, se mettent à chanter, d'abord un seul, et puis plusieurs, et puis tous, ils n'en ont guère envie mais ça les empêche d'entendre les coups de gueule des garde-chiourme teutons. Ils chantent une mélopée de par chez eux, un machin criard sans queue ni tête qui vous scie les nerfs. Les Francs grincent des dents, mais si ces couinements peuvent aider ces macaques à trimer et à supporter, hein...

On franchira la crête par des passes propices, et puis on redescendra gentiment vers le Danube ou vers la vallée de quelque affluent du grand fleuve jusqu'à ce qu'on trouve assez d'eau pour y faire flotter les nefs. Quelques centaines de carcasses d'Avars jalonneront le parcours. Ces Huns, quand ça n'a pas le cul sur un cheval, ça ne vaut pas un pet de lapin. Ça se laisse crever plutôt que de travailler... Sale race !

Or tout cela est bien lent, bien lent en vérité.

C'est justement ce qu'est en train de dire le roi Karl.

— Tout cela, dit le roi, est bien lent. Bien lent, en vérité.

Il dit cela pensivement, pour lui-même plutôt que pour le gentil Eginhardt tout menu qui sautille à son flanc. Karl, le roi géant, n'a presque pas à plier le coude pour poser la main sur l'épaule de son conseiller favori.

— Bien lent, oui, Seigneur roi, dit Eginhardt, un peu essoufflé. Mais déjà les premières nefs ont passé. Dans une quinzaine au plus, toutes seront là. Le temps que charpentiers et calfats aient obstrué les fissures causées dans les coques par l'ardeur du soleil, la flotte au complet sera prête à appareiller. Nous aurons devant nous encore quatre grands mois avant les froidures. Plus qu'il n'en faut à tes preux pour en finir avec ce ramassis de chiens galeux déjà si bien étrillés par toi et chevaucher d'un seul galop jusqu'au rivage du Pont-Euxin[1].

Le roi Karl hoche la tête, l'air contrarié. Ça l'énerve, cet homme, de n'être pas mieux compris. Un conseiller intime, c'est fait pour vous comprendre sans qu'on ait à parler clair, non ? Cet Eginhardt si jeunet et si fûté, Karl l'a distingué justement parce qu'il lit derrière les fronts ce que les bouches ne disent pas. Or derrière le front de Karl remuent des tas de choses, des choses que Karl ne dit pas et dont personne ne se doute, des choses de grandeur et d'astuce, tellement grandes et tellement astucieuses qu'il serait vraiment dommage qu'elles soient perdues pour tout le monde. Le roi Karl s'émerveille lui-même quand il contemple l'audace de ses méditations. Il lui fallait un confident, un spectateur assez connaisseur pour apprécier toute la beauté du dedans de la tête du roi Karl et assez subtil pour deviner à demi-mot ou même sans mot du tout. Eginhardt, le sautillant moineau Eginhardt, s'était révélé à point nommé. Les yeux d'Eginhardt avaient parlé au roi Karl. Et voilà, le petit clerc Eginhardt aux joues rondes est devenu le compagnon du roi Karl, son confident, son inséparable.

Le roi Karl soupire.

— Nanar, dit le roi, mon petit Nanar[2], la lenteur de tous

1. Le Pont-Euxin : la mer Noire.

2. « Nanar » : Eginhardt était vraiment très petit de taille. Karl, qui se piquait de culture latine, l'appelait familièrement « Nardulus », ce qui veut dire « le petit nard ». Qu'est-ce que le nard ? Une espèce d'herbe, genre chiendent, qui sent bon. On en tirait un parfum : le nard, précisément. Ceci nous montre, au passage, combien les rudes parlers germaniques, au contact

ces micmacs de transbordements m'inquiète et m'énerve, c'est sûr. Ces chiens d'Avars nous voient arriver. Ils ont tout le temps de bien se préparer à nous recevoir... Et alors ? Cela fera de beaux coups à donner et à prendre. Vois-tu, moineau, il est bon que mes bougres se donnent un peu de mal pour mériter le butin. Les dons de la divine Providence doivent se gagner à la sueur du front et au sang versé... Et quel butin ! Cette fois, pas de quartier, je vais jusqu'au bout, je fonce droit jusqu'au dernier ring, jusqu'au palais du grand Khâ-Khan, jusqu'au trésor... Tu te rends compte, Nanar ? Le trésor d'Attila ! Tu te rends vraiment compte ?

— Seigneur roi, j'essaie d'imaginer. Mais je suis certain que la réalité sera mille fois plus grandiose que mes plus grandioses imaginations.

— Sûr, Nanar, sûr... Eh bien, un butin pareil, le plus gros butin de tous les temps, vois-tu, ça se mérite. Ils vont rentrer chez eux couverts d'or et d'esclaves, je veux qu'ils en aient senti le prix dans leur viande, nom de Dieu !

— Seigneur !

— Qu'est-ce qui te prend ?

— Seigneur roi, si le seigneur archevêque avait été là...

— Quoi ? Ah, j'ai juré, peut-être ?

— Hélas, Seigneur...

— Eh oui, j'ai encore juré... Quelle sale manie ! Tu crois que le Seigneur Christ me pardonnera ? Tu ne jures jamais, toi. Comment fais-tu ? Je peux s'il le faut me passer de manger, de boire, de baiser — enfin, pas trop longtemps, quand même... —, mais jurer, rien à faire ! C'est parce qu'on ne se méfie pas, tu vois ? Satan vous prend en traître. Le juron est le bâton de l'homme en marche, il s'appuie dessus pour passer l'obstacle, hop, ça aide bien... Mais aussi c'est péché plus noir que goinfrerie, que ladrerie, que mensonge et que fornication, à ce que nous enseignent les bons pères. Il y a là quelque chose qui me dépasse. Il faudra que j'en parle à

---

des populations celto-romanes, déjà s'abâtardissaient. Le puissant raclement du H aspiré tudesque originel n'aurait pas permis un tel jeu de mots. Egin-hardt (prononcer « Eguinn'Hardt » en marquant fortement le hiatus entre les deux syllabes) aurait pu, peut-être, donner « Hardtulus », ou « Hardulus ». Certainement pas « Nardulus ». Enfin, bon, je me suis permis d'interpréter cela en « Nanar », qui rend à mon avis parfaitement l'intention du roi Karl en même temps que l'affaiblissement du H aspiré tudesque.

Turpin, et aussi à Alkwin. Ça ferait un bon petit débat, ça pourrait nourrir une gentille soirée, qu'en penses-tu ?

— Seigneur roi, les commandements de la Sainte Eglise sont là-dessus sans équivoque... Il faudrait plutôt songer à te confesser.

— Ach ! rugit le roi Karl.

Et puis il hausse les épaules et s'agenouille dévotement, non toutefois sur le dur silex mais sur l'herbe tendre et, se défonçant en cadence la poitrine à terrifiants coups de poing, il récite, le col humblement courbé :

— *Konfiteor Teo omnibodendi, peatae Mariae zember firtchini...*

Le roi Karl sait le latin, mais il n'a jamais pu adoucir son terrible accent tudesque.

Parvenu à « *Meâ goulpâ, meâ goulpâ, meâ makssimâ goulpâ* », ne pouvant se frapper la poitrine plus fort, il bat sa coulpe en cognant le sol de son royal front. Enfin le roi Karl se signe, se remet debout et se tourne vers Eginhardt qui, discrètement, s'est éloigné de quelques pas. Le sourcil du roi Karl est froncé, car il voit bien qu'il lui faudra tout du long exposer son tourment. Mais Eginhardt a eu le temps de défriper les replis de sa jeune cervelle. Les rouages agiles ont cliqueté, et voilà :

— A propos, Seigneur roi, dit-il promptement, qu'en est-il de ce messager... ? Tu vois qui je veux dire ?

Il a dit cela d'un air cafard, non que sa joyeuse petite âme soit en rien cafarde, mais il sent bien qu'un peu de cafardise et de tortillement siéent à ces choses que le roi Karl brûle d'envie d'aborder.

— Messager ? dit le roi Karl. Quel messager ? Ce ne sont certes pas les messagers qui nous ont manqué, tous ces temps...

— Allons, allons, Seigneur roi, puisque tu as bien voulu m'admettre dans ton secret, moi indigne, ne fais pas maintenant l'étonné ! Ou bien dis-moi tout net que tu as décidé de m'exclure de ta confidence. Après tout, tu es le roi, n'est-ce pas ?

— Bon, voilà que tu boudes ! Eh bien, d'accord, allons-y tout droit. Si je suis gêné pour en parler, c'est seulement que je trouve ça tellement fou... Infantile, voilà. Une chimère, un rêve de gosse...

— Je ne l'ai pas pas trouvé fou, moi, ni infantile. Je t'y ai encouragé, puisque tu as daigné me demander mon avis, et maintenant j'attends, moi aussi, et je suis impatient, moi aussi.

— Nanar, mon fils...

— Oui, Seigneur ?

— D'Aachen[1] à Byzance, il y a combien ?

— Il serait bon de t'habituer à dire « Constantinople », Seigneur, si tu veux plaire à ces Romains de là-bas.

— Aux Grecs, tu veux dire ?

— Ils se veulent Nouveaux Romains, et même seuls Romains.

— Ach ! Les vrais Romains, les seuls, c'est nous.

— Bien sûr. Mais pourquoi les contrarier ?

— Tu as raison, petit homme. Pourquoi « la » contrarier ?... N'empêche, ces Grecs, qu'est-ce qu'ils se croient ! Je leur ai pris Spolète, je leur ai pris Bénévent, la moitié de l'Italie, et alors, ils ont fait quoi ? Rien du tout, voilà ce qu'ils ont fait. Ils ont à peine tourné la tête et ils ont dit « Barbares ! » en tordant le nez, comme s'ils avaient trouvé une merde dans leur lait de poule. Ces gonzesses ! Je n'aurais qu'à allonger la main... Tiens, tels que nous voilà partis, quand nous aurons traversé d'outre en outre le pays avar et balayé cette pouillerie, sur notre élan nous poussons jusqu'à leur Nouvelle Rome de mes deux et nous n'en faisons qu'une bouchée, hop là !

— Ils sont puissants, Seigneur roi. Repliés sur eux-mêmes, mais puissants. Tu ne forcerais pas leurs doubles murailles. Ni toi ni personne. Le fruit n'est pas mûr. Souviens-toi de Saragosse.

— Ach, Tssaragotssa ! Immer Tssaragotssa ! Tout à l'heure tu vas me parler de Roncevaux, et je vais encore pleurer...

1. Aachen, c'est Aix-la-Chapelle, la fameuse et alors toute neuve capitale de Charlemagne. Je ne vous accable pas de couleur locale, mais là, quand même, je trouve qu'« Aix-la-Chapelle » sonnerait un peu trop franchouillard dans la bouche de ces Teutons. De même que je dis « Karl » plutôt que « Charles », je dirai « Aachen ». Je sais, il faut faire un petit effort, se racler la gorge comme pour expulser une arête coincée dans le gosier : « A-a-KHHen ». Mais vous pouvez prononcer « Achène » si vous trouvez ça trop épuisant, la seule graphie du mot est déjà d'un exotisme efficace pour l'œil et l'imaginaire. J'aurais pu aussi vous imposer « Franken » au lieu de « Francs », des choses comme ça... Je n'ai pas cru devoir aller jusque-là. J'aurais dû ?

Ecoute, j'ai fait du chemin, depuis Tssaragotssa ! Le coup de Roncevaux, on ne m'aura plus avec ça.

Eginhardt veut ramener l'esprit du roi Karl à des idées moins calamiteuses.

— Seigneur, pour l'instant, il ne s'agit pas de faire la guerre aux Grecs, mais, tout au contraire...

La large face du roi Karl s'éclaire. On ne voit pas la bouche, mais la grosse moustache rousse s'étire d'une pommette à l'autre. Le roi Karl sourit. Ses petits yeux bleus brillent. Il passe la main sur son menton toujours soigneusement rasé de frais.

Il demande :

— Qu'est-ce que tu en penses, mon petit Nanar ?

— De quoi donc, Seigneur roi ?

— Hé, de ma tête, pardi ! De mon allure. Je ne fais pas trop démoli ? J'ai cinquante ans sonnés, tu sais.

— Seigneur roi, j'échangerais bien volontiers mes vingt ans contre tes cinquante ! Pas un poil blanc ! Pas une ride ! Et ces joues pleines, cette carrure ! Cette façon de sauter sur ton cheval par-derrière, comme les enfants qui jouent à saute-mouton, et attention : en armes, avec sur le dos la moitié de ton poids en ferrailles et buffleteries... « Elle » sera en adoration. Comme toutes, Seigneur roi, comme toutes !

Le roi Karl rit.

— Sacré petit flatteur ! En attendant, « sa » réponse n'arrive pas. Je te redemande : combien d'Aachen à Byz... Pardon, à Constantinople ?

— Tu le sais fort bien, Seigneur.

— Dis-moi quand même.

— A bride abattue, six semaines. En crevant les chevaux. Et à condition de ne pas faire de mauvaises rencontres...

— Or les mauvaises rencontres sont pain quotidien, dès qu'on passe les limites du royaume. Mais comptons sur la divine Providence. Elle a toujours été avec moi.

— Hm... Il voyage incognito, sans escorte, sans ton sauf-conduit, et comme pour son propre compte... Mais bon, six semaines. Autant pour revenir...

— En admettant qu'« elle » l'ait reçu aussitôt !

— Seigneur ! Un envoyé du roi des Francs !

— « Elle » est la mère de l'Empereur, Nanar.

— Puissance pour puissance. Vous êtes les deux astres de la chrétienté.

— Tu oublies le seigneur pape.
— Le pape n'est que ce que tu veux qu'il soit, Seigneur roi.
— Attention, moustique, tu frôles le blasphème !
— Et de toute façon, « elle » ne reconnaît pas l'autorité du pape. Au-dessus d'« elle », il n'y a personne. Que Dieu.
— Au-dessus de son fils l'Empereur, tu veux dire ?
— L'Empereur... Le véritable empereur, c'est « elle », c'est elle absolument, désormais. Tu le sais, Seigneur.
— Crois-tu qu'elle m'en veut encore, six ans après Nicée ? Je dois dire que j'y suis allé un peu fort...
— Les souverains n'ont de rancune que s'il y va de leur intérêt. Les temps ont changé, depuis Nicée. Irène avait convoqué le concile...
— Irène... Quel joli nom ! Un peu fade, mais joli.
— C'est un nom grec, Seigneur. Irène avait convoqué le concile à Nicée pour en finir une bonne fois avec les briseurs d'images.
— Et justement à Nicée, mon petit Nanar ! Tu te rends compte ? A Nicée où avait eu lieu, en... Attends voir... En...
— En 325, Seigneur.
— En 325, c'est bien ça... Où avait eu lieu, en 325, le fameux concile qui fixa la foi chrétienne...
— Et qui jeta l'anathème sur les partisans d'Arius, pourtant les plus nombreux, et donna par la suite aux rois des Francs, alors seuls catholiques, l'appui de Rome contre les autres peuples germaniques, tous contaminés par l'hérésie d'Arius.
— Et l'appui du vrai Dieu, Nanar, dit dévotement le roi Karl.
— J'allais le dire, Seigneur.
— Nicée, ville sainte, nom vénéré ! Quelle astuce, Nanar ! Quelle femme ! Quelle tête !
Le roi Karl rêve à cette tête. Puis il cligne de l'œil et plante son coude dans le flanc du petit Eginhardt.
— Et quel cul, Nanar !
Le roi Karl rêve à ce cul. Eginhardt respecte sa rêverie.
— A ce que je me suis laissé dire, du moins, précise le roi Karl.
— La beauté de l'Impératrice est la gloire et la fierté de l'Orient, dit Eginhardt, les yeux baissés.
Le roi Karl tire de sous sa tunique un petit rectangle de bois. C'est une peinture, un portrait fait à la manière des

icônes saintes, c'est ainsi que peignent les Grecs. Le visage d'Irène y est un pur et lumineux ovale, ses yeux deux puits de nuit. Le diadème la nimbe d'une auréole.

— Une Grecque, Nanar, une Grecque... Comme cette Hélène de Troie pour laquelle il se fit une guerre terrible, aux temps païens, si je me souviens bien.

— Les gens alors n'avaient pas reçu la lumière du Christ. Ils se déchiraient pour des vanités.

— Vanités, vanités... Tu es bien difficile, mon fils... Mais je blasphème ! Tu as raison. Il n'est qu'une chose au monde qui vaille qu'on se batte, qu'on tue et qu'on se fasse tuer : répandre la parole sainte, punir ceux qui la renient.

Le roi Karl se signe.

— Bon. Admettons, Nanar, — je dis, admettons — qu'elle ait reçu notre homme aussitôt, qu'elle lui ait rendu réponse sans tarder. Six semaines pour aller, six semaines pour revenir, ça fait... Ça fait...

Le roi Karl plisse le front et commence à compter sur ses doigts. Eginhardt dit, très vite :

— Ça fait douze semaines, Seigneur roi.

— Douze ? Ah, tiens... Tant que ça ? Tu es sûr ? Bon, bon. Douze. Eh bien, y a-t-il douze semaines qu'il est parti ?

— A peu près, Seigneur roi.

— Il devrait donc être revenu. Est-il revenu ?

— Non, Seigneur roi.

— Donc, quelque chose n'a pas marché. Et attends, j'ai oublié ceci : nous sommes maintenant à Regensburg, pas à Aachen. Il y a moins de chemin de Byzance à Regensburg que d'Aachen à Byzance, tu ne vas pas me soutenir le contraire ! Je ne dirais donc pas douze semaines, mais dix.

— Dix semaines, soit, Seigneur. Mais bien juste. En mettant tout au mieux. Il n'y a pas encore à s'alarmer.

— Et si c'est un refus, qu'il m'apporte ? Hein ? Suppose. Alors, il n'ose pas affronter ma déception. Il se cache. Entre nous, il aurait raison de se cacher, car, vois-tu, je serais vraiment très déçu, très très, et, ma foi, tant pis pour qui se trouverait là...

— Pourquoi se tourmenter, Seigneur, avant d'en avoir sujet ? Attendons.

— Mais la guerre ne peut pas attendre, elle ! Bientôt toutes les nefs auront passé la montagne et flotteront sur le Danube, l'armée déjà piaffe, bientôt elle murmurera. Mes leudes et mes barons s'étonneront de ces retards. Ils ont soif de butin, les gourmands ! Et mon fils Pépin, tu crois que je pourrais le retenir longtemps ? Il parle déjà d'aller de l'avant avec son armée d'Italie, sans m'attendre. Ce qui, entre nous, serait courir au désastre...

— Eh bien, envoie-le en avant-garde, Seigneur roi, avec ordre de ne pas dépasser les sources de la rivière Save, et là il attendra l'armée du Nord pour donner le grand assaut.

— Non, Nanar. Tu sais additionner dans ta tête sans avoir besoin de tes doigts, tu sais lire et même écrire le latin, le grec et le vulgaire, mais ne te mêle pas des choses de la guerre. Le pays avar doit être gobé d'un seul coup, par tous les côtés à la fois, avant que ces enfants de crapauds aient eu le temps de se mettre sérieusement en état de résister ou de se sauver chez les Scythes avec le trésor. Il faut frapper comme la foudre. Je veux que la campagne soit terminée alors que les Grecs de Byzance commenceront à peine à se rendre compte que je suis à leur frontière. Je ne veux pas inquiéter Irène, surtout en ce moment. C'est pourquoi j'attends sa réponse pour attaquer. Elle saura alors que je viens en fiancé, elle m'accueillera à la frontière de l'empire avec des arcs de triomphe, et moi je déposerai à ses pieds ma victoire et le trésor d'Attila. Ça aura de la gueule, non ?

— Le trésor, Seigneur ?...

— Enfin, pas TOUT le trésor... Il faut que j'en garde pour distribuer aux églises, aux monastères et aux seigneurs barons dépouillés depuis trois siècles par ces salopards. Un beau petit tas pour le pape, aussi... Quelques colifichets pour mes filles... Il en restera quand même assez pour faire un beau présent de fiançailles.

— Et si la réponse est « Non », Seigneur ?

— Nanar, Nanar... Tu veux me porter la poisse ? Il ne faut jamais évoquer le destin funeste, ça le fait venir. Et puis, c'est faire insulte à la divine Providence, qui m'aime.

Le roi Karl, très vite, se signe par trois fois. Eginhardt feint de ne pas voir qu'aussitôt après il esquisse furtivement de ses index et de ses majeurs croisés les cornes magiques qui désarmeront Skuld, la terrible, la vindicative, Skuld, déesse de l'Avenir Non Encore Conçu dans le vieux Walhalla des ancêtres.

— Mais enfin, Seigneur, dit Eginhardt, tu as bien un plan de rechange ? Prévoir n'est pas désespérer.

— Si elle refuse, Nanar, si elle refuse... Alors, plus rien ne me retiendra. Je prendrai d'un seul coup non seulement le pays avar, mais aussi la Macédoine, l'Hellade, le pays des Daces et celui des Bulgars. Je ne m'arrêterai que sous les doubles murs de sa Byzance, puisque tu les dis imprenables, et je la tiendrai enfermée là-dedans comme un renard coincé dans son terrier par les mâtins. Les Sarrazins, de leur côté, tu le sais, n'arrêtent pas de la harceler depuis la rive d'Asie. Je vois la petite mère Irène bien malade, obligée de se tenir debout sur un seul pied car elle n'aura plus assez de place pour poser les deux !

— L'impératrice Irène ne refusera pas ton alliance, Seigneur. Elle ne peut se le permettre.

— Et je serai empereur ! César Auguste d'Orient et d'Occident... Ah, Nanar, tu t'imagines ? Avec mes vaillants preux et la science des Grecs, je reconquiers au Seigneur Christ tous les pays infestés par les suppôts du grand diable Mahom, l'Espagne, l'Asie, l'Afrique... Je délivre Jérusalem et le Saint-Sépulcre, j'établis l'autorité du seigneur pape dans toute la chrétienté enfin réunie... Et tout cela tient dans le con d'une femme, Nanar ! Dans ce petit trou de rien du tout, rose et velu...

— En Orient, me suis-je laissé dire, les femmes de qualité rasent ou épilent cet endroit, Seigneur.

— Se rasent le con ? Quelle horreur ! Quel blasphème ! Oser changer ce que Dieu a voulu tel ! Elles donnent des leçons à Dieu, ma parole !

— Je me suis même laissé dire qu'elles s'oignent la chose à grand renfort de parfums très odorants et très suaves afin d'en couvrir et dissimuler la naturelle odeur, que leurs maris et galants trouveraient sauvage, sale et puante.

— Tu es sûr ? Alors le con d'Irène sentirait l'encens, l'essence de roses ou je ne sais quelle autre chimie de boutique de barbier ? Puante, la sainte odeur de femelle ? Je vais te dire, Nanar : ces Grecs n'aiment pas la femme ! Et mépriser la femme, c'est mépriser la Sainte Mère du Christ, ce qui est péché abominable. Crois-tu que Marie Toujours Vierge se rasait le cul et se le parfumait ? Tu es clerc tonsuré, Nanar, tu es savant, tu sais cela. Réponds.

— Clerc, certes, je le suis, Seigneur. Mais je n'ai pas reçu les ordres majeurs.

— Réponds !

— Eh bien, Seigneur, j'ose conjecturer que les Juifs de l'ancienne Loi eussent tenu à scandale et abomination que leurs femmes se rasassent, se parfumassent et s'ornassent le lieu voué par le Seigneur Dieu à la copulation. Moïse, me semble-t-il, a dit quelque part quelque chose de très véhément là-dessus, mais j'avoue que je n'en ai pas la souvenance précise. Je crois me rappeler aussi qu'en une de ses édifiantes épîtres l'apôtre Paul aborde le sujet et réprouve les femmes qui font de leur jardin secret un parterre fleuri... D'où nous pouvons déduire, Seigneur, que la Très Sainte Mère du Christ avait gardé tous ses agréments naturels, sans en rien retrancher, sans y rien ajouter.

— Bien. Mais cette Irène va m'offrir un cul de petite fille impubère tombée assise dans une bassine d'extrait de bergamote ou de je ne sais quoi ! Je sens que d'avance ma joie est gâchée, Nanar, mon ami. Tu n'aurais pas dû me dire ça.

— Mais l'Empire, Seigneur, l'Empire !

— Tu as raison. On ne peut pas tout avoir. L'Empire, peste ! L'Empire vaut bien trois poils de cul.

Le roi Karl rit. Eginhardt sourit.

— Et puis, Seigneur, tes appétits ne se sont jamais laissés enfermer dans l'austérité matrimoniale...

— Et si je deviens l'époux d'Irène, une schismatique qui n'admet pas la suprématie du seigneur pape, presque une hérétique, le péché sera moindre. Qu'en penses-tu ?

— Seigneur roi, le seigneur archevêque Turpin ne pourra se montrer moins indulgent qu'il ne le fut dans le passé.

Eginhardt se tait. Du bout du pied, il taquine une limace qui trace son chemin brillant dans l'herbe. Quelque chose le tracasse, c'est évident.

— Nanar, dit le roi Karl, quelque chose te tracasse. Dis-moi tout, mon fils.

— Eh bien, Seigneur... Oh, et puis, tant pis ! Voici. La reine Fastrade, qu'en fais-tu dans tout ça, de la reine Fastrade ? Ton épouse, Seigneur...

Le roi Karl se mord la moustache. Il dit :

— Fastrade, eh ? Oh, tu sais, elle n'a plus sa belle santé, Fastrade, depuis ses conneries de l'an dernier[1]. Vois-tu,

1. La reine Fastrade, troisième femme de Charlemagne (il en aura cinq en tout, ou six, on n'est pas très sûr), avait, d'après la chronique d'Eginhardt,

Nanar, c'est bien triste, mais je ne crois pas qu'elle fasse de vieux os[1].

Les deux guerriers francs de garde à l'orée du petit bois croisent leurs courtes lances. Un cavalier surgit des taillis, courbé sur le cou de son cheval. Les gardes le reconnaissent, le laissent passer, les lances se dressent pour rendre les honneurs. Le cheval s'arrête devant le roi Karl. Le cavalier saute à bas, s'incline devant le roi, brièvement, à la vieille façon germanique des temps où tous étaient égaux. Il est couvert de poussière. Son cheval écume et tremble sur ses jambes. Le roi Karl lui rend le salut.

— Eh bien, comte Bertramn ?

La face du roi Karl ne reflète que souveraine majesté, mais son cœur est plein d'espoir.

— Seigneur roi, dit Bertramn, il vient d'arriver de terribles nouvelles.

— Des nouvelles d'Orient ?

— D'Orient ? Non, Seigneur. Du Nord. Je suis accouru te prévenir. Peut-être faudra-t-il remettre les Avars à plus tard.

— Dis voir, Bertramn, qui es-tu donc ? Remettre ou ne pas remettre, c'est moi qui en décide.

Le comte Bertramn porte la main à son épée.

— Seigneur roi, tu me fais offense.

— Rien du tout ! Et ne le prends pas de si haut. J'offense ou je récompense qui et quand je veux. Et nulle offense ne peut m'atteindre. Je suis le roi, nom de Dieu ! Compris ?

Eginhardt ne juge pas opportun de faire remarquer au roi Karl qu'il vient une fois de plus de blasphémer le Saint Nom. Le comte Bertramn s'est figé, ses yeux gris se perdent au loin, par-delà le roi Karl, les muscles de ses mâchoires sont serrés à briser les os.

— Tes nouvelles ?

— Seigneur roi, les Saxons de Frise ont massacré tes garnisons. Ils ont envoyé par-dessus le fleuve Weser, par le

---

« un caractère dominateur, cruel et porté à la conspiration ». En 792, elle incita un fils bâtard de Charlemagne, Pépin le Bossu, à se révolter contre son père. Le complot fut découvert et Pépin le Bossu condamné à mort, surtout sur les instances de Fastrade, qui excita férocement le roi à se montrer inflexible. Par la suite, le rôle de Fastrade fut découvert et Pépin gracié.

1. Fastrade mourra en effet quelques mois plus tard.

moyen d'une catapulte, la tête du comte Thierry, ton préfet, et aussi celles de ton missus dominicus, de l'évêque et de quelques douzaines de moines et de guerriers francs.

— L'armée de la Weser leur a aussitôt rentré dedans, j'espère ?

— Seigneur roi, l'armée de la Weser est ici même, ayant répondu à ton ban, prête à marcher sur le pays avar. Il n'est resté sur place que des contingents d'occupation.

— Je te demande s'ils ont puni ces salopards ?

— Ils se sont mis en route. Ils se feront massacrer.

— Je ne te demande pas de me dire la bonne aventure. Des faits, c'est tout. La révolte peut-elle devenir générale ?

— Seigneur roi, pour l'instant l'ensemble de la nation saxonne semble calme. Cependant, il paraîtrait que des agitateurs courent secrètement la campagne. Des agitateurs avars.

— Il fallait s'y attendre. Ces jaunâtres essaient de détourner la correction qui va s'abattre sur leurs faces de singes malades. Mais rien ne la détournera ! Rien ! J'ai décidé d'en finir avec les Avars, et j'en finirai. Chaque chose en son temps. D'abord les Avars, ensuite les Saxons. Ils ne perdront rien pour attendre, ceux-là !

Le comte Bertramn regarde le roi Karl bien en face, droit dans les yeux. Il dit :

— Alors, Seigneur roi, il faudra faire vite.

Le roi Karl à son tour regarde Bertramn. Il dit, et certes ses yeux ne sont pas amicaux :

— Ce qui doit être fait sera fait, Bertramn. Et à l'heure où ça doit être fait. Tu peux aller.

Le comte Bertramn salue sèchement, saute en selle et s'en va. Le roi Karl frappe du pied.

— Ach ! Ce messager qui n'arrive pas ! Cette vieille punaise d'Irène se fout de ma gueule ! Ce que t'en penses, dom Eginhardt ?

— Seigneur roi, il faut attendre.

— Attendre, attendre... D'accord, j'attends. Mais je m'emmerde, moi, Nanar ! Je ne sais pas attendre. Comment fait-on, pour attendre ? La chasse, ça commence à bien faire. L'amour, ça va trop vite. Trouve-moi quelque chose, Nanar.

— J'y songe, Seigneur roi.

— En attendant, j'ai une de ces faims ! Viens, rentrons dîner, ça passera toujours un moment.

Le roi Karl prend le petit Eginhardt par le bras, et les voilà partis.

Ceci se passe par une belle matinée de fin d'été, dans les collines autour de la ville de Regensburg sur le Danube, que les romanisés appellent Ratisbonne.

DEUXIÈME CHAPITRE

Roi du Monde. Basileus Autokrator. César Auguste d'Orient et d'Occident. Egal aux Saints Apôtres. Suprême Pontife. Emanation de Dieu sur la Terre. Maître absolu de tous les peuples romains, grecs et barbares, baptisés ou idolâtres. Lumière de Lumière. Glaive et Balance. Force et Justice.

Empereur de Byzance.

Le Basileus Autokrator siège dans la salle du Sublime Conseil de son Palais Sacré. La salle est si vaste qu'on n'en voit pas les murs, perdus au loin par-delà les colonnes monstrueuses. Dans la pénombre se montrent ou se cachent, au caprice des torches, les figures colossales des mosaïques aux yeux terribles.

Icône d'entre les icônes, immobilité suprême, le Basileus que nul vivant ne peut aborder que de face, à qui nul ne peut parler que prosterné, à plat ventre, le nez dans la poussière, donne audience à l'envoyé de l'évêque de Rome.

Et sa Divine Face, splendidement fardée, luit d'une pâle clarté dans l'ombre de la haute couronne éclatante de gemmes d'où croulent, de part et d'autre, deux cascades de pierreries qui viennent mêler leurs embrasements aux feux des joyaux de l'étincelante plaque pectorale. Or et diamants. Emeraudes et rubis.

Au pied de chaque colonne un serviteur impassible tient à bout de bras une torche à la fumée odorante. Or le ventre de ces serviteurs est nu, et leur crâne est ras, et leur visage est sans barbe, et une graisse blême alourdit ces ventres et fait pendre ces joues, car ces serviteurs sont des eunuques d'entre les eunuques innombrables du Palais Sacré.

Cependant les dignitaires du Sublime Conseil, à genoux, attendent. C'est à l'Empereur de parler. Le moine venu de l'Occident latin a dit à l'Empereur ce qu'il avait à lui dire, il l'a dit, prosterné dans sa prosternation, le nez écrasé sur le marbre froid, et maintenant lui aussi attend.

Enfin, l'Empereur parle. Sa voix est courroucée. Le moine venu d'Occident s'aplatit au sol. Il voudrait s'enfoncer dans les dalles de marbre alternativement veinées de vert et de grenat.

— Moine, dit l'Empereur, tu Nous es mandé par l'évêque de Rome, cet Hadrianos que tu appelles « pape ». « Pape » tant que tu voudras, pour Nous il n'est que l'évêque de Rome, un évêque parmi Nos évêques, et de quel diocèse !... Qu'est-ce que Rome ? Une ville déchue, un tas de gravats où poussent les orties et où chaque femme est violée cinquante fois par jour par cinquante barbares, tous de race différente... Et je vous soupçonne fort d'être plus qu'à moitié hérétiques, toi, ta Rome et ton évêque... Tas de Latins bâtardés de Teutons !

Le Basileus marque une pause. Sa poitrine halète sous le lourd pectoral d'or. Du fond de la nuit du fard, ses yeux lancent des éclairs d'orage. Un eunuque adolescent s'empresse. Genou à terre, yeux baissés, il présente au Basileus, sur un plateau finement ciselé à la mode persique, un calice d'une eau parfumée, rafraîchie à la neige. Le Basileus boit une gorgée, s'essuie les lèvres d'un linge de soie brodé de fils d'or que lui tend un autre adolescent. Ces deux enfants sont parfaitement beaux. L'un est un esclave arabe aux yeux de pierre noire, l'autre un Slave à la chevelure de miel. Le Basileus aime ces contrastes amusants et décoratifs.

Aux premiers mots qu'a proférés le Basileus, le moine venu d'Occident a tressailli comme tressaille celui que soudain frappe l'étonnement. Se gardant bien de soulever sa face écrasée au sol, il a tourné les globes de ses yeux vers le haut aussi loin qu'il pouvait les faire se mouvoir dans leurs orbites, et voici : il a vu le Basileus dans sa gloire et son courroux, et c'était toujours le même Basileus, aucun doute, et aussi il a attrapé mal à la tête. Et rien de plus. Et il a gardé son étonnement pour lui. Et il a eu tout à fait raison.

Le Basileus de nouveau parle :

— L'évêque de Rome donne des avis au Basileus ! L'évêque

de Rome donne à choisir au Basileus ! Le tout petit évêque de Rome menace le Basileus !

Son regard prend à témoin les dignitaires impassibles. On ne parle pas en présence du Basileus, à moins que le Basileus n'interroge. On garde le visage net de toute mimique, même approbative, même si le regard du Basileus vous prend à témoin.

Le Basileus est de nouveau immobile, vertical, sans épaisseur. Sa face est d'émail brillant, la pourpre impériale de la robe s'y reflète. Ses mains pâles aux lourdes bagues reposent, bien parallèles, sur les accoudoirs d'or du trône. Le Basileus pense. Il met les choses dans sa tête, une chose et puis une chose, il voit comment les choses s'assemblent entre elles, et aussi comment elles pourraient s'assembler différemment dans l'avenir au mieux des intérêts de l'Empire. Les intérêts de l'Empire sont les intérêts de Dieu.

Enfin, il parle :

— Notre Grand Conseil est clos.

Il se lève. Tous se prosternent, affalés dans les lourds plis cassés de leurs robes infiniment précieuses. Le Basileus dit :

— Conseil restreint. Toi, Staurachos. Toi, Aetios. Toi, Niképhore. Dans mon oratoire.

Il ajoute :

— Toi aussi, le Romain.

***

L'oratoire est une pièce ronde aux dimensions intimes, au luxe douillet. Ici la lumière entre à flots, et avec elle la Ville aux cent mille coupoles, et l'immensité scintillante de la mer. Au loin tremblent dans une brume les montagnes bleues de la rive d'Asie.

Le moine venu d'Occident s'ébahit de ces fenêtres grandes ouvertes sur le large et d'où cependant ne vient nul souffle humide, nulle senteur marine. Il voit bien les croisillons de bois, mais aucune peau d'âne huilée n'est tendue dessus. Le moine s'appuie du dos à l'un de ces châssis vides et, discrètement, tâte du bout de l'index. Son doigt bute contre une surface dure et lisse. Dure et lisse, et invisible... Le doigt bondit en arrière, comme un doigt qui se brûle. Le moine dessine dans l'air à toute vitesse le signe sacré de la croix du Christ. Le Grec nommé Staurachos, à qui jamais rien n'échappe, lui glisse à l'oreille, avec le sourire de l'homme de la ville qui parle à un paysan :

— Mais non, mon bon père, ce n'est pas de la sorcellerie ! Satan n'a rien à voir là-dedans. On ne connaît peut-être pas le verre, à Rome ?

Le moine hausse les épaules.

— Bien sûr, qu'on le connaît ! Je ne pensais pas être si près de la fenêtre, alors je me suis cogné le doigt. Ça surprend.

Il pense : « Le quoi ? Le "verre" ? Ah, oui... Cette céramique transparente ? J'ai dû lire quelque chose là-dessus, dans les Anciens... Au fait, j'en ai même vu. Mais c'étaient de menus objets, des flacons à parfum vaguement translucides... Ainsi, ces Orientaux enfarinés en auraient retrouvé le secret ? Apparemment, ils savent couler cette chose en carreaux parfaitement plats et clairs comme l'eau pure... »

Mais voici que le Basileus l'interpelle. La lourde couronne à huit pans n'enserre plus sa tête, il s'est laissé tomber sur une pile de coussins aux broderies étranges, il a posé ses pieds nus sur un trépied qui supporte une coupe emplie de fruits. Ses orteils gigotent parmi les abricots et les raisins. De très jolis orteils roses aux ongles peints en vert scarabée. A l'Hippodrome, ce Basileus-là est pour les Verts, et donc quiconque aime le Basileus arbore du vert.

— Allons, dit le Basileus, parle. Dis-moi tout. Tu ne me feras pas croire qu'Hadrianos t'a envoyé à moi uniquement pour me débiter des insolences... Insolences pour lesquelles je vais te faire arracher la langue, quand nous en aurons terminé, c'est là la moindre des choses.

— Ah, mais, non ! s'écrie le moine. Moi, je ne fais que transmettre ! Je suis un ambassadeur, hé là ! C'est sacré, un ambassadeur !

Il quête du regard l'approbation des conseillers, ses yeux effarés courent de l'un à l'autre. Ils ne rencontrent que visages de bois ou sourires gourmands.

— Ambassadeur ! persifle le Basileus. L'évêque de Rome m'envoie un ambassadeur ! Il traite avec moi de puissance à puissance, ma parole ! Beau petit ambassadeur de merde, ta langue sera arrachée, ton cul sera empalé, et je te renverrai tout embroché à ton... Comment dis-tu, déjà ? A ton « pape ».

Je ferai mettre un socle au pal, comme ça, avec un cierge dans la bouche, tu pourras servir de bougeoir !

Le Basileus rit. Les conseillers rient. Le Basileus cesse de rire. Les conseillers ont cessé une seconde plus tôt.

Le moine d'Occident, heureusement pour lui, ne comprend pas tout. Surtout quand le Basileus se met en colère, car alors il parle vite et emploie des mots étranges. Le grec de ces gens-là est un drôle de grec, décidément. « Quand je pense, déplore le moine, que j'ai gâché ma belle jeunesse à pâlir sur les pures sources de la langue du divin Homère et du fougueux Eschyle... Ah, ces coups de règle sur les doigts ! Ces nuits passées à genoux, en chemise, à réciter les déclinaisons et les verbes irréguliers... Et pendant tout ce temps je rêvais au jour béni où je pourrais converser avec d'authentiques fils de l'Hellade !... Ils sont beaux, oui, les fils de l'Hellade ! Dans cet horrible sabir qu'ils baragouinent, et leur empereur tout le premier, il y a du scythe, du macédonien, du thrace, du turc, du bulgar, du magyar, du slave, de l'arabe... Même de l'ostrogoth ! Même du viking ! Mais de grec, pas beaucoup. Et tous ces mots orduriers que je subodore... Et quelle syntaxe ! Et quel accent ! Oh, Seigneur Christ, que mes oreilles souffrent ! Et c'est moi qui passe pour un barbare, pour un péquenot ! Dès que j'ouvre la bouche, ces enfants de truie malade se plient en deux de rire, ou bien se retiennent hypocritement et se font des clins d'œil, cachés derrière les manches de leurs robes de soie... Dégénérés, va !

— Eh bien ? dit le Basileus. J'attends. Ta langue est encore dans ta bouche. Ton seul espoir de peut-être la sauver est de t'en servir pour nous apprendre des choses qui nous soient agréables.

— Suprême Lumière, l'essentiel de mon message ne doit être entendu que de ta Sérénissime Sagesse seule.

Le moine, ce disant, louche vers les courtisans aux vastes oreilles.

— Ceux-là, dit le Basileus, sont des émanations de moi-même. Quand je suis avec eux, je suis seul.

Le moine hésite encore.

— Eh bien ? s'impatiente la Suprême Lumière.

— Voici. Monseigneur le pape Hadrianos veut d'abord te faire savoir combien il se réjouit de ce que la Divine Sagesse t'ait inspiré de maintenir le culte des saintes images que ta vénérée mère, la très pieuse impératrice Irène, avait décidé de rétablir après le décès de ton père Léon, lorsque tu accédas à l'empire et elle-même à la régence. La fureur iconoclaste du Basileus ton père et du Basileus le père de ton père avait terriblement blessé les chrétiens d'Occident, et sans doute la chrétienté allait-elle à nouveau être divisée comme aux temps exécrables de l'hérésie d'Arius... (Ici, le moine se signe.) Mais la divine Providence n'a pas voulu que fût déchirée la robe sans couture du Sauveur Christ, et elle permit, dans sa Toute-Sagesse, que fût frappé avant l'heure le Basileus Léon, ton père vénéré. Ainsi accédas-tu précocement au trône qui t'était dû, ô Porphyrogénète[1], et ta mère, l'Augusta Irène, qui avait toujours secrètement protégé les images saintes et encouragé les moines dans leur résistance et leur martyre, fut régente. Tu avais dix ans à peine. L'Augusta Irène fit en ton nom aussitôt cesser la persécution et réunit à Nicée le concile d'où sortit l'Eglise glorieusement réunifiée...

Le moine venu d'Occident parle, parle, et le Basileus écoute, et les yeux du Basileus s'agrandissent par l'effet de quelque chose qui ressemble à la stupéfaction, et puis ils se plissent par l'effet de quelque chose de tout à fait inattendu chez un Basileus, et ce quelque chose-là est le fou rire, et voilà que le fard sur le visage sacré du Basileus craque comme la porcelaine précieuse que frappe de plein fouet la pierre d'un gamin, le fard craque et s'étoile autour de la bouche du Basileus, et dans le silence énorme éclate le rire énorme du Basileus.

Or ce rire est de pur cristal.

L'envoyé du pape Hadrianos s'est tu, l'humiliation a coupé net son discours, et il pense dans sa tête tonsurée :

« Et voilà ! A tous les coups ! Même lui ! Qu'est-ce que j'ai dit de si ridicule, je vous le demande ? Les mots ont-ils tellement changé de sens, depuis Homère ? Enfin, quoi, un empereur, c'est instruit, ça a des lettres et l'usage du monde. Si lui ne sait pas le grec classique, qui le saura ? Regardez-le s'étouffer !... Après tout, c'est peut-être pas plus mal. Un type qui rit de bon cœur comme ça ne peut pas tout de suite après me faire arracher la langue... Ni me faire planter tout vivant sur ce machin pointu... C'est pas possible, ça, enfin quoi, Dieu

1. Porphyrogénète : né dans la pourpre. Se dit d'un empereur, fils d'empereur, né pendant le règne de son père.

du ciel qui me vois et qui me juges, dis-moi que c'est pas possible ! »

Et puis, à travers cette pensée-là, une autre pensée est venue au moine, une pensée qui, en fait, rôde depuis le début de l'audience dans les marécages du fond de sa tête, là où c'est tout noir, et qui soudain fait irruption dans les régions illuminées. Et cette pensée est comme ça :

« Au fait, qu'est-ce que c'est que cette voix qu'il a ? Et ce rire, hein, ce rire ?... Il n'a plus dix ans, il doit même en avoir... Voyons ... Vingt-deux. Ça doit être ça, vingt-deux, à peu de chose près. Bon. Vingt-deux ans. Et alors, cette voix... Charmante, d'ailleurs... Troublante... Bon Dieu ! Le Basileus serait-il un eunuque ?... Seigneur Christ ! Un empereur châtré ?... Comme un pourceau à l'engrais... Oh, non, ce n'est pas possible ! Même pas pensable... Pourtant, cette voix... Ouh là là, quand je vais raconter ça au Saint Père !... Ouais... Je ne risque pas de lui raconter grand'chose, au Saint Père, s'ils me renvoient à lui, ma langue dans ma poche et leur sale truc pointu enfoncé dans mon cul jusqu'à ma gorge...

Un grand frisson secoue le moine. Son teint tourne au vert. Cependant, le Basileus a maîtrisé son fou rire. Il dit à son ministre le plus gras :

— Aetios, explique.

Le gros ministre explique :

— Etranger, il s'est passé des choses. Tu jouis en ce moment de la grâce ineffable de contempler la face auguste du Basileus Irène, que tu commets l'erreur et l'impudence de confondre avec l'ex-Basileus Constantin, sixième du nom, fils en effet du Basileus Irène, mais fils indigne et impie qui, sa majorité venue, mal conseillé par des coquins ambitieux, prétendit s'élever contre sa mère et parut d'abord y réussir. Mais le Tout-Puissant n'a pas permis que les caprices d'un enfant frivole vinssent contrecarrer les desseins de Sa divine Providence. Ce jeune présomptueux...

Le Basileus Irène interrompt :

— Tu peux dire ce petit con ! Ce merdeux ! Ce triste avorton du foutre pourri du vieux Copronyme ! Cette fausse-couche qui m'est sortie du ventre comme un lavement !

Aetios laisse passer l'orage.

— Le jeune Constantin commit l'erreur de tomber amoureux et d'épouser secrètement une...

— Une pute ! Dis-le ! Dis-le donc ! Une pauvre petite

connasse de pute qui croyait déjà que c'était arrivé !
Aetios continue :
— Le peuple n'aima pas cela. Ni l'armée. Qu'est-ce qu'un empereur sans l'armée ? Or, l'armée aime Irène.
Le Basileus rit encore :
— Tu parles ! L'armée aime qui la paie.
— Enfin, l'armée chassa Constantin et fit revenir Irène, qui redevint régente.
— Régente, ce n'est pas mal. Pour commencer. Mais je voulais davantage. Je voulais être l'Empereur. Pas l'Impératrice, tu comprends, moine ? L'Empereur. Le Basileus. Et voilà : je le suis. Qu'en dis-tu, moine ?
Le moine, prudent :
— Que pourrais-je en dire, Augusta ?
— Pas « Augusta » ! Je ne suis pas la femelle d'un Basileus ! Je suis le Basileus ! Il n'y a pas de féminin pour « Basileus ». Il n'en faut pas ! Le Basileus est au-dessus des sexes, le Basileus ignore s'il a un sexe, s'il a un cul, s'il saigne, s'il pisse ou s'il chie ! « Augusta »... Pfui !
Le Basileus crache.
Le moine d'Occident, prudemment, humblement, hasarde :
— Théodora la Grande a porté glorieusement le titre d'Augusta...
— Théodora, aussi grande ait-elle pu être, n'était que la femme de Justinien. Elle n'était que la seconde dans l'Empire. Le premier, c'était Justinien, l'homme. Et pourtant, qu'eût été Justinien sans Théodora ?... Moi, je suis la première et le premier. Je suis le Basileus.
La face d'émail aux yeux cernés de noir s'est figée. Elle dit, et alors c'est l'icône d'entre les icônes qui parle :
— Au-dessus du Basileus, il n'y a que Dieu.
Staurachos, Niképhore et Aetios tombent à genoux et se prosternent. Le moine d'Occident les imite. Cependant ces choses stupéfiantes et terribles qu'il vient d'apprendre se bousculent dans sa tête. Il en oublie son souci. « Ainsi donc, le Basileus est une femme ! Autant dire qu'il n'y a plus de Basileus... L'Empire est foutu... Il faut que le pape sache... Le trône du monde est vide. Tous les peuples de la Grande Barbarie vont se ruer... Ah, dis donc, tu parles d'un truc ! » Et puis il pense à sa langue, à son cul, au sinistre sourire d'Irène. « Irène... Pourquoi n'a-t-elle pas changé son nom, tant qu'elle y était ? Elle aurait pu se faire appeler Irénée... Irénéos, c'est

bien comme ça qu'ils disent ? ... Oui, mais, renier le nom qu'on a reçu au baptême : sacrilège ! »

Le Basileus s'impatiente :

— Eh, l'homme de Dieu ! Maintenant, te voilà au courant. Vas-tu enfin nous délivrer ce fameux message ? Allons, relève-toi, pas de chichis, nous sommes entre nous. Parle !

Le moine frotte ses genoux talés par le marbre. Il hoche la tête.

— Suprême Sagesse, ce que tu viens de m'apprendre rend mon message caduc. Il est donc tout à fait inutile que je te fasse perdre à l'entendre ton temps incommensurablement précieux.

— Je t'ai dit : parle, tonsuré ! Et cesse de balancer des pelletées de fleurs de rhétorique. Au fait, bon Dieu !

Le Basileus ajoute, avec son terrible sourire :

— Peut-être ton message contient-il de quoi sauver ta langue ? En tout cas, il ne peut pas te la faire perdre deux fois...

Le moine fait la grimace. Il soupire, hausse les épaules, et puis, bon, il commence :

— Suprême Sagesse, l'Empire romain fut grand sous Auguste. Il le fut plus encore sous Trajan, car chaque Empereur y avait ajouté. Tu es l'héritière... euh... l'héritier d'Auguste, de Trajan, de Constantin le Grand et de tous les autres. Leur Empire est ton Empire, du Caucase à l'Atlantique, des sources du Nil aux brumes d'Ecosse.

Le moine hésite, tousse pour gagner du temps. Le Basileus persifle :

— L'évêque de Rome nous donne des leçons d'histoire, à présent ? C'est pour ça qu'il t'a envoyé ? Jusqu'ici, je ne vois rien dans tout ce prêchi-prêcha qui vaille une langue de moine.

— Suprême Sagesse, je viens au fait. Voici. Tu es l'Empereur du monde. En réalité — pardonne l'outrecuidance, mais, tu l'as dit toi-même, nous sommes entre nous — en réalité, tu n'es maître que de la vieille Grèce et d'un tout petit morceau d'Asie, de l'autre côté du Bosphore. J'ajoute quelques îles occidentales, quelques villes adriatiques, bien menacées... La Syrie, la Perse, la Mésopotamie, l'Egypte, l'Afrique, l'Espagne, les Arabes infidèles te les ont enlevées au nom du diable Mahom. Les Gaules et l'Italie sont aux mains des barbares teutonesques, et ce Karl, roi des Francs, vient encore de t'enlever Ravenne, Spolète et Bénévent...

— Pour les donner à ton évêque de Rome, cet Hadrianos crasseux, ce lèche-cul, cette vipère, ce maquereau de l'Eglise !

« Merde, se dit le moine, où ai-je été fourrer mes pieds ? » Il se dépêche d'enchaîner :

— Les hordes des Bulgars et des Avars se sont abattues sur la Pannonie et les pays du Danube. Ton Empire, ô Sérénissime, tu peux presque en voir les limites en te hissant sur la plus haute coupole de ton église de la Sainte Sagesse. Peut-être même peux-tu voir les cavaliers arabes pillant à tes frontières.

Le moine guette sur le visage impassible l'effet de ses paroles de calamité. Mais le Basileus a retrouvé toute sa majesté. Il dit :

— Moine, l'Empire est immortel. N'a-t-il pas déjà été bien près de sombrer, et son étendue réduite à moins encore que ce qu'elle est aujourd'hui ? Les barbares d'alors étaient-ils moins terribles que ceux d'aujourd'hui ? Huns, Ostrogoths, Burgondes, Vandales, Scythes et Perses ne valaient-ils pas tes Francs, tes Bulgars et tes Arabes ? Et Justinien n'a-t-il pas su promptement rendre à l'Empire son étendue, sa puissance et sa gloire ? Justinien, c'est-à-dire Théodora. Si Théodora a pu le faire, je le ferai.

— O Sérénissisme, l'Empire régénéré par Justinien a duré ce que dure un feu de paille sèche. Encore cet Empire n'était-il pas de moitié aussi étendu qu'il l'avait été sous Trajan. Ni les Gaules, ni l'Espagne, ni la Bretagne[1], ni les pays au-delà du Danube n'y furent inclus...

— Parce que Justinien n'était qu'un Justinien et sa Théodora une Théodora. Moi, je suis Irène.

***

L'eunuque Staurachos se tient debout devant le Basileus Irène. Il n'est point prosterné, la face dans la poussière. Il a ses entrées chez l'Egale des Apôtres, il est son conseiller le plus intime, elle ne fait rien qu'il ne sache ou qu'il ne lui ait suggéré. Il parle avec componction mais sans excès d'humilité.

1. Cette « Bretagne » est ce que nous nommons « Grande-Bretagne ».

— Suprême Sagesse...
— Ça va, Staurax ! Nous sommes entre nous, laisse tomber l'étiquette... T'as pas l'air dans ton assiette. Qu'est-ce qui se passe ?
— Un messager vient d'arriver.
— Alors ?
— Il apporte un paquet. Il ne veut le remettre qu'au Basileus, en mains propres.
— Qu'est-ce que tu racontes ?
— Rien de plus que ce que je viens de dire
— C'est bien ce que j'avais cru entendre. Alors je demande : qu'est-ce qui se passe ? Pourquoi cela vient-il jusqu'à moi ? Les gardes savent ce qu'ils ont à faire : confisquer le paquet, voir ce qu'il y a dedans, faire leur rapport à l'officier de service, qui décide s'il faut donner une petite pièce au bonhomme ou cent coups de trique, c'est selon... Routine. Hm... Si tu m'en parles, Staurachos, c'est qu'il y a autre chose. Quelque chose de spécial. Allons, ne fais pas le mystérieux. Vide ton sac. Et assieds-toi. Tu me donnes le vertige, avec ta tête en poire, tout là-haut.
Staurachos, pour s'asseoir, arrange autour de lui les vastes plis de sa somptueuse robe de soie de Chine aux broderies d'or et d'azur. Il pose précautionneusement ses fesses molles sur un tabouret inconfortable mais où l'or, l'argent, l'ivoire et toute cette sorte de choses abondent aux bons endroits, et il explique :
— Ce type porte autour du cou une chaîne à laquelle pend un petit sac de cuir. Dans le sac, il y a un message du grand chef des Bulgars. Comment appellent-ils ça déjà ?... Ah, oui : du « khan » des Bulgars.
— De Kroumm ?
— De Kroumm, oui.
— Kroumm sait écrire le grec ? C'est nouveau, ça !
— Kroumm n'a pas besoin de savoir le grec, et encore moins de savoir l'écrire. Il ne manque pas d'esclaves ni de transfuges grecs chez les Bulgars.
— Oui, bon. Ce message ?
— Attends, Très Sainte.
— Arrête tes simagrées, tu veux ? Une fois pour toutes, laisse tomber le cérémonial. Tu me fatigues.
— Pardon. L'habitude... Oui : ce type était à pied. Escorté par deux guerriers bulgars. A cheval, eux. Et qui le faisaient

avancer à coups de pointe de lance dans les fesses. Comme ça jusqu'à nos avant-postes. Là, les Bulgars l'ont remis aux nôtres, disant que c'était un ambassadeur du grand khan Kroumm pour le Basileus. Si bien que deux de nos hommes ont pris le relais et l'ont amené ici.

— Toujours à coups de lance dans le cul ?

— Non. A coups de fouet, pour changer. J'ai lu la lettre de Kroumm. Elle dit que le bonhomme a un message à transmettre au Basileus de la part de Kroumm, et aussi un paquet qui ne doit être ouvert que par le Basileus en personne. Voilà. Tu en sais autant que moi.

— Fais venir ce type. On verra bien.

Staurachos lance un ordre. La porte s'ouvre à deux battants et quatre gardes du Palais s'avancent, encadrant un homme jeune encore, un Grec, visiblement un patricien, mais dont les vêtements élégants ne sont plus que haillons souillés de poussière et de sang séché. Il peut à peine mettre un pied devant l'autre, les larmes ont raviné ses joues naguère fleuries, dans ses yeux hurlent le désespoir et la folie. Cependant, à la vue du Basileus, le vieux réflexe joue. Il tombe d'abord à genoux, et puis se prosterne tout de son long. Il n'a pas lâché le paquet qu'il apporte, un sac de cuir orné de broderies de perles de couleur au dessin barbare, hermétiquement cousu. Le paquet, gros comme un gros melon, se présente ainsi, entre les mains du messager allongé à terre, au bout de ses bras qui prolongent son corps, juste aux pieds du Basileus.

— Fais sortir les gardes, dit le Basileus à Staurachos.

Puis, quand c'est fait.

— Parle, dit le Basileus au messager. Je suis le Basileus.

Le pauvre type ne parle ni ne bouge.

— Eh bien, qu'est-ce qu'il a ? Pourquoi ne parle-t-il pas ? Vois ça, Staurax.

Staurachos envoie un solide coup de sandale dans les côtes du messager, qui tressaille à peine tant il est saoulé de coups et de souffrance.

— Parle ! lui hurle Staurachos à l'oreille. Ton message !

Le messager sursaute. Il esquisse des gestes que personne ne comprend parce que, naturellement, à plat ventre et les bras allongés, ce n'est pas commode de se faire comprendre par gestes. Il se redresse donc sur les genoux et, faisant passer son colis sous un bras, de l'autre il désigne sa bouche grande ouverte. Et chacun alors peut voir que cette bouche ne contient pas de dents, ni de langue, rien. Cette bouche n'est qu'un trou béant, avec de gros caillots de sang qui pendouillent.

— Ah, dit Staurachos, ils lui ont coupé la langue. Ça doit vouloir dire quelque chose, mais quoi ?

— La symbolique des Barbares, j'y connais pas grand' chose, dit le Basileus. Et les dents ? Pourquoi ils lui ont arraché les dents ?

— Pas pour lui faire plaisir, en tout cas. Eh bien, voyons toujours ce qu'il y a dans ce fameux paquet.

Mais la main du messager s'agite. Il veut faire comprendre quelque chose.

— Il demande de quoi écrire, dit le Basileus. Donne-lui tes tablettes, Staurax.

Staurachos tend au messager tablettes et style. L'homme pose son paquet, s'appuie dessus comme sur une écritoire et trace rapidement quelques lignes dans la cire. Il tend les tablettes au Basileus. Le Basileus sait lire, bien sûr, mais seulement les gros caractères, en suivant lettre à lettre avec le doigt et en épelant.. Cela va encore mieux quand il y a des images en couleurs avec du doré qui disent la même chose que l'écriture. Là, il n'y a pas d'images.

Staurachos lit. Il lit très bien, Staurachos. Il élève la voix avant une virgule et la baisse avant un point. Voici ce qu'il lit :

— « Au petit Basileus de Byzance, petit Césaruscule et petit Augustuscule de rien du tout, moi, Kroumm, grand chef, tsar et seigneur tout-puissant des Bulgars du Danube, j'envoie ce message et je lui dis ceci :

« J'ai pris ton messager, celui que tu envoyais en secret à Karl, roi des Francs, pour lui demander du secours contre moi, Kroumm, chef et seigneur des Bulgars. Je sais que c'est cela que tu lui demandais, bien que je n'aie pas lu ton message, le messager ayant eu le temps de le dévorer. Mais que pourrais-tu lui demander d'autre ? Je sais donc désormais que tu n'as plus confiance en ce qui te reste d'armée et que tu n'as d'espoir qu'en celles du lointain Karl, roi des Francs. Mais tu sais maintenant que le roi Karl ne recevra jamais ton message.

« Alors, voici :

« Moi, Kroumm, seigneur des Bulgars, je te somme et

t'ordonne d'avoir dorénavant à laisser mes Bulgars paître leurs troupeaux en toute paix et sérénité sur l'étendue de pays au sud du fleuve Danube, partout où se trouvent des peuples slaves ayant reconnu la suzeraineté du peuple bulgar et acceptant de lui payer tribut en or, en blé, en chevaux, en moutons et en esclaves, à savoir : le pays des Serbes, le pays des Croates, le pays des Daces, le pays des Dalmates et le pays qu'on appelle Macédoine. Kroumm te laisse les pays peuplés de Grecs que tu appelles Romains. Tu paieras en outre à Kroumm chaque année un tribut qu'il reste à fixer. Sinon, la guerre.

« Ceci est le message de Kroumm, grand chef, khan, seigneur et tsar des Bulgars.

« Kroumm a parlé. »

— Les rodomontades habituelles, dit le Basileus. Il n'a pa lu ma lettre à Karl, c'est l'essentiel.

— Il y a un post-scriptum, dit Staurachos.

— Eh bien, lis !

— « Pour te prouver qu'il sait ce qu'il sait, Kroumm te dit : Ouvre le paquet, tu verras. »

— Ouvre donc le paquet, Staurax.

Staurachos tire de sa gaine élégante le poignard à la lame recourbée qu'une caravane apporta de Damas et, en deux gestes prestes, il fait sauter les coutures du sac de cuir. Il avance la main, avec précaution, on ne sait jamais, ce pourrait être un colis de vipères folles de rage, ça s'est vu, ces Barbares sont si farceurs... Mais ses doigts ne trouvent qu'un paquet de filasse, sans doute un rembourrage pour protéger un objet fragile. Staurachos tire sur la filasse, et alors voilà, ce n'est pas de la filasse, mais des cheveux, des cheveux jaunes et fort longs, aussi pâles que la filasse, des cheveux comme en ont les Teutons et les Slaves. Staurachos empoigne le paquet de cheveux, le soulève haut en l'air. La tête qu'il y a au bout pend et tournaille sur elle-même, trois tours à droite, trois tours à gauche.

Le Basileus éclate de rire. Le moyen de s'en empêcher ! Dans la bouche de la tête coupée on a fait entrer un sexe d'homme, provenant probablement du même individu. Les testicules lui gonflent les joues comme si la tête soufflait dans une trompette, tandis que les lèvres s'arrondissent autour du pénis qui pend au-dehors, auréolé d'une touffe de poils blonds. C'est, il faut le reconnaître, très drôle, très réussi. Staurachos rit aussi, moins fort, toutefois, et moins longtemps. Il n'apprécie pas tellement les plaisanteries à base de sexes coupés, Staurachos.

Le Basileus enfin reprend son souffle. Son front redevient soucieux.

— Pas de doute, Staurax, c'est bien lui. Le comte Hilpérik. Mon message n'est pas passé. Et Karl qui attend ! Dieu sait ce qu'il peut imaginer, ne voyant pas venir ma réponse... Staurachos, il faut qu'un messager passe. Et vite. Tu entends ? Il le faut.

— Hilpérik était un preux. Il n'est pas passé. Seul, un preux passera... Peut-être. Des preux, il y en a chez les Francs, chez les Arabes, aussi. Pas à Byzance. Têtes brûlées, soldats de fortune, chevaliers errants... Cette herbe-là ne pousse pas chez nous. Nous ne voulons plus nous battre, nous payons des mercenaires pour se battre à notre place, et nous méprisons ceux qui se battent pour nous. Et, bien sûr, ceux-là n'écoutent que leur intérêt et sont prêts à se vendre à qui paie mieux, et même à changer de camp en pleine bataille.

— Trouve un preux.

— Je vais chercher.

— Trouve.

Staurachos désigne le messager forcé, affalé sur le sol. Il s'est évanoui.

— Qu'est-ce qu'on en fait ?

— C'est un patricien, je pense. Probablement d'un village des confins bulgars. Ils ont dû tuer toute sa famille, brûler sa maison... Vivre sans langue, est-ce que ça vaut la peine ?

— Je vis bien sans couilles, moi ! Et je trouve que ça vaut quand même drôlement la peine.

— Staurachos, tu m'as convaincue. Je pensais le faire achever, pour son bien. Mais bon, fais à ton idée.

Un regret passe dans le regard du Basileus Irène. Elle soupire :

— Cet Hilpérik, dis donc, quel taureau ! Si j'avais su... Sais-tu si tous les Francs sont aussi terriblement montés, Staurax ?

Non, Staurachos ne sait pas. Et il préfère qu'on parle d'autre chose.

*
**

La chambre est petite, carrée, acagnardée directement sous le toit. Nous sommes à Byzance, le toit est une coupole. Le regard du chevalier Renaud, présentement allongé sur sa paillasse, les bras sous la nuque, se perd dans les profondeurs aux ombres bleues de la demi-sphère creuse. La chaleur est accablante. Le rideau de cuir, devant la fenêtre sans vitres, pend, inerte. Le chevalier Renaud est nu. Il se demande s'il aurait le courage de se traîner jusqu'aux bains publics. C'est l'heure de la sieste. Byzance dort. On n'entend que le bourdonnement des mouches, la stridence des cigales et, de loin en loin, le coup de sabot d'un cheval qui rêve dans son écurie.

Il n'y a pas de lourde porte en bois de chêne fermant au loquet comme dans les pays du Nord. Rien qu'un rideau de perles de terre cuite. Les Byzantins font peu d'usage de portes et de verrous. Les perles s'entrechoquent avec un bruit guilleret, le rideau s'écarte, l'écuyer Raymond paraît.

— Tu ne dors pas, chevalier ?

— Non. Je n'arrive pas à dormir quand le soleil est haut dans le ciel. Affaire d'habitude... Toi non plus, on dirait ?

— Comme tu vois. Et d'autres que nous ne dorment pas. Il y a là dehors un gars avec un message pour toi, et qui ne veut le remettre qu'à toi.

— Un message ?

— Un message. Dans un étui. Un bel étui.

— Mais... Je ne connais personne dans cette ville !

— En tout cas, tu sembles y être connu. Ecoute, le plus simple serait peut-être de faire entrer le garçon, tu ne crois pas ?

— Fais entrer.

Le porteur de message est un bel adolescent vêtu d'une simple tunique de lin écru. Un esclave, visiblement, et, non moins visiblement, un eunuque. Les esclaves portent les couleurs de leur propriétaire. Pas celui-là. Renaud, méfiant, questionne :

— Qui t'envoie ?

Son grec n'est pas fameux, l'accent tudesque n'arrange rien, pourtant l'enfant comprend. Il répond :

— Tout est dit là-dedans.

Il tend à Renaud un tube d'ivoire finement ciselé.

— Tu dois te tromper. Ce n'est pas pour moi.

L'adolescent récite :

— Pour le seigneur Renaud, chez la dame veuve Chrysothémis, aux Blachernes.

Renaud regarde Raymond :

— Ça, alors...

— On ne saurait être plus précis, dit Raymond. Ça me rappelle...

— Oui ?

— Ça me rappelle que j'ai répandu ton nom ici et là, dans l'oreille de certaines personnes utiles, avec aussi un résumé de tes travaux et prouesses. Histoire d'appâter le chaland, si tu vois...

— Eh bien, on dirait que cela fait effet.

— Alors, seigneur, tu le prends ? s'impatiente l'adolescent, effronté comme un eunuque qu'il est.

— Donne.

Renaud ouvre l'étui. Il en tire un rouleau blanc où se voient des signes.

— De l'écrit ! Me voilà bien avancé.

— Tu ne sais pas lire ? s'étonne le messager.

— Non.

— Et moi non plus, dit Raymond.

— Si tu permets, je vais te le lire, moi.

— Ah, parce que toi, tu sais ?

— Et même écrire.

— Eh bien, lis.

— Voici. « Pour le seigneur Renaud, chez la dame veuve... »

— Ça va, ça va, tu l'as déjà dit, ça. Qu'est-ce qu'on lui veut, au seigneur Renaud ?

— J'y arrive. « Que le seigneur Renaud suive le porteur de ceci sur-le-champ. »

Renaud attend la suite. Mais il n'y a pas de suite.

— C'est tout ?

— C'est tout.

— Sur-le-champ, eh ?

— Sur-le-champ.

— Tiens, donc ! Comme ça ?

— Mais oui.

— Et tu crois que je vais obéir ?

— Oh, oui !

— Qu'est-ce qui te fait croire ça ?

— Regarde ici.

— Oui, bon. C'est un sceau. Alors ?

— Ouh là là ! s'exclame l'écuyer Raymond. Le sceau du Préfet du Palais !

— Chut ! dit l'adolescent. Je passe devant, tu me suis. Discrètement.

— C'est donc au Palais qu'on va ?

— Chut !

— Bon, bon. Raymond, selle mon cheval.

— Non. Pas de cheval. J'ai une barque. Nous irons par l'eau.

Raymond cependant examine attentivement le message. Il dit :

— Quelle drôle de matière ! Jamais vu du papyrus comme celui-là. C'est blanc, c'est doux...

— Ça vient de Chine, dit le messager. C'est tout nouveau. Ils font ça avec des chiffons, du coton, des trucs comme ça. Ça nous arrive par les caravanes.

— On n'arrête pas le progrès !

— Chez nous, dit Renaud, on en est encore au parchemin. Mais on manque de peaux. Les moines grattent les vieux livres des païens pour avoir du parchemin neuf et recopier dessus les Pères de l'Eglise.

— Ça me donne une idée, dit Raymond. On achète ici de ce papyrus des caravanes, on en remplit une nef, on le revend chez nous dix fois ce qu'il nous a coûté...

— Halte-là ! dit Renaud. Je suis homme libre, portant lance et épée. Je ne me salirai certes pas les mains, l'écu et l'âme à ces sales trafics. Et puisque tu es à moi, tu ne le feras pas non plus, tu entends ?

— Bof... On peut rêver...

— Rêver à des choses sales est déjà se salir.

***

Renaud suivant l'esclave traverse les salles prodigieuses du Palais Sacré. Il fait pas mal de détours par des escaliers et des corridors où l'adolescent se dirige très à l'aise, traverse des corps de garde où des soldats aux cuirasses bien astiquées jouent aux dés, des antichambres où prennent patience des prélats, des patriciens et des marchands, pour enfin accéder à une porte discrète, au fond d'un couloir où, apparemment, il ne passe personne. L'esclave tire plusieurs fois de suite, selon un certain rythme, sur un cordon de soie qu'on n'aurait jamais soupçonné là. Renaud n'entend rien, pourtant la porte s'entrebaille, puis s'ouvre en grand. L'esclave entre, fait signe à Renaud, qui entre à son tour.

Il y a une ultime porte à franchir. Cette fois, l'esclave s'efface. Il souffle à Renaud :

— Tu vas te trouver devant le Basileus. Prosterne-toi.

— Le genou en terre ?

— Tu es fou ! Prosterné, je te dis !

— A quatre pattes, le cul en l'air, comme Sarrazinois à la prière ?

— Non, non ! A plat ventre, chevalier ! A plat ventre !

— Oh, oh ! Voilà qui est dur à avaler !

— Tu tiens à ta tête ?

— Comme ça...

— Moi, je tiens à la mienne. Fais-le pour moi.

Renaud a envie de répondre « Et pourquoi le ferais-je pour toi, trou du cul ? », mais l'esclave a ouvert la porte et Renaud, bof, s'avance.

***

La femme est belle. Très belle. Suprêmement belle. Plus toute jeune. La petite quarantaine, estime Renaud. Qui aussitôt se méprise pour avoir sali d'une grossière notion d'âge une aussi bouleversante vision. Il en oublie les injonctions de l'esclave, la prosternation. Et d'abord, où est-il, le Basileus ? Renaud ne voit que cette femme, cette perfection, et c'est à sa beauté qu'il rend hommage lorsqu'il se laisse tomber, à ses pieds, sur les genoux.

— Allons, relève-toi, chevalier, dit la fascinante. Je n'exige pas la prosternation, nous avons à parler, et vite.

— Très belle, dit Renaud, devant toi je veux bien me prosterner, le nez dans la poussière, et rester ainsi jusqu'à la fin des temps. Je ne savais pas ce que je venais faire ici, maintenant je le sais. Je suis venu mettre ma vie à tes pieds, et mon bras, et mon épée. Commande, j'obéirai. Tout le bonheur du monde, tu me l'as déjà donné, rien qu'en paraissant à mes yeux. Rien de ce que je puis t'offrir ne pourra jamais payer cela. Je suis à toi, cœur, tête et tout.

La femme a écouté, noyée dans le fleuve de ses cheveux de nuit. Charmée. Amusée. Un peu surprise, quand même.

— Tu ne manques pas d'audace, chevalier. Je t'ai fait grâce des prosternations, génuflexions et salamalecs, mais n'abuse pas.

Soudain, elle comprend :

— Mais... Tu ne sais donc pas devant qui tu es ?

— Je le sais fort bien. Je suis devant la Dame. Devant celle que j'ai tant cherchée. J'avais renoncé. Elle n'existait pas, voilà tout. Et te voilà. Je n'aurai pas vécu en vain : je t'ai vue. Tu existes.

— Enfin, qui donc, crois-tu, t'a fait venir ici ?

— Je ne sais pas... Qu'importe ?... Un fonctionnaire... Le Préfet du Palais, je pense.

— Tu as été convoqué par le Basileus. Et le Basileus, c'est moi.

Dans le flamboiement de son extase, Renaud perçoit vaguement l'extravagance de tout ça.

— Le Basileus... L'Empereur... Mais tu es femme !

— Chevalier, cela suffit ! Je suis le Basileus, tu es ici dans mon Palais Sacré, je t'ai fait venir, maintenant tu te tais et tu m'écoutes.

— Je me tais et je t'écoute, divine.

— Il y va des plus hauts intérêts de l'Empire. Tu es tenu au secret. Au secret absolu.

— Il n'y a pas deux sortes de secret. Le secret ne saurait être qu'absolu. Commande. J'obéirai.

— Chevalier, tu es ce que les Francs appellent un preux. Ta race est celle des barbares Germains. Tu as servi sous le roi Karl en mainte campagne. Tu fus à Roncevaux.

— Tout cela est vrai. Mais d'où le sais-tu ?

— Tu es naïf, chevalier. La police, ça existe. A Byzance plus que n'importe où. Dès le lendemain de ton arrivée, ma police savait que tu cherchais un engagement de chevalier de fortune. Ensuite, tu pris logis aux Blachernes et t'accointas avec cet autre aventurier, ce Raymond que tu promus écuyer. Entre nous, si tous les étrangers faisaient autant de bruit que Raymond en a fait autour de ton nom, ma police aurait la vie belle.

Irène quitte son siège étincelant d'or et ruisselant de

gemmes mais malcommode à la fesse. Elle est vêtue d'une simple dalmatique blanche, longue robe ample dont les plis profonds accompagnent les souples mouvements de son corps parfait. Renaud s'est levé en même temps qu'elle. Il la domine de ses épaules d'enfonceur de portes de villes. Il s'emplit les yeux d'elle. Elle dit :

— Assieds-toi, barbare. Nul ne peut me regarder de haut en bas. D'abord, je ne supporte pas. Tiens, là, sur ce coussin.

Elle s'allonge sur un divan bas. Les bracelets qui pendent à son bras frôlent les cheveux de Renaud. Il en tremble.

— Ecoute. Tu es chevalier de fortune. Tu loues ton épée à qui peut payer. En ce moment, tu es sans emploi. Vrai ?

Renaud acquiesce, la tête ailleurs.

— Bien. Je te propose une mission.

Renaud ne dit rien. Ses yeux regardent bouger les lèvres de la femme. Sa bouche, à lui, bée légèrement, il bave un peu, il a l'air d'un crétin de village. Il est malade du mal d'amour.

Irène cependant parle :

— Tu peux dire non. Tu peux. Mais alors je te ferai tuer. Bien forcée. Tout ceci doit rester secret, tu comprends ?

Cette fois, Renaud a entendu. Il répond :

— Il n'est pas besoin de me tuer pour s'assurer mon silence. Chez nous autres, la parole d'un chevalier est plus sûre que la mort même.

— Taratata !... Là, tu fais de la littérature, seigneur chevalier ! On le connaît, votre code de l'honneur ! La parole donnée et les serments les plus sacrés n'ont jamais empêché vos Clovis, vos Dagobert et tous vos Pépin d'assassiner père, mère, frères, oncles, tantes et cousins, de dépouiller les enfants à la mamelle, de violer les traités à peine signés et de faire étrangler leurs femmes chaque fois qu'ils voulaient en changer ! Alors, s'il te plaît, pas de grands airs avec moi, pas d'effets de mâchoire vertueuse ! Je ne me fie qu'aux précautions prises, et prises par moi. Et encore...

— De toute façon, dit Renaud, j'accepte.

— Attends ! Tu ne sais pas de quoi il s'agit.

— J'accepte.

— Oui. Je vois. Tu te dis « Mort pour mort, au moins en acceptant j'ai une chance ». Seulement, il y a mort et mort. Celle que je serais bien obligée de te donner — à mon grand regret, crois-le bien, car tu es beau, chevalier — cette mort-là serait prompte et donc douce. Celle qui t'attend là où je t'envoie...

Elle se lève, ondule jusqu'à un coffre aussi précieux que le reste, l'ouvre, en tire un melon pourri au fond d'un paquet d'étoupe : la tête du messager du roi Karl. Elle le tient à bout de bras devant les yeux de Renaud. La tête est toujours aussi grotesque, les joues gonflées par les testicules, la bouche arrondie autour du gros membre flasque. Alentour bourdonnent quelques puissantes mouches corsetées d'or vert.

— Le comte Hilpérik, dit Renaud. Je l'ai connu.

— C'est tout l'effet que ça te fait ?

— J'en ai vu d'autres. Rarement aussi joliment présentées, je dois dire.

— Amusant, n'est-ce pas ? dit Irène.

Elle rit, c'est plus fort qu'elle.

— C'est idiot ! Je l'ai sortie pour te faire peur, et voilà que je ris !... Bon. Suppose maintenant que cette tête est la tienne. Eh bien, c'est ce qui va à peu près sûrement t'arriver là où je t'envoie... Je continue ?

— J'écoute, plus que belle.

— Très bien. Karl, roi des Francs, m'a envoyé un émissaire chargé d'un message secret d'une terrible importance et qui exigeait une prompte réponse. J'ai remis à l'émissaire une réponse conforme aux vœux du roi Karl. C'était un Franc de haute lignée, un preux, un compagnon du roi.

— Je sais qui était Hilpérik.

— Il lui fallait traverser le pays au sud du Danube, qui est pays d'Empire mais qu'occupent indûment les hordes bulgares. Les Bulgars ont intercepté Hilpérik, et voilà...

Elle élève la tête, au bout de ses cheveux, dans la lumière, et puis l'envoie rouler au diable. Les mouches d'or vert bourdonnent en grande fureur.

— Sache bien qu'avant d'en avoir terminé avec lui, les Bulgars se sont amusés pendant des jours. Ce que ces chiens malades peuvent inventer, tu n'as pas idée.

— Tu me proposes donc de prendre la suite d'Hilpérik.

— Voilà.

— Je te répète : j'accepte.

*
**

L'eunuque Staurachos, patrice romain, et l'eunuque Aetios, également patrice romain, tous deux conseillers intimes du Basileus Irène, se chamaillent. Les eunuques se chamaillent souvent. C'est leur caractère qui veut ça. A cause de ce qu'on leur a coupé autrefois et qui agit sur le caractère, à la longue. Tout le monde sait cela.

L'eunuque Aetios est bassement jaloux de l'eunuque Staurachos parce que le Basileus, qui aime beaucoup Aetios et le couvre de ses faveurs, aime quand même un peu plus, un tout petit peu plus, Staurachos.

En ce moment, l'eunuque Aetios jubile. Sa voix aigre comme le moyeu d'une roue de charrette qui crie pour un peu de graisse se moque de Staurachos. Staurachos pleure. Staurachos pleurait déjà avant qu'Aetios ne se moque de lui, c'est même pour ça qu'Aetios se moque. Staurachos s'en veut de s'être laissé aller, dans sa détresse, à pleurer devant cette face plate d'Aetios, mais il n'avait personne d'autre sous la main devant qui pleurer, il n'a donc rien à se reprocher. Si c'était à refaire, il referait la même chose. Il hoquète :

— Qu'est-ce que je lui ai fait, moi ? Qu'est-ce que je lui ai dit ? J'ai fait quelque chose ? J'ai dit quelque chose ? L'idée de se servir du chevalier franc, elle est de qui ? Elle est de moi, voilà de qui elle est. Et total, quand il arrive, le Franc, quand je le lui ai trouvé, qu'est-ce qu'elle me dit ? Elle me dit : « Non, Staurax, pas toi. Tu me laisses seule avec lui. Secret d'Etat. » Voilà ce qu'elle me dit. Tel que. Et elle me ferme la porte au nez. J'en suis resté... Bleu. Voilà. J'en suis resté littéralement bleu. Comme si je ne le connaissais pas, son secret d'Etat ! C'est méchant, ce qu'elle a fait là. Méchante ! Méchante, méchante, méchante !

Aetios se dit alors que peut-être son tour est venu. Si Staurachos est moins aimé, lui, Aetios, sera peut-être un tout petit peu plus aimé que Staurachos. Logique, non ? Ce secret d'Etat auquel participa Staurachos, il en avait été tenu à l'écart, lui, Aetios. C'est vexant.

— Oh, secret d'Etat, secret d'Etat, ironise Aetios... Plutôt caprice de femme, à mon avis. Nuage. Vapeur. Billevesée.

— Tu ne sais rien, Aetios ! Il y a secret. Secret terrible.

— Pfû ! Secret de dentelles. Colifichets. Fanfreluches.

— Oh, tu m'énerves ! Ecoute... Mais tu te tairas, hein ?

— Tu me connais. Alors ?

Staurachos se rapproche d'Aetios, tout près.

— Le roi Karl...

— Celui qui a donné l'Italie au Pape ? L'Italie qui est à nous ? Ce voleur, ce rouquin barbare...

— Eh, oui. Karl, quoi. Le roi des Francs. Alors, voilà, il a envoyé un messager à Irène.

— Ça, je sais.

— Oui, mais, pour lui dire quoi, tu ne sais pas.

— Oh, de ces choses qui se disent de roi à empereur. Politesses. Phrases. Salamalecs.

— Pour lui demander d'être sa femme.

— Hein ? Irène mariée ? Tu rigoles ! Mariée à cette brute ? Mais Irène a une terreur panique de ces barbares ! Elle les voit déjà à la frontière, elle parle de s'allier aux Avars et même aux Bulgars pour les tenir à distance, quitte à abandonner la moitié de ce qui reste de l'Empire... Ce gros Karl avec son appétit d'ogre ?... Non, c'est pas possible. Tu me fais marcher !

— Elle a accepté.

— T'es fou !

— Elle a accepté.

— Et tu le savais ?

— Je l'ai même encouragée.

— Fou à lier !

— C'est toi qui es bête à crever. Ecoute. Byzance est foutue.

— Oh, dis !

— Foutue.

Staurachos compte sur ses doigts.

— Rien que des ennemis tout autour. Au Sud, les Arabes qui viennent de nous mettre une raclée terrible, à qui nous payons tribut et qui sont encore tout prêts à nous sauter dessus. Au Nord, les Bulgars, qui nous ont déjà dévoré tout le Danube inférieur et n'attendent que l'occasion pour gober le reste. A l'Ouest, les Avars, qui nous ont pris la Pannonie entière et qui ne nous fichent provisoirement la paix que parce qu'ils sont trop occupés à tenir Karl en respect de l'autre côté... Et quand Karl en aura fini avec eux, c'est lui et ses Francs qui seront sur notre frontière, du Danube à l'Adriatique. En Italie, du Nord au Sud, Karl, encore Karl. Karl aux ordres du pape, ou l'inverse, peu importe : larrons en foire. Et nous, au milieu de tous ces crocs, faibles et tremblants — si nos ennemis pouvaient savoir à quel point nous sommes faibles ! — qui sommes là à attendre la grande ruée et l'égorgement... J'ai pas raison, peut-être ?

— Si... Si, bien sûr... C'est affreux ! Heureusement, on arrive à penser à autre chose. La vie serait trop triste.

— Bon Dieu, Aetios, réfléchis un peu ! Karl épouse Irène. Karl devient Basileus...

— Non. Jamais Irène ne marchera. Elle veut être empereur, pas femelle d'empereur.

— Elle marchera. C'est ça ou crever. Et elle peut toujours se figurer qu'elle matera le gros Karl, comme elle a maté son Léon de mari, comme elle a maté son Constantin de fils... De toute façon, l'empire d'Orient et le royaume franc réunis, c'est la chrétienté entière d'un seul bloc ! Que pourront, contre cet Empire romain ressuscité en étendue et en puissance, les misérables hordes des vermines des steppes, Avars, Bulgars, Magyars et autres Mongols ? Même les Arabes se tiendront tranquilles. Haroun al-Rachid admire et respecte Karl. Peut-être même pourrons-nous un jour leur renfoncer leur Mahomet dans la gorge et faire régner à nouveau la croix sur l'Afrique et l'Asie ! Et délivrer Jérusalem !

Aetios plisse sa face plate. Il n'est pas convaincu. Il réfléchit. C'est pénible. Il n'a pas l'habitude.

— Non, dit-il enfin. Non. Tu ne vois pas l'essentiel. Et l'essentiel, je vais te le dire. L'essentiel, c'est la brutalité et l'insolence de ces barbares Francs. Ils veulent tout. Ils prennent tout. C'est l'avidité de puissance du pape de Rome, qui se veut au-dessus des rois et des empereurs, qui chassera nos popes, qui imposera ses curés, qui détruira les icônes... C'est la violence germanique unie à l'hypocrisie romaine, c'est l'Empire romain d'Orient devenu poussière de royaumes barbares comme l'est devenu l'empire d'Occident, et dès la mort de Karl émietté, éparpillé en repaires de pirates minuscules et cupides, puisque ces Teutons imbéciles se croient obligés de partager leurs Etats, après leur mort, entre leurs enfants, comme on partage une orange...

Aetios s'est exalté en parlant. Voilà qu'il vaticine, les yeux agrandis, l'index levé.

— Non, non, Staurachos ! C'est folie ! Tu imagines les grandes brutes blondasses dans les rues de Byzance ? En pays conquis... Jamais les citoyens n'accepteront cela ! Il y aura des bagarres, des révoltes, et puis l'extermination... Et nous, Staurax, et nous, dans tout ça ? Hein ? Tu y as pensé ? Karl est fourbe autant que brutal, comme tous ceux de sa race. Il ne tolérera pas de Grecs en son conseil. Et encore moins d'eunuques ! Les Francs méprisent les eunuques. Chez eux, châtrer les enfants est un crime énorme, un eunuque n'est pas un être humain... Non, non, Staurachos, il ne faut pas que ce mariage se fasse. Il ne faut pas !

Les deux favoris se regardent. Leurs petites jalousies sont oubliées. Pour l'instant... Staurachos hoche sa tête en poire, met sa main sur l'épaule d'Aetios et dit :

— Tu as raison. Il ne faut pas. Allons prévenir Niképhore.

⁂

La maison du Grand Logothète[1] Niképhore est une villa patricienne telle que les construisaient les Romains de Rome au temps du grand Constantin. Par la suite, des coupoles ont remplacé les toits à double pente, la grisaille vieil ocre de la tuile romaine a fait place à la blancheur éclatante des hémisphères serrés en troupeau de mouton. L'Orient, un instant chassé, est revenu au galop. La maison domine la mer étincelante, la brise du large la caresse, des arbres bien choisis la rafraîchissent de leur ombre. Il fait bon, là.

Le Grand Logothète Niképhore reçoit ses hôtes, les patrices Staurachos et Aetios, dans le jardin de sa villa, à l'ombre de sa treille. Ils boivent des limonades rafraîchies à la neige du Caucase conservée dans des silos de paille et parfumée aux épices qu'apportent les caravanes depuis les Pays de l'Orient Interdit. Les épices sont très chères. Les gens qui peuvent s'en payer sont très riches. Ils en mettent à pleines louchées dans tout ce qu'ils boivent ou mangent, car à quoi bon être riche si personne ne sait que tu es riche ? Niképhore, lui, en met très peu. Il est avare jusqu'à la passion et s'en fait gloire. L'avarice est une qualité pour qui administre les finances de l'Empire. Malheureusement pour l'Empire, Niképhore n'est pas qu'avare, il est avide. Terriblement avide. Ce que sa parcimonie rogne sur le budget de l'Etat, son avidité le détourne vers sa propre bourse. Niképhore est fantastiquement riche, plus riche que le Basileus, murmure-t-on.

1. Grand Logothète : Trésorier. Ministre des Finances.

Niképhore n'est pas que pingre et voleur : il est ambitieux. Or, à quoi peut bien rêver un Grand Logothète, pratiquement premier ministre, s'il a de l'ambition ? Qu'y a-t-il au-dessus de lui ? Le Basileus. Et rien d'autre.

Pour être Basileus, deux conditions. Ne pas être eunuque. Ne pas être aveugle.

Niképhore n'est pas eunuque. Il est un des très rares conseillers du Basileus à sentir se balancer entre ses cuisses ses bijoux de famille au complet et en état de marche. Et les terribles yeux de Niképhore sondent les bourses sous les vêtements et les âmes sous les sourires. Niképhore a donc tout ce qu'il faut. Plus l'astuce. Plus la dissimulation. Plus la patience. Niképhore attend son heure.

Les patrices Staurachos et Aetios vautrent leurs soucis parmi les coussins de soie et d'or des lits bas à la romaine. Niképhore arpente les dalles de marbre rouge jusqu'aux massifs de roses de Perse, et puis il revient. Il remue dans sa tête ce que viennent de lui apprendre les deux eunuques, ses collègues au Conseil Sacré. Il met les choses en face des choses, jusqu'à ce qu'elles aient envie d'aller ensemble. C'est un jeu délicat et subtil. Et dangereux. Il y a beaucoup de choses à y faire entrer, et en oublier une seule peut entraîner le désastre et la mort dans les supplices.

Niképhore enfin cesse son arpentage. Pour s'asseoir entre Staurachos et Aetios il plie sa haute taille et ses genoux maigres. Il est d'ascendance arabe, sa face est étroite, couleur de cuivre, son nez mince courbé en cimeterre, ses yeux noirs et ardents.

— Je sais, dit-il, et sa voix s'entend à peine, je sais ce qu'il faut faire.

Il se tait. Il ménage ses effets. Il aime bien qu'on le presse.

— Eh bien ? dit Aetios. Tu sais ou tu ne sais pas ? Si tu sais, parle.

— Vous n'allez pas être d'accord.

— Si c'est une connerie, nous ne serons pas d'accord. Dis toujours.

Niképhore les regarde l'un après l'autre.

— Il faut prévenir le pape. Le plus vite possible.

Staurachos se récrie à voix aiguë :

— Tu avais raison : je ne suis pas d'accord. Prévenir le pape ! La dernière chose à faire !

Aetios attend qu'il reprenne haleine, et alors il dit, posément :

— Je ne comprends pas, Niképhore. Explique.

— Ecoutez. Le pape n'a, en Europe, qu'un ennemi : nous autres. Il nous a dépouillés de l'Italie. Il a soutenu Irène du bout des lèvres, à Nicée, mais son vœu le plus ardent est l'unification du monde chrétien sous sa coupe, à lui, pape. Seulement il est faible. Sa force, c'est le roi Karl et ses Francs. C'est Karl qui nous a chassés d'Italie pour lui en faire cadeau. C'est Karl qui se veut le bras armé du pape, qui dépose dévotement à ses pieds les pays païens nouvellement conquis, les infeste de moines irlandais à moitié hérétiques et massacre tout ce qui ne veut pas se convertir, non seulement au Christ, mais au rite romain qu'ils appellent « catholique ».

— Nous savons tout cela, dit Staurachos. Alors ?

— Alors ? Eh bien, Karl est un goulu. Ses victoires l'ont grisé. Il veut davantage et davantage. Il s'est servi du pape, jusqu'ici.

— Et le pape s'est servi de lui ! dit Aetios.

— Donnant, donnant. L'un s'appuyant sur l'autre, ils sont devenus formidables. Mais les conditions ont changé. Karl n'a plus besoin du pape. Du moins il le croit. Karl ne veut tenir sa puissance que de lui-même. Le pape, lui, sans le bras de Karl, n'est rien. Le spirituel peut se servir des ambitions du temporel et les servir, il ne peut les contrecarrer... L'union du royaume des Francs et de l'empire Byzance en un seul immense et invicible empire serait pour le pape un coup terrible. Que Karl ait, de lui-même, sollicité la main d'Irène prouve qu'il a déjà changé sa politique, qu'il est décidé à lâcher le pape pour n'en faire qu'à sa tête.

— Et Irène a accepté !

— Donc, les jeux sont faits... Ou plutôt, ils le seront quand Karl aura reçu l'accord d'Irène. Or, nous savons déjà qu'il ne le recevra qu'avec un gros retard, s'il le reçoit jamais. Un premier messager n'a pu traverser les lignes bulgares. Un deuxième essaiera. S'il réussit, il aura encore à traverser d'outre en outre le royaume des Avars, que Karl se prépare à envahir, et qui n'auront aucune tendresse pour son courrier. Tout cela sera long, bien long. Il faut prévenir immédiatement le pape, qui saura ce qu'il doit faire.

— Quoi, par exemple ?

— Eh bien, ressusciter pour le roi des Francs l'Empire Romain d'Occident et le proclamer Empereur.

— Qu'est-ce que ça lui donnera de plus que ce qu'il a ?

— Un colifichet. Mais, bien présenté, un colifichet a beaucoup d'emprise sur ces barbares. Et puis, songez un peu : l'Empire Romain, le vrai, c'est celui qui avait Rome pour capitale. Byzance fait figure de reflet, de colonie lointaine. « Rome n'est plus dans Rome » dit-on. Quel éloquent aveu de la fascination et de la nostalgie de Rome !

— Mouais... Une question. Pourquoi le messager n'a-t-il pas fait le voyage par mer ? Il aurait pris pied à Ravenne, par exemple, qui est encore à nous, et il aurait évité Bulgars et Avars.

— Parce qu'il aurait dû d'abord traverser l'Italie du Nord, le pays lombard à peine soumis, grouillant de prêtres, de moines et d'espions du pape... Et puis, la voie de mer est trop lente. C'est d'ailleurs pourquoi notre propre envoyé l'emploiera le moins possible. Il traversera la Thrace, la Grèce et l'Epire au grand galop. — Dieu merci, en pays grec les vieilles voies romaines et la poste aux chevaux sont en état de fonctionner —, il s'embarquera pour la Calabre, une journée de traversée et il se trouvera en pays du pape...

— En pays nouvellement volé par le pape !

— Oui, mais ici, cela nous sert. Je ne sais si la poste aux chevaux fonctionne dans les Etats du pape, en tout cas les voies romaines, elles, n'ont pas été englouties par les herbes...

— Ça, je peux le garantir. C'est nous qui les entretenions !

— Notre homme sera donc à Rome en un clin d'œil. Le pape aura largement le temps d'aviser.

Les sourires sont revenus. Aetios a une idée :

— Le messager d'Irène, le deuxième...

— Oui. Eh bien ?

— Si on pouvait retarder son départ, peut-être même l'empêcher de partir, ça aiderait bien, non ?

— Intéressant, dit le Grand Logothète. C'est vous que ça regarde, ce genre de choses.

TROISIÈME CHAPITRE

Aux Blachernes, dans la cour intérieure de la maison de la veuve Chrysothémis.

L'écuyer Raymond, assis par terre, jambes écartées, trompe l'attente et profite des heures clémentes du jour finissant pour fourbir et réparer les armes du chevalier son maître. Il redresse présentement, à petits coups de marteau bien dosés, les plaques d'acier du haubert[1], qui en ont bien besoin. Tordues et fendues par de furieux coups de taille, bosselées en creux ou même trouées par les coups d'estoc, froissées comme feuilles mortes par de monstrueuses canines, elles doivent être démontées une à une, redressées bien attentivement sur la petite enclume qui fait partie du bagage de l'écuyer afin de leur donner le galbe exact suivant la place qu'elles occupent sur le haubert, car elles doivent se recouvrir bien hermétiquement. Beaucoup manquent, elles ont été arrachées, emportant parfois le cuir du même coup. Celles de la poitrine sont bleuies comme si elles avaient été soumises à une flamme intense...

Raymond travaille posément, son petit tas de rivets de cuivre rouge à côté de lui. Il fredonne au rythme de son marteau une petite chanson qui berça ses enfances. La veuve

1. Le haubert (ou « brunie ») est une grosse tunique faite d'un cuir très raide et très épais sur lequel sont cousues ou rivetées des plaques d'acier se recouvrant comme les tuiles d'un toit. C'est en somme une cuirasse, mais relativement souple. Le haubert descend très bas, pour protéger cuisses et jambes. Il comporte un capuchon qui enveloppe la tête et passe sous le heaume (casque).

Chrysothémis, assise sur la margelle du puits, plume rêveusement un canard tout en s'amusant l'œil du spectacle de ce joyeux gaillard si attentif à son ouvrage. La veuve Chrysothémis est une jeune veuve.

— C'est un air bien sauvage et bien rude que tu chantes là, jeune homme. Un chant de guerre de par chez toi ?

— C'est une berceuse, belle dame. Une berceuse que les mamans fredonnent pour endormir leur petit enfant.

— Voyez-vous ça ! J'aurais plutôt cru que c'était fait pour enrager les gens de guerre et les exciter à la tuerie... En tout cas, moi, elle ne m'endort pas, ta berceuse ! J'en ai la chair de poule.

— C'est qu'elle est en langue tudesque, très chère dame. Nous autres, nous avons le gosier aussi calleux que la fesse : nous naissons le cul sur une selle et la gueule ouverte pour hurler « Vorwärts ! »

Et l'insouciant écuyer reprend sa chanson :

Auf der Heiden blüt ein kleines Blümelein
Und es heisst
Erika !
Dieses Blümchen ist mein kleines Schützelein
Und mein Glück
Erika !

La veuve Chrysothémis plume son canard et se régale l'œil à la dérobée, Raymond tapote ses petits bouts de fer et glisse par-ci par-là un regard de bas en haut vers la veuve, les poules vont et viennent par la cour, caquetant et picorant comme si la destinée d'une poule était de caqueter et de picorer jusqu'à la fin des siècles, pourtant les plumes du canard qui volent comme neige devraient leur donner à penser. C'est une jolie soirée de paix.

La veuve Chrysothémis pousse un gros soupir. Sa poitrine se gonfle, se dresse et puis redescend, un vrai remue-ménage sous le corsage léger léger de la veuve. C'est qu'elle est encore pas mal, et même pas mal du tout, et même tout à fait bien foutue, la veuve Machin, se dit Raymond, qui en oublie de faire revenir son regard là où il a affaire, c'est-à-dire à ses doigts, et bien sûr le marteau en profite pour frapper sèchement l'ongle de l'index, ce qui fait très mal.

Raymond s'écrie « Ach ! » et puis « Teufel ! ». La veuve rit mais aussitôt se précipite :

— Vous vous êtes fait mal !

Raymond secoue son doigt, les larmes aux yeux.

— Donnez !

Elle s'accroupit dans la splendeur de ses cuisses, soulève délicatement l'index martyr, le prend dans sa bouche. La bouche de la veuve Chrysothémis est tiède et douce. La langue creusée en gouttière fait étui autour du doigt et glisse lentement d'arrière en avant. Raymond n'a plus mal. En tout cas, il n'y pense plus. « Une affaire ! » se dit-il. « A conclure sur-le-champ... »

C'est à ce moment qu'arrive le chevalier Renaud. Raymond rougit, arrache, toutefois sans brutalité, son index à la succion thérapeutique, et se lève pour accueillir son maître. Avec empressement. C'est ainsi que les maîtres aiment à être accueillis.

— Eh bien, chevalier ? Te voilà donc ? Je commençais à trouver le temps long. Alors, c'est le contrat du siècle ? Tu as l'air drôlement content, en tout cas ! Combien de dragons ? Quand est-ce qu'on part ? Tu as touché une avance ? Raconte !

— Montons.

Renaud, en effet, rayonne de joie, son visage illumine la pénombre comme une pleine lune. Par la fenêtre se coule dans la chambre en ondulant des hanches l'interminable crépuscule mauve, le crépuscule parfumé de Byzance.

— Raymond, écoute-moi bien.

— Je ne fais que ça.

— Raymond, ce sera elle.

— Elle ?... Attends, chevalier, tu vas trop vite pour moi. Qui, « elle » ? Et qu'est-ce qu'elle sera donc, cette « elle » ?

— Ma Dame, Raymond. J'ai trouvé ma Dame.

— Tu vas te marier ?

— Me marier ? Non. Pourquoi ?

— Ah, bon. Juste une amourette, alors. Tu m'as fait peur ! Eh bien, je suis content pour toi.

— Amourette ? Ah, Raymond... Elle fut, dès l'instant où je la vis, ma Dame d'amour. Il me fallait une Dame d'amour. Tout chevalier en a une. Une Inaccessible. Une Idéale. Une Tellement Trop Parfaite... Il se la choisit une fois pour toutes et il lui voue sa vie et ses combats. Il ne lui demande rien, n'en attend rien. C'est un amour tout sublime, vois-tu. Hors la chair, hors les sens, hors le monde grossier. Peut-être même ignore-t-elle qu'elle est sa Dame. Il lui suffit qu'elle existe, quelque part. S'il meurt, il meurt pour elle.

— Ça vaut mieux que de mourir pour rien.

— C'est beau, c'est grand, ça arrache l'homme à l'humaine nature.

— Une question, comme ça, chevalier. Tu n'es pas marié ?

Le visage de Renaud, furtivement, s'assombrit.

— Marié ?... J'ai dû l'être... Autrefois.

Il hausse les épaules.

— Ça n'a rien à voir. On se marie pour faire des enfants et maintenir la lignée.

— Un peu aussi pour se faire chanter le cœur et se vider les couilles, non ?

— Pour ces choses, il n'est point besoin de mariage.

— Oh, oh, chevalier ! Que voilà une morale pas trop chrétienne !

— Morale que les clercs, les évêques, le roi Karl et, me suis-je laissé dire, le seigneur pape lui-même pratiquent cependant. Mais le pur amour dont je te parle ne patauge pas dans ces moiteurs et ces mièveries. Il n'est pas affaire d'entrailles en rut ni de sucs gluants. Il est totale dévotion, joyeux sacrifice, extase adorante...

— Et masturbation frénétique, qui est gros péché !

— Raymond, Raymond, ne parle pas ainsi de ces choses, tu me fais peine.

— Promis. Dis-moi seulement qui est la Dame.

— Vois-tu... Jusqu'ici, je n'avais pas trouvé. Je n'avais pas cherché. Pourquoi chercher ? J'attendais que parle mon âme. Je savais qu'un signe viendrait. Et voilà. Le signe est venu. Mon âme a parlé. Mon âme l'a reconnue. Elle est et sera à tout jamais ma Dame.

— D'accord, d'accord. A tout jamais. Mais qui ? Qui as-tu vu ? Tu es allé au Palais Sacré. C'est quelqu'un de là-bas ? Une patricienne ?

— Et qui donc veux-tu que ce soit ? Il n'y en a qu'une.

— Je trouve, moi, qu'il y en a beaucoup ! Et de sacrés beaux morceaux... Enfin, elle a un nom ?

— Irène.

— Irène ?

— Irène. La Basilissa[1].

— Tu as vu la Basilissa ? Nom de Dieu de nom de Dieu ! Et

1. Basileus = empereur
Basilissa = impératrice.

c'est elle que... Ouïouïouille ! Il faut foutre le camp d'ici à toute vitesse !... Tu le lui as dit ?

— Quoi donc ?

— Eh, mais... Que tu l'aimes ! Enfin, qu'elle est ta Dame, avec une majuscule et sans galipettes dans l'herbe.

— Ce que j'ai dit, je ne sais plus... Et puis, qu'elle le sache ou non, qu'importe ? Moi, je sais[1].

— Oui, bon... J'ai quitté l'armée bien avant toi. Je trouve que vous autres seigneurs avez pris de drôles de façons... Enfin, puisque tu es là, c'est qu'elle ne s'est pas vexée. La lèse-majesté n'est pas une rigolade, à Byzance, tu sais ? On empale et on arrache les yeux pour beaucoup moins que ça... Mais, dis-moi, c'était donc pour rencontrer la Basilissa que tu étais convoqué au Palais Sacré ? Ou bien tu l'as aperçue de loin, comme ça, par hasard ?

— C'est elle-même qui voulait me voir.

— Elle-même ? Oh, oh... Alors, notre affaire, le contrat... C'est ça ?

— Oui.

— Ach, que je n'aime pas ça ! Ça pue la politique... Ne me dis rien maintenant. Tous les murs de Byzance ont des oreilles. Des oreilles d'âne. Tu sais ce qu'on va faire ? Au point du jour, on se loue une barque au port de Théodose et on s'en va comme deux bons bougres faire un pique-nique en mer. Pas un jean-foutre à perte de vue. Et qu'est-ce que tu dis de ça ?

***

Tout en mastiquant son poisson salé et ses olives au piment, Raymond rumine dans sa tête ce que vient de lui expliquer Renaud. Il empoigne la petite outre en peau de bouc, se laisse gicler au fond du gosier un filet de vin blanc à la résine. Il se torche la moustache, rote et, enfin d'attaque, il commence :

— C'est tout simple, en somme. Byzance est ici. Bon. Aachen est là-bas. Très bien. Il nous faut, partant d'ici, arriver là-bas. Et le plus vite possible. C'est bien ça ?

1. Il ressort de ceci que renaud est l'authentique inventeur de l'amour courtois tel qu'il sera chanté par les troubadours cinq siècles plus tard !

— Pas tout à fait. Plus vite que le possible.
— Parfaitement. Quand le but est bien défini, la moitié du travail est faite.
Voyons un peu. Par mer, pas question. Beaucoup trop lent. Et, à peine doublée l'île de Crête, nous serions livrés à tous les hasards du piratage. Sarrazins, Avars, Vénitiens... Tous ces rapaces d'eau salée donnent la chasse aux nefs passantes, prennent tout, tuent tout ce qui n'est pas bon à vendre. Au mieux nous nous retrouverions esclaves chez quelque seigneur moresque qui nous ferait vider son pot de chambre après nous avoir bien proprement écouillés... Sans oublier ces nouveaux venus, ces sauvages blonds depuis peu descendus des confins glacés où, à ce qu'on raconte, la nuit dure six mois et le jour tout autant, que certains nomment Varègues et d'autres Vikings, qui sont, je crois, de noble et antique race germanique mais se montrent plus féroces et plus cupides que les Scythes et les Huns.
— Et puis, dit Renaud, nous ne pourrions aborder qu'en pays grouillant de gens du pape. Encore n'aurions-nous fait que la moitié du chemin. Il nous faudrait ensuite chevaucher à grand péril à travers les Gaules jusqu'à la plaine entre les fleuves Rhin et Meuse où se trouve Aachen.
— Et si nous décidions de faire le grand tour, en passant par les Colonnes d'Hercule[1] puis en longeant les côtes d'Espagne, de Gaule et de Flandre, il y faudrait des mois, sans parler des pirates déjà nommés. Donc, chevauchons.
— Comment l'entends-tu ?
— Eh, comme on doit l'entendre ! Sur de solides roussins, nous deux armés en guerre, moi menant par la bride un cheval de rescousse pour le cas où le tien se casserait une jambe.
— Mouais... J'ai étudié la chose. Il y a, dans le Palais Sacré, sur toute la surface d'un mur fort haut et fort large, une grande et magnifique image faite à petits carreaux de diverses couleurs, tout petits tout petits, comme ils font ici, tu vois ce que je veux dire ?
— Une mosaïque ?
— Si tu veux. Et alors cette image nous montre, mis tout à plat, le monde en son entier, conçois-tu cela ? Tu vois devant

1. Les Colonnes d'Hercule : le détroit de Gibraltar.

toi toute la création, comme doit la voir le Seigneur Dieu quand il se penche à son balcon du haut des cieux. J'y ai bien reconnu Byzance, quoiqu'ils l'appellent, là, Constantinople, laquelle flamboie au beau milieu de l'image, étant le centre et le nombril du monde, et aussi Jérusalem, qui se trouve à main droite, et aussi Rome, à main gauche, et le jardin d'Eden, et Bagdad, Carthage, Babylone, Antioche, Alexandrie, et aussi les Gaules, les Espagnes, l'Afrique, la Germanie, la Scythie, les îles de la Bretagne et de l'Hyperborée... Et, tout autour, l'anneau étincelant du Grand Océan qui enserre le monde et tombe dans les gouffres sans fond du Grand Abîme. Les fleuves y sont figurés bien à leur place en coulées de pierres d'azur, les montagnes en pierres d'améthyste avec leurs neiges de cristal de roche, les plaines sont de marbre vert et les déserts d'une pierre couleur de miel. Tout cela figuré avec les bêtes et gens qui y vivent, bœufs, loups, ours, aigles, chameaux à une ou deux bosses, dragons crachant le feu, sirènes à queue de poisson, licornes, oiseau phénix, éléphants, girafes, baleines, hommes-géants munis de dix bras, autres n'ayant qu'un seul pied mais tellement large et fort qu'ils s'en protègent la tête du soleil et de la pluie, autres n'ayant qu'un seul œil sis au milieu du corps et pas de tête ni de face... Enfin tout ce que contient le monde et que nous ont relaté les voyageurs. Il s'y trouvait aussi des écritures en abondance, qui nommaient chaque pays et chaque chose. Un clerc bien aimable, voyant que, faute de savoir lire, je restais coi et embarrassé, m'a expliqué fort obligeamment ces écritures, et moi, au fur et à mesure, je les répétais après lui et les gravais soigneusement en ma mémoire, qui est assez bonne. Je me suis intéressé surtout, tu t'en doutes, à nos possibles itinéraires.

— Et alors ?

— Le chemin le plus droit pour se rendre d'ici à Aachen passe forcément par le pays des Bulgars ou par celui des Avars. Ou encore par l'un d'abord et par l'autre ensuite. Dans tous les cas, il faut franchir les montagnes au-delà desquelles coule le grand fleuve Danube. Or, tu penses bien, tous les passages sont étroitement gardés, par les soldats de l'Empire d'un côté, par les Barbares de l'autre.

— Je m'en doute ! Ou alors ces gougnafiers auraient mieux fait d'aller garder les cochons que de se faire militaires.

— Si donc nous arrivons à passer les lignes grecques...

— On dit « romaines », mon maître, par ici, quand on tient à ses oreilles, à son nez et à ses couilles. Ce sont les choses qu'on vous coupe en punition des peccadilles pas trop graves, comme de dire « grec » au lieu de « romain »... L'une après l'autre, s'il y a récidive. Les couilles en dernier. Après, il ne reste plus que la tête, ou peut-être le pal, ça dépend de ce qui manque, comme décoration, sur les forums, pour donner un petit air de fête à notre bonne ville.

— Tu oublies que nous sommes personnes intouchables, étant messagers du Basileus.

— Eh non, nous ne le sommes pas, puisque nul ne doit le savoir !

— Je peux continuer ? Bien. Admettons que nous sommes parvenus à passer sous le nez des sentinelles « romaines », puisque tu y tiens. Ça ne devrait pas être trop difficile, ce sont tous des mercenaires étrangers. Les citoyens « romains » méprisent les armes, et même les fédérés des provinces associées boudent le service militaire. La garde aux frontières est formée uniquement de summaques, ces barbares engagés pour de l'argent, prêts à trahir pour un peu plus d'argent, et, je le sais, en retard de plusieurs mois de solde à l'heure actuelle. Je les suppose pas trop ardents au service, ni trop prodigues de leur peau...

— Sauf pour dépouiller les passants !

— C'est un risque. Le vrai problème est de l'autre côté.

— Chez les sauvages.

— Tu l'as dit, bouffi.

— J'y ai pensé, moi aussi. Et j'ai une idée.

— Pas possible ? Vas-y.

— On se déguise en marchands.

— Ça, oui, c'est une idée ! Les marchands ne voyagent qu'en convoi, avec des chariots pleins de denrées. Les Bulgars, aussi bien que les Avars, les Khazars, les Magyars ou n'importe lesquelles de ces vermines de salopards antéchrists tomberaient là-dessus avec des hurlements de joie, voleraient la marchandise et empaleraient les marchands.

— Alors, curés ! Moines tonsurés. Tu sais le latin ?

— Le « Pater », l'« Ave » et la moitié du « Credo », si on m'aide un peu.

— C'est maigre. Moi, j'ai servi la messe, en mes jeunes années. Je peux en marmonner assez pour en mettre plein la vue à ces païens. Je serai donc moine moinant et toi moinillon moinillant, la capuche sur les yeux, le chapelet au poing...

— Halte-là ! Et la tonsure ?

— Quoi, la tonsure ? Je te raserai le crâne, tu me le raseras...

— Tu as vu mes cheveux ?

— Difficile de ne pas les voir. T'en es assez faraud.

— Tu as donc oublié qu'on ne coupe pas les cheveux d'un noble homme, par chez nous ? Lui couper les cheveux, c'est lui couper l'honneur. Un tondu ne peut plus porter l'épée, ni témoigner en procès, ni commander, ni régner. C'est ainsi qu'on écarte du trône un gêneur légitime : on le tond, et puis on l'enferme dans un cloître où l'on a soin de maintenir bien à ras sa tonsure.

— Donc...

— Pas de tonsure.

— Bon, bon.

— D'ailleurs, je te ferai remarquer que je ne vois pas bien pourquoi ces têtes vides qui n'adorent rien, même pas des idoles de bois, et qui ne rêvent que pillage d'églises et viols de nonnes, respecteraient des religieux. Enfin, quoi ! Et puis, les moines d'ici portent les cheveux longs.

— Ah ! Un point pour moi !

— Tu sais dire la messe en grec ?

— Un point pour toi. Je ferme ma grande gueule. A toi.

— On déserte.

— Ah, oui ?

— On passe à l'ennemi. On est deux mercenaires qui se sont battus à tous les bouts de l'Empire, contre les Arabes, contre les Serbes, les Croates, les Bulgars... On a été de tous les sales coups, on est blessés et fatigués, et surtout archi-écœurés : cette vieille vache d'Irène ne nous a pas payés depuis des années... A moi, personnellement, elle m'a fait une injustice dégueulasse, la salope...

— Tu peux parler de ta Dame d'amour comme ça ?

— Je me mets dans la peau du rôle... Alors on en a marre de ces Byzantins gluants, on va là où il y a de bons bougres francs du collier qui vont de l'avant hardi petit au lieu de toujours se battre sur la défensive, à nous le butin et la belle vie, salut à vous, camarades sauvages, je paie une tournée générale !

— On se fait Huns, quoi.

— T'as tout compris.

— Et où ça nous mène ?
— Au grand Khâ-Khan des Avars.
— Ah ? Bon. Tout l'honneur est pour nous. Mais je vois pas bien...
— Ecoute. Je suis un grand chef de guerre. Je veux bien passer aux Avars, mais avec un commandement digne de mes talents. Seul le Khâ-Khan peut me le donner. Il faut donc que je le voie. Il se trouve dans son palais, au centre du neuvième ring, le Ring royal, et son palais, figure-toi, c'est le palais même du grand Attila...
— Très émouvant. Mais je vois toujours pas...
— Sais-tu où il se trouve, ce Ring royal, cette capitale de tous les Avars et de tous les Huns ?
— Non.
— Moi, je l'ai vu, sur le mur du Palais Sacré. Le Ring royal se trouve de l'autre côté de la rivière Theiss, près du fleuve Danube, c'est-à-dire à moins de soixante lieues des avant-postes du roi Karl ! Evidemment, les Avars n'auront aucune raison de me croire sur parole, mais, craignant de faire une connerie, ils m'enverront là-bas, sous bonne escorte, peut-être même enchaîné, peu importe. J'aurai traversé les trois quarts du pays avar. Une fois sur place, à moi de jouer.
— En somme, tu te fais protéger par les Avars contre les Avars.
— Voilà !
— Ben... Et moi, là-dedans ? Tu dis toujours « je », « je »... Jamais « nous ». Tu m'as laissé en route ?
— Ecoute. C'est là un rôle pas très glorieux, et même qui pue la félonie, à bien regarder. Je n'ai pas trouvé mieux, alors, tant pis, j'y vais. C'est mon métier, j'ai accepté le travail. Et puis... Et puis, tu connais mon autre raison. Mais je ne peux pas répondre pour toi. Tu fais comme tu veux. D'autant que c'est quand même dangereux. Très dangereux.
— Je te l'avais dit : tout ce que tu veux, mais touche pas à la politique, camarade. Seulement, maintenant, c'est fait. Plus à reculer. Je te ferai remarquer en passant que tu me fais injure et que tu m'en rendras raison quand on en aura fini avec ce contrat. En attendant, où tu vas, je vais. Et on ne revient plus là-dessus. Quant à la félonie, tromper païens est œuvre pie.

*
**

Ils rament à tour de rôle pour regagner le port. Le soleil, maintenant haut dans le ciel, s'éparpille en cent mille soleils sur l'eau clapotante et fait cligner des yeux. Des barques de pêcheurs, pleines à ras bord de poisson facilement pêché, se laissent gentiment porter par la brise de mer qui, déjà, mollit. A Byzance, on n'aime pas trop traîner en mer aux heures torrides, alors on part à la nuit et l'on rentre aux premières chaleurs. Sur l'horizon, une trirème[1] de combat de la flotte impériale fait force de rames, cap sur le goulet d'accès à la Corne d'Or, ses triples rangées d'avirons battent des ailes en cadence, on dirait un gros canard qui n'arrive pas à s'arracher à l'eau.

Renaud, les yeux dans le bleu, rêve. Raymond souque ferme sur les pelles, c'est son tour. On dirait qu'il a quelque chose à dire, Raymond, quelque chose d'un peu délicat. Il se décide :

— Chevalier...

— Hm ?

— Je me disais... Voilà. Question organisation du travail, on a mis ça bien à plat, nous deux. On voit exactement en quoi ça consiste et comment on va s'y prendre. Du boulot de professionnels, rien à dire. Bon. Maintenant, si tu permets, il y a le côté rémunération. C'était toi le négociateur, alors j'aimerais bien savoir...

— Hm ?

— Eh bien, le prix, quoi. T'as convenu de combien ? Et versé comment ? Moitié à la commande ? Le reste où et quand ?

Renaud s'étire et bâille un bon coup. Parler de ces choses l'ennuie, oh que ça l'ennuie donc ! Raymond insiste :

— Enfin, réponds-moi, quoi ! C'est normal que je le demande, non ? Faut qu'on bouffe et qu'on s'équipe. Il doit nous rester en poche quelque chose comme une demi-obole[2]. C'est pas gras... T'as été payé, oui ou merde ?

— J'ai été payé, oui et pas merde.

— Ah ! Bonne nouvelle ! T'es tellement dans les nuages, j'avais peur que tu aies oublié le principal !

1. Trirème = galère à trois rangs de rameurs.
2. 1 obole = environ 500 francs 1986.

— J'ai oublié. C'est elle qui y a pensé.

— Correcte en affaires. C'est comme ça que je les aime. Alors, combien ?

— Elle m'a donné ça.

— Ça ?...

Renaud fouille dans sa boursette de ceinture. Il ouvre la main. Un soleil éclate dans cette main, un soleil vert, tellement brillant, tellement vert, que le soleil jaune, là-haut, recule et clignote.

Raymond lâche les rames.

— Donnerwetter ! Par la Théotokos et le Pantokrator, comme ils disent ici... C'est une émeraude, ça, non ? J'en ai jamais vu, mais j'en ai entendu parler. Vert comme ça, c'est de l'émeraude... Dis donc, elle est mahousse ! Ça existe, des trucs pareils ? Qu'est-ce que ça peut valoir ?

— Aucune idée.

— Mille drachmes d'argent[1] ? Mille fois mille drachmes ? Ouh là là... J'arrive pas à voir dans ma tête un tas de fric aussi gros... Mais dis donc, comment je fais pour acheter du pain, des oignons et de la saucisse, avec ce truc ? Les princes, c'est comme ça. Ça te paie avec une émeraude et t'es bien avancé ! Il faut la vendre.

— Et quand on l'aura vendue, qu'est-ce qu'on aura ? On aura des drachmes, des didrachmes, des tétradrachmes, on en aura des tas, et où qu'on mettra tout ça, dis-moi un peu ? Trimballer des sacs de monnaie sonnante, c'est pas le meilleur pour se faufiler chez les sauvages. Tandis qu'une émeraude, même grosse, ça peut se dissimuler.

— Dis aussi que ça te crèverait le cœur de te séparer de l'émeraude que t'a donnée ta Dame... C'est pas vrai, peut-être ?

— Ça me ferait peine, oui. J'y verrais trahison. Raymond, ne la vendons pas. Pas tout de suite. Seulement en cas de grand péril.

— Bon, bon... Et qu'est-ce qu'on fait, pour l'immédiat et le tous les jours ?

— Eh bien...

— Hm ?

— Cette veuve chez qui nous logeons...

1. 1 drachme byzantine = environ 25 francs 1986.

— La dame Chrysothémis ?

— C'est ça... Elle t'a plutôt à la bonne, j'ai cru comprendre ?

— Admettons. Je suis aimable, moi. Et alors ?

— Oh, eh bien... Je dis ça comme ça... Elle est à son aise, je crois. Elle ne demanderait peut-être pas mieux que de financer une affaire qui peut lui rapporter... Je ne sais pas, moi... Je n'ai guère l'habitude de manier l'argent, mais il me semble qu'au denier cinq[1] ce serait une opération intéressante pour elle. Que t'en semble ?

— En somme, chevalier, tu me demandes...

— Pardon. Je te suggère.

— Tu me suggères d'user de mon charme sur cette pauvre veuve pour la dépouiller ?

— Je te suggère d'user de ton ascendant sur elle et de tes talents persuasifs pour l'amener à participer à une excellente affaire.

— Et comment touchera-t-elle sa part des bénéfices de cette excellente affaire si nous ne revenons jamais à Byzance ? Ce qui est d'ailleurs bien mon intention, chevalier.

— Il n'est pas absolument nécessaire que tu l'éclaires sur cet aspect de l'entreprise.

— Chevalier, chevalier... Où est donc passé ce beau point d'honneur dont tu te piques tant ?

— La femme se doit d'armer le bras du guerrier. C'est sa raison d'être au monde. C'est pourquoi, quand c'est pour la bonne cause, gruger femme n'est point gruger.

— Sauf ta Dame d'amour !

— Sauf elle.

Renaud baise dévotement l'émeraude et la remet en sa boursette.

— Chevalier ?

— Hm ?

— Il faut quand même que tu saches... Tu es là que tu t'emballes, c'est tout de suite feu et flammes, l'Amour sublime et désincarné... Moi, je veux bien, s'il te faut absolument du sublime au cœur... Mais où j'enrage, c'est de te voir te dévouer corps et âme à qui ne le mérite pas...

— Aurais-tu dessein de médire de ma Dame ?

1. Au denier cinq = à vingt pour cent.

— Médire, chevalier ? Eh, il suffit de tracer le portrait fidèle, nul besoin d'outrer ni de médire !

— Si tu dois mal parler d'elle, je ne t'écoute point.

— Tu m'écouteras, couilles du Christ et la Theotokos au lupanar ! Tu m'écouteras, et puis tu en feras à ta tête, mais en connaissance de cause, par Wotan et sa pine de fer !

Bon. Irène. Tu ne sais rien d'ici, toi, alors je prends tout par le commencement. Le commencement, c'est le grand-père, le Copronyme. Constantin VI Copronyme. L'empereur au nom de merde[1]. A peine né, à son baptême, il a chié dans l'eau bénite. D'où son nom. Qu'il n'a pas démenti par la suite. Adorait la merde, la pisse et tous les excréments, surtout de cheval. Il ne pouvait bander qu'enduit de la tête aux pieds de merde bien puante. Et comme il était furieusement porté sur le sexe, il était plus souvent merdeux que net. L'objet de ses ardeurs, cela va de soi, devait se barbouiller de la même confiture. Un charmant spectacle, d'autant qu'il aimait surtout enfiler des garçons qu'il choisissait parmi les plus beaux de ses officiers... A part ça, il se croyait grand capitaine, alors qu'il était grand politique. Il perdait toutes ses guerres mais gagnait toutes ses paix. Comme son père l'avait fait avant lui, il interdit le culte des images. Il y eut de la résistance. Les têtes roulèrent. Moines et laïcs par milliers. Ça tombait bien : il aimait le sang presqu'autant que la merde. Eut six fils. L'aîné, Léon, épouse Irène. Ton Irène. Nous y voilà.

Le Copronyme meurt. On chasse ses mignons tout merdeux, on nettoie le Palais à grande eau. Léon IV règne. Pas longtemps. Il meurt. Son fils, Constantin, n'a que dix ans. Voilà Irène régente. Tout Byzance est sûr qu'elle a empoisonné son mari. C'est une Athénienne, une vraie Grecque de Grèce, pour elle les Byzantins sont des gros ploucs. Elle rétablit les images, protège les moines, fait restaurer les fresques, les mosaïques et les icônes, convoque le concile à Nicée, met le pape dans sa poche, bon. Maîtresse absolue. S'entoure de favoris, d'eunuques, surtout de Staurachos l'ordure. Ce qu'une femme peut faire avec un eunuque, t'as pas idée ! Le fils est tenu en pouponnière. Ce grand con de

1. Copronyme (de « Kopros » = excrément, et « onoma » = nom). Littéralement : nom de merde.

dix-neuf ans lèche les pieds des châtrés qui gougnottent sa maman ! Une honte. Et un jour, quand même, il en a marre. Il se révolte avec quelques copains, conseillé, tiens-toi bien, par le Staurachos. Irène, prévenue — ça t'étonne ? — fait fouetter les vilains petits garçons et enferme l'Empereur dans sa chambre. Mais la Garde Arménienne, dévouée au Basileus, se révolte. Les troupes d'Asie et de Thrace accourent. Irène a peur. Relâche le môme. Enfin, il règne. Fait fouetter le Staurachos et exile sa mère. Quinze mois. Mais elle sait l'attendrir, il la rappelle. Il n'aurait pas dû. Oh, non ! Tout faraud, il part faire la guerre aux méchants Bulgars qui lui grignotent son empire... et se fait battre à plate couture, comme un con. L'armée rentre, honteuse, pas contente du tout.

Là entrent en scène les cinq affreux. Les oncles du petit. Les cinq fils du Copronyme. N'avaient jamais encaissé que l'Empire aille à ce gosse et à sa putain de mère, alors qu'ils étaient là, eux, bien vivants et pleins de grandes dents, les cinq gros pères. Profitent de la panade générale pour haranguer l'armée, et bon, l'armée couronne Empereur l'aîné, la plus grande gueule : Niképhore. Et voilà l'armée en marche vers le Palais Sacré, portant le Niképhore et ses frères en triomphe. Irène était foutue. Mais son Staurachos chéri a encore joué un de ses tours de vipère, Irène retourne l'armée, l'armée l'acclame et lui livre les cinq pauvres andouilles qui s'y croyaient déjà. Irène, cette fois, a compris. Elle fait crever les yeux à l'aîné — tu comprends, un aveugle ne peut pas être Basileus, comme ça elle est tranquille — et elle fait couper la langue aux quatre autres couillons pour qu'ils ne puissent plus raconter de conneries aux populaces. Paraît que, dans sa colère, elle aurait fait ça de ses propres mains. Elle en est bien capable. Epuration générale dans l'armée et l'administration. On marchait sur les yeux, les langues, les nez, les oreilles et les paires de couilles, dans les rues de Byzance, en ces joyeux temps. Les remparts étaient enguirlandés de pendus, les forums plantés d'empalés qui gigotaient.

Irène attendait. Elle voulait tout. Et voilà ce grand con de Constantin, son Basileus de fils, qui tombe amoureux d'une petite salope, une certaine Théodote, et qui répudie sa femme Marie en secret pour épouser, en secret toujours, la Théodote. Le pauvre innocent ! Irène le laisse faire, renseignée au jour le jour par son Staurachos, et puis la voilà soudain qui gueule au sacrilège, qui ameute le Palais, l'armée et la rue contre l'impie, voilà Byzance à feu et à sang, et le merdeux, au bout de tout ça, de nouveau enfermé au pain sec dans sa chambre. Pour toujours, cette fois. Et Irène enfin seule. Et Irène toute-puissante. Et Irène non plus Basilissa, mais bel et bien Basileus.

C'est une enragée. Elle a un diable dans le ventre. Un jour, je te le dis, elle crèvera les yeux de son fils. C'est forcé. Elle ne peut plus s'arrêter...

Quant aux orgies avec les filles d'honneur et les eunuques, je te laisse imaginer. Une fière salope, oui !

Raymond finit de vider l'outre dans son gosier. Il en avait besoin. Quel discours ! Renaud dit calmement :

— Tu as fini ?

— Ça te suffit pas ?

— Je n'ai rien entendu. Elle est ma Dame. Tout autre que toi en aurait parlé, je l'aurais écouté. S'il en avait parlé mal, il serait là, au fond de la barque, les tripes à l'air. Tu n'en as pas dit du mal, n'est-ce pas ?

Raymond lève vers le ciel des yeux découragés :

— Qui pourrait en dire du mal ?

— Voilà. Comme ça, c'est bien, dit Renaud.

***

— Ces Bulgars, tu les connais un peu, toi ? demande Renaud. Et leur fameux Kroumm, il est aussi méchant que ça ?

Raymond fait la grimace.

— Moi qui te parle, chevalier, j'ai vu des choses. Kroumm et ses Bulgars avaient, en pleine paix jurée, violé la frontière de l'Empire, vite fait bien fait, pas vu pas pris, à leur habitude, histoire de rigoler un peu et de renouveler le cheptel. Ils avaient en passant brûlé quelques églises et envoyé quelques moines voir là-haut si le Seigneur Christ est cloué sur une croix à quatre branches ou bien à cinq, les jambes écartées. Routine. Ils s'en étaient retournés en emportant des troupeaux, et aussi des gens, beaucoup de gens. Des culs-terreux et des patriciens. Une centaine de patriciens. Quelques vieux, quelques matrones, mais surtout des vierges et des beaux jeunes gars. Après s'en être amusé tout son saoul, Kroumm proposa de rendre les patriciens contre paiement par les familles de rançons exorbitantes. Marché conclu. Le traité stipulait qu'ils seraient rendus vivants. Mais il ne précisait pas en quel état. Je les ai vus arriver. J'étais de garde sur le rempart, c'était mon époque militaire. En cinq colonnes de vingt, à la queue leu leu, chacun les deux mains sur les épaules de celui qui le précédait, parce que, figure-toi, ils ne voyaient pas clair. On leur avait crevé les yeux. Sauf au premier de chaque colonne, évidemment, il fallait bien qu'il voie clair, celui-là, alors on lui avait laissé un œil. Mais on lui avait coupé les mains, pour ne pas faire de jaloux, tu comprends. Quand on a vu le désastre, on les a vite fait passer par la poterne des Blachernes et on les a enfermés dans la caserne qui se trouve là, entre le vieux mur de Théodose et le mur d'Héraclius, et les familles sont venues en prendre livraison à la nuit. Voilà, c'est tout Kroumm, ça. Un rigolo.

Mais Renaud, depuis un bout de temps, s'est endormi au fond de la barque.

QUATRIÈME CHAPITRE

Dans l'ombre bleue de la treille, la veuve Chrysothémis écosse des fèves. Le soleil se faufile çà et là à travers les feuilles, la brise caresse la treille, un rond de lumière danse sur le nez de la veuve. Comment ne pas voir ce rond ? Comment ne pas voir ce nez ? Un nez pas dégueulasse à regarder, pense Raymond, assis par terre et croquant à pleine gueule dans une grosse grappe de raisin muscat. Un nez, si j'ose dire, parfait. Quand ces Grecques ne tournent pas tas de graisse, elles sont absolument parfaites. Raymond est sensible aux belles choses. Il n'y a pas que le nez. Il y a ces yeux, si noirs qu'on n'en voit pas le fond. Il y a cette bouche qui vous fait couler la paix dans le cœur rien qu'à en suivre le dessin. Il y a ces joues de miel qui vous feraient croire aux anges. Il y a ce cou, si long, si rond, qui jaillit et vous offre ce visage comme une tige offre sa fleur. Il y a le lourd chignon-contrepoids. Il y a ce corps tendre comme un petit pain qu'effleure la robe légère. Il y a ces cuisses serrées entre lesquelles l'étoffe plonge en plis courbes bien parallèles...

« Bon, se dit Raymond, moins pénible en sera la corvée... L'utile et l'agréable, mon vieux salaud !... Hm... Non, justement. Je sens que si cette bonne femme me fait juste maintenant un sourire, un de ces sourires de coin comme elle fait, ou si seulement elle me regarde droit dans les yeux, je suis cuit, moi. Je lui tombe dans les bras comme un petit enfant. Je mets ma tête sur ses cuisses, ou peut-être sur ses nichons, et je ne bouge plus, et je ronronne... Va lui soulever ses économies, toi ! Amoureux, voilà. T'es amoureux, ducon ! Une fois de plus. Merde, cette fois, c'est pas le moment. J'ai une mission, moi... J'ai le cœur qui cogne, ma parole ! Non, mais, tu te rends compte, écuyer ? A ton âge... Bon. J'y vais, y a pas. Il a dit combien, le chevalier ? Au denier cinq. Oh, que je préférerais le tas de graisse ! A quoi ça tient, la pitié, quand même... »

Raymond tousse. Raymond va parler. Raymond parle :

— Chère et honorée dame...

Elle a ouvert la bouche au même moment. Au même moment exactement :

— Cher Seigneur mon locataire...

Si bien que leurs mots se sont cognés en l'air et retombent maintenant en petits morceaux sur le dallage. Ils rient. Elle, en plus, rougit.

— Vous disiez ? demande la veuve.

— Vous d'abord ! proteste Raymond, trop heureux du répit.

— Eh bien... Ce n'est pas commode à dire, et ne le prenez pas mal, je vous en prie. Voici. Vous me quittez demain, m'avez-vous dit, avec votre chevalier, pour remplir au loin certain contrat comme il s'en trouve dans votre état. J'ai cru comprendre qu'il y a quelque péril en la chose et qu'il vous faut acheter certaines pièces d'équipement et de vêtement qui vous font défaut. N'y voyez pas indiscrétion.

— Mais... proteste Raymond, piqué dans sa dignité.

— Ne me dites pas non, je sais voir les trous aux sayons[1] et les reprises aux manteaux. Vous devez vous équiper. Ecoutez. Je suis à l'aise. Je voudrais placer de l'argent dans une affaire sérieuse. Cette affaire que vous entreprenez est sérieuse, n'est-ce pas ?

— Euh... Oh, parfaitement sérieuse.

— Me permettez-vous de prendre une participation ? Je peux disposer d'un millier de drachmes[2].

— Mais... Nous partons à l'aube.

— Elles sont ici !

La veuve se lève vivement, disparaît dans la maison — « Quelle légèreté ! Quelles formes ! Quel cul ! Seigneur Christ, quel cul ! » — et revient aussitôt, un petit sac de cuir à la main. Elle est un peu essoufflée, ses joues ont rosi.

1. Sayon : casaque ouverte, sans manches, souvent en peau de bête avec les poils.

2. Environ 25 000 francs 1986.

— Comptez, dit-elle.

— Je n'en ferai rien, dit Raymond. C'est trop honnêtement offert ! Nous disons donc : mille drachmes au denier cinq, ce qui fera mille et deux cents drachmes à vous rendre. Il faut mettre cela par écrit.

— Point d'écrit entre nous. Je m'y connais en visages. Le vôtre parle pour vous.

« Eh bien, pense Raymond, mon visage est un rude menteur !... Mais qu'est-ce qui m'arrive ? Elle a fait tout le travail ! Elle s'est dépouillée elle-même ! Roulée, escroquée, enveloppée ! Je n'ai même pas eu un mot à dire... Je me sens tout con, moi... »

Il s'incline.

— Belle dame, dit-il, je vous baise les mains.

Il le fait.

Et ces mains-là, voilà qu'il les garde dans les siennes. Elle les y laisse. Il la regarde. Elle le regarde. Les yeux noirs à bout portant. Elle sourit de son sourire de côté. Et Raymond lui tombe dans les bras, comme un petit enfant...

***

— Hé, chevalier, où va donc tout ce monde-là ?

— Quel monde ?

— Mais tous ces marauds byzantins, là, tout autour, tu ne les vois pas ?

— Oh, c'est du petit monde, ça, des artisans, des marchands de moutarde, ça grouille, ça va à ses petites affaires...

— Non. Il y a autre chose, chevalier. Ils vont tous dans la même direction, ils sont de plus en plus serrés, à ce point que nous avons du mal à avancer et que les chevaux commencent à être nerveux... Toi, tu ne vois rien, tu rêves, le nez en l'air... Je trouve que ces rustauds ont la mine basse et le nez renfrogné... Et, tiens, celui-là cache une hache sous sa robe, une hache d'armes, j'en suis sûr.

— Et alors ? C'est de la politique. Ça ne nous regarde pas. Laisse les croquants de Byzance s'expliquer en famille. Demain à l'aube, nous serons loin d'ici. Pour l'instant, laissons nos chevaux chez la dame Chrysothémis, habillons-nous en gagne-petit nous-mêmes et allons où tu sais chercher ce que tu sais, puisque nous devons nous présenter comme pauvres hères quêtant du travail.

— Ah, ah, chevalier ! La diplomatie secrète, c'est moins glorieux que le duel avec le dragon, eh ?

— Tout est glorieux, si c'est fait pour Elle. Elle ennoblit tout.

— Si tu le prends comme ça... Moi je dirai simplement que le boulot c'est le boulot, on ne choisit pas, on prend ce qui se présente. Et du moment que le client paye d'avance... Ces chevaux sont très bons. Tu as l'œil, chevalier. Ils sont même trop bons. Ça me fera peine de les laisser à ces fumiers de Huns.

— Peut-être ne nous les prendront-ils pas ? Ils sont un peu lourds pour eux. Ils aiment les chevaux petits.

— Compte là-dessus ! S'ils ne les chevauchent pas, ils les vendront, ou ils les mangeront. Parfaitement ! Ils mangent les chevaux, tu savais ça, chevalier ? Tout crus, sans sel. Ces païens !

⁂

Ayant laissé les chevaux et leurs autres emplettes dans l'écurie de la veuve, Renaud et Raymond se dirigent, à pied, vêtus de toile à sac, comme des débardeurs quêtant de l'ouvrage sur le port, vers le Palais Sacré.

On ne peut plus en douter, il se passe dans Byzance quelque chose de pas ordinaire. Les deux associés se trouvent maintenant pressés dans une cohue qui, comme eux, suit la grande voie rectiligne bordée de blanches villas aux parcs ombreux. Les rues de Byzance sont comme les doigts d'une main ou comme les branches d'un éventail : elles convergent toutes vers la pointe extrême du promontoire, là où se trouvent Sainte-Sophie, l'Hippodrome, l'Acropole et le Palais Sacré.

Cette foule n'est plus furtive. Elle porte haut la crête, gronde sourdement, de moins en moins sourdement, se hérisse çà et là de ferrailles belliqueuses. Sur son passage, les auvents des échoppes se rabattent. Esclaves et métèques s'esbignent prudemment par les venelles.

— Ces Grecs ! ronchonne Raymond. Toujours râleurs, jamais contents. Voilà encore une émeute en route.

— Bof, dit Renaud, ne te plains pas. Ils vont dans notre

direction. Laissons-nous porter. Mais, dis-moi, je ne comprends pas bien ce qui les met tellement en colère. Après qui en ont-ils ?

— Après qui donc veux-tu qu'ils en aient ? Après le gouvernement, pardi ! Irène les pressure et les écorche ni plus ni moins que n'importe qui d'autre à sa place — peut-être un peu plus, quand même, son grand argentier, ce Nikêphore, est un terrible rapace —, par là-dessus ses armées se font pisser dessus par les Bulgars, par les Arabes et par tous les nomades pouilleux qui lui grignotent ses frontières — les peuples ne se laissent tondre de bon cœur que si tu leur donnes de la gloire —, mais surtout, surtout, Irène est Irène, c'est-à-dire femelle, ils n'aiment pas ça, pas du tout, et ils sont trop contents d'avoir une bonne occasion de lui cracher à la gueule.

— Ces enragés vont donc foutre la pagaille autour du Palais Sacré ? Ah, mais, ça ne fait pas notre affaire, ça, mon gars ! Pas du tout ! Les portes vont être fermées, il y aura de la flicaille partout, on ne pourra même pas approcher du Palais !

— On verra bien. Allons toujours.

Perché sur une borne, un escogriffe d'assez mauvaise mine déroule un parchemin qui pend devant lui, portant sur une face de l'écriture en caractères énormes que le gars déchiffre et hurle dans un de ces porte-voix de bronze utilisés par la chiourme sur les galères pour donner la cadence. Sur l'autre côté du parchemin, celui qui fait face à la foule, se voit une grande image barbouillée de vives couleurs qui représente la scène racontée par l'écriture. Ainsi le bon peuple peut-il tout à la fois voir et entendre[1]. Un gamin, à genoux, enroule le parchemin par le bas au fur et à mesure de la lecture, de façon à ce que l'image soit toujours bien visible en son entier. Une petite fille fait la quête. Personne n'entend le commentaire, le tumulte domine tout, mais chacun, en passant, se réjouit l'œil au spectacle de l'Augusta sodomisée par un âne ou à d'autres scènes intimes de la vie de famille au Palais Sacré. Car les turpitudes des grands consolent les petits.

C'est décidément l'émeute. Des groupes de furieux hurlent en chœur des défis bien scandés :

1. Ces rouleaux illustrés au verso étaient des « exultets ». Ordinairement, on s'en doute, ils racontaient des épisodes pieux.

— Irène, putain !
— Constantin, galopin !
— Au lupanar
La putain et son moutard !
— Nous voulons
Un empereur
Avec des couilles
Au cul !

Des agitateurs stipendiés courent en serre-flancs et lancent les mots d'ordre qu'ils rythment à coups de claquettes de bois comme celles qu'utilisent les diacres, dans les églises, pour indiquer aux fidèles quand il faut s'agenouiller ou se relever. Un de ces boute-feu, gueule de sous-officier rempilé, bedaine en avant et hache au poing, braille comme à l'exercice :

— Niképhore
Im-pérator !

La foule reprend après lui dans un bel enthousiasme :

— Niképhore
Im-pérator !

— Tiens, c'est nouveau, ça, observe Raymond.

— Je comprends de moins en moins, lui hurle Renaud à l'oreille. Tu viens de me dire que ce Niképhore les écrase d'impôts. Et voilà qu'ils le veulent pour Empereur ?

— C'est pas le même !

— Voilà, voilà...

— Ce Niképhore-là est un des fils du défunt Basileus Constantin V au Nom de Merde, l'aîné des cinq affreux dont je te parlais hier, mais t'écoutais pas.

— Oh, sans écouter, il y a des choses qu'on ne peut s'empêcher d'entendre... Bon, tu m'as dit que l'Impératrice a fait crever les yeux à ce Niképhore pour, justement, l'empêcher de rêver au trône, vu qu'un aveugle ne peut pas devenir Empereur. D'accord ? Alors, maintenant, explique-moi pourquoi tous ces gueulards le réclament ? Il faut savoir : il est aveugle ou il ne l'est pas ?

— Je comprends pas non plus... Mais qu'est-ce qui se passe, là-devant ? Grimpe sur mes épaules et dis-moi.

— Oh, oh... Je crois bien qu'ils ont attrapé un moine et qu'ils sont en train de le dépecer.

— Un moine ? Tiens, tiens...

Soudain une clameur couvre tout. La curée au moine, sans doute... Maintenant des pancartes oscillent au-dessus de la marée de têtes hurlantes hérissée de fers de piques. Ce sont des icônes saintes clouées à des bâtons. On les a barbouillées de bitume, de lait de chaux ou de caca, suivant le matériau disponible et l'inspiration. D'autres profanateurs, plus portés à la farce, ont orné le visage impavide de la Mère de Dieu, la Théotokos Sacro-Sainte, de moustaches, de barbiches, d'yeux au beurre noir, et même de beaux gros sexes d'hommes qui lui sortent de la bouche. L'auréole de son divin Fils est transformée en chapeau de paille avec deux trous par où sortent des oreilles d'âne, son nez mignon peint en rouge vif lui donne l'air du dieu païen Bacchus en ses ivrogneuses enfances.

Les cris de cette foule-là ne sont plus seulement contre « le gouvernement », comme dit Raymond. On entend :

— A bas les idoles !

— Peindre Dieu est blasphème !

— Au feu les moines !

— Au feu les idolâtres !

— Compris ! dit Raymond. Les briseurs d'images en profitent. Les iconoclastes. Ils sont derrière tous les sales coups, ceux-là. Ils n'ont pas digéré le deuxième concile de Nicée et le retour d'Irène à l'adoration des images. On ne les a pas tous empalés. Ils se terrent, mais ils rêvent que reviennent les temps du vieux bouffe-curés Copronyme qui foutait le feu aux couvents avec les moines dedans, lacérait les icônes, cassait les statues et se torchait le cul avec les pages des manuscrits à miniatures.

— Se torchait ? s'étonne innocemment Renaud. Je croyais qu'il aimait tellement la merde qu'il s'en barbouillait du haut en bas...

— Tu me feras un cours de logique demain. Pour l'instant, je crois que le plus urgent est de sortir de cette pâtée de croquants et de trouver moyen d'arriver au Palais par un autre chemin.

— Mais ce sera partout pareil !

— Peut-être pas.

La voie romaine s'étrangle entre les jambages d'un arc de triomphe, et puis débouche soudain sur une vaste place carrée entourée d'un péristyle de marbre blanc. D'autres voies y convergent, charriant d'autres foules venues d'autres faubourgs de la ville immense. La cohue s'épaissit encore. On piétine, on tourne en rond. Des marchandes de friture, leur panier sur le ventre, se faufilent, va savoir comment, dans le magma humain, crient leur marchandise et distribuent prestement aux mains tendues, contre une obole, les portions de petits poissons dorés enveloppées d'avance dans des cornets de feuilles de vigne. Les filous moissonnent les bourses, les libidineux jouent de la paume et des doigts, on entend « Au voleur ! », on entend « Ah, salaud, tu me l'as mis ! », on entend claquer des gifles, on entend se pâmer des femmes, par-dessus tout on entend la clameur océane de la foule en colère.

— Le Forum de Théodose, dit Raymond. Regarde là-bas, sur la gauche. Tu vois ces arcades très hautes, par-dessus les maisons ?

— Je les vois.

— C'est l'aqueduc de Valens, le grand aqueduc qui amène l'eau douce jusqu'au Palais. Il se déverse, tout près d'ici, dans la Grande Citerne. A partir de là, il repart en souterrain et il débouche en plein à l'intérieur du Palais Sacré.

— Vu. On y va.

A coups de coudes, à coups d'épaules, ils se dégagent, gagnent une ruelle transversale qui les conduit au pied du mur de la citerne.

La Grande Citerne se présente comme un bassin carré de plus de trente toises de côté, en partie creusé dans le sol, rehaussé d'une épaisse muraille de dix pieds de haut qui en double la capacité. Un milicien de la garde urbaine, vieux légionnaire vétéran des guerres bulgares, fait les cent pas sur la crête de ce mur, non pour garder l'eau des voleurs, à Byzance l'eau ruisselle et chante partout en abondance, mais bien pour empêcher qu'une insouciante populace ne se débarrasse là-dedans, par-dessus le mur, du contenu de ses pots de chambre, de ses chiens crevés, de ses bâtards étranglés à la naissance et de ses autres ordures ménagères.

Pour l'instant, le vieux militaire se tient debout à l'angle sud-est du mur, qui est l'endroit de sa ronde le plus rapproché de la Voie Triomphale. La Voie Triomphale, la plus large, la plus longue et la plus belle avenue du monde, accueille les empereurs victorieux à la Porte d'Or et les conduit, de forum en forum, jusqu'au forum Augustéon et au Palais Sacré. A chaque forum traversé, à chaque carrefour, viennent s'y raccorder les autres grandes artères de Byzance, ses vassales, mais après le forum de Théodose elle reste la seule, la splendide, elle traverse encore de part en part le forum de Constantin, le plus beau de tous, et, là, elle devient la Mésé, l'orgueilleuse Voie Sacrée qui s'épanouit en majesté dans le forum Augustéon, au pied de l'Acropole aux noirs cyprès, entre l'Hippodrome, la basilique Sainte-Sophie et les péristyles des premières cours du Palais Sacré qui descendent en terrasses vers le Bosphore.

Le gardien de la citerne, la main en visière au-dessus des yeux, cherche à voir ce que peut bien fabriquer cette multitude braillarde qui grouille sur la Voie Triomphale. Ça le démange de savoir, cet homme. Renaud et Raymond se coulent dans l'ombre du mur, à l'opposé du guetteur. Renaud fait la courte échelle à Raymond, qui à son tour lui tend le bout de corde qui lui tient lieu de ceinture. De l'autre côté, un étroit trottoir à fleur d'eau permet de faire le tour de la citerne à pied sec, à condition de n'avoir pas forcé sur le vin à la résine, bien sûr.

L'aqueduc de Valens déverse ses eaux dans la citerne par un plan incliné, au milieu du côté Est. L'eau dévale la pente en torrent de montagne et plonge sous la surface dans un grand bouillonnement. Dans le vaste bassin cette violence se calme. Le mur opposé est percé de trois ouvertures voûtées par lesquelles s'engouffre l'eau.

— Au poil ! dit Raymond. J'avais peur que ce ne soient des conduites forcées, en plomb. Dans ce cas, c'était foutu. Mais là, ça pourra faire. Il y aura de l'air au-dessus de nos têtes. On ne sera peut-être même pas obligés de nager. Au fait, tu sais nager ?

— Comme mon cheval !

— Alors, c'est tout bon... Maintenant, lequel des trois conduits gagne le gros lot, tu peux me dire ? Celui-là, complètement à gauche, il doit desservir le Nord de la pointe, le Quartier Vénitien, la Corne d'Or, tout ça... Celui tout à droite, je dirais le Sud, le quartier du port de Julien... Mais celui du milieu, pas de doute, c'est le nôtre : il fonce droit sur le Palais !

***

L'eau leur bouillonne entre les jambes et les pousse aux fesses, ils en ont jusqu'à la poitrine, s'ils ne s'arc-boutaient des deux paumes à la voûte ils seraient roulés cul par-dessus tête comme roues de moulin.

— Autant nager, dit Renaud.

— D'accord. Attention aux murs. Restons bien au milieu.

Le courant les emporte. Ils filent entre les murs gluants de mousses verdâtres.

— Ça aurait besoin d'un bon curetage, remarque Raymond.

Sous la surface, à ras du fond, de grosses ouvertures rondes marquent l'amorce des tuyaux de plomb des conduites forcées. L'aqueduc court sur la ligne de crête du promontoire, les quartiers de la ville situés à droite et à gauche descendent roidement vers la mer et se trouvent donc en contrebas, ainsi l'eau y arrive sous pression et peut y être distribuée par des robinets de bronze. Au fur et à mesure que ces conduits secondaires s'en détachent, la section de la galerie principale rétrécit. Bientôt les deux nageurs se cognent la tête à la voûte. La pâle lueur venue de la citerne s'est peu à peu affaiblie jusqu'à presque rien, et voici qu'un coude de la galerie l'intercepte tout à fait. La nuit est totale.

Renaud boit la tasse, s'étrangle, tousse, jure :

— Teufel ! C'est encore loin ?

— Ça ne devrait plus tarder. Couche-toi sur le dos, laisse-toi porter, lève la tête pour avoir la bouche à ras de la voûte, respire le moins souvent possible !

Là-bas devant, une clarté fait scintiller les vaguelettes. A peine le temps d'en prendre conscience, et voilà, ils débouchent à l'air libre, les pieds devant, projetés hors du boyau comme la pierre par la catapulte. Un soleil brutal les aveugle. Ils ferment les yeux, s'assoient dans l'eau, qui n'est ici pas profonde. Mais des cris fusent de partout autour d'eux, des cris apeurés, des cris indignés, des cris de femmes... De femmes ! Ils ouvrent vivement les paupières, tant pis pour l'éblouissement, et sont éblouis deux fois. Une fois par le terrible soleil sur l'eau miroitante, une fois par la blancheur de tous ces corps de femmes, tous ces corps absolument, merveilleusement nus. Un jet d'eau éparpille ses gouttelettes qu'irise un arc-en-ciel.

— Merde ! dit Raymond. On est tombés dans le gynécée[1] ! En plein dedans !

---

1. Gynécée : ensemble des appartements des femmes.

— Elles sont bien belles, toutes, dit Renaud.

— Oui. Et bien jeunes, toutes. On se demande ce qu'ils font des vieilles.

Cependant, les créatures de rêve crient et s'agitent, et leurs cris ne sont plus surpris ni apeurés, seulement indignés, de plus en plus indignés. Ces femmes de lait et de miel vocifèrent et menacent, mais Raymond remarque qu'aucune ne songe à voiler sa nudité.

— Le paradis de Mahom ! murmure Raymond. Si j'avais pas aussi froid, je banderais comme un âne. D'ailleurs, je sens que je me réchauffe...

Mais Renaud lui balance son coude dans les côtes. Il est foudroyé, Renaud. Sa mâchoire pend. Il ne peut détacher ses yeux d'une de ces femmes, la plus belle, la plus hautaine, lourde de croupe, longue de jambes, gracile de buste, seins menus mais frémissants mangés par les énormes aréoles mauves, pubis d'astrakan, cheveux de nuit, regard sans faiblesse. Celle-là ne vocifère ni ne grimace. Deux d'entre les autres femmes, deux gamines, s'empressent de jeter sur sa nudité splendide un linge précieux, mais Renaud a vu, il a vu tout son saoul, il s'est empli l'âme à ras bord, et maintenant il tombe à genoux et puis se prosterne sur le riche dallage, après avoir soufflé à Raymond :

— C'est Elle ! C'est ma Dame ! Ah, je suis maudit ! J'ai déshonoré ma Dame !

Raymond à son tour reste béant.

— Merde, s'exclame-t-il pour la deuxième fois, mais plus sourdement. La Basilissa ! Un coup à y laisser la tête. A tout le moins les couilles...

Il va pour se jeter à plat ventre. La Basilissa lève la main :

— Ne te fatigue pas, barbare. Mais vous auriez beaucoup mieux fait de ne pas me reconnaître, vous deux. Ou de ne pas montrer que vous m'aviez reconnue. Voilà une prosternation qui conduit droit au pal.

— Je l'ai mérité, et bien pis encore, dit Renaud, le nez écrasé sur le marbre. J'ai déshonoré ma Dame.

Raymond ne dit rien.

La Basilissa[1] dit :

— Attendez ici.

1. Ou bien aurais-je dû dire « le Basileus » ? Situation équivoque, très inconfortable pour le narrateur.

Elle s'éloigne. Les plis de la soie soulignent et exaltent la perfection des cuisses divines. Quand Irène marche, tout lui est pardonné.

Les femmes caquètent comme volaille dérangée.

— Ah, ben, ça, alors, tu me la copieras !

— Des non-châtrés dans le gynécée impérial ! On aura tout vu ! Que fait donc la police ?

— J'espère qu'on va leur couper les couilles ! dit, gourmande, une toute jeunette aux joues de pomme d'api.

— Et les leur faire bouffer ! ajoute, battant des mains, une beauté nubienne dont resplendissent les grandes dents blanches.

Du portique par où s'en est allée la Basilissa arrive un jeune esclave blond, un eunuque, et c'est justement celui-là même qui porta le message à Renaud et le guida une première fois dans le Palais Sacré. Il s'incline devant le chevalier et dit :

— Suivez-moi.

Son sourire ne présage rien d'horrible. De toute façon, ils n'ont pas le choix. Ils suivent donc le bel enfant.

— Chevalier, dit Raymond à voix basse, quand elle a parlé du pal, tu as répondu que tu avais mérité bien pis encore. Pis que le pal ? Qu'est-ce qu'il peut y avoir de pis que le pal ?

L'enfant blond a entendu. Il se retourne, et son sourire est celui du bon élève qui connaît la réponse. Il dit :

— Peut-être un pal chauffé au rouge ?

Raymond sent sa peau se hérisser.

— Ah, ah, on a l'oreille qui traîne, petite vermine ? Alors, écoute, si tu veux qu'on reste copains, n'invente pas des horreurs pareilles, que rien qu'à t'entendre mon trou du cul prend peur et court se cacher dans mes profondeurs !

— Mais je n'invente pas ! Le pal rouge existe bel et bien, seigneur écuyer.

— Bon, bon... On parle d'autre chose, tu veux ?

Ils s'arrêtent au fond d'un corridor, devant une petite porte que Renaud reconnaît. Un autre esclave eunuque est là, qui leur tend des linges de coton absorbant pour éponger l'eau dont ils ruissellent, ainsi que des tuniques bien sèches et des sandales de papyrus tressé.

— Juste au moment où je me disais qu'on allait s'enrhumer ! dit Raymond. Les souhaits accomplis avant même d'être formulés, ça c'est la grande classe !

Lorsqu'ils pénètrent dans la pièce secrète, la Basilissa-Basileus est là, debout, si grande, surhumaine dans la massive robe aux plis comme taillés dans la pierre qui tombent d'un bloc jusqu'à terre. Ses cheveux haut relevés étirent son cou, le léger diadème prolonge le front qui semble se perdre, là-haut, dans un nimbe.

Raymond pense :

« J'ai vu des fesses, moi ? Des nichons ? Des poils de cul ?... Impossible ! J'ai rêvé. »

Cependant tous deux se sont jetés à terre.

— Relevez-vous, dit Irène. Pas de temps à perdre en stupidités. Mais, dites-moi, en voilà une façon d'arriver chez les dames !

Renaud ne répond pas. Il n'est qu'adoration éperdue et mâchoire pendante. Raymond parle donc :

— Eblouissante Splendeur, c'est qu'il n'y a pas moyen d'approcher du Palais. L'émeute...

— L'émeute ?

— Tu ne sais donc pas, Très Sainte ? Une émeute énorme. Toute la ville, j'ai l'impression...

— On ne me dit rien ! C'est un monde ! Que veulent-ils ? Où vont-ils ?

— Ils viennent par ici, Egale des Apôtres. Ce qu'ils veulent ? Oh, ils gueulent contre les icônes, contre les moines...

— Contre moi ?

— Euh... Oui, Très Sainte, oui, je pense que oui, un peu. En fait, ils veulent te foutre en l'air.

— Encore un coup des cinq affreux ! Toute la chienlit iconoclaste — enfin, ce qu'il en reste — est toujours prête à faire des siennes au premier appel de ces guignols... Ma Garde Arménienne va fesser ces galopins. C'est l'affaire d'un petit quart d'heure.

— Hm, dit Raymond... Bien-Aimée de Jésus Pantokrator, je crains que ce ne soit plus sérieux, cette fois. Ils sont une multitude, ils ont des armes, ils convergent vers le Palais Sacré, et nous n'avons vu aucune de tes cohortes urbaines essayer de les en empêcher.

— C'est quand même quelque chose ! Je ne peux pas tourner le dos cinq minutes sans qu'ils fassent des bêtises. Tu leur coupes la langue, tu leur crèves les yeux, tu les enfermes à triple tour dans un couvent au diable-vauvert, on pourrait penser que ça les a calmés. Pas du tout ! Et tu me dis que les légions de la milice urbaine n'ont pas dispersé cette canaille ? Oh, oh, il y a encore de la trahison, là-dessous... La trahison, c'est la plaie de Byzance. Ça et les pots-de-vin. Ce peuple est fourbe et cupide. L'aristocratie aussi, d'ailleurs. Tout est pourri, à Byzance... Moi, je suis d'Athènes. C'est tout de même autre chose... Bon. Je vais régler ça en cinq sec. Mais avant tout, ta mission, chevalier.

Elle tend à Renaud un sachet de soie ouvragée.

— Voici le message. Tu sais ce que tu as à faire. Va.

Renaud revient sur terre. Il tombe à genoux, saisit le sachet, le porte à ses lèvres.

— Dame, ô Dame, tu es ma Dame. Ce sera fait.

Là, elle devrait donner à Renaud sa main à baiser. Mais elle ne la lui donne pas. On ne baise pas la main du Basileus. Et bon, Renaud s'en va, Raymond sur ses talons.

Le blondinet les prend en charge.

— Petit, dit Raymond, comment nous feras-tu sortir ? Si j'en crois ce que j'ai vu, le Palais doit être maintenant cerné par la populace en furie. Or, tu sais peut-être que nous devons agir dans le plus grand secret ?

— Aucun problème ! dit l'enfant. Suivez-moi.

Ils le suivent. De corridors en escaliers, ils parviennent à une petite ouverture en plein cintre, fermée par une porte de bronze, dans les soubassements du Palais. L'esclave ouvre la porte.

— Voilà. Ce souterrain conduit tout droit à Sainte-Sophie. Sous la sacristie, exactement. Venez.

— Attention aux toiles d'araignée ! dit Raymond, se protégeant le visage de ses bras.

— Et aux chauves-souris ! dit Renaud.

— Et aux rats ! dit Raymond.

Mais il n'y a rien de tout ça. Le souterrain se révèle fort propre. A peine s'il y rôde une subtile odeur de cave bien tenue.

— Tu te rends compte, chevalier ? On fait le ménage jusque sous terre, ici. La classe...

— Ce doit être un raccourci commode entre l'église et le Palais.

— Normal. Dans une théocratie, il faut bien que Dieu et son fermier puissent se rendre visite sans façon, en voisins.

— De la sacristie, par-derrière, vous gagnerez facilement

l'Acropole et la Corne d'Or, dit l'esclave. Après, ce sera à vous de jouer.

— T'en fais pas pour nous, mon mignon. Mène-nous seulement hors de ce boyau. Marre des boyaux, moi.

De loin en loin, une étroite fente haut placée laisse filtrer une triste lumière grise, juste de quoi se guider sans se cogner aux murs. Parfois, à droite ou à gauche, bée soudain l'ouverture d'un boyau latéral, trou d'ombre puissamment voûté.

Et voilà que d'un de ces trous, juste devant eux, surgit un légionnaire, un centurion armé en guerre, marchant sur la pointe des pieds. Il leur tourne le dos. Il scrute attentivement la pénombre dans la direction de Sainte-Sophie. Il fait enfin, à l'intention de quelqu'un qui se trouve dans le boyau qu'il vient de quitter, ce signe de la main qui signifie « Avancez, mais mollo-mollo ! » Un légionnaire apparaît, réglementairement caché derrière le grand bouclier rectangulaire, la pique au poing en position d'attaque. Et puis un autre légionnaire, et encore un autre, et comme ça toute une bonne demi-centaine de bonshommes à la queue leu leu.

— La Garde Arménienne ! souffle l'esclave.

— Ah, ah, dit Raymond. Je comprends. Ils vont prendre à revers tous ces braillards, là-haut. Pas con, dis donc !

— Venez, dit l'esclave.

Tout en marchant, il appelle :

— Centurion Koparadjian !

D'un seul mouvement, la demi-centurie a fait demi-tour. Les piques pointent maintenant vers le Palais, absolument parallèles. Impeccable. Comme à l'exercice. Le centurion se retrouve tout seul là-bas à l'autre bout de la colonne par un, au bout qui en était tout à l'heure la tête et en est devenu, conséquence implacable de l'élégant mouvement d'ensemble, la queue. Il n'a pas bien entendu. Il gueule :

— Qu'est-ce que c'est ? Qu'est-ce qui m'a foutu des abrutis pareils ? Qui a ordonné le demi-tour ? J'ai ordonné le demi-tour, moi ? Non ? Alors, qu'est-ce qui vous a pris, tas de culs-terreux de mes deux ?

L'esclave crie, de toutes ses forces :

— Centurion ! Centurion Koparadjian !

Cette fois, le centurion a entendu. Il se fige au garde à vous. Il hurle réglementairement :

— Centurion Koparadjian, première cohorte, troisième

manipule, deuxième centurie de la Garde Arménienne, aux ordres !

— Rompez ! dit l'eunuque. Eh, c'est moi, centurion ! Moi, Philémon Aristidès !

— Toi, merdaillon ! Qu'est-ce que tu fous ici ? Pas le moment de traîner dans le secteur. Tu gênes les opérations. Dégage !

— Service du Basileus. Laissez passer.

— Pour le service ? T'es sûr ? Tu me ferais pas marcher, des fois ? On vous connaît, vous autres, les sans-couilles, toujours à faire chier le monde...

— Je répète : service du Basileus. Centurion Koparadjian, continue comme ça et ta tête fera la bise à tes couilles, tes couilles dont tu es si fier, mais elle ne s'arrêtera pas là, ta tête, elle descendra plus bas, jusqu'au caniveau, figure-toi, et elle roulera dans la pisse, et tes deux oreilles feront bravo de chaque côté.

— Ça va, petit con. Passe. Mais tu le prends sur toi, hein ? Je ferai mon rapport. Si tu t'es foutu de ma gueule, tu vas voir tes miches !

— Tu feras rien du tout. Service secret du Basileus. Pas de trace écrite. Et t'as même rien vu. Dis à tes guignols de se plaquer face au mur.

— Colonne, à mon commandement, à droite... Oite ! Face au mur. Et on ne tourne pas la tête.

— Et maintenant, dit l'enfant blond, toi aussi, centurion. Face au mur, et ferme les yeux.

Le centurion se colle contre le mur. Non sans se soulager l'âme :

— Petit con ! Tu te sens costaud, hein ?... Ça vous donnerait envie de passer de l'autre côté...

— Oh, oh... Surveille tes paroles, centurion Koparadjian. Si tu veux atteindre l'âge de la retraite avec ta tête sur les épaules et tes bijoux de famille au complet, vaudrait mieux que j'oublie ça, tu crois pas ?

— Et puis, grommelle le centurion, foutre en l'air l'empereur pour mettre à la place un autre empereur, qu'est-ce que ça changerait ? Il y aurait toujours et partout ces enfoirés de châtrés, toujours et partout... Alors, hein ?... Finalement, ça serait à refaire, c'est eunuque que je me ferais, pas légionnaire. Ah, misère...

L'esclave, Renaud et Raymond, l'un suivant l'autre, se

faufilent dans l'étroit espace entre le dos des soldats et le mur. Ayant dépassé la colonne, ils parcourent encore une vingtaine de toises et l'esclave crie :

— Centurion Koparadjian !

— Ouais ?

— Repos !

— Va te faire foutre !

Ils marchent. Soudain, Raymond dit :

— Halte ! Il y a un drôle de boucan, là-bas devant. Ecoutez-voir un peu.

En effet, un brouhaha s'entend, lointain, et puis se rapproche et devient terrible, grossi par le souterrain qui fait tuyau d'orgue. Maintenant on distingue une masse confuse qui s'avance. Des rougeurs y dansent, qui sont les flammes des torches et leur reflet sur des ferrailles entrechoquées. Un hurlement fait de cent hurlements sort de là-dedans.

— Ça, c'est pas du légionnaire, dit Raymond. C'est de la canaille enragée. Ils ont compris le coup du souterrain. J'ai idée que ta sacristie, vaut mieux pas compter dessus, bonhomme. J'ai idée qu'il n'y a plus qu'une chose à faire : rebrousser jusqu'au dernier embranchement qu'on a vu et nous enfiler dedans.

— Quoi ! s'exclame Renaud. Fuir ? Et laisser ces va-nu-pieds rosser la garde ? Et, qui sait, envahir le Palais ? Et lui manquer de respect, à Elle ? A ma Dame ? O félon ! O feignant ! O bâtard d'une putain gauloise et d'un collecteur d'impôts !

Tout en vociférant, Renaud court sus aux croquants enragés. Raymond court aussi, il ceinture Renaud de ses durs bras courtauds et le plaque au mur.

— Ça va pas, chevalier ? Ta mission ! Ta mission avant tout. Allons, viens.

Renaud se débat, et puis cède.

— Tu as raison. La mission avant tout.

Ils courent. Se jettent dans le premier boyau de côté qu'ils rencontrent. Courent encore. Ce boyau-là est tout noir. Raymond, qui court en tête, pousse un cri, qu'il étouffe aussitôt :

— Ouaillaillaille ! On va pas plus loin, les enfants. Y a un mur. Je me suis foutu la gueule dedans.

— Et il y a des marches, dit l'esclave.

— Alors, vas-y, grimpe.

L'escalier est en colimaçon. Au fur et à mesure qu'il tourne, un peu de lumière dilue la nuit, et puis de plus en plus. En haut de l'escalier, il y a une porte, de bronze, cela va de soi, mais bombée vers l'extérieur, et aussi une étroite fenêtre par où arrive ce jour chétif. Cette fenêtre a une drôle de forme. L'esclave explique :

— C'est sûrement une ouverture dissimulée dans les sculptures de la façade. Nous sommes dans Sainte-Sophie.

— Eh bien, voilà, on y est arrivés ! exulte Raymond.

— Dans Sainte-Sophie. C'est-à-dire dans les murs de Sainte-Sophie. A l'intérieur de la maçonnerie d'une muraille de Sainte-Sophie, précise l'esclave.

— Ah... C'est une cachette, quoi ?

— Voilà.

— Il y en a beaucoup de comme ça ?

— Beaucoup, oui. L'empereur Justinien se méfiait des popes, et la Basilissa Théodora...

— Bon, bon. Un autre jour, le cours d'histoire de l'art. Comment on en sort, de ce truc ?

— Par la porte.

L'esclave présente à la serrure de la porte concave la clef qui lui a servi pour les portes précédentes.

— La même clef ouvre toutes les portes ? C'est pas bête, ça.

L'esclave pousse la porte, doucement, juste de quoi faufiler un œil, et puis il ouvre plus largement. Tous trois sortent. L'esclave referme la porte. Il n'y a plus de porte, rien qu'une colonne de porphyre ou de je ne sais quel autre matériau prestigieux, une innocente colonne à demi engagée dans le mur, toute lisse avec, suspendue dans un cadre de vieil argent, une belle icône de la Théotokos, Mère de Dieu, portant sur les bras son divin Fils le Seigneur Christ Pantokrator. Les deux visages sont figés dans l'ineffable perfection de leurs ovales d'ivoire, toute la vie est dans les yeux, les terribles yeux qui arrachent la créature à l'indignité de son existence rampante et la jettent, sanglotante, sur les dalles froides, et ne lui laissent au cœur que l'éperdu désir d'accéder à ce monde de rêve et d'idéal pressenti au-delà du réel sordide pour s'y fondre dans l'extase de l'universelle divinité. Le fond de l'icône est une plaque d'argent bruni clouée sur le panneau de bois, les auréoles de la Théotokos et de son Fils un découpage d'or finement ciselé. Des pierres de couleur y brillent doucement.

— Si nos petits rigolos iconoclastes arrivent seulement jusqu'ici, voilà une Mère de Dieu qui pourrait bien se retrouver borgnesse ! dit Raymond. Ou pire. Et l'or et l'argent se changer en cruches de vin...

Il se trouvent dans une espèce de bas-côté assez sombre, séparé de la grand'nef par une rangée de colonnes de marbre vert. Devant eux se déploie Sainte-Sophie, le plus grand, le plus somptueux lieu de prière qu'il y eut jamais au monde. L'église colossale semble abandonnée. Quelques lumignons achèvent de se consumer sur les lustres prodigieux faits pour resplendir de centaines de flammes. Tout autour, sur les murs, sur les tympans, sur la concavité de l'immense coupole centrale, sur le troupeau discipliné des coupoles annexes et sur leurs pendentifs, d'ignobles saccages témoignent de la rage destructrice des empereurs iconoclastes. Toutes les mosaïques ont été piochées jusqu'à ce qu'il n'y reste plus trace des visages sacrés. Le Sauveur Christ Pantokrator et son auguste Mère la Théotokos, les Saints, les Apôtres et les Archanges ont partout disparu, il ne reste que la pierre massacrée à laquelle adhèrent encore quelques lambeaux de ciel étoilé, de feuillages stylisés, de rinceaux délicatement entrelacés... D'un pendentif haut perché, un chérubin aux six ailes hiératiquement disposées contemple, l'œil impavide, le désastre. Peut-être se trouvait-il hors d'atteinte des échelles, ou bien les profanateurs étaient-ils fatigués... L'église merveilleuse de Justinien sent l'encens froid et les dieux morts.

— Irène a ordonné qu'on restaure les mosaïques, explique l'esclave. Mais, bien sûr, il y faudra du temps.

— Dame, ça va plus vite à défaire qu'à faire, dit Raymond.

CINQUIÈME CHAPITRE

— Regardez là-bas ! dit Renaud, à voix contenue.

« Là-bas », c'est, au-delà de l'iconostase qui sépare le naos du chœur, devant une de ces chapelles en demi-cercle et à coupole qui festonnent tout autour de l'espace central, une section de légionnaires repoussant violemment du bois de leurs piques tenues à l'horizontale un groupe de prêtres tassés serrés qu'apparemment ils ont décidé de maintenir confinés dans cette semi-rotonde. Dans les interstices du mur de cuirasses et de casques emplumés, les ors des mitres et des vêtements sacerdotaux luisent par éclats sur fond de barbes d'encre. En avant-plan, quelques corps gisent çà et là, chacun dans sa flaque de sang : des popes, des diacres, des moines, un évêque[1]... Un glaive est resté planté dans la poitrine de l'évêque, sa poignée dressée dessine une croix. Mais personne n'a l'air d'apprécier la symbolique de la chose.

Raymond demande, bas, à l'esclave :

— Qu'est-ce que c'est que ces troufions ?

— Oh, une légion passée aux clastes, je pense.

— Alors, ils sont maîtres de Sainte-Sophie. Par la sacristie, pour nous, c'est cuit. Trouvons autre chose.

Ils se glissent, pliés en deux, le long du mur, tournant le dos au chœur et à la sacristie. Aucune issue ne se présente. Une clameur maintenant s'entend, lointaine, par-delà les portes monumentales hermétiquement closes.

1. J'ai eu tentation d'écrire « pappas » « kaloyer », « épiskop »... mais je me suis retenu !

— On dirait bien qu'ils sont partout. Bon Dieu, qu'attend donc l'armée pour balayer tout ça ?

— L'armée est peut-être tout entière passée aux clastes ?

— Non, ça, c'est pas possible, dit l'esclave. Je connais bien les officiers des corps d'élite. La Garde Arménienne est dévouée au Basileus. La Garde Thrace, la Garde Isaurienne, la Garde Crétoise, le détachement gaulois, les marins de la flotte, tous ceux-là sont sûrs. Evidemment, il y a les mercenaires barbares, les Scythes, les Magyars... Ces sournoises brutes à moustaches, ça se vend au plus offrant, c'est bête et méchant, mais ils sont cantonnés loin de la ville...

Raymond empoigne la tunique de l'esclave.

— Ecoute, petit. Ça va comme ça. Toi qui changes les colonnes de granit en portes dérobées, je suis sûr que tu connais une sortie. Cherche bien dans ta mémoire. Et d'abord, dis-moi comment on t'appelle. J'en ai marre de te dire « Petit ».

— Comment on m'appelle ? L'eunuque en chef du gynécée me siffle. Le préfet des eunuques du Palais fait claquer ses doigts. Les non-châtrés disent : « Eh, toi, Sans Couilles ! » ou « Manche sans Lame ! » ou « Escargot sans Cornes ! », des choses comme ça...

— Et le Basileus, comment il fait pour t'appeler, le Basileus ?

— Le Basileus n'appelle pas. Celui qui va être appelé doit deviner que le Basileus va l'appeler avant que le Basileus n'ait à l'appeler.

— J'aurais dû y penser... Mais enfin, les autres eunuques, tes copains, comment ils t'appellent ? Tu as bien un nom, quand même ! Ta mère, comment elle t'appelait ?

— Ma mère ?... Ma mère, elle m'appelait son petit Eros. Elle mettait mes pieds dans sa bouche, elle disait « Je vais te manger ! » et elle riait, elle riait !... Et puis il y a eu une mauvaise année, la récolte a pourri sur pied, mon père m'a vendu à un châtreur d'eunuques, j'étais joli, je présentais bien. Ma mère a pleuré, mais elle était flattée. L'eunuquat est une promotion et un honneur pour les familles, beaucoup voudraient bien vendre leurs fils, mais le choix est sévère. J'ai eu de la chance : on m'a instruit, on m'a appris les bonnes manières, ce qui fait qu'on a pu me revendre un bon prix au préfet des eunuques du Palais Sacré, et voilà. Maintenant, je vais te dire, tu m'appelles comme tu veux. « Sans Couilles »,

« Rien dans le Sac » ou « Petit Merdeux », c'est pas les noms qui manquent, profites-en tant que je suis un petit eunuque de rien du tout. Rappelle-toi seulement que petit eunuque deviendra grand et que si les eunuques ne font pas d'enfants, ils font et défont les empereurs. Appelle-moi comme tu voudras, mais surtout pas « Eros ». C'est tout.

— Si tu le prends comme ça, je continue à t'appeler « Petit ». Ce que j'en disais, c'était pour la chose de la camaraderie et de la bonne amitié. Maintenant, hein,...

— Bon. Vous voulez une porte ? Fallait le dire. Par ici, la porte. La voilà, votre porte.

Sur le même mur que les trois grands portails de la façade, dans le coin le plus éloigné, tout à fait à gauche, l'enfant trifouille dans le noir une serrure indécelable. Une porte basse gémit sur ses gonds. Il l'entrouvre, à peine à peine. Aussitôt, par la fente étroite une clameur bondit, et emplit l'énorme cube, et fonce là-haut se cogner à la grande coupole, qui vibre et la renvoie magnifiée en tonnerre. Clameur de haine. Clameur de meurtre. L'esclave risque un œil.

— Oui. C'est bien ce qu'il me semblait. Il y en a plein le parvis, plein l'Augustéon. Il y a aussi des légionnaires des troupes étrangères, mais ils sont dispersés dans la foule et me paraissent saouls à crever. Ils acclament quelqu'un qui se trouve juste devant nous, sur le péristyle, je ne peux pas voir qui c'est, la porte ouvre dans le mauvais sens. Regardez vous-mêmes.

— Oh, oh, dit Renaud. Quel est ce portique en face de nous, là-bas, de l'autre côté du parvis, un peu sur le côté ?

— C'est l'entrée de l'Hippodrome.

— Eh bien, il y a là des soldats qui n'ont pas l'air d'être dans le coup. Ils croisent la pique et serrent les rangs, comme pour interdir l'entrée de l'Hippodrome. On les insulte, on leur jette des pierres, mais pour l'instant ça ne va pas plus loin.

— Comment faire ? Ils regardent tous par ici.

— Et ils ont l'air salement excités, les charognes !

Une acclamation formidable monte tout à coup. Une flamme jaillit. Les enragés des premiers rangs y jettent, en hurlant de rire, les icônes saintes qu'ils brandissaient, clouées à des bâtons. La flamme crépite et puis rugit, vorace. C'est la bousculade. Tous veulent jeter au feu quelque chose de sacré, icône, saint de bois, missel à miniatures.

— Eh bien, voilà ! s'exclame Raymond. C'est l'occasion ! Faites comme moi.

Il cherche des yeux tout autour de lui. Irène a rétabli le culte des images, certes, cependant elles ne sont pas encore très nombreuses dans Sainte-Sophie. Ils finissent quand même par en dénicher trois, trois grandes icônes toutes neuves. Sur un échafaudage d'ouvriers mosaïstes-restaurateurs ils trouvent des perches, des clous, des outils. En douze coups de marteau les images saintes sont débarrassées de leurs cadres et transformées en pancartes. Sur celle de Renaud sourit une sainte Ursule aux joues fleuries. Il l'appuie au mur, met un genou en terre, se signe. Il prie.

— Grande sainte Ursule, toi qui préféras mourir vilainement et faire mourir avec toi onze mille vierges mignonnes, tes compagnes, plutôt que d'épouser un barbare mécréant, pardonne-moi l'outrage que présentement je te fais, et crois bien que je ne le fais pas pour préserver mon indigne carcasse mais pour accomplir la mission sacrée à moi confiée par Celle qui m'est plus que la vie pour le bien de la chrétienté et la plus grande gloire du Seigneur Christ et de sa glorieuse Mère. Amen.

Raymond ne peut moins faire. Son icône à lui se trouve être saint Joseph.

— O grand saint Joseph, tu es le patron des charpentiers et artisans du bois. Fais, je t'en prie, que je ne me tape pas sur les doigts avec ce marteau grâce auquel, et je t'en demande pardon, je vais clouer ta pauvre chère gueule sur cette trique. Amen.

L'esclave a trouvé un fond de pot de peinture noire dans le fourbi des ouvriers. Il s'active en tirant la langue.

— Qu'est-ce que tu fabriques ? demande Raymond.

— J'écris.

— Tu écris quoi ? Et c'est quoi, ce qui lui sort de la bouche, à ta Sainte Vierge ?

— Des paroles. Un phylactère, ça s'appelle. Ça veut dire que ce qu'il y a d'écrit là-dedans, ça lui sort de la bouche. C'est ses paroles, quoi.

— Et tu lui fais dire quoi, comme paroles ?

— Tu veux vraiment savoir ?

— Oui, je veux vraiment savoir.

— Alors, voilà. Elle dit « Je ne suis pas la Mère de Dieu, je suis Myrrha, la putain du port qui a servi de modèle au peintre Pharos ».

— Mais c'est un sacrilège ! Tu seras maudit !

— Pas du tout. C'est la vérité. Je la connais bien, moi, Myrrha. Et Pharos aussi. Je l'ai vue souvent poser chez lui. Il fait des icônes, c'est son métier.

— C'est pas une raison. Tu offenses la Théotokos. Au moins demande-lui pardon.

— Bon, bon... Au nom du Père, du Fils, et cetera. Sainte Mère de Dieu, je te demande pardon. C'est pour ton bien que je le fais, car si ces cons-là me tuent, je ne pourrai plus te dire de prières et ça te manquera. Amen.

Renaud cependant guigne par la porte entrebâillée. Il marmonne :

— Je voudrais quand même bien savoir pourquoi ces légionnaires restés fidèles gardent l'entrée de l'Hippodrome. C'est très grand, un Hippodrome. Tout en longueur. Celui-là fait face à Sainte-Sophie. Depuis le fin fond de ce machin, en visant un peu de biais, on tient toute la place en enfilade, et l'église en plein. Il y a quelque chose, là, je le sens.

— Tu causes tout seul, chevalier ?

— J'aime bien comprendre, c'est tout.

— T'auras tout le temps pour réfléchir... Bon. Tout le monde est prêt ?

— On y va !

— Attends ! Juste une seconde ! crie l'enfant.

Il plonge la main dans l'échancrure de son col, ramène un joli petit sac tout brodé de perles au savant dessin, le baise dévotement, trois fois, marmonne quelque chose, le baise encore et puis le remet en place.

— Quelque sainte relique ? s'étonne Renaud.

— Relique ? Tu parles ! Les plus précieuses de toutes les reliques, oui ! Enfin, pour moi, hélas.

— Oh, dit Raymond, tu veux dire tes...

— Mes couilles, oui. En personne. Tant que je les porte sur moi, il ne peut rien m'arriver de mal. Le sac, c'est ma maman qui me l'a donné, avant que le marchand m'emmène... Bon, vous n'allez pas en faire une jaunisse. On s'habitue très bien... On y va ?

Pancartes hautes, ils courent vers le brasier en gueulant à tue-tête les mêmes conneries que les autres. Dans la grande pagaille personne ne fait attention à eux. Ils dégringolent les degrés majestueux qui descendent vers le parvis et jettent leurs pancartes au feu dévorant. L'esclave blond ne peut se refuser le plaisir de quelques entrechats préliminaires afin de bien faire admirer aux joyeux iconoclastes, à ceux du moins sachant lire, son image parlante.

Une voix terrible tonne et domine le tumulte :

— Romains ! O Romains ! Mon peuple ! Mes frères en Jésus-Christ !

Le silence tombe, d'un coup. Seul, le brasier ronfle et crépite. Toutes les têtes se lèvent.

En haut des marches, devant la colonnade, dominant la mer humaine soudain pétrifiée, cinq spectres se dressent, cinq hauts vieillards décharnés aux longues barbes de moines, cinq copies conformes du même vieillard. Les flammes creusent par-dessous les cavernes de leurs joues, font danser dans leurs yeux des lueurs de folie, sculptent les plis verticaux de leurs robes grossières.

— Les cinq Fils ! murmure l'esclave.

— C'est donc ça qu'ils regardaient, tout à l'heure, et que je ne pouvais pas voir, dit Raymond. Les cinq fils du Copronyme... Les cinq affreux...

— Ils se sont encore échappés de prison ! Et à chaque fois ils foutent la merde...

Le vieillard qui parle se tient au milieu de ses frères, deux à droite, deux à gauche. Son plus proche frère de gauche lui tient le coude. Il parle à voix formidable.

— O chrétiens ! Vous savez qui nous sommes. Nous sommes les fils bien-aimés de votre grand empereur Constantin, ceux que dépouilla la chienne immonde. Romains, tolérerez-vous qu'une putain soumise aux moines souille de son cul pourri le trône des Césars ? Laisserez-vous cette truie, à travers son bâtard imbécile, efféminé, adultère et sacrilège, régner sur vous, ô vous les conquérants du monde ? Cette impudique et ses eunuques obscènes vous pressurent et vous affament, elle traque vos enfants pour ses armées et ses galères, or partout le Barbare et l'Infidèle violent nos frontières, tuent, incendient, rançonnent les citoyens de l'Empire. Vous connaissez le vrai sang du Copronyme. Le fils d'Irène n'est qu'un bâtard, et même le bâtard d'un captif bulgar...

Ici, une épouvantable huée de haine force l'orateur à marquer une pause.

— On dirait qu'on n'aime pas tellement les Bulgars, dans le coin... souffle Raymond.

Le fils du Copronyme reprend :

— Et nous le prouverons ! Le vrai sang du Copronyme, c'est dans nos veines qu'il coule, à flots généreux, dans nos veines à nous, ses cinq fils, et moi je suis l'aîné.

Ovation. Pause.

— Irène l'ordure m'a fait crever les yeux. Pour que je ne puisse espérer régner. Elle a fait couper la langue à mes quatre frères. Pour qu'ils ne puissent crier leur bon droit et en appeler à ta justice, ô peuple romain !

Huées. Pause.

Renaud marmonne :

— Pourquoi des troupes devant l'Hippodrome, et pas devant Sainte-Sophie ? Qu'est-ce qu'il y a de si précieux dans l'Hippodrome ? Des gradins, des écuries... Même pas de chevaux, ce n'est pas jour de courses...

— Chrétiens ! Mes frères en Christ Pantokrator, tonne l'aveugle, laisserez-vous une femelle superstitieuse réduire à néant les efforts purificateurs de l'Isaurien[1] et de son glorieux fils et réintroduire dans l'Empire le culte sacrilège des idoles ainsi que les manigances des moines ?

Huées prolongées. Pause.

— « Tu ne feras pas d'image de la face de l'Eternel ton Dieu ni d'aucune chose sainte. » Ainsi parle le Livre.

— Tu ne feras pas d'image de la face de l'Eternel ton Dieu ! hurle d'une seule voix la foule.

— Peuple romain ! L'heure a sonné. Un aveugle peut régner, s'il voit par des yeux dévoués. Nous sommes, à nous cinq, mes frères et moi, un seul homme, une seule tête, une seule volonté. Leurs yeux sont mes yeux, ma langue est leur langue. Ils voient pour moi, je parle pour eux. De même que Dieu est Un en trois Personnes, nous serons un empereur en cinq personnes inséparables.

Ovation énorme. Le peuple grec aime les paroles fleuries. Pause.

— Romains ! Quatre légions à nous marchent en ce moment sur Byzance. Sainte-Sophie est à nous. Deux légions urbaines sont à nous. Il est temps.

1. Léon III, dit « l'Isaurien », inaugura la persécution contre le culte des images. Constantin V « Copronyme » était son fils.

Il tend un index exterminateur vers le Nord. Son frère s'empresse de le pointer dans la direction exacte : le Sud.

— Romains ! Au Palais !

Un enthousiasme guerrier saisit la foule. Le Palais, c'est-à-dire la Porte de Bronze, se trouve dans son dos. Il lui faut donc avant tout effectuer un demi-tour sur place, ce qui n'est pas facile dans une telle presse, avec toutes ces ferrailles tranchantes dont on n'a pas l'habitude et qui se prennent dans vos jambes.

— Tout ça est bien gentil, dit Raymond, mais c'est pas nos oignons. Nous, on a un boulot à faire, et pour commencer faudrait voir à se tirer d'ici... Holà, hé, mon petit père, c'est dans mon ventre que tu plantes le manche de ta pique, là...

— Raymond, dit Renaud, regarde un peu là-haut, sur les hauteurs de l'Acropole.

— Oui. Alors ?

— Regarde bien. Tu as été soldat. Regarde bien.

— Heu... J'ai peut-être vu quelque chose qui brille, là... Tiens, autre chose, plus à droite... Oh, bon Dieu ! Des casques ! C'est bourré de légionnaires. Plein les buissons.

— Regarde derrière le péristyle, sur les côtés de la Porte de Bronze. Ils sont bien cachés, mais moi je sais qu'ils sont là. La caserne de la garde palatine est juste derrière. Les jardins doivent grouiller de militaires.

— Ces cons-là sont pris en tenailles !

— Tout juste. Et nous avec. Ce que je voudrais bien savoir, c'est ce qu'ils attendent pour charger... Et aussi ce qu'il y a dans l'Hippodrome.

Voilà justement la réponse aux deux questions. Soudain un choc énorme retentit, un gigantesque coup de hache. Une boule de feu jaillit dans le ciel au-dessus de l'Hippodrome, une boule avec une queue de comète qui s'élève en sifflant jusqu'à la verticale du parvis et puis retombe, de plus en plus vite, et s'écrase dans la foule médusée, puis hurlante. La chose explose, devient un soleil de flammes qui fusent et s'agrippent là où elles tombent, et ne lâchent plus prise, et dévorent tout ce qu'elles ont touché. Une odeur d'homme grillé se répand avec les premiers cris de souffrance.

— Le feu perse ! s'écrie l'esclave, tout pâle.

— Je crois que c'est ce qu'on appelle chez nous le feu grégeois, dit Renaud. On en parle beaucoup, mais je n'y croyais pas.

— Ça brûle même dans l'eau, vous savez ?

— Ils envoient ça avec une catapulte, je pense. Voilà donc ce qu'ils préparaient, dans l'Hippodrome.

Un autre coup de hache, une autre boule de feu. Puis une autre. Puis une autre. Les trous noirs se multiplient dans la masse humaine. Les brûlés courent et hurlent, empanachés de flammes, et communiquent le feu alentour. La panique se dessine. La foule tourne en rond. Impossible de quitter le parvis infernal. Toutes les issues sont barrées. Les légionnaires tuent. Les boules de feu pleuvent.

— Nous voilà coincés, on dirait, dit Raymond.

— Nous sommes censés être des émeutiers comme les autres, et pas moyen de nous faire reconnaître. Agents secrets !

— Moi, je peux vous tirer de là, dit l'esclave. Je connais tous les gars de la garde palatine, tous les officiers, et aussi ceux des légions urbaines. Vous en faites pas, je vous prends sous mon aile. Attention à bien rester ensemble. Vous voyez le Palais des Bains, là, à main gauche, qui fait le coin de l'Augustéon, juste avant l'entrée de l'Hippodrome ? Bon. On va se faufiler jusque-là. Chevalier, empoigne ma tunique, et toi, écuyer, empoigne celle du chevalier. Ne me lâchez pas. En avant !

La place immense est tout entière en flammes. Un seul effroyable hurlement, de douleur, de rage, d'épouvante, monte vers le ciel sur les lourdes volutes d'une fumée grasse et puante. Les torches vivantes courent, tourbillonnent et s'entrechoquent, se roulent à terre, se fracassent la tête aux murs pour en finir plus vite. Ceux qui tombent sont foulés aux pieds, on patauge dans des grouillements de tripaille éclatée, on glisse dans une boue noire de chairs carbonisées. Des rigoles de liquide incendiaire se faufilent partout, tu marches dedans tu es foutu. Inutile de frapper du pied, d'écraser la flamme, de pisser dessus. L'eau l'attise et lui donne une rage nouvelle. Chaque goutte fait son trou, et puis l'agrandit, et puis dévore tant qu'il y a de la chair à dévorer[1]...

Enfin le bombardement cesse. Les restes du liquide en feu

1. Le feu grégeois fut longtemps une exclusivité byzantine. On suppose qu'y entraient divers combustibles et comburants : salpêtre, phosphore, bitume, soufre, poix, résine... On peut le comparer au napalm. Il brûlait sous l'eau, s'auto-entretenait, dégageait une chaleur considérable, etc.

finissent de se consumer, laissant de sinistres coulées noires sur les dalles éclatées. Les brûlés se tordent à terre, les rescapés, d'instinct, s'éloignent des murs et se serrent en tas, troupeau promis à l'abattoir.

Un appel de trompe sonne, haut et clair, derrière la Porte de Bronze, là où se trouve la caserne des Palatins. C'est le signal. Toutes ensemble, partout, les portes s'ouvrent à deux battants. En jaillissent les impeccables cohortes des spathaires aux longues épées[1]. Les légionnaires se dispersent aussitôt en file par un le long des murs de façon à cerner d'un anneau hermétique la totalité de l'espace que forment le parvis de Sainte-Sophie et le forum Augustéon. Ils ne portent pas le bouclier, ils n'en ont pas besoin, ils ne vont pas au combat, ils vont à la boucherie.

Appel de trompe. La moisson commence. Les spathaires fauchent à deux mains les têtes de ces Grecs qui les méprisent et qu'ils haïssent. Les légionnaires armés à la romaine, le glaive dans la main droite, la pique ou le trident dans la main gauche, avancent sans hâte de la périphérie vers le centre, clouant sur place tout ce qui bouge. Un coup de pique ou de trident dans le gras du bide pour fixer le sujet, un coup de pointe du glaive exactement là où on leur a appris, un peu à gauche, sous les dernières fausses côtes, légèrement en oblique vers le haut, pas risquer de déraper sur une côtelette. Le sujet a tendance à tomber en avant, sur vous, donc. Prévenir le coup en lui posant le pied bien à plat sur le nombril et tirer à soi pour récupérer pique et glaive. Au suivant.

Certains, des artistes, se servent du glaive court à la façon dont les Sarrazins utilisent leur cimeterre : un demi-cercle à l'horizontale et, han, la tête vole, dans un sifflement. A pied, c'est difficile. Si tu loupes ton coup, la lame cogne une vertèbre, le bonhomme à moitié décapité couine comme un goret et danse sur place, empanaché d'un jet de sang d'une toise de haut. Les copains se foutent de ta gueule. T'as l'air d'un con. Tu paieras la tournée, ce soir, à la cantine.

Passé la première panique, quelques insurgés, encadrés par les légionnaires transfuges, se sont ressaisis et défendent leur peau les armes à la main. Le vieillard Niképhore, l'aveugle,

1. Spathaires : soldats (généralement mercenaires recrutés chez les Goths) armés de la longue et lourde épée germanique.

les exhorte au combat de sa voix qui tonne comme cinq voix. Les quatre autres fils du Copronyme ouvrent en cadence des bouches véhémentes mais muettes.

— Sus, mes braves ! Sus, mes Romains ! Nos légions sont aux remparts. Les garnisons des portes marchent avec nous. Courage ! Tenons bon !

Mais voici que des Portes de Bronze débouche la cavalerie, les terribles cataphractaires blindés d'épaisses plaques de métal depuis le cimier du casque jusqu'aux sabots de leurs massifs chevaux, inexpugnables tours vivantes, tueurs sans regard. Les vastes boucliers de cuir de rhinocéros, pour l'instant superflus, pendent au flanc des bêtes, les géants de fer hachent à deux bras, méthodiquement, la vermine populacière.

Cette fois, c'est la déroute. Les insurgés refluent en désordre vers Sainte-Sophie, se bousculent sur les degrés et se ruent dans la basilique,entraînant au passage les cinq prétendants dont s'agitent au-dessus des têtes les dix bras pathétiques. Tout cela s'engouffre par les portes maintenant béantes... et ressort aussitôt, cul par-dessus tête, refoulé par les légionnaires du centurion Koparadjian et de ses collègues, qui attendaient leur heure, tapis dans les souterrains, sous Sainte-Sophie.

L'esclave et les deux compères ont eu beau se démener, l'irrésistible torrent de la foule les a entraînés. Rien à faire pour remonter le courant. Les colosses moustachus de la Garde Arménienne ont taillé placidement leur chemin dans la viande, et maintenant ils sont là, c'est le tour des trois petits malins, rien d'autre à faire que se laisser tuer sans se battre ou en se battant. Ils se battent.

Des armes, ce n'est pas ce qui manque, il en traîne partout. Deux piques et une hache ramassées parmi les cadavres font l'affaire. Raymond tient son homme en respect, Renaud aussi. Après tout, ces deux-là, la guerre est leur élément. Quant au petit esclave, il saute et se démène en piaillant sa terreur, le tueur n'arrive pas à ajuster sa pique, il finit quand même par la projeter dans le ventre du gosse avec un « Han » puissant, l'esclave esquive, la lourde pique file dans le vide, déséquilibrant le colosse. L'esclave profite de l'occasion, sa hache s'abat sur l'occiput offert. Hélas, dans sa précipitation il n'a pas pris garde qu'il présentait le dos de l'engin et non le tranchant. La tête casquée de fer n'est pas fendue, elle sonne comme une enclume, et c'est tout. La grosse brute s'est déjà redressée, pas contente. Ses yeux vacillent, ses jambes flageollent. L'esclave, vite, vite, explique, en détachant bien les mots et en faisant les gestes :

— Nous trois, là, nous sommes du Palais ! Amis ! Camarades ! Je suis eunuque du gynécée impérial. Je veux voir ton chef.

Le moustachu secoue la tête. Son front se plisse.

— Moi pas comprends. Chef dit : « Tue tout ! » Moi tue. Je perds le temps. Laisse-moi tranquille.

— Attends, attends ! Voilà quelqu'un qui te dira... Centurion Koparadjian ! Eh, centurion Koparadjian ! Par ici !

Il agite les bras en une gymnastique éperdue. Le centurion enfin l'aperçoit, l'engueule de loin :

— Encore toi, merdeux ! Qu'est-ce que tu fous là ?

— Dis-lui, centurion ! Dis-lui, à ce con, que je ne suis pas un émeutier, ni ces deux-là !

— Alors, pourquoi venez-vous emmerder les gens qui ont un boulot à faire, hein ?... Bon, j'arrive.

— Attends, dit le petit, il arrive. Le centurion.

— Moi connais pas lui. Lui pas mon centurion. Chef dire « Tue tout ! » Je demande pardon. Pas perdre le temps. J'ai travail.

Et il lui plante sa pique dans le cœur.

Et comme c'est un travailleur consciencieux et discipliné, une fois l'enfant à terre il la lui plante une deuxième fois, pour la certitude. Tellement fort, cette fois, que le manche entre après le fer et que le tout reste cloué au sol.

Renaud et Raymond n'ont rien vu. Ils ont chacun sur les bras trois ou quatre lascars abondamment armés, cuirassés, entraînés. Le centurion Koparadjian prend sur lui de faire cesser le combat. Il était temps. Et puis il contemple le désastre, ce petit emmerdeur d'eunuque qu'il aurait tant aimé avoir pour fils. Sauf qu'il ne l'aurait pas fait châtrer, lui.

— Et merde... dit le centurion.

Le géant d'Arménie est inquiet. Il se demande s'il ne se serait pas trompé quelque part.

— Pas bien, chef ? Pas bon travail ?

Le centurion Koparadjian lui dit en arménien quelque chose de rassurant et de très las. Le centurion Koparadjian voit la cinquantaine approcher et il n'est toujours que centurion. S'il savait lire, il commanderait un manipule.

Peut-être même une cohorte[1]. Le centurion Koparadjian aurait dû faire des enfants quand il était temps. Le centurion Koparadjian en a marre de tuer ces cons qu'il faut tuer parce qu'il faut absolument qu'ils fassent les cons. Le centurion Koparadjian a pris un coup de vieux... Enfin, c'est comme ça, quoi.

Là-bas, les légionnaires finissent de liquider le dernier carré d'insurgés coincé sur les marches devant Sainte-Sophie. On les abat comme des bœufs. Le sang ruisselle et cascade du haut en bas sur les degrés, et puis se dilue dans le magma noirâtre d'où émerge, çà et là, une main calcinée crispée en griffe, un bouillonnement de viscères crevés répandant leur contenu, un paquet de cheveux empoissés, deux seins de jeune fille, une sandale...

Renaud et Raymond emportent l'enfant mort.

— Je m'en occupe, dit le centurion. Posez-le là.

Ils le posent devant la Porte de Bronze, celle qui ouvre sur les avant-cours du Palais Sacré.

— Suivez-moi, sinon vous ne franchirez pas les barrages.

Renaud se recueille brièvement devant le corps charmant, et puis se signe.

— Dame, ô Dame, dit-il à voix basse, celui-là, je te l'offre.

— Drôle de cadeau, dit Raymond. Tu te figures que les femmes raffolent des eunuques morts ?

— Tu as raison. Je n'ai pas à le lui offrir. Dame, ma Dame, il est à toi, ce petit. Il est mort pour nous, donc pour toi.

***

Ils vont. Ils suivent le centurion. Ils ne parlent pas. Mais Raymond ne peut pas rester longtemps muet. Il dit :

— Je me sens comme un grand dégoût de tout. Je crois que si je savais comment on fait, je chialerais. Enfin, quoi, qu'est-ce qui me prend ? Je le connaissais à peine, ce merdeux.

Ils passent devant un poste de garde, et puis devant un

1. La légion comportait de 4 à 6 000 hommes, suivant l'époque. Il y avait dix cohortes par légion. Dix légionnaires formaient une décurie, dix décuries une centurie, deux centuries un manipule.

autre. Les légionnaires présentent les armes. Le centurion rend le salut, à la romaine.

— Eros, Eros... Ça me rappelle quelque chose, dit Raymond.

— C'était une espèce d'enfant Jésus, du temps des païens, si je me rappelle bien, dit le centurion.

Ils ont gravi la colline de l'Acropole. Le phare, au-dessus d'eux, s'allume. La brise de terre commence à souffler. Le centurion s'arrête et dit :

— A partir de là, vous ne risquez rien. La ville est calme. Je ne sais rien de vous ni de ce que vous faites, et je ne veux rien savoir. Le gosse a dit « Service du Basileus ». Ça me suffit. Adieu.

***

A leurs pieds la Corne d'Or s'enfonce doucement dans les mauves du soir. Les premières lampes clignotent sur la rive d'Asie. Quelques nefs attardées rentrent au port. La nuit, on ne navigue pas.

— Toutes ces horreurs, et puis ça ! dit Raymond, d'un geste large embrassant l'horizon.

— Tais-toi, dit Renaud.

— Ce qui te prend ?

— Tais-toi. Ecoute.

Ils écoutent. Renaud scrute les buissons.

— Depuis tout à l'heure, depuis que nous avons quitté le parvis, on nous suit. Je n'ai pas voulu t'en parler devant le centurion, et puis je n'étais pas sûr. Maintenant, je suis sûr.

— Des voleurs ?

— Nous n'avons rien à voler. Nous sommes faits comme des déguenillés. Non... Et je vais te dire, déjà pendant l'émeute j'ai eu l'impression d'être guetté. Il y avait toujours une paire d'yeux que je trouvais fixés sur moi quand je me retournais, et qui aussitôt se détournaient...

— Ta mission qui te monte à la tête. Tu fais de la persécution.

— Peut-être... Je le souhaite. Nous sommes ici sans armes, et dans quelques minutes il fera nuit. Je trouve ce coin bien désert. Nous aurions dû penser à ramasser une lame quelconque, ne serait-ce qu'un poignard, avant de quitter cette foutue place.

— Moi, j'y ai pensé.

Raymond tire de sous sa tunique un glaive courtaud, à la lame trapue.

— D'accord. Un bon point pour toi.

— Ce glaive est à toi, chevalier. L'écuyer ne porte l'épée que s'il y en a une en trop. Mais je ne serai quand même pas tout nu.

Raymond, en trois coups de lame, coupe à ras de terre le tronc gracile d'un jeune acacia, le dépouille de ses branches, ça lui fait une trique redoutable, plus haute que lui. Il tend le glaive à Renaud.

— Voilà. On se sent mieux, non ?

Renaud va pour répondre lorsque quelqu'un, quelque part dans l'ombre, répond pour lui :

— En avant ! Tue ! Tue !

D'on ne sait où, de partout à la fois, surgissent des escogriffes tout nus, barbouillés de noir des pieds à la tête, avec au poing des aciers assassins, qui sans un mot se jettent sur les deux associés.

— Holà ! crie Raymond, tout de même surpris.

— Ben, voyons ! constate Renaud.

Mais leurs corps exercés ont déjà fait les gestes qu'il faut. Ils se sont adossés l'un à l'autre, Renaud se couvre des moulinets de son glaive un peu trop court, la trique de Raymond s'agite tellement vite que les lames des autres arsouilles s'y cognent comme à un mur. A l'occasion, Raymond fait un rapide pas en avant et, schrack, de sa trique tenue à deux mains à l'horizontale, retrousse une mâchoire ou rabat une nuque. Des os craquent. Dès qu'un trou se présente, Renaud se fend, et alors un cri de douleur fait s'enfuir les chauves-souris.

— Ça traîne ! gronde la voix de tout à l'heure. Finissons-en, allons ! Tue !

Les quatre agresseurs encore valides y vont de toute leur ardeur. Renaud s'essouffle. Raymond fatigue. Trois des escogriffes se jettent sur Renaud, le quatrième continue à amuser Raymond.

— Teufel ! hurle Renaud ! Tu m'as fait mal, cochon !

Un cri de mort sans doute provenant dudit cochon, puis un autre... Renaud est enragé. Il braille d'horribles jurons tudesques et cogne comme un furieux. A son premier cri, Raymond s'est alarmé. Il arrive à la rescousse, négligeant son propre adversaire. Il n'aurait pas dû. Un formidable coup de je ne sais quoi de lourd et de dur lui atterrit sur le sommet du crâne, le voilà le nez dans le thym odorant des collines. Un second coup du même instrument envoie Renaud le rejoindre dans le plan horizontal. Les deux coups ont été donnés par-derrière, ce qui est, notons-le, d'un félon et d'un lâche.

Le félon-et-lâche en chef sort alors, ombre dans l'ombre, du coin noir où il se cachait. Il se penche sur Renaud et le fouille, tandis que son seul acolyte encore debout s'essuie le front d'un revers de coude. Comme si l'on pouvait relâcher la vigilance avant d'avoir quitté le champ de bataille... Fatale négligence ! Raymond, pas aussi mort qu'il devrait, secoue la tête, se met à quatre pattes, fait le point de la situation. Le voilà soudain debout, un glaive au poing, il l'a ramassé du même mouvement, et voilà, mouvement suivant, le glaive plonge jusqu'à la garde dans la gorge de l'homme au front en sueur. Qui veut crier mais ne que gargouille. Au même moment, coïncidence, Renaud, que sans doute les doigts farfouilleurs de l'autre salopard chatouillent, sort du coma et, sans avoir à réfléchir, agrippe de ses doigts nerveux le cou du petit curieux et puis serre, serre, les deux pouces férocement crispés sur la pomme d'Adam. L'autre rue, et racle, et griffe, mais rien à faire, il va y passer, déjà il voit tout rouge, bientôt il ne verra plus rien... Et comme Raymond, qui a bêtement laissé échapper son glaive resté planté dans le cou de l'autre bonhomme, celui d'avant, rappelez-vous, lequel l'a emporté avec lui en tombant, comme Raymond, donc, ayant récupéré ce glaive, arrive pour aider Renaud à achever le travail, l'avenir immédiat du fouilleur semble assuré. Eh bien, non. Renaud tout à coup pousse un gémissement épouvantable. La rage au cœur, les larmes aux yeux, il sent son étreinte se desserrer. Un filet d'air fuse par la glotte du sale bonhomme qui, du coup, reprend forces, courage et espoir, fait un saut de carpe en arrière et détale.

Le cri de Renaud a figé Raymond, le glaive levé. Il jette son arme et tombe à genoux auprès de son chevalier.

— Mon bras ! gronde Renaud. Ils m'ont blessé au bras, je n'ai plus de forces dans ce bras.

— Tu es en sang, chevalier. Il faut panser ça, vite. Tu peux te lever ?

— A part ce bras, ça va... En tout cas, ils ne l'ont pas eu.
— Quoi donc ?
— Eh, que veux-tu que ce soit ? Le message, pardi ! Voyons voir un peu la gueule de ces crapules.
La nuit est tout à fait noire, à présent. Ils tâtonnent du bout des doigts. Renaud s'exclame :
— Pas possible ! Celui-ci est un moine ! Il porte les cheveux longs et la barbe !
— Celui-là aussi, dit Raymond. Et cet autre, là, il a la tonsure ! C'est un moine d'Occident !
— Oh, oh... Ça donne à penser, non ?
— Chevalier, on pensera plus tard tout notre saoul. Pour l'instant, le plus pressé est ton bras. Tu saignes comme un bœuf. Il faut déjà arrêter ça.
Raymond déchire une bande de sa tunique en lambeaux et serre de toutes ses forces le bras de Renaud au-dessus de la blessure.
— Tiens ton bras en l'air, appuie-toi sur moi. Là, juste en bas, je connais une poterne du rempart où on nous laissera passer. C'est le quartier vénitien, j'y trouverai une barque, par la Corne d'Or nous serons vite rendus aux Blachernes. Allez, viens.

⁂

Sous sa treille, la veuve Chrysothémis goûte la douceur du soir. Les deux esclaves mettent à profit les heures fraîches pour se livrer aux travaux fatigants. Koungor, la râblée petite Tatare des steppes, à quatre pattes frotte les dalles de marbre. Aïcha, la Bédouine du désert, osseuse comme un chameau mais beaucoup plus coriace, se coltine sur les épaules les amphores de vin que sa maîtresse vient de faire livrer.
La veuve sursaute quand l'énergumène dépenaillé se tient devant elle, surgi de la nuit, un doigt sur la bouche. Elle reconnaît son locataire et se rassure. C'est-à-dire que son inquiétude change d'objet. Elle demande, à voix basse puisqu'on lui intime le silence :
— Vous êtes blessé ?
Raymond est éclaboussé de sang

— Moi, non. Enfin, trois fois rien. Mon chevalier, c'est plus sérieux.

— Où est-il ?

— Là, derrière. Faites sortir vos servantes.

— Que de mystères !... Oh, je vois. Ça concerne nos affaires ?

— Eh bien...

— C'est dangereux, alors, cette entreprise ?

— Mais non, mais non, pas du tout... Rien qu'un petit accident. Un malentendu. Rien à voir.

— Ce n'est pas malhonnête, au moins ?

— Malhonnête ? Vous me faites affront ! J'ai une tête à faire des choses malhonnêtes ?

— Il faut une tête spéciale pour ça ?... Dites voir, ce ne serait pas de la politique, par hasard ?

— Oh, pour ça, vous pouvez être tranquille ! La politique, nous autres, ah là là !... Non. Nous ne sommes ni clastes ni lâtres, ni Bleus ni Verts[1]. Le juste milieu, si vous voyez. Respect de l'Autorité et tout ça.

— Je préfère... Koungor ! Aïcha ! Vous finirez demain. Allez vous reposer, mes petites.

Renaud serre les dents. Le sang figé colle la guenille à la blessure.

— Mon Dieu ! dit la veuve.

— Oui, ça fait de l'effet, mais ça aurait pu être pire, dit Raymond.

Une fois débarrassé du sang coagulé, un lambeau de chair pend, proprement découpé comme une tranche de jambon. Le coup a été donné de haut en bas, la lame a pénétré presque parallèlement au bras, taillant un épais copeau de muscle, qui tient encore largement au bras par sa base. Le sang s'est remis à couler.

---

1. « Lâtres » : iconolâtres. Partisans du culte d'adoration rendu aux saintes images. « Clastes » : iconoclastes. Adversaires de ce culte. Destructeurs des images, assimilées aux idoles païennes.

« Bleus, Verts... » A Byzance, les courses de chars, la politique et la religion se mêlaient étroitement et suscitaient des passions d'une violence inouïe. Les cochers couraient sous les couleurs bleue, verte, rouge ou blanche. Les partisans des Bleus étaient en même temps iconoclastes et contre Irène. Les Verts étaient iconolâtres et pour Irène. Les Blancs s'alliaient traditionnellement aux Bleus, les Rouges aux Verts. Les prêtres de la Sainte-Sagesse (Sainte Sophie) étaient contre les icônes (donc hostiles à Irène), ceux de la Sainte-Pureté étaient pour, et donc triomphaient en 793.

— Heureusement que c'est la gauche, dit la veuve.

— Attention, dit Raymond. Cramponne-toi, chevalier.

Il verse à flots dans la plaie béante le liquide d'une élégante petite fiole. Renaud hurle à la limite de l'audible, saute au plafond, court autour de la pièce, donne des coups de tête dans le mur. Enfin il revient s'asseoir. Ses jambes tremblent, ses yeux ruissellent.

— Je t'avais prévenu, chevalier. C'est passé ?

— Ça passe... Qu'est-ce que c'est que ça ? Du feu liquide ?

— C'est les Arabes qui ont trouvé ça. C'est l'esprit du vin. Si j'ai bien compris, ils s'arrangent pour ôter du vin tout ce qui n'est qu'humidité superflue afin de n'en garder que la partie sublime et agissante. Je ne sais pas comment ils s'y prennent, c'est un secret. Ils appellent ça de l'« al kohol ».

— C'est aussi bon que le vin, pour les plaies ?

— Bien meilleur ! Ça tue la vermine, ça empêche le phlegme âcre de se former... Et ça donne du cœur au ventre !

Raymond boit un coup à même la fiole. Il tousse.

— Ça gratte, mais ça ravigote les esprits animaux.

Renaud boit à son tour. Une chaleur lui court par les membres.

— Si tu vides le flacon d'un seul coup, dit Raymond, tu ne sens plus la douleur, et moi je pourrai te recoudre.

— Je me recoudrai moi-même, dit Renaud.

— Tout seul ? Non, mais, ça va pas ? A quoi je sers, moi ?

— Allons, prépare-moi une aiguillée de fil, et sortez, tous les deux. Je ne veux pas qu'on me voit geindre et grimacer. Exécution !

*
**

Raymond tient dans ses mains les mains de la veuve Chrysothémis. Il sait qu'elle s'appelle Hélène, de son petit nom. Il lui a dit, sans qu'elle lui demande rien, qu'il était seul au monde et que, la présente affaire menée à bien, il reviendrait vivre à Byzance avec sa part des bénéfices. Il se demande ce qui l'a poussé à dire ça. Et il n'est pas sûr d'avoir menti. Ça le trouble. La veuve Chrysothémis sait qu'elle est un parti avantageux. Elle s'amuse de cette cour que lui fait

Raymond. Elle s'amuse... S'amuse-t-elle ? Elle aussi sent en elle un trouble qui lui pose question.

— Mon chevalier m'inquiète, dit Raymond. Je vais voir où il en est.

Le chevalier, eh bien, il gît sur le banc, sans connaissance. La blessure est recousue, bien proprement, à gros points serrés. Chaque coup d'aiguille fut une torture à la limite du supportable. Le dernier point eut raison du bourreau de soi-même. Il n'a même pas eu la force de couper le fil après le dernier nœud. L'aiguille pend et se balance.

Raymond écoute si le cœur bat. Rassuré, il profite de l'inconscience de Renaud pour poser un emplâtre d'herbes macérées dans un mélange d'huile et d'« al kohol » sur la blessure, et d'envelopper le tout de bandes de toile que la veuve Chrysothémis a coupées dans un vieux drap. Renaud ouvre les yeux. Il dit :

— Partons.

La veuve Chrysothémis (Hélène) se récrie :

— Vous n'êtes pas en état, chevalier ! Ce serait folie !

— Nous n'avons perdu que trop de temps. Partons. Tout de suite. Allons, écuyer, les chevaux, le bagage, et en selle !

⁂

— Nous aurions pu au moins attendre le matin, dit Raymond.

— Et exposer la vie de la veuve avec toute sa maisonnée ? « Ils » ont essayé une fois, ils essaieront encore. Je préfère être loin.

— Tu as raison, chevalier, comme toujours.

Renaud soupire.

Les chevaux trottent dans la nuit.

SIXIÈME CHAPITRE

— Seigneur roi, les nefs ont toutes passé les crêtes et flottent maintenant sur le Danube. L'armée est prête, archi-prête. Manque pas un lacet de sandale.

Ainsi parle Gottlieb, paladin, comte des Marches de Bavière.

— C'est bien, dit le roi Karl. C'est très bien. Il faut me maintenir ces gaillards-là alertes et pétant le feu. Je veux que chaque archer soit capable de faire passer toutes ses flèches dans une boucle de ceinture à une distance de cinquante pas. Et attention, je dis un carquois plein, douze flèches, en l'espace de vingt secondes de sablier. Je veux que chaque cavalier puisse, lancé au grand galop, enfiler de sa lance un anneau nuptial et puis, sans s'arrêter, fendre du haut en bas, d'un seul coup de sa hache, un tronc de la hauteur d'un homme... D'un petit homme, disons, ces fils de Huns sont plutôt avortons de taille... Je veux qu'on s'exerce à l'épée, à la masse d'armes, au fléau, à l'épieu, à la pique, chacun selon ses spécialités et prérogatives, sans relâche, à toute heure du jour. Je veux que mon armée soit le plus efficace rassemblement de gens de guerre qu'il y eut jamais depuis les légions du grand Julius Caesar.

Les comtes et les barons s'entre-regardent. Le comte Gottlieb lève la main pour demander la parole. Le roi Karl, d'un signe de tête, fait savoir qu'il permet.

— Seigneur roi, dit le comte Gottlieb, jamais l'armée ne sera plus alerte, piaffante et efficace qu'elle n'est présentement. Le vrai est qu'elle s'impatiente et ne comprend pas pourquoi on ne va pas de l'avant.

Le roi Karl fronce le sourcil.

— Elle ne comprend pas ? A-t-elle donc à comprendre ? Moi, je comprends. Ça tombe bien, c'est justement à moi de comprendre. A moi seul. Et toi, Gottlieb, tu ne comprends pas ? Et ça te gêne ?

— Seigneur roi, je me dis que tu as tes raisons. Mais je me sentirais mieux si je les connaissais.

— Mes raisons sont raisons belles et bonnes.

— Seigneur roi, je n'en doute pas. Mais les guerriers francs sont hommes libres et leur obéissance est librement consentie. Elle ne va pas sans la confiance. Or...

— Or ?

— Eh bien, Seigneur roi, on murmure ici et là que tu hésites, que tu tergiverses, et tu ne nous as pas habitués à cela. Voilà.

— « On » murmure ? « Tu » murmures, oui ! Le Franc est homme libre et, librement, se choisit un chef de guerre. Je suis ce chef de guerre. A la mort du roi Pépin, mon père, les guerriers m'ont hissé sur le bouclier. Et tant que dure la guerre, le chef de guerre a la décision. Lui seul. Telle est la loi et la coutume des Francs.

— Seigneur roi, tu dis vrai. Qu'il en soit fait selon ta sagesse.

— Voilà qui est parler, dit le roi Karl.

Ici, Pépin, le second fils du roi Karl, celui-là même qui commande l'armée d'Italie car, de par la volonté de son père, il est roi d'Italie bien qu'il ne règne guère, intervient sans avoir demandé la parole. Il parle comme ceci :

— Seigneur mon père, l'inaction est mauvaise pour le guerrier. Nous ne pourrons pas longtemps amuser l'armée avec des joutes de tir à l'arc. Nos gaillards ont soif de batailles et de butin. Ils tuent le temps en donnant la chasse aux croquants qu'ils traquent comme sangliers, en violant femmes et filles, en saignant cochons et volailles, en sciant les arbres à fruit, en mettant le feu aux meules... Très mauvais pour la discipline. Même des presbytères et des abbayes, ils les ont forcés et pillés. Il y a là grave préjudice pour les seigneurs comtes, barons et abbés de ce pays, lequel, pour peu que l'armée piétine encore quelques jours ici, ne pourra plus jamais porter de récolte et sera terre de famine.

— Il y a pis, dit Turpin, l'archevêque. Ces pendards jouent en enragés aux dés et aux osselets, qui sont des jeux, comme vous le savez, où l'on s'anime hors de toute mesure et où le joueur, perdant de vue le salut de son âme immortelle, jure et blasphème le Saint Nom à gueule déployée. Or cela est péché gravissime.

— Seigneur archevêque, dit le roi Karl, soldat qui jure a l'âme pure. Péché confessé est effacé. Ce sont de grands enfants. N'y a-t-il donc pas assez de prêtres en mon armée pour donner l'absolution à ces garnements ? Je ne voudrais certes pas que mes Francs meurent en état de péché mortel. Veille à cela, Turpin.

Bernhardt, comte des Marches de Lusace, lève la main. Le roi Karl lui fait signe qu'il permet.

— Seigneur roi, dit le comte Bernhardt, la révolte saxonne est contenue, mais tout juste. Les tribus bouillonnent. Il est certain que quelque chose de très grave se prépare, peut-être un soulèvement général. Quand cela se produira, nos contingents restés sur place seront balayés.

— Ach ! dit le roi Karl. Ces Saxons ! J'aurais dû les supprimer jusqu'au dernier. Je les ai pourtant bien saignés ! Je pensais que ce qu'il en restait avait compris. Ils se sont traînés à mes pieds, bon, je me suis laissé attendrir. Ceux qui acceptaient le baptême du Christ, je leur ai laissé la vie. J'ai eu tort, je le vois bien ! A peine ai-je tourné le dos, ils m'assassinent mes prêtres, ils m'exterminent mes troupes, ils foutent le feu partout, et c'est reparti... Enragés ! Véritablement enragés. Ils n'ont pourtant plus leur Witikind[1] ? Ou bien en ont-ils un nouveau ?

— Seigneur roi, l'affaire est mystérieuse. Nos espions ne leur connaissent aucun chef, et pourtant il semble bien qu'il y en ait un. Ce qui est certain, c'est que des agitateurs avars les excitent en sous-main, afin d'attirer vos armées en Saxe et de les détourner de leurs propres frontières.

— En somme, dit le roi Karl, si je vais au Sud châtier les Avars, les Saxons me poignardent par-derrière. Si je vais au Nord contre les Saxons, les Avars me tombent dessus.

— Nous nommons ceci un dilemme, dit Alkwin[2], l'érudit

1. Witikind : chef saxon qui, de 772 à 787, suscita plusieurs terribles révoltes contre Charlemagne. Invaincu par les armes, il se soumit cependant et reçut le baptême.

2. On écrit plutôt « Alcuin », en français, mais, bon, ce célèbre Anglo-Saxon mérite bien un petit effort.

d'Angleterre, le seul qui puisse prendre la parole sans la demander, car le roi Karl l'aime filialement. Du grec « dilemma », où l'on reconnaît « dis » : deux fois, et « lambanô » : je prends.

— Je suis heureux de l'apprendre, dit le roi Karl. Et, mon bon père, connais-tu la solution de ce... dilemme aussi bien que son éto... étilo...

— Etymologie.

— Voilà. Ce grec, quelle langue ! J'en ai la gorge arrachée... Eh bien, la solution ?

— Simplicissime. Nous sommes ici à égale distance de la Pannonie des Avars et de la Frise des Saxons. Que l'armée soit prête à courir chez les uns ou chez les autres à la première éventualité.

— Eh, mais, si je cours à l'un, l'autre aussitôt en profitera pour faire les quatre cents coups ! C'est justement ce que je ne veux pas.

— Alors, tombe sur l'un comme la foudre, liquide l'affaire et tombe sur l'autre comme une autre foudre.

— Comme la foudre, eh ? Une foudre qui prend le temps de décharger les nefs, de leur faire passer la montagne sur des chemins de rondins, de les remettre à flot et de les recharger... Tu parles d'une foudre !

Là, Alkwin sourit d'un air malin.

— Supprimons la montagne, mon fils.

— Bien sûr. Que je suis bête ! Supprimons la montagne... Mon père, mon père, si je n'avais pas pour toi cet amour filial que j'ai, je t'apprendrais à te moquer de ton roi.

— Mon fils, qui se moque ? Je vais te montrer quelque chose.

Alkwin lève la main et appelle :

— Maxime ! Valère !

De derrière les chefs de guerre aux puissantes épaules se faufilent deux religieux dont la robe est celle qu'impose la règle de saint Benoît. Le plus âgé présente un visage étroit que prolonge un front très large, très haut et très bombé, un de ces fronts que le cerveau pousse en avant. Son teint est délicatement pâle, ses yeux vifs gris comme deux souris grises. L'autre est un moinillon aux bonnes joues. Il disparaît presque derrière une brassée de parchemins roulés.

— Mon fils, dit Alkwin, celui-ci se nomme frère Maxime. Il

est ce que chez les Romains païens on appelait un ingénieur. Si tu permets...

Le frère Maxime écarte tranquillement les vases à boire et les cruches de bière qui encombrent la table. Il choisit un rouleau, le développe et, de ses deux mains à plat, le maintient ouvert sur la table. Alkwin pose une chope sur chaque coin du parchemin. Il dit :

— Parle, mon fils. Le roi t'écoute.

— Seigneur roi, dit le frère Maxime, ceci est une carte. Une carte est une image où est représenté un morceau de pays comme si celui qui regarde l'image se trouvait haut dans les airs, à cheval sur un gros oiseau immobile, et regardait le pays sous lui. Toutes choses sur la carte sont donc dessinées comme vues du dessus, à l'exacte place qui est la leur en vérité et à l'exacte proportion, compte tenu du parchemin qui est plus petit que le pays, naturellement.

— J'ai déjà vu de telles images, dit le roi Karl. Je me souviens d'un manuscrit mozarabe très beau où était ainsi figurée la Cité de Dieu telle que nous la dépeint l'Apocalypse de saint Jean.

— Seigneur roi, la carte que voici représente le pays où nous sommes en ce moment.

Le roi Karl se penche, très intéressé. Il voit des lignes bleues, des taches vertes, des taches brunes, de petits paquets de maisons rouges et blanches bien serrées. Il y a aussi de l'écriture, beaucoup d'écriture, dans tous les sens. Le roi Karl s'intéresse à tout ce qui est nouveau, surtout aux choses qui font comprendre le monde et travailler la tête, mais voilà : le roi Karl ne sait pas lire.

— C'est très joli, dit-il, poliment.

Frère Maxime suit du doigt une ligne d'azur au tracé capricieux. Il dit :

— Ceci est le fleuve Danube. Il coule par là, droit à l'Orient, vers la Pannonie où sont les Huns que l'on nomme Avars. Ceci est la ville de Regensburg. L'armée se trouve là, et là, dans la plaine, à droite et à gauche du Danube. Cette ligne bleue, c'est la rivière Altmühl. Elle se jette dans le Danube ici, tout près de Regensburg. Cette autre ligne bleue est la rivière Regnitz, qui se jette dans la rivière Main, qui se jette à son tour dans le fleuve Rhin. Tes nefs venues des pays du Nord remontent aisément la Regnitz mais, parvenues à l'endroit où l'eau n'est plus assez profonde, on doit les décharger et les haler à terre pour rejoindre l'Altmühl, ce qui est un travail fort pénible et fort long. Or je te prie de regarder attentivement ici, Seigneur roi. Que constates-tu ?

Le roi Karl s'exclame :

— Je constate que ces deux rivières sont presque à se toucher !

— Eh oui, Seigneur roi. Sur le parchemin, un pouce à peine les sépare. Sur le terrain, cela fait deux mille pas et vingt-deux pas, à un pied près.

Le roi Karl est tout excité.

— Deux mille pas ! Autant dire rien ! Et c'est pour ces deux mille misérables pas que le Nord est coupé du Sud, l'Occident de l'Orient... Alkwin, je suis sûr que tu penses à la même chose que moi !

— Depuis longtemps, j'y pense, mon fils.

— Et tu es arrivé à la même conclusion que moi ?

— Bien sûr ! Mais laissons parler frère Maxime.

Le moine déroule un autre parchemin.

— Seigneur roi, cette carte est plus détaillée que l'autre, car sur un parchemin de même grandeur elle fait tenir un morceau de pays beaucoup plus restreint. C'est le pays entre Altmühl et Regnitz. Regarde bien cette double ligne que j'ai menée d'une rivière jusqu'à l'autre.

— Je la vois.

— Eh bien, c'est le tracé d'un canal qui peut très facilement être creusé. J'ai étudié l'endroit. Il y a là une petite croupe de montagne, une colline, plutôt, qui forme mur entre les deux vallées.

— C'est à cause de cette croupe que les eaux ne se mélangent pas ?

— Précisément. Or cette croupe serait taillée sans effort, comme une motte de beurre. Le terrain est meuble et cède facilement à l'outil. Vois, Seigneur roi, j'ai fait ici un dessin du canal comme s'il était coupé par le travers. J'ai dessiné aussi une nef semblable aux nefs de ton armée. Il en ressort clairement qu'il suffirait de donner au canal cent pieds de large et dix-huit pieds de profondeur. Si une équipe de terrassiers commençait à un bout et une autre équipe à l'autre bout, les deux équipes se rejoindraient à mi-distance en peu de jours.

— Et alors nous ferions tomber à chaque bout la dernière paroi de roc, et les eaux s'élanceraient vers les eaux en mugissant, et mes armées iraient d'une extrémité à l'autre du royaume en se promenant ! Alors, oui, je courrais sus au Hun, je l'expédierais vite fait, et puis je courrais punir le Saxon qui ne m'attendrait pas si tôt ! Et, si le besoin devenait pressant, je pourrais diviser l'armée en deux et envoyer une partie au Nord, l'autre à l'Orient... Alkwin, c'est là ce qu'il faut faire ! Avant toute chose !

Le roi Karl pose sa main sur l'épaule de frère Maxime.

— Moine, dit le roi, tu as charge de cela. Il te faut des hommes, il te faut des chevaux, et de quoi nourrir tout ce monde-là. Prends. Si l'on te refuse, demande-moi. L'armée a besoin d'exercice ? Tu lui en donneras. Il y a ici des prisonniers avars en quantité, je ne sais plus combien au juste, ils crèvent comme des mouches, il doit bien en rester trois ou quatre mille, je dirais. Il y a les paysans. Les travaux des champs sont terminés, ces bougres-là engraissent et se rouillent, remue-moi un peu tout ça !

Cependant les seigneurs paladins parlent entre eux et, malgré le respect dû à la présence du roi Karl, leur discussion devient bruyante.

Le roi Karl s'avise de cela. Le courroux gronde dans sa voix :

— Si mes preux ont quelque chose à dire, c'est à moi qu'ils doivent le dire. Allons, qui parlera au nom de tous ?

Le fils du roi, Pépin, s'avance et dit avec défi :

— Seigneur mon père, ça ne va pas. Pas du tout. Nous ne sommes pas venus jusqu'ici pour faire les terrassiers. Cette armée splendide et pleine d'élan, prête à bondir sur l'ennemi, tu voudrais l'humilier et l'exténuer à creuser la terre et à la transporter sur son dos ? Nous avons passé les monts, nous sommes à pied d'œuvre. Embarquons ! Laissons-nous porter par le courant du fleuve et la brise favorable, et puis tombons comme des diables sur les Avars et massacrons ces chiens de païens jusqu'au dernier ! A attendre davantage le soldat perdra le moral et les païens auront le temps de mettre le trésor de leur Khâ-Khan hors d'atteinte chez leurs cousins les sauvages des steppes. Et si, profitant de notre éloignement, les Saxons se révoltent, nous aurons tout le temps de revenir les châtier. Ils ne sont pas assez forts pour porter la guerre hors de leur territoire. Ils ne pourront que ravager leur propre pays. Nous les égorgerons sur leurs ruines, ça leur fera les pieds. Et cette fois, nous n'en laisserons pas un pour raconter l'histoire. Ces sales bêtes ne se laissent baptiser que pour mieux renier le Christ... Voilà ce que j'avais à dire, et je parle au nom des preux ici présents, qui disent comme moi.

Les paladins approuvent de la tête. Le roi Karl les regarde tous, l'un après l'autre, de haut en bas car il est plus grand qu'aucun d'eux. Et puis il hoche la tête et il dit :

— Je t'ai écouté, fils. Je vous ai tous écoutés par sa bouche. Votre avis est sage. Mais vous ne connaissez pas toutes les données du problème. Il ne serait d'ailleurs pas bon que vous les connaissiez. Vous ne devez savoir que ce qu'il importe que vous sachiez pour remplir au mieux votre tâche assignée. Un seul sait tout à propos de tout, et celui-là, c'est moi, votre roi. Or je vous répète que le plus urgent est que ce canal existe.

Tandis que le roi Karl parle ainsi, Pépin, son fils, écoute ses paroles, et la colère lui monte aux yeux, fait pâlir ses joues et durcir ses mâchoires. Et voilà qu'il ne se contient plus.

— Mais c'est pas vrai ! Mais ce vieux con est complètement gâteux ! A son âge ça veut encore baiser comme un verrat de douze mois, toujours le nez dans le trou qui pue, toujours à se faire tripoter le bout de tuyau pour en tirer une goutte de foutre, et voilà le résultat : sa cervelle a foutu le camp, elle a coulé par sa queue, il ne lui reste dans le crâne que du petit-lait suri... Un canal !... Mes beaux seigneurs, nous sommes venus ici sur nos chevaux fougueux, nous avons mis en gage notre héritage, nous avons emprunté à des taux féroces aux Juifs aux doigts crochus afin de nous équiper en guerre, tout cela pour creuser un canal !... Tiens, roi, ramasse, je n'en ai plus besoin. A la place, je porterai une bêche !

Pépin tire du fourreau sa grande épée franque scramassaxe et la jette aux pieds du roi. Cette épée a pour nom Chantemerle, car elle chante comme un merle quand elle défonce heaumes et hauberts. Elle rebondit en chantant son chant haut et clair qui longtemps se prolonge en une note plaintive. Des bouquets d'étincelles jaillissent du pavé.

Turpin, l'archevêque, se signe et vient à Pépin. Il lui pose la main sur l'épaule et dit :

— Enfant, il est écrit : « Les fils ne jugeront point les pères. » Et aussi : « Insulter le nom de son père, c'est blasphémer contre Dieu »...

Mais Pépin hausse les épaules et dit :

— Seigneur archevêque, mêle-toi des affaires de Dieu et laisse-moi m'occuper des miennes. Si je pèche, tu me confesseras. Le roi Karl n'est plus en état de régner. Il va trop à la femelle, tous ici le savent, à un âge où il devrait ne penser qu'à son salut éternel. Ces six concubines qu'il traîne partout avec lui et qu'il tient à honorer toutes également en plus de la reine son épouse car il ne veut pas qu'il soit dit que la source de sa virilité se tarit, ces philtres, ces poudres et ces onguents dont il use avec excès, et aussi, il faut le dire, ta coupable indulgence, Seigneur archevêque, ont affaibli son sang, liquéfié son cerveau, qui est siège de tout jugement, et ramolli son cœur, qui est source de toute vaillance. Je dis que le roi Karl s'amuse à des billevesées comme un vieillard retombé en enfance. Je dis qu'il n'est plus capable de mener la guerre, pas plus que de gouverner le royaume. Que les preux ici présents osent dire le contraire !

Les preux ici présents baissent le nez. Turpin alors se dresse devant Pépin, terrible dans sa dalmatique sacerdotale, car aujourd'hui il n'est point vêtu en guerre comme à l'accoutumée. Il tient à bout de bras la croix très sainte. Il dit, et sa voix tonne comme la voix de Dieu interpellant Caïn :

— A genoux, impie !

Et certes il s'ensuivrait un sermon très beau, car l'archevêque est inspiré, le don de prophétie est descendu sur lui, Dieu va parler par sa bouche, ses yeux lancent des éclairs, ses reins se sont solidement affermis sur ses jambes écartées à l'exact écartement propice aux véhémences de gueule... Mais le roi Karl lève la main qui fait taire quiconque, et Turpin reste coi, la bouche ouverte.

— Allons, allons, dit le roi Karl. N'en fais pas tout un plat, Turpin. Tu connais mon Pépin comme je le connais, il ne tient pas la bière et il n'est pas aussi délié d'esprit que je l'aurais souhaité. Disons le mot : il est un peu con. Mais quelle épée ! Quelle ardeur à la bagarre !... Tu l'auras, ta guerre avare, gros bêta, tu l'auras ! Je ne te demande que quelques jours... Tiens, deux semaines. Deux petites semaines. Et, tiens, c'est ton armée d'Italie qui marchera en tête et enlèvera le dernier ring, celui où il y a le trésor. Promis !

Pépin, bras croisés, front buté, ne répond pas. Le roi Karl ajoute alors :

— Si toutefois, mon fils bien-aimé, tu juges incompatible avec ton honneur d'obéir à ton père, alors dis-toi bien que je serai aussi ferme envers toi que je le fus l'autre année envers ton demi-frère, l'autre Pépin, le bossu. Pourtant Dieu sait s'il m'en coûta. Si donc ta tête doit tomber, elle tombera. Ramasse ton épée.

Et le roi Karl s'en va, et derrière lui s'en vont Alkwin, Turpin, Theodulf, Leidrade, Paul le diacre, Pierre de Pise, Paulin d'Aquilée et le petit Eginhardt, qui sont ses compagnons et son conseil. L'ingénieur frère Maxime sort aussi, suivi du moinillon Valère aux bras chargés de parchemins roulés. Et certes les regards que sur ces deux-là laissent tomber de leur haut les fiers paladins ne sont point regards de bonne amitié.

***

Le roi Karl chevauche par le vert pays entre les rivières Altmühl et Regnitz. Il est venu examiner si l'endroit est aussi propice au percement d'un canal que l'affirment les parchemins aux vives couleurs du frère Maxime. Car le roi Karl a toujours voulu tout voir par lui-même. Derrière lui chevauchent les gens de son conseil et ses chefs de guerre, et aussi les seigneurs et les dames de sa cour. Cela fait une brillante cavalcade qui s'étire dans la vallée.

Les filles bien-aimées du roi Karl sont là, sur des haquenées, chacune entourée de fringants jeunes seigneurs aux galants propos, chacune vêtue du dernier chic à la mode de Byzance — ce qu'elles croient être la mode de Byzance, et qui n'est que la mode des prostituées de Byzance —. Les habiles découpes de la soie laissent voir, en haut comme en bas, des choses qui suffiraient à envoyer n'importe quelle femme du commun au bordel comme pute et ribaude après exposition et fouet sur la place publique. L'archevêque Turpin, les seigneurs évêques et les autres gens d'Eglise s'efforcent d'éviter de porter les yeux là où se trouvent les princesses, mais comment échapper à l'éclat insolent de ces cuisses de lait, de ces jeunes seins plus qu'à demi nus, de toute cette chair de belle santé qui appelle à la fornication comme une vache en chaleur meugle pour le taureau ?

Beaucoup plus modestes en leur tenue et réservées dans leurs façons sont les concubines royales. Elles ne sont pas six, ainsi que le clamait calomnieusement le prince Pépin, mais seulement trois, pour le moment, du moins. Encore l'une des trois n'est-elle plus guère concubine que par habitude et une autre, toute nouvelle, pas encore tout à fait entrée dans les habitudes. La plus jeunette chevauche un peu à l'écart, escortée par son frère, un jeune seigneur tout de noir vêtu qui veille sur son honneur avec des yeux terribles. Les deux autres font bon ménage en une litière splendide balancée au pas de deux forts chevaux de la Frise, et les rideaux de cuir large ouverts laissent voir, dans le fond de la litière, deux nourrices aux amples mamelles donnant le sein à deux beaux gros bâtards pleins de santé, fruits des ardeurs adultères du roi Karl.

Fermant la marche, un lourd chariot transporte force tonneaux, bouteilles, chopes, jambons et amuse-gueule, ainsi que trois ou quatre marmitons affairés.

Avoir autour de soi ses filles, ses femmes et tout son petit monde a toujours mis le roi Karl de belle humeur. Il talonne son cheval pour venir au botte à botte avec Eginhardt, lequel chevauche, tout rêveur, les yeux perdus, mais perdus dans la direction d'Emma la blonde, la plus jeune des filles du roi.

— Elles sont belles, mes filles, hein, Nanar ? dit le roi Karl.

Eginhardt sursaute.

— Bien belles, Seigneur roi... Bien belles, en vérité.

— Vois-tu, mes filles, c'est encore ce que j'ai réussi de mieux. Les fils, Nanar, quel tourment ! Toujours à s'entre-égorger, à chercher à m'assassiner, à mijoter des complots merdeux à droite à gauche... Ça veut régner ! Tout de suite. Ça n'a pas la patience d'attendre que papa soit crevé... Tiens, quand je me laisse aller à penser à tout ça, j'en viens à me demander à quoi ça rime de m'échiner comme je le fais, toujours le cul sur la selle, et de faire tuer tant de monde, tout ça pour quoi ? Pour rassembler et faire tenir debout cahin-caha un royaume qui disparaîtra à la minute même de ma mort, éparpillé entre ces merdeux qui ne peuvent pas se sentir... Ça fout le cafard, non ? C'est bien pourquoi je n'y pense jamais !

Le roi Karl rit comme un cheval et abat sur les épaules d'Eginhardt une maîtresse tape de sa maîtresse main. Eginhardt mord la crinière de sa monture.

— Seigneur roi, dit Eginhardt en crachant quelques crins fauves, quand l'unité de l'Empire romain sera reconstituée sous ton autorité, ce seront les lois de l'Empire romain qui prévaudront. Le fils que tu auras d'Irène régnera, seul, sur l'Orient et l'Occident réunis. Et après lui son fils et le fils de son fils.

Le roi Karl dévisage attentivement son conseiller. Il est étonné, le roi Karl.

— Tu as compris ça, toi, crapaud ?... Alors, tu comprends aussi l'importance de ce sacré canal ? La nécessité de pouvoir courir d'un bout de l'Empire à l'autre bout, pour l'armée et ses approvisionnements, certes, mais surtout pour les marchandises. Les Gaules n'ont pas récolté le moindre grain d'aucune sorte, l'an passé. La moitié des chrétiens y sont morts, et tous les petits enfants à la mamelle, alors que les pays du Danube ne savaient que faire de leur blé, qu'ils ont cédé aux Avars et aux Grecs pour presque rien plutôt que de le voir pourrir et manger aux rats... Il faut que ce canal soit creusé, Nanar ! Si nous ne le faisons pas tout de suite, nous ne le ferons jamais. Car jamais autant de bras ne se trouveront réunis en ce lieu. C'est une grande occasion... Mais les gens de guerre ne comprennent que feu et sang !

Eginhardt dit, les yeux fixés sur l'encolure de son cheval :

— Et puis, Seigneur roi, tout à fait accessoirement, cela donne au messager de Byzance le temps d'arriver, n'est-il pas vrai ?

⁂

Le roi Karl est monté sur la colline qui barre l'horizon entre la vallée de l'Altmühl et celle de la Regnitz. De là, il a vu au-dessous de lui couler les deux rivières, chacune selon que la menaient sa pente et les caprices du relief. Il a examiné le terrain toise par toise, il a demandé qu'on pioche le sol en divers endroits afin d'en éprouver la compacité, et puis il a longuement discuté avec frère Maxime, avec le baron Sigisbert qui est expert en l'art de creuser sapes et tranchées pour forcer les remparts des villes, avec Alkwin l'Anglais qui connaît tout sur tout, avec Eginhardt, Theodulf et quelques autres prud'hommes de sens rassis et de conseil avisé. Des moines arpenteurs ont déployé leurs perches de visée et déroulé leurs cordeaux. Des pieux de bois peints en blanc dessinent maintenant sur la lande le tracé du canal.

Le roi Karl ordonne qu'un outil lui soit apporté. On lui tend un pic épais comme une enclume. Il dit :

— Regardez ! Regardez bien, vous tous ! Moi, Karl, roi des Francs, je vais donner ici le premier coup de pioche de mon canal ! Bénis-moi, Turpin !

— Seigneur roi, dit Alkwin, il faut d'abord donner un nom à ce canal. Le Canal de Karl ? Le Canal Carolin ?

— Canal, canal... Hm... Pas très poétique, dit Leidrade.

— Peut-être les Eaux Carolines ? dit Eginhardt, en rougissant.

— C'est très joli ! dit Emma la blonde. « Les Eaux Carolines »... Très, très joli.

Elle envoie un baiser à Eginhardt.

— Qu'en penses-tu, Alkwin ? dit le roi Karl.

— C'est excellent, dit Alkwin. Nous te devons déjà l'écriture caroline[1], voici maintenant les Eaux Carolines. Ce n'est que justice. Ce siècle restera dans l'histoire comme le siècle de Carolus le Grand, le Siècle Carolin.

***

— Alkwin, dit le roi Karl, toi qui sais tout, dis-moi, l'amour fait-il vraiment tourner les boyaux du dedans de la tête en petit-lait suri ?

— Seigneur roi, répond prudemment Alkwin, je crois qu'on le dit ainsi par image. Il faut voir là ce que la rhétorique nomme « allégorie » ou « parabole ». En fait, on veut donner à entendre que l'être amoureux agit comme s'il n'avait plus sa tête, qu'il est devenu simple bête brute que mène l'instinct copulatif et non plus créature de Dieu douée de sagesse et de raison...

— Tu m'amuses, l'ami. Parlons sans tant de micmacs. Je te demande si, à ton avis, je baise trop. M'as-tu surpris à déraisonner ? Je dois t'avouer que depuis quelque temps, bien que l'envie soit toujours là, drue et piquante, il m'arrive de sentir comme une faiblesse dans les jambes quand je dépasse les six fois par jour.

---

1. Ecriture caroline : Première écriture employant des minuscules. Très élégante. Apparue en effet sous Charlemagne.

— Mon fils, intervient Turpin l'archevêque, qui justement passe à portée de voix, ce n'est point tant de tes forces et capacités qu'il faut te soucier, mais bien de ton salut. J'ai lu un poème en latin, je ne sais qui l'a composé, où il est dit tout au long que le grand roi Karl, après sa mort, ira dans le Purgatoire, où un vautour semblable à celui du Titan païen Prométhée lui dévorera non pas le foie, mais le sexe. Car c'est par le sexe que ce grand roi par ailleurs plein de vertus aura péché abominablement. Ainsi chante le poème.

Le roi Karl porte les mains à son bas-ventre et fait la grimace.

— Turpin, Turpin, je crois que le poète n'est pas loin !... Me dévorer les couilles, vraiment ?... Il dit encore d'autres belles choses, ton poème ?

— Oui, fils. Il dit que tu aimes tes propres filles peut-être un peu trop. Et il insinue que cet un peu trop-là est déjà beaucoup trop.

— Je leur fais apprendre à lire et à écrire, et voilà ce qu'ils en font ! Des ordures pour salir leur roi !... Turpin, je saurai qui a fait ce beau poème de merde, et il la sentira passer, moi je te le dis ! « Malheur à celui par qui le scandale arrive ! » C'est dans les Saintes Ecritures, ça, non ?

Ici intervient Alkwin, l'érudit :

— Seigneur roi, le point est contesté. Origène pense déceler là une erreur de traduction. Le texte araméen aurait dit : « ... par qui le scandale est commis. » Ce qui est évidemment plus net et prête moins à interprétation.

— Origène, Origène... Qu'est-ce qu'il vient foutre ici, Origène ? N'est-ce pas ce gros paillard qui, de peur de fauter, se fit couper les couilles ? Voudrais-tu insinuer que je dois en faire autant ?

— Tu nous cherches une mauvaise querelle, mon fils, dit l'archevêque. Il ne s'agit pas de ça, mais de ce qu'on dit de tes filles. Marie-les, ça clouera le bec aux bavards.

— Mes filles sont libres comme femmes franques, et deux fois libres comme filles de roi. Elles disposent à leur guise de leur main, de leur cœur et de leur cul, nom de Dieu !

— Mon fils !

— Pardon, mon père. Mais je ne supporte pas qu'on parle mal de ma famille.

Le roi Karl tombe à genoux et, se frappant la poitrine à terribles coups de poing, il récite :

— *Konfiteor Teo omnibodendi...*

⁂

Et donc les deux vallées sont éventrées ainsi que l'a ordonné le roi Karl. Une multitude d'hommes couvre la campagne, œuvrant chacun à sa tâche assignée.

Les prisonniers de guerre avars creusent le sol à l'aide de la bêche et de la pelle taillées dans un seul morceau d'orme ou de châtaignier, et il est heureux que le terrain soit ici de sable bien mou, car il n'est évidemment pas question de mettre entre les mains de ces méchantes gens des outils de fer tels que pics et pioches qui pourraient trop facilement devenir des armes. Encore doit-on prendre grand soin de ne jamais laisser ces sournois se réunir à plus de deux en un même lieu ni parler ensemble plus qu'il n'est strictement nécessaire pour les besoins de l'ouvrage.

Les Avars ont, plus que de toute autre chose, besoin de liberté. Ils meurent lorsqu'ils l'ont perdue, comme le lynx et la licorne, car ils sont eux aussi des bêtes sauvages. Il faut donc se hâter d'en tirer tout le travail que l'on peut tant qu'ils ont encore un fil de vie. Ils sont capables de n'importe quelle folie pour s'échapper. La vie leur importe si peu ! Beaucoup se donnent volontairement la mort, soit en s'enfonçant des pelletées d'argile dans la gorge, soit en priant un camarade de les étrangler. Les guerriers garde-chiourme doivent veiller soigneusement à cela, car chez les Avars l'exemple court comme le feu grégeois, et bientôt tous seraient occis.

Il importe donc, non de faire périr devant les autres prisonniers le coupable surpris en pleine tentative de suicide, ce qui serait lui donner justement ce qu'il désire, mais de le faire crier bien longuement dans des supplices ingénieux, afin que tous soient édifiés. Ce qui, du même coup, présente l'avantage d'amuser le guerrier franc, lequel n'a pas tellement d'occasions de se distraire dans ce désert.

Cependant, malgré la terreur des supplices et la vigilance des garde-chiourme, les suicides de prisonniers avars se multipliaient, dans les premiers temps, à une cadence de plus en plus alarmante. C'est alors que Turpin, l'archevêque, eut l'idée merveilleuse de les instruire en peu de jours dans la sainte vérité de Notre Seigneur Jésus-Christ, et puis de les baptiser. Alors le suicide qui, chez les Avars mécréants, est tenu pour action virile et sublime, est devenu, pour l'Avar chrétien, le crime des crimes, l'abomination que Dieu jamais ne pardonne... Naturellement il fallut brûler vifs un certain nombre d'enragés qui ne voulaient du Christ à aucun prix. Mais ceux-là étaient des méchants renforcés qui eussent gâté les autres, ce ne fut donc pas une grosse perte... Il faut cependant reconnaître que le bénéfice de ce baptême fut tempéré par le fait que, les Avars étant devenus chrétiens, on ne pouvait plus les obliger à travailler le dimanche. On ne saurait penser à tout...

Tandis que les Avars creusent, pellettent et portent sur leur dos les terres déblayées pour les vider plus loin, les fiers guerriers francs triment eux aussi sur la glèbe collante, et ils n'aiment pas ça. Ceux qui possèdent un cheval et qui, sans toutefois être nobles hommes, sont admis à combattre de la lance et de l'épée, ceux-là surveillent les prisonniers ou montent la garde autour de l'immense chantier. Les gens de pied s'affairent à des tâches que l'on ne pourrait confier à des Avars, car elles nécessitent l'emploi d'outils de fer tranchant ou perforant, tels que haches, serpes, fourches, crocs... Ceux-là déracinent les arbres gênants, abattent et débitent des troncs pour étayer la tranchée, coupent des fagots pour en faire des fascines, érigent des digues... Les seigneurs chevaliers et barons chassent au loin le lapin et le chevreuil pour la table du roi Karl, et l'écho renvoie de colline en colline la voix rauque des trompes, les cris des cavaliers, l'aboi furieux des chiens...

Et comme il faut nourrir cette multitude, le roi Karl a réquisitionné partout aux alentours le froment de la récolte à peine engrangée, il a laissé aux paysans de quoi subsister jusqu'à la prochaine récolte et aussi de quoi semer, tout le reste il l'a pris, tout ce qui devait être vendu. Il a pris aussi le seigle, l'orge, l'avoine, le sarrasin, les fèves, le fourrage. Il a fait abattre les cochons sans se soucier s'ils avaient mûri leur lard, il les a fait saler en des barils, il a envoyé prendre au loin et amener jusqu'ici des bœufs par centaines et des moutons par milliers, et des poules, et des canards, et du poisson séché, et des foudres de bière amère, tout ce qui peut se manger, tout ce qui peut se boire... Or tout cela les gueules dévorantes l'engloutissent au fur et à mesure, et donc il faut aller en chercher de plus en plus, de plus en plus loin. Par les sentiers de montagne et les vallées profondes coule de partout vers le chantier vorace un torrent vivant, meuglant, bêlant, jurant, grinçant des roues sur les silex.

Cependant les pluies d'automne ont commencé, très en avance cette année.

⁂

Le roi Karl a fait dresser sa tente près du chantier. Chaque jour il vient voir de combien son canal a avancé. Il se fait tout expliquer bien comme il faut, il dit au frère Maxime combien il est content de lui, et puis il retourne s'occuper des affaires du royaume.

Ce matin-là, pourtant, il paraît soucieux. Il prend Eginhardt à part et il le questionne :

— Toujours rien d'où tu sais ?

— Toujours rien.

— Mauvais signe, Nanar, mauvais signe.

— Il n'y a pas encore lieu de s'inquiéter, Seigneur roi.

— Mais moi, j'ai besoin de savoir ! Je ne vais pas pouvoir retenir Pépin encore longtemps. Ce bougre-là trépigne et frétille, il pourrait bien me mijoter un coup tordu... D'autre part, les nouvelles de Saxe sont mauvaises, très mauvaises. Je me demande même si j'ai encore le choix entre les Avars et les Saxons... Ah, je me fais du souci, Nanar !... Heureusement que j'ai mon canal. Quelle merveilleuse idée ! Au début, tu vois, j'ai sauté dessus pour avoir un prétexte à ne pas bouger d'ici, à toi je peux bien l'avouer, et d'ailleurs tu le sais. Et puis voilà, je me suis pris au jeu. Tous ces bras œuvrant d'un même effort à un même projet issu d'un cerveau génial et qui unira l'Europe mieux que ne l'ont fait toutes les légions des césars... Ah, Nanar, c'est... C'est grandiose, Nanar. Grandiose. Tu sais ce que je fais, là ? Je remodèle la nature. Je ne voudrais pas avoir l'air de faire la leçon au Créateur (là, le roi Karl se signe bien dévotement), mais il ne me paraît nullement sacrilège ni présomptueux d'imaginer que si, dans les grandes lignes, ce monde qu'Il a créé est parfait, Il nous a laissé le soin de parachever les petits détails. Aide-toi et le ciel t'aidera, Nanar, toute cette sorte de choses... Ces deux rivières de toute éternité attendaient la main de l'homme, appelaient le coup de pioche ! Je me demande même si c'était vraiment un oubli. Dieu n'a pas de ces négligences. Je me demande s'il n'aurait pas posé là ce petit problème pour voir qui serait assez malin pour le résoudre... Il faudra que j'en parle à Turpin, ce soir, à notre Académie... Enfin, bon, c'est exaltant de rectifier le cours des choses. Encore plus exaltant que construire. Même mon palais d'Aachen, qui doit être bien avancé, maintenant, si l'on n'a pas lambiné, même cela ne me fait pas autant plaisir que mon canal... Qu'est-ce qui se passe ?

Il y a eu un gros bruit gras, et maintenant des hommes crient, des chevaux se cabrent et hennissent, il est arrivé quelque chose au fond du trou, quelque chose de terrible, certainement.

Le roi Karl et sa suite s'approchent. Frère Maxime vient à leur rencontre en courant, bras en croix :

— Seigneur roi, reste où tu es ! Et vous aussi, seigneurs !

— Pourquoi ?

— Il y a danger.

— Mais quel danger, donc ? Parle !

— Un éboulement. La berge est descendue. D'un seul coup. Sur deux cents toises de long. Beaucoup d'hommes sont là-dessous.

— Tu avais fait boiser, pourtant ?

— J'ai fait ce qui devait être fait, mais le terrain ne tient pas. Sable et glaise. Beaucoup plus sable que glaise. Gorgé d'eau. Rien à faire, ça glisse. Ça passe sous le boisage, ça coule, comme d'un sablier, et d'un seul coup, broumm, ça emporte tout.

— Tu devais prévoir cela, ingénieur !

— Seigneur roi, seul Dieu peut tout prévoir. J'ai prévu tout le possible, y compris le pire, mais il est arrivé le pire du pire.

— Des mots, bavard !... Allons, qu'on sauve ceux qui peuvent être sauvés, et au travail ! Il faut me relever cette boue sur-le-champ ! Et aller de l'avant ! Aucun retard ne doit s'ensuivre. Débrouille-toi, ingénieur !

Aux dernières paroles du roi Karl répond un nouveau gros bruit gras, comme un soupir de la terre. Un nouveau pan de berge s'affaisse, se laisse mollement glisser au fond du trou, qui du coup se voit à demi comblé. L'à-pic s'ouvre aux pieds mêmes du roi Karl.

Le roi Karl regarde à ses pieds cette boue, toute cette boue qui continue paresseusement à crouler sur elle-même, ce trou qui sournoisement grignote ses propres bords et soudain les avale par pans entiers. Il sent le sol frémissant sous ses semelles... Alors il redresse la tête, il les fixe tous l'un après l'autre, droit dans les yeux, et il dit à travers ses terribles moustaches :

— Aucun retard.

Il tourne le dos et s'en va.

La pluie tombe. La pluie s'en fout.

***

Coudes écartés, tirant la langue et suant d'abondance, le roi Karl, un morceau de craie à la main, s'efforce de reproduire sur l'ardoise les modèles d'écriture qu'Alkwin a tracés pour lui avec un charbon de bois sur le mur blanc. Il se redresse, pousse un gros soupir, tend l'ardoise à Alkwin.

Alkwin hoche la tête. Il dit :

— Seigneur roi, tu ne t'es pas appliqué.

— C'est pas vrai ! dit le roi Karl. Si, que je me suis appliqué ! J'ai même fait très attention. Pourquoi tu dis ça ? Elle est pas belle, ma page d'écriture ?

— Disons que tu as fait mieux. La ligne de bâtons, ça irait à peu près. Les « i » aussi, si on ne cherche pas la petite bête... Mais les « l », non, non et non ! Et ces « o » ! Ces « a » !

— Je ne fais pas de progrès ?

— Je suis peiné d'avoir à le dire, mais non, tu ne fais pas de progrès. Je me demande si tu sauras écrire un jour.

— Voilà quarante-deux ans que j'essaie... Et tu ne peux pas dire que je ne fais pas d'efforts !

— Tu es plein de bonne volonté, mais je ne sais pas, il y a quelque chose, là... Voyons un peu la lecture.

Alkwin, du bout de sa baguette, montre sur le mur une ligne d'écriture. Le front du roi Karl se plisse. Il avance les lèvres, hésite...

— Allons, dit Alkwin, tu peux le faire. Je sais que tu peux. L... L...

— L... U... Lu ! dit le roi Karl.

— Très bien ! Ensuite....

— Lu... lu... Lulu... a... bu... le... lolo... de... Mimi.

— Parfait ! Excellent ! En lecture, tu avances.

Survient Emma la blonde, l'espiègle enfant, la fille bien-aimée du roi Karl.

— Seigneur papa, devine ce que j'ai pour toi, là !

— Pour moi ?

— Pour toi. Pour toi tout seul.

— C'est quoi ?

— Devine.

— J'aime pas les devinettes. Je ne devine jamais.

— Quelque chose qui te donnera d'un seul coup ce que tu cherches à avoir depuis très longtemps.

— Euh... La main d'Ir... Pardon ! Je dis des bêtises... Non, je ne trouve pas. Fais-moi voir, dis !

— Viens le prendre toi-même.

— Où ça ?

— Là.

— Entre tes nichons ?

— Est-ce ainsi qu'un père parle à sa petite fille ? Là, dans mon corsage... Eh, tu me chatouilles, avec tes gros doigts !

— Ça y est, je l'ai ! C'est joli... Mais ça sert à quoi ?

Le roi Karl examine l'objet. C'est une petite plaque d'or ajourée en son centre suivant un tracé compliqué et mystérieux.

— Voilà. Tu poses ça sur le parchemin, comme ça. Tu le maintiens bien fermement avec ta main gauche pour que ça ne bouge pas, et maintenant de la main droite tu saisis le calame[1], tu le trempes dans l'encre, tu le poses ici dans la fente de la plaque, tu le déplaces en suivant le dessin, c'est pas dur, tu te laisses guider par la fente, voilà, tu suis bien tous les détours, très bien, c'est fini. J'ôte la plaque... Regarde !

Le roi Karl regarde, et il voit : sa propre signature, très joliment tracée, très artistique. Ça, alors !... Il sait que cette chose est sa signature parce qu'elle est exactement semblable à ce que tracent les scribes de son secrétariat au bas des actes royaux après qu'on les lui a lus à voix haute et qu'il a donné son accord.

1. Calame : petit roseau taillé qui servait à écrire sur le parchemin ou le papyrus.

— Quelle merveilleuse invention ! Et c'est cette tête blonde qui a eu cette idée !

— A vrai dire, Seigneur papa, c'est surtout lui.

Emma prend par la main Eginhardt, qui se tient modestement en arrière[1].

— Ah, ah, dit le roi Karl. Notre petit prodige ! C'est bien, mon Nanar... Mais, dis-moi, est-ce que ça veut dire que tu es persuadé que je n'arriverai jamais à signer mon nom tout seul ?

— Pas du tout, Seigneur roi. C'est seulement pour t'aider en attendant.

— Dans ce cas, sois remercié, fils. Quoique je ne sois pas tellement sûr que c'est seulement pour moi que tu l'as fait.

— Et pour qui donc d'autre ?

Eginhardt, ce disant, rougit jusqu'aux oreilles.

— Oh, je ne sais pas, moi... Peut-être pour faire plaisir à ma fille Théodrade, qui te l'aura suggéré ? C'est une bonne petite, Théodrade.

— Théodrade ? bondit Emma la blonde. Ah, non, alors ! Sûrement pas cette vieille pucelle rance ! Elle ne pense qu'à son salut, à garder bien propre sa petite âme frileuse entre ses moines et ses curés. Elle se fout pas mal de tout le reste !

Emma soudain se tourne, pleine de soupçon, vers Eginhardt.

— Au fait, pourquoi papa a-t-il pensé justement à cette punaise de Théodrade ? Tu peux m'expliquer cela, dom Eginhardt ?

— Mais pas du tout ! Mais... Euh... Je veux dire, il n'y a rien entre dame Théodrade et moi ! Quelle idée !

— Bon, bon, dit le roi Karl. Je suis heureux d'apprendre qu'il n'y a rien entre une de mes filles et toi... Ce n'est donc pas pour faire plaisir à Théodrade. Eh bien, ce sera pour faire plaisir à quelqu'un d'autre... Peut-être à moi, après tout.

Eginhardt voudrait bien qu'on parle d'autre chose. Les yeux d'Emma sont verts comme les eaux de la Regnitz. Mais beaucoup plus limpides.

---

1. Il s'ensuit qu'Eginhardt est l'inventeur du pochoir.

Pendant des siècles et des siècles l'Empire s'était étendu, et avec lui la civilisation, et avec lui la loi des riches. Rome régnait sur le monde comme un mauvais maître sur ses esclaves. Là où campaient les légions la forêt s'abattait, la plaine à blé naissait, et le pâturage à bœufs gras. Pour nourrir Rome. Le paysan devenait propriété de Rome, le nomade devenait cadavre. Ou légionnaire.

Car Rome ne labourait plus, Rome ne travaillait plus. Rome préférait obliger les peuples vaincus à labourer pour elle, Rome prenait leurs enfants pour en faire des esclaves que dévoraient ses mines, ses chantiers colossaux, ses cirques, ses lupanars. L'esclave était le carburant qui faisait tourner l'énorme machine Rome, et Rome en consommait immodérément, la machine avait un rendement lamentable. Il fallait sans cesse reculer les frontières, sans cesse porter la guerre chez des peuples plus éloignés afin d'y rafler de l'esclave et d'y ensemencer de nouveaux champs.

Mais, plus on en reculait les limites, plus l'Empire s'enfonçait dans des solitudes inquiétantes où rôdaient des Barbares insoucieux de sillons bien tracés et d'architectures pompeuses, des peuples farouches n'aimant que liberté et pillage, qui haïssaient l'arrogance de Rome, méprisaient sa mollesse, convoitaient son or et singeaient son faste.

Alors on avait clos l'Empire de fossés profonds et de hautes palissades, et du haut des tours de bois des garnisons vigilantes surveillaient le pays barbare.

Or l'Empire s'étendait au Nord jusqu'au fleuve Rhin et au fleuve Danube, à l'Orient jusqu'au pied des monts Caucase et aux confins de la Perse, à l'Occident jusqu'à l'Océan Ténébreux qui enserre le monde et au-delà duquel il n'y a rien. Et l'Egypte au Sud, et Carthage, et tout le rivage de l'Afrique lui appartenaient, et aussi toutes les îles de la mer, et même la lointaine Bretagne[1] aux riches mines d'étain.

Mais voici que Rome, alanguie dans son opulence, perdit jusqu'au goût de se défendre, et elle fit venir des Barbares à l'intérieur de l'Empire afin de combattre les Barbares du dehors qui voulaient en forcer les frontières, et ainsi les Barbares furent dans l'Empire, et peu à peu ils l'investirent du dedans sans empêcher ceux du dehors d'y pénétrer, par la ruse d'abord, par la force ensuite. Et Rome fut prise et mise à sac, et l'Empire n'exista plus.

⁂

Alors toutes les masses humaines que la terrible crainte de Rome avait jusque-là maintenues dans leurs cantons lointains, dans leurs marécages et dans leurs déserts, toutes, de proche en proche, se mirent en marche. Ces brutes orgueilleuses ne connaissaient en fait de lois que violence et rapine. L'Empire était riche, l'Empire était jeté à bas, donc l'Empire était bon à piller. Que cette richesse eût été le fruit du travail de la terre, du commerce et de l'exploitation impitoyable mais méthodique des peuples, et que, les blés n'étant plus semés, les caravanes et les vaisseaux étant immobilisés et les ingénieurs égorgés, cette richesse fût soudain réduite à rien, ils ne pouvaient pas le comprendre, ils ne voulaient pas le savoir. Là il y avait de l'or, là il y avait des Romains qui vivaient dans un luxe inouï, ils venaient, ils tuaient les Romains, à eux l'or et la vie de luxe, c'était tout simple.

Ils se mettaient donc en route, parés en guerre, sur leurs chevaux rustiques, chassant devant eux leur bétail innombrable et famélique, traînant leurs femelles, leur marmaille, leurs vieux, leurs chaudrons et leurs poux dans des chariots grossiers, lançant vers le ciel des chants lourdement scandés, des chants de meurtre et de gloire.

1. Cette « Bretagne » était ce qu'aujourd'hui nous appelons « Grande-Bretagne ».

Et ceux-là arrivaient, pillaient, exterminaient et s'installaient, puis d'autres venaient, qui les exterminaient et s'installaient à leur tour, puis d'autres encore... Car derrière les premiers charognards il reste toujours quelque os à ronger pour d'autres charognards, et derrière ceux-là des bribes pour d'autres encore.

Cependant les anciens peuples de l'Empire, les paysans, les souffre-misère, les attachés à la glèbe, n'ayant pas tous péri, labouraient la terre pour les nouveaux maîtres, et les enfants que leurs femmes mettaient au monde ressemblaient aux envahisseurs, de plus en plus à chaque génération, et une race nouvelle se créait, et cette race ne parlait pas la langue brutale des seigneurs tudesques mais bien le latin patoisant qui était la langue des vaincus.

Et pendant des siècles les hordes barbares déferlèrent en de furieuses cavalcades de meurtre et d'incendie, les royaumes chassèrent les royaumes, les roitelets cupides égorgèrent leurs fils qui convoitaient leur trône comme eux-mêmes avaient convoité celui de leur père avant de l'égorger, jetèrent au feu leurs neveux à peine nés pour s'emparer de leur héritage, firent périr par le poison et la trahison les roitelets leurs voisins, étranglèrent leurs femmes pour en épouser de plus jeunes et sanctifièrent tout cela en se faisant chrétiens.

L'Eglise fut toute-puissante, ses biens devinrent immenses. Les royaumes passaient, les monastères restaient. Et prospéraient.

⁂

Il semblait que le chaudron d'enfer d'où jaillissaient les vagues successives des cavaliers de la mort fût intarissable. Or ce chaudron était double. L'un bouillait au Nord, l'autre à l'Orient.

Des noires forêts du Nord descendaient, sur des chevaux massifs comme des arcs de triomphe, les bêtes blondes, les grands barbares roses à la peau de fille, aux cheveux de paille, aux yeux de myosotis, aux épées comme des enclumes, brutes arrogantes et cyniques, pesamment fourbes. Ceux-là voulaient seulement s'arracher à la misère et aux poux, devenir Romains à la place des Romains. Ces égorgeurs n'étaient que des aspirants rentiers. L'instinct du propriétaire les poussait. Derrière l'ivresse du combat et le butin immédiat, ils voyaient le palais de marbre et la grasse manne de l'impôt.

Tout autres étaient les horribles gnomes camus surgis des profondeurs vertigineuses de l'Orient. Sur leurs vilains petits chevaux hirsutes à la tête trop grosse, le cul à même l'échine, sans selle et sans mors, soudain ils se mettaient en route, droit devant eux, depuis les confins du monde, traversaient steppes et déserts en ravageant tout, sans autre but que le ravage. Ils détruisaient pour détruire, tuaient pour tuer, mais faisaient grâce à qui se joignait à la horde. Eux aussi poussaient devant eux des troupeaux innombrables, non comme provisions pour la route mais comme fin en soi. Le bétail et les enfants mâles sont la richesse de l'homme libre. Au troupeau il faut la steppe, beaucoup de steppe. La civilisation et l'agriculture détruisent la steppe. Il faut donc partout détruire la civilisation et l'agriculture, c'est tout simple. Les détruire dès qu'elles se montrent. Que la steppe soit tout l'espace, que disparaissent villes et villages, champs et prairies, routes et aqueducs... Que crèvent les gavés, que crèvent les amollis, que crèvent les asservis ! Leur ruée était une fête, leurs massacres une purification.

Eux aussi aimaient l'or avec passion, mais non pour ce qu'il procure. L'or était pour eux le colifichet suprême, le signe éclatant de la valeur du guerrier. Ils s'en paraient, s'en surchargeaient. Ils n'avaient pas de dieux, seulement des sorciers qui interrogeaient le destin et pansaient les blessures. Ils incendiaient en premier lieu temples et églises et jetaient les prêtres dans le brasier. Quiconque se laissait surprendre à prier était mis à mort.

⁂

Les Barbares venus du Nord étaient les jeunes rameaux issus de la vieille souche germanique, obstinément fascinés par les riches dépouilles de l'Empire mort.

Les Barbares venus d'Orient étaient les turbulentes tribus mongoles, périodiquement jetées en avant par ce fulgurant besoin de détruire qui les unissait pour un temps derrière quelque aventurier exalté.

Les vagues teutonnes partaient des rivages de la Baltique et de la mer du Nord et, s'écartant comme les doigts d'une main, balayaient l'Europe dans leur quête de soleil et de moissons.

Les ruées mongoles fonçaient d'Est en Ouest, bousculant tout, Chinois, Mandchous, Perses, Turcs, Hindous, Scythes, Slaves, Alains, Grecs, Romains, Celtes et Teutons, raflant au passage et incorporant à la horde ceux qui préféraient la vie à la mort, et ceux-là étaient ensuite les plus acharnés au combat, les plus féroces à la tuerie, et la horde couvrait tout l'espace entre l'horizon et l'horizon, devenait cohue immense où tous étaient égaux sous la terrible discipline du grand Khâ-Khan.

Tout croulait devant la horde. L'Empire des Steppes submergeait les deux continents, d'un océan à l'autre, et puis l'élan retombait comme il était né, pour une seule minime défaite, une contrariété, un caprice, et soudain la horde faisait demi-tour, ou bien se laissait massacrer sur place, ou peut-être se dissolvait parmi quelque peuple sédentaire qui serait à tout jamais marqué de son empreinte : larges pommettes mongoles ou sauvage profil turc... Alors les Barbares blonds pouvaient à nouveau se disputer les bribes de la grandeur de Rome... Jusqu'à la prochaine fois.

Et à chacune des sanglantes chevauchées des petits hommes jaunes les peuples épouvantés leur donnaient un nom nouveau. Ainsi les appela-t-on Huns, Avars, Tatars, Bulgars, Khasars, Magyars, Turcs, Mamelouks, Moghols... Et leurs chefs eurent nom Attila, Baïan, Kroumm, Genghis Khan, Djagataï ou Tamerlan... Mais quel que fût le nom qu'on leur donnait, on le prononçait toujours avec terreur. Et on les nommait tous « Fléau de Dieu », et ils furent eux-mêmes très fiers de ce nom lorsque les temps furent venus où ils crurent en un dieu.

***

Or, tandis que les nations de proie s'entre-dévoraient, d'entre les peuples assassinés se levait ici ou là quelque cadavre mal tué, et ceux-là, silencieux, courbant le dos, ignorés dans le fracas des tueries colossales, se faufilaient dans les interstices des armées, s'accrochaient à la queue des migrations et, cramponnés à la vie de tous leurs ongles, de toutes leurs dents, labouraient et semaient sur les ruines fumantes. Les vain-

queurs étaient contents de cela, car leur triste butin devenait ainsi grasse prébende. Ils ne laissaient à ces gens que juste de quoi ne pas crever. Mais ces misérables croissaient et multipliaient, et peu à peu absorbaient leurs arrogants seigneurs. Ainsi firent les Celtes des Gaules et les Ibères d'Espagne, ainsi firent les Italiens... Ainsi fit surtout l'immense peuple slave, asservi plus qu'aucun peuple asservi, sauvage et primitif plus qu'aucun autre, peuple enfant qui n'avait pas encore fait couler le sang, qui ne connaissait que la couleur du sien, abondamment versé par les égorgeurs...

***

L'Empire était mort, mais il restait Byzance. Un îlot. Coriace. Tellement extérieur, tellement exotique, que lorsque l'Empire rayonnait dans sa splendeur Byzance l'orientale semblait à peine faire partie de l'Empire. Et maintenant Byzance était tout l'Empire, tout ce qui restait de l'Empire. Elle avait eu de beaux sursauts, hélas sans lendemain. Elle avait en tout cas toujours su contenir la furieuse poussée barbare qui battait ses frontières. Mais c'étaient maintenant les murs mêmes de la Ville que menaçaient les hordes bulgares.

Et voici que Mohammed s'était levé, et que des grains de sable du désert il avait fait des guerriers, et voici qu'un peuple qui n'existait pas, qui n'avait jamais existé, un peuple nouveau, venu d'une direction nouvelle, le Sud aride, était apparu et avait tout brouillé. L'Islam invaincu avait d'un seul coup avalé l'Afrique entière, et la Perse des Chosroès, et l'Espagne des Wisigoths, et la Sicile... Et maintenant il voulait Byzance.

***

Entre les monts Balkans qui sont au Sud et les monts Karpates qui sont au Nord il existe une faille profonde, un étroit défilé aux parois à pic. Au fond coule en grondant le fleuve Danube, tombant de chute en chute depuis la plaine d'en-haut où commence l'empire des Avars jusqu'à la plaine d'en-bas que les Bulgars ont volée à Byzance.

Ce seuil formidable se nomme les Portes de Fer.

Avars et Bulgars sont les vestiges de deux grandes ruées mongoles. Les Avars avaient suivi la route tracée par les Huns d'Attila, leurs cousins, mettant leurs pas dans leurs pas, campant là où ils avaient campé, incendiant ce qui s'était reconstruit sur les cendres de leurs incendies. De la Sibérie à l'Oural, puis de l'Oural à la Volga, puis de la Volga aux pays du Danube, ils avaient exterminé les Alains, les Gépides, les Hérules et les Lombards, ils avaient chassé les Bulgars déjà arrivés qui avaient traversé en grande déroute le fleuve Danube et s'étaient réfugiés en terre d'Empire, bousculant les mercenaires du Basileus... L'Empire avar s'était étendu de la mer Noire à la Baltique, de l'Elbe à la Volga. Il touchait à l'Occident aux confins de l'empire des Francs et même il mordait profondément sur l'Ostmark, la marche de Bavière. Leur capitale était celle-là même que s'était jadis choisie Attila, le Ring inexpugnable aux neuf enceintes, au cœur de la Pannonie, entre les eaux du Danube et celles de la Tisza.

Et tout ce pays était redevenu steppe verdoyante, et les fières tribus avares y poussaient devant elles leurs troupeaux opulents. Ils dormaient dans la yourte de feutre sur des tapis éclatants et se saoulaient en buvant le lait fermenté de leurs juments dans des crânes d'archevêques.

Quand leur sang bouillonnait trop fort dans leurs veines, ils partaient ravager les terres des patriciens de Byzance, ou celles des monastères d'Italie, ou celles des barons du roi Karl. Ils méprisaient les peuples slaves et ne mêlaient pas leur sang au leur. Ils méprisaient plus encore les Bulgars, ces Huns abâtardis englués dans la glèbe immonde et déjà plus qu'à moitié slavisés.

SEPTIÈME CHAPITRE

Là-haut, à l'extrême bord de l'à-pic, deux cavaliers se découpent sur le ciel. Sous leurs épais manteaux ils sont vêtus en guerre. Fer aux sombres éclats, buffleteries cloutées, lourdes cuivrailles. Leurs armes, un troisième cheval les porte, mais il n'y a là qu'une lance et qu'un écu. Un seul des deux est chevalier. L'autre n'a droit qu'au bouclier léger, une rondache d'osier recouverte de buffle avec un cône pointu au milieu à la mode sarrazine. On voit aussi, soigneusement arrimé, un arc à deux courbures, pour l'instant sans sa corde, ainsi qu'un carquois d'où dépassent des empennages de flèches. Les épées, elles, pendent au flanc des cavaliers. On ne se sépare pas de son épée.

L'un d'eux est haut de taille, sec de membres, arrogant de maintien. L'ombre du heaume d'acier dessine durement la joue creuse, l'os saillant de la pommette à quoi est collée la peau. La main en visière, le chevalier scrute la crête ensoleillée de l'à-pic qui fait face à cet à-pic où il se trouve. De petits nuages blancs courent sur le bleu du ciel.

L'autre cavalier est trapu, charpenté en force. Son profil moins abrupt dénote une nature plus accommodante, plus subtile peut-être. Plus sensuelle, sûrement. Celui-là est l'écuyer.

Ils contemplent à leurs pieds le gouffre au fond duquel bouillonne et rage l'énorme fleuve Danube, vexé d'être soudain serré dans ce couloir étriqué, lui l'opulent. La clameur de sa fureur gronde et hurle entre les parois de granit en un perpétuel ouragan.

— Voilà, dit Raymond. C'est ici le lieu qu'ils appellent les Portes de Fer. De l'autre côté est le pays avar.

— Je me souviens, dit Renaud. J'ai encore devant les yeux la belle mosaïque du Palais Sacré où sont figurés les pays du monde avec leurs fleuves, leurs montagnes et leurs villes. Le grand fleuve Danube y était fait de certaines pierres bleu-vert très belles dont je ne connais pas le nom. L'Empire finit là. Au-delà du fleuve, c'est terre barbare.

— Oui... Sur la mosaïque ! raille Raymond. La mosaïque ne dit pas qu'en fait les brigands bulgars ont, depuis longtemps, passé le fleuve et soumis à leur loi tout le pays entre le Danube et la Thrace, et que même leur roi exige du Basileus qu'il lui paie tribut s'il ne veut pas qu'on lui prenne le peu qui lui reste, y compris Constantinople qui fait tant la fière derrière ses doubles murailles.

— Bon, dit Renaud. Les Bulgars, on n'en parle plus. Nous avons traversé sans accroc tout le pays qu'ils infestent. Une bonne chose de faite.

— Sans accroc, sans accroc... D'accord, sans accroc. Mais au prix de quels détours ! Rien que des zigzags, rien que des chemins de crête, des défilés impossibles, des sentiers de chèvre à flanc d'abîme, et marcher la nuit, et se cacher le jour... Tout ça nous a salement retardés, chevalier. Je parierais qu'on a perdu une bonne semaine, l'un dans l'autre.

— Et alors ? Tu aurais préféré que ces Bulgars de merde nous repèrent, et nous tombent dessus à deux ou trois cents, et nous estourbissent avant qu'on ait seulement pu dégainer, ou, au mieux, nous gardent prisonniers contre rançon, c'est-à-dire nous zigouillent un peu plus tard, car qui la paierait, la rançon, hein ? Ce n'est pas que la mort me fasse peur...

— Bah, les deux ou trois cents Bulgars, tu les aurais étendus vite fait sur les pâquerettes, pas vrai ? Qu'est-ce que c'est que deux cents Bulgars au nez sale pour un gars qui se farcit des dragons à la douzaine ?

— Mais c'est que ça raille, ma parole ! Ça persifle !... A la douzaine, parfaitement... Enfin, bon, je ne suis pas là pour faire l'acrobate, ni pour mourir en preux, mais bien pour accomplir une mission. Et cette mission, je l'accomplirai. Sans bruit comme sans éclat, puisqu'elle doit rester secrète. Donc, avant tout, éviter les Bulgars. Les Bulgars vivent en parasites, accrochés comme des poux aux laboureurs. Pour éviter les Bulgars, il suffit d'éviter les laboureurs, c'est-à-dire les villages, maisons et terres cultivées, voilà tout. Simple, non ? Et la preuve : nous sommes là.

— Nous sommes là, oui, depuis je ne sais combien de jours, nourris de venaison, et bien nourris, grâce à mon bon arc et à mon très bon œil. Mais rien que de venaison. Je commence à en avoir jusque-là, du gibier, moi. Et d'abord, ça me constipe. J'ai la tripe comme le granit de ces putains de montagnes. Tiens, écoute !

Il se donne des coups de poing dans le ventre. Comme s'il cognait sur un mur.

— Aïe !... Bon Dieu, je me suis presque cassé le poignet !... Je pousse, je pousse, à m'en faire péter les veines, et total : une crotte de rat qui fait « Ding ! » en tombant sur la pierre et me rebondit aux fesses. C'est le manque de légumes, tu comprends ? Il faut manger des légumes, pour la santé du corps. Ma maman me le disait toujours.

— Ecoute, dit Renaud. Retournes-y, chez ta maman. Elle te fera du bon bouillon de légumes, elle te fera des lavements, elle te soufflera au cul, elle te tirera la crotte avec les dents, et moi, tu sais quoi ? Moi, j'aurai la paix, bordel de Dieu ! Et je pourrai réfléchir tranquillement à la façon de passer de l'autre côté de cette sacrée saloperie de flotte. Allez, fous le camp !

Raymond ne bouge pas d'un poil. Il regarde Renaud et il se dit « Bon Dieu, qu'il est beau ! Comme la colère lui va bien ! Pourtant, il est constipé, lui aussi, et il n'a pas vraiment dormi depuis des jours et des jours, lui non plus. Il est tout jaune, ses yeux sont creux comme des terriers de renards, la barbe lui mange les joues, et voilà, c'est comme ça qu'il est le plus beau ! Les chevaliers, y a pas, ils ont quelque chose... » Et puis il dit à Renaud :

— Ça va, fais pas chier... Moi, faut que je râle. Si je râle pas, je meurs. Allez, fais risette.

— Non, mais, c'est vrai, quoi, t'es pas possible ! Tu as voulu être mon écuyer. J'ai dit « Tope là ». Qu'est-ce que tu croyais que c'était, la vie de chevalier errant ? T'es constipé ? Pauv'lapin ! Moi, je chie trois billes par an. Trois. Du marbre.

— Une à Noël, une à Pâques... Et la troisième ?

— Pour la fête de mon saint patron. Ça tombait justement ce matin.

— Félicitations ! Joyeuse fête !

Ils rient.

— Faut pas rêver, dit Raymond. Pour passer ici, faudrait être hirondelle.

— Ou moucheron, dit Renaud.

Ils examinent la chose. Tout le long du défilé, les eaux se précipitent de rapide en rapide, dégringolant les marches d'un énorme escalier dans un tourbillonnement sauvage. Des rochers noirs et luisants émergent çà et là, le flot se brise contre eux, rejaillit en gerbes, retombe en masses d'écume blanche.

— Remontons vers l'amont, décide Renaud, nous finirons bien par trouver quelque chose, ne serait-ce qu'une idée.

Ils font demi-tour. Et se trouvent face à face, quasi nez à nez, avec une douzaine de ruffians de fort mauvaise mine. Des Huns, à n'en pas douter. Et pourtant... Si quelques-uns ont effectivement la grosse tête mongole imberbe, les yeux plissés, les pommettes écartées, la peau de vieux cuir des Huns, et aussi la façon des Huns de se tenir sur un cheval, voûtés, les genoux hauts, ratatinés sur l'encolure, d'autres sont grands, blancs et roses de peau — autant que la crasse permette d'en juger —, leurs cheveux sont blond filasse ou blond fauve ainsi que leur barbe, car ceux-là portent toute leur barbe, étalée fièrement sur la poitrine. D'autres encore présentent des étapes de transition entre ces deux extrêmes, ceux-là sont les fruits des grands ruts de masse de la conquête, quand les hordes bulgares surgies d'au-delà de la Volga se ruèrent d'un seul élan, sexes en avant, et plongèrent jusqu'au ventre dans les tendres vulves slaves après avoir au passage égorgé les maris. Tous sont hérissés de fers meurtriers, vêtus d'infâmes loques qui furent jadis somptueuses et de pièces d'armure rouillées. Tous sont abominablement sales. Tous puent. L'air autour d'eux pue.

Ils puent les vieilles sueurs rancies, homme et cheval mêlées, les pissats lâchés dans les chausses, en plein galop, et séchés sur la bête, les graisses figées dans les barbes, les vinasses entonnées à même les outres et régurgitées en catastrophe... Leurs crânes sont enfouis sous d'épais manchons de loup, d'ours ou de mouton. Certains portent le bonnet mongol, une coiffe conique à quatre coutures pointant hors d'une couronne de fourrure de lynx. D'autres s'emmaillotent la tête de turbans crasseux. Huit de ces arsouilles, un genou en terre, braquent sur les voyageurs la flèche de leur arc tendu à la limite de la tension. Les autres, à cheval, ont la lance en arrêt.

— Merde ! dit Raymond. Les Bulgars !

Renaud empoigne sa bonne épée. Une flèche siffle et se plante dans la poignée de l'épée, entre deux doigts de Renaud.

— Toi pas touches épée ! dit un gros Bulgar très mongoloïde, moustache tombante, trois poils noirs nouillassons, la gueule criblée de petite vérole. Toi touches encore épée, toi mort. Kapoutt.

Il éructe un tudesque hoquetant, plutôt ostrogothique que francique.

— Es-tu sorcier ? demande Renaud. Les chevaux n'ont pas henni. Il y a du sortilège, là-dessous.

Le gros Bulgar rit. Sa bouche est un cloaque de pourriture où branlent trois chicots noirâtres.

— Nous légers, nous renards. Venir sous le vent. Cheval pas sentir.

— Bon. Quoi toi vouloir ? dit Raymond, qui aime se mettre à la portée.

Le gros Bulgar rit encore.

— Non. Pas comme ça. Quoi TOI vouloir !

— Comment ça, quoi « moi » vouloir ? Moi rien vouloir. Moi passer avec seigneur chevalier. Voilà. C'est tout. Salut !

— Ah, ah ! Toi vouloir passer, eh ? Voilà quoi toi vouloir : passer. Vouloir passer ? Toi paies. Pas argent ? Toi meurs. Chevalier, pareil. Compris ?

— Combien moi paie ?

— Ah, ah ! Combien, eh ? Voilà combien : toi donnes vingt sous pour chevalier, dix sous pour écuyer[1]. Moi dis : sous d'or, naturellement.

Mais vous Francs, eh ? Pas Grecs, pas Romains ? Ah, ah. Vous pas de sous d'or, eh ? Roi Karl prend tous les sous d'or et donne à la place deniers d'argent[2]. Roi Karl très malin. Mais moi l'aime pas argent. Camarades ici l'aime pas argent. Argent pas bon comme or. Alors, si toi seulement argent, toi donnes vingt fois cent deniers d'argent pour chevalier, dix fois cent deniers pour écuyer. Et moi montre endroit pour passer

1. 1 sou d'or = environ 500 francs 1986, soit 50 000 centimes.

2. C'est la réforme monétaire de Charlemagne. Les principales mines d'or étant tombées aux mains des Arabes, Charlemagne prit sur lui de remplacer le sou d'or par le denier d'argent, non sans susciter bien des résistances.

l'eau, et moi aide. Si moi pas montre, pas passer. Mourir dans l'eau. Et moi avec guerriers de moi marche un petit peu avec toi et lui, comme ça autres camarades par-ci par-là ne demande pas encore deniers. *Gut ?* Allez, donne. Vite.

Raymond dit :

— Attends, attends...

Et puis il compte dans sa tête, aussi vite qu'il peut, en s'aidant de ses doigts. C'est un calcul difficile. Son front se plisse. Il recommence plusieurs fois.

Enfin il s'écrie :

— Holà, hé ! Ça va pas, ça, camarade ! Pas du tout ! Vingt sous d'or font dix fois cent deniers. Et toi tu demandes vingt fois cent deniers ! Tu te fous de nous !

— Moi l'aime pas argent. Alors moi prends argent deux fois autant comme or.

— Mais pour dix fois cent deniers d'argent tu achèteras autant de choses que pour vingt sous d'or !

— Ça, chez les Francs, peut-être, parce que roi Karl avoir grande épée et coupe la tête si toi l'aimes pas deniers d'argent. Mais ici gens très bêtes, très très, eux pas l'aime argent, pas confiance. Epée du roi Karl pas assez longue pour couper têtes ici. Toi comprends ?

— Je comprends surtout qu'avec une rançon double tu vas t'acheter deux fois plus de viande, deux fois plus de vin, deux fois plus de femmes...

Le gros père rit à s'en péter la figure, et tous les autres Bulgars rient, sans toutefois que leur doigt se relâche sur la corde de l'arc. Renaud, bras croisés, attend que ça se passe. Ces marchandages sordides barbotent loin au-dessous de lui.

— Excuses, camarade. Toi dis moi l'achète, alors moi ris. Moi pas l'achète ! Moi rien l'achète jamais ! Moi prends ! Le manger, le vin, les femmes, moi prends tout ! Moi dis : « Donne ! », ou moi dis rien.

— Alors, pourquoi nous prendre nos deniers ?

— Ça, c'est parce que moi l'aime or. Argent aussi, un petit peu moins. Moi mets dans coffre, et moi regarde. Très bon, regarder l'or, très très. Meilleur comme baiser femme, beaucoup meilleur. Et pas fatigue ! Bon. Alors, toi payes ? Vite.

— Ecuyer, dit alors Renaud, je pense que tu as maintenant assez bavardé avec ces braves gens. Nous sommes plutôt pressés, dois-je te le rappeler, et comme de toute façon nous n'avons pas sur nous les sommes qu'ils prétendent nous faire payer, autant le leur dire tout de suite et qu'on en finisse. Enfin, quoi, voyons.

Le gros Bulgar ne rit plus.

— Toi dis toi pas un rond ? Toi, chevalier. Toi jamais mentir. Moi crois toi. Mais alors, comment toi manges ?

— Explique-lui, écuyer.

Raymond explique :

— Moi chasse. Arc, flèches. Zip, zip, zip ! Chevreuil, daim, lièvre, canard.

Le gros hoche la tête.

— Manger seulement toujours gibier, pas bon. Ventre dur, dur. Pas caca jamais.

Il mime les vains efforts du constipé.

— Caca reste dans ventre. Aïe aïe aïe... Mal au cul. Saigner. Beaucoup mal au cul. Aïe aïe aïe...

Il conclut, gravement :

— Manger légumes. Légumes bons pour santé.

— On ne pourrait pas parler d'autre chose, de temps en temps ? dit Renaud.

— Oui, tout à fait, dit le Bulgar avec empressement. Parler affaires. Vous pas argent. Bon. Moi crois. Mais vous peut-être bijoux, eh ? Beau chevalier s'en va, alors belle dame donne bijou, souvenir souvenir, pour beau chevalier pas oublier belle dame, et chevalier porte bijou sur cœur à lui, et chaque soir baise bijou, et alors chevalier pleure... Ça, c'est l'amour !

Tout en parlant, le gros mime ce qu'il dit, et bien sûr les autres hirsutes se paient une sacrée pinte de bon sang. Mais le gros redevient sérieux. Il tend la main.

— Donne bijoux.

— Voyons, dit Raymond, moi seulement pauvre écuyer, soldat de fortune, rescapé de Roncevaux. Comment moi avoir bijoux ? Quoi faire de bijoux ? Tu as des bijoux, toi, chevalier ?

Renaud jette à Raymond un regard chargé de reproche, un regard qui dit que le rôle d'un écuyer n'est pas d'inciter son chevalier au mensonge. Le code d'honneur de la chevalerie est formel : plutôt mourir de mort ignominieuse que laisser un mensonge franchir ses lèvres. Oui, mais quand c'est pour une cause sainte ? Quand il y va de l'honneur de sa Dame ?... Le gros Bulgar attend. Renaud, lentement, fait aller sa tête de droite à gauche, puis de gauche à droite, une seule fois. Ainsi le mensonge n'a-t-il pas franchi ses lèvres.

— Alors, les chevaux, dit le Bulgar.

Cette fois, l'épée flamboie au-dessus de la tête de Renaud avant que la flèche n'arrive. La pointe d'acier tinte sur une des plaques de fer du haubert, et retombe. La grande épée Fringante tournoie dans le soleil, le cheval Vif Eclair bondit et du poitrail renverse trois malandrins cul par-dessus tête Mais de derrière les buissons, de derrière les arbres, de partout, surgissent les hommes mauvais, ils sont cent, ils sont deux cents, Fringante vaut bien Durandal, Renaud vaut bien Roland, mais Roland lui-même a succombé sous le nombre, et voilà Renaud à terre, un monceau d'arsouilles enragés sur lui, et plus loin Raymond qui se tord et jure et mord... Les voilà bientôt tout nus en dépit de leurs ruades. Les brigands secouent leurs vêtements et en fouillent les moindres replis, en vain.

Le chef n'est pas content. Il donne un ordre bref, en une langue inconnue. Inconnue de Renaud. Raymond, lui, semble avoir compris. Il hurle :

— Non !

— Qu'est-ce qu'il veut ? demande Renaud, encore haletant.

— Ils vont nous fouiller le dedans du corps !

— Il fallait s'y attendre, dit Renaud.

Le gros père montre le pansement au bras gauche de Renaud.

— Quoi c'est ?

— Blessure, dit Raymond. Epée. Voleurs.

Il précise :

— Autres voleurs. Avant.

Le gros est vexé.

— Nous pas voleurs. Nous hommes libres. Nous prendre fleuve avec l'arc et la lance. Fleuve maintenant à nous. Toi veux passer, toi paies. Peux pas payer ? Toi meurs. Juste. Très juste.

Mais un des Bulgars pousse un cri de triomphe. Il vient de faire une trouvaille en tripotant l'épée de Raymond. Sous ses efforts patients la poignée lui est soudain restée dans la main, elle était montée à vis sur la fusée, et voilà que des choses tintinnabulantes en sont sorties pour courir partout dans la mousse, et ces choses sont de jolies médailles brillantes... Des sous d'or de Byzance... Les Bulgars, à quatre pattes, les ramassent en hurlant de joie et les portent à leur gros chef.

Raymond hausse les épaules.

— Notre capital fout le camp...

— Celui de la veuve Chrysothémis, tu veux dire.

Le gros Bulgar se campe devant eux, sévère :

— Ah, ah ! Vous pas un rond, eh ? Ça pas beau, chevalier ! Pas beau du tout. Chevalier jamais mentir, eh ?

— Lui rien savoir, dit vivement Raymond. Ça économies à moi. Petit trésor secret. A moi tout seul.

Le gros rit :

— Toi écuyer voleur, écuyer menteur ! Toi voles ton chevalier, bouh ! Moi fais couper ta sale tête. Toi veux, chevalier ? Moi fais.

— Je ferai ça moi-même, dit Renaud... Dis donc, à propos... Je n'ai pas eu le temps de bien voir, ni de compter, bien sûr, mais il me semble, à vue de nez, qu'il y a là beaucoup plus que ce tu nous demandais pour le passage. Ou bien je me trompe ?

— Ça, autre affaire. Différent. Tout à fait différent. Ça, justice. Moi vois écuyer à toi : voleur. Moi juge voleur, moi dénonce voleur, moi confisque sous volés. Normal. Salaire du juge. Et moi punis voleur, si toi veux. Moi coupe la tête. D'accord ?

— Non, te dis-je. Ça, c'est mon affaire... Bon, eh bien, nous pouvons peut-être nous rhabiller ?

— Rhabiller, eh ? Hm... Or-là pas payer passage. Or payer justice. Différent... Guerriers à moi aiment bien rigoler un peu avec voyageurs sans or avant de tuer eux... Enfin, bon, or très beaucoup, moi content, moi très content, moi pardonne. Demain, moi conduis toi de l'autre côté. Ce soir, toi viens avec nous, c'est la fête.

Renaud fronce le nez.

— Je ne suis pas là pour faire la fête. Je dois passer de l'autre côté de l'eau, vite, très vite.

— Ce soir, moi fatigué. Guerriers aussi, beaucoup fatigués. Bien travaillé. Demain matin, toi passes l'eau. Moi montre. Si moi pas montre, toi meurs dans l'eau et cheval aussi meurt.

— Je trouverai bien un passage. J'ai fait pire.

— Non. Toi pas trouves. Si toi trouves, alors tout le monde sait : pas besoin Guéza pour passer. Ça pas bon pour Guéza.

Il rit. Il est maintenant tout à fait de bonne humeur. Il précise, en se frappant la poitrine du plat de la main :

— Moi : Guéza.

Autour de Renaud et de Raymond, les guerriers dépenaillés forment un cercle hilare mais sans faille. Certains yeux s'attardent avec convoitise sur les vêtements en tas par terre, sur les armes bien entretenues, sur les chevaux. Quelques mains palpent les étoffes, mais ça ne va pas plus loin. Guéza sait faire régner la discipline. Raymond, le bon écuyer, aide son chevalier à s'équiper. Il en profite pour lui glisser dans l'oreille, très vite, en dialecte bas-latin des Gaules :

— La bague ?

— Dans mon cul. Que ma Dame me pardonne.

— Ouh là là... Ç'a été moins une ! S'ils nous avaient fouillé vraiment à fond ?

— Je leur arrachais le doigt.

— Rien que ça !

— J'ai le trou du cul très musclé. La constipation. Excellent entraînement.

— Et la lettre ? Dans le cul aussi ?

— Et pourquoi pas mon cheval, tant que tu y es ? La lettre, je ne te dis pas où elle est. Comme ça, tu ne risques pas d'en parler en rêvant.

— Mais toi, tu risques d'en parler.

— Moi, je ne rêve jamais.

— Dis donc, cette blessure, à ton bras, voilà deux jours que tu ne l'as pas pansée. Je trouve ton bras un peu trop rouge... Laisse-moi donc m'en occuper. C'est le travail de l'écuyer, ça.

— Je te répète que je ne supporte pas qu'un autre que moi me soigne. Je ferai ça ce soir.

***

La résidence de Guéza est une grande et solide villa romaine aux toits de tuile ocre, construite jadis dans une boucle du fleuve Danube, au milieu de vertes prairies, pour quelque patricien de Byzance enrichi par le négoce sur mer ou par le butin des guerres de Justinien. Les champs sont pour la plupart en friche et peu à peu retournent à la forêt. Des paysans slavons, craintifs, tête basse, presque nus sous des lambeaux de peaux de bêtes, y travaillent sans entrain. La troupe arrogante et loqueteuse des Bulgars, serrant de près Renaud et Raymond, passe sous un porche monumental et pénètre dans une vaste cour qu'entourent de beaux bâtiments à rangs alternés de brique rouge et de pierre blanche. Au milieu de la cour est dressée une tente, la tente de cuir des nomades de la steppe, ronde, trapue, écrasée au sol, faite pour tenir tête aux ouragans glacés des steppes tatares.

Guéza, d'un geste de propriétaire, désigne la tente :

— Ça, maison à moi. Moi dis « maison », mais ça pas vraie maison, bien sûr. Maison, pas bon. Toit, pas bon. Moi, homme libre. Aujourd'hui ici, demain là-bas. Pas maison, pas champs, pas femme.

Raymond désigne les bâtiments tout autour :

— Ben, et tout ça ?

Les yeux bridés se plissent encore davantage.

— Toi oses parler devant Guéza ? Toi écuyer félon. Toi devrais être mort... Mais puisque chevalier pardonne, c'est bon, moi pardonne. Et moi réponds à chevalier. Tout ça, maisons-là, c'est pour camarades guerriers de moi. Nous vient, nous tue Romains, nous tue Slavons, nous prend pays. Camarades maintenant fatigués. Eux froid, eux faim, eux veut baiser tout le temps. Ici il reste Slavons, pas tous morts, paysans, ptui ! (Il crache.) Eux fait pousser le manger, nous mange. Eux met au monde petites filles, petits garçons, nous baise. Chevaux dort dans maison, camarades aussi. Guéza, non. Slavons pas contents, nous tue Slavons. Slavons mal travaille, nous tue. Femmes slavonnes met au monde petits enfants un peu slavons un peu bulgars. Si eux veut, eux devenir hommes libres comme nous, ça très bon. Ou bien fait pousser le manger dans la terre, ça très fatigant, très sale, et Guéza donne coups de pied dans le cul, ça pas bon.

Guéza conclut :

— Slavons, pas hommes libres. Slavons, pas hommes. Slavons, cochons.

Renaud le bon chevalier prend alors la parole. Il dit ceci :

— Tous les hommes sont frères, frère bandit. Si la parole du Seigneur Christ Jésus était venue jusqu'à toi, tu saurais cela.

— Seigneur Christ, eh ? C'est quoi, ça ? Le dieu fait comme la garde de l'épée ? La croix ? C'est ça, eh ?

— C'est ça.

— Moi connais. Moi vu. Grand Khan bulgar Télérigh va à Byzance, lui revient avec croix, lui comme mouton, lui veut faire couler l'eau sur têtes des Bulgars. Bulgars veut pas. Croix pas bon. Dieux pas bon. Ptui ! (Il crache.) Slavons adore dieux en bois. Slavons, cochons. Bulgars, hommes libres.

Des feux se sont allumés un peu partout, il traîne dans l'air du soir des odeurs de viandes rôties. Les serviteurs slavons s'activent. Les Bulgars s'affalent ici et là, par petits groupes. Ils se passent de main en main des cruches de poterie dont ils se font descendre le contenu dans le gosier avec de grands soupirs heureux.

Une femme slavonne un peu moins abîmée que les autres vient, courbée en deux, présenter une cruche pleine à Guéza. Dedans, ça mousse, ça pétille. Guéza prend la cruche, boit un bon coup et puis la tend à Renaud.

— Pas poison : moi bu premier.

Il rit. Renaud a grand'soif. Il boit longuement, passe la cruche à Raymond.

— Pas mauvais, dit Raymond. On dirait de la bière, avec quelque chose de piquant dedans.

— Slavons fait ça. Eux appelle ça « kvass ». Ah ! Nous mange.

Les femmes slavonnes apportent sur des planches de bois des moutons rôtis entiers et des légumes bouillis qu'elles puisent dans des chaudrons de cuivre. Çà et là, des pots de terre offrent des oignons et de gros cornichons marinés dans la saumure avec des herbes aromatiques. Raymond sert Renaud, surtout pour rehausser le prestige du chevalier aux yeux des Bulgars.

— Ah, ah ! dit Guéza. Manger légumes, eh ? Ça bon. Légumes bons pour santé.

— On le saura ! marmonne Renaud.

Les Bulgars mangent et boivent en silence. D'abord se remplir la panse. Comme ils sont vautrés à même le sol, les femmes slavonnes, pour les servir, doivent se courber jusqu'à terre, ce qui ne manque pas de faire saillir leur croupe et, au hasard des bribes de haillons qui les couvrent bien mal, d'offrir aux regards, épanoui à bonne hauteur, le plus secret de leur intimité. La première faim calmée, les farouches guerriers ressentent d'autres besoins de la nature. Voilà qu'un petit bonhomme tout sec tend le bras, agrippe une femme qui passe à portée, l'attire à lui, lui courbe la nuque sans vaine douceur jusqu'à lui aplatir la joue dans la poussière tandis que, de l'autre main, il fait tomber en un clin d'œil l'espèce de culotte bouffante qui lui enveloppe les jambes, mettant à l'air un sexe dressé aussi sec et noir que lui-même, puis il écarte à coups de genou les cuisses blanches et grasses de la femme et la pénètre par-derrière, sans finasser, d'un seul élan jusqu'au fond. Il va et vient à grands coups de cul, à toute vitesse, on dirait un pivert martelant du bec le tronc d'un bouleau, il plisse le front, se mord la langue, concentré sur la montée de son plaisir. Enfin il halète, gémit un peu, pousse un cri bref d'oisillon étranglé au nid, et puis sort de la femme comme un bouchon d'une bouteille, rajuste ses loques, boit un coup, se remet à manger. La Slavonne se relève et reprend son travail, les cuisses dégoulinantes.

D'autres Bulgars ici et là en font autant, au hasard de l'occasion et de l'appétit, vite fait bien fait, ça soulage et ça ne tire pas à conséquence. Guéza lui-même, entre deux bouchées, sodomise placidement la belle fille qui tout à l'heure lui présenta la cruche de kvass. Il explique, en homme qui connaît la vie :

— Trou du caca pue moins comme trou du pipi.

Raymond se souvient alors de la terrible réputation des Bulgars en Occident, où « bougre » est devenu synonyme de sodomite. Il pousse Renaud du coude :

— A Dieu ne plaise que je me mêle de ce qui ne me regarde pas, surtout étant reçu et honoré ici comme hôte et commensal, mais il me semble que ces gaillards-là ont intérêt à ce que la parole du Seigneur Christ n'arrive pas trop vite jusqu'à leurs oreilles, car alors chacun des actes de leurs journées deviendrait péché gravissime et épouvantablissime, et tous ces honnêtes gens s'en iraient brûler en enfer comme fagots bien secs.

— Ils ont la sainte innocence des peuples ignorants, dit Renaud, et donc, ne connaissant pas le mal, ils ne sauraient pécher. Je n'en dirai certes pas autant des patriciens et dignitaires de la cour de Byzance, qui sont chrétiens bien dévots et cependant empuantissent le trône de ma bien-aimée Dame de la pestilence de leurs fornications, bougreries et autres abominations.

On boit d'abord pour la soif, puis on boit pour faire descendre ce qu'on mange, puis on boit pour boire. Les Bulgars ont vaillamment franchi les deux premières étapes. Maintenant, ils boivent pour boire. Les conversations deviennent bruyantes, les femmes slavonnes n'ont plus guère l'occasion de se relever, même les plus misérables, même les plus vieilles, on fait la queue pour y avoir droit, on se bouscule, on se tape dessus, des lames brillent. Guéza se tourne vers Renaud :

— Eux se tuer pour trou du cul ! Ah, là là...

Il se dresse, plutôt vacillant, et gueule quelques mots qui apaisent aussitôt tout le monde. Un vieux ruffian, noblement assis en tailleur, pince les cordes d'une drôle de petite musique en bois avec un long manche. Un jeune gars chante. C'est une mélopée traînante, aigrelette, quelque chose comme le chant d'un grillon enrhumé, qui monte et descend la gamme, obstinément, avec de petits coups de glotte par-ci par-là. Certainement le récit fabuleux des exploits d'un terrible guerrier issu du peuple bulgar. Tous écoutent dans une grande ferveur et hochent la tête avec satisfaction parce que le chanteur se rappelle bien tout sans se tromper, et ça, oui c'est un bon chanteur.

Mais voici qu'un Bulgar arrive, tout joyeux, poussant devant lui une vingtaine d'enfants, garçons et fillettes, à peu près nus et, cela va de soi, repoussants de saleté. Le plus jeune n'a pas cinq ans. Les plus âgés des garçons ont au menton des poils follets. L'assemblée pousse un unanime cri de joie.

— C'est le dessert, je pense, dit Raymond.

Les enfants sont happés par les groupes accroupis, on leur donne à ronger des os avec encore de la viande autour, ils se jettent dessus, ils sont à la fête, ils boivent du kvass, les hommes les cajolent, leur caressent les cheveux, les bras, le ventre et, peu à peu, se laissent aller à toutes les fantaisies qu'invente la lubricité quand elle n'est pas contrariée par la crainte de Dieu. Les petits se prêtent bien volontiers à ces jeux, certains sans même cesser de bâfrer, ce n'est pas tous les jours fête.

Raymond cache sa figure dans ses mains.

— Seigneur Christ ! Je ne veux pas voir ça !

Guéza s'étonne. Il demande à Renaud :

— Lui pas content, eh ? Malade ? Ou peut-être lui veut petit garçon pour lui tout seul ?

— Je ne crois pas, dit Renaud. Non, je pense que ce ne serait pas apprécié. Sincèrement.

— Toi non plus, pas apprécie, eh ? Moi vois ta figure. Pas bonne figure. Peut-être dieu de la croix l'aime pas manières bulgares, eh ?

— Pour être tout à fait franc, il y a de ça. Ces enfants, ces pauvres femmes...

— Femmes faites pour ça : faire à manger, baiser. Remplir guerrier par en haut, vider guerrier par en bas. Petits garçons meilleurs comme femmes : serre très beaucoup bien. Femmes mous. Même trou du cul mou. Guerriers bulgars aiment quand bien serrés. Et petit garçon grandit, devient grand terrible guerrier, parce qu'il a reçu dans lui beaucoup semence de guerriers. Très bon. Très, très.

— Eh oui, dit Renaud, autre pays, autres mœurs, n'est-ce pas. Vérité en deçà, erreur au-delà, cette sorte de choses... Profitez-en, mes amis. Un jour prochain la loi du Seigneur Christ viendra jusqu'à vous, avec quelques solides moines et quelques bons bûchers, et alors, finie la belle vie !

— Ça, jamais ! Bulgars jamais dieu, jamais maison, jamais travaille ! Bulgars bientôt prend Byzance, tue tout, brûle tout. Grand Khan bulgare Kroumm rassemble grande armée. Moi vais avec lui. Nous prend Palais Sacré, baise la putain Irène et après jette aux chiens. Ça, bon !

Renaud se lève, se dresse de toute sa taille, tire un de ses gants de buffle de sa ceinture et, calmement, gifle le gros Bulgar, un coup à droite, un coup à gauche. Il explique :

— Tu as mal parlé d'une dame qui m'est chère, vaurien. Je dois faire rentrer tes sales mots dans ta sale gorge. Mon honneur l'exige, et celui de ma Dame.

Guéza semble un peu dépassé. Sans doute la symbolique de la gifle n'a-t-elle pas cours en pays bulgar. Il voit bien quand même que Renaud n'est pas content. Des guerriers ont senti que quelque chose cloche de ce côté. Ils font le cercle, à tout hasard.

— Allons, s'impatiente Renaud. Je t'ai provoqué. Ton heure ? Tes armes ? La lance ? L'épée ? La hache ? A pied ? A cheval ? Choisis.

Guéza comprend enfin que c'est sérieux.

— Mais quoi moi dit ? Quoi moi fait ? Toi fou malade dans ta tête, eh ?

Raymond lui met les points sur les i :

— Toi as dit vilains mots sur dame impératrice Irène. Lui son chevalier. Voilà l'affaire.

— Ah, ah ! s'esclaffe Guéza. Femmes toutes putains ! Guerriers pas se battre pour femmes !

— Les autres femmes, dit Renaud, c'est chose entre toi et Dieu. Celle-là est ma Dame. C'est moi que ça regarde. Allons, dis-moi tes conditions.

Guéza ne rit plus.

— Toi oublies une chose, chevalier franc. Toi hôte de moi, ici. Toi peux insulter moi, moi peux pas venger sur toi, pas combattre toi, tant que toi hôte de moi. L'hôte : sacré. Ça, honneur bulgar. Toi en sécurité ici, et moi conduis toi demain de l'autre côté de l'eau. Moi promis, moi tiens. Pas besoin de dieu pour ça.

Ainsi drapé dans sa dignité, le chef barbare a grande allure. Raymond est impressionné.

— Je comprends, dit Renaud. Alors, présente-moi tes excuses.

— Quoi c'est, excuses ?

Raymond explique :

— Toi dis que toi savais pas que c'était sa Dame, que toi voulais pas offenser lui, des choses comme ça, tu vois...

— Mais bien sûr moi pas veux offenser ! Quand moi veux offenser, moi prends épée et coupe la tête, hop-là !

— J'accepte tes excuses et j'en prends bonne note, dit Renaud. La règle de la chevalerie exige maintenant que tu ailles trouver ma Dame en son palais, que tu lui confesses ta faute, que tu lui dises comment je t'ai châtié et que je t'envoie à elle pour qu'elle décide de ton sort.

— Moi aller Byzance, chevalier. Ça, sûr. Avec Kroumm !

— J'ai ta parole. N'en parlons plus. Ecuyer, je pense que je vais aller prendre un peu de repos.

— Toi dors où toi veux, dit Guéza. Avec moi dans tente à moi, comme hôte honorable ?

— Merci, dit Renaud. Mais j'ai coutume de dormir près de mon cheval, et je n'y faillirai point.

— Comme toi veux !

***

Un rayon de lune plonge droit dans l'écurie par la fenêtre haut perchée. Le chevalier et l'écuyer dorment l'un près de l'autre sur la paille sèche, enveloppés dans leurs grands manteaux. Leurs armes défensives, haubert, heaume et bouclier, sont disposées derrière eux, sur deux bâtons en croix dressés debout contre la muraille. Chacun tient en sa main le fourreau de sa bonne épée, allongée près de lui comme une épouse. La grosse chaleur des chevaux les enveloppe. La nuit est maintenant silencieuse. Les chants et les rires se sont tus. Un cheval s'ébroue.

Renaud s'agite dans son sommeil, et soudain se dresse. Raymond, au même instant, en fait autant. Ils écoutent. Un chant monte dans la nuit, bientôt emplit la nuit. Un chant qui prend à la gorge, qui fait jaillir les larmes et se hérisser la peau. Un chant d'irréelle beauté, un chant très sauvage et très savant, un chant à mourir de bonheur.

Ce ne sont pas les Bulgars ivres qui chantent. Rien de semblable. Renaud et Raymond voient, maintenant. Dispersés dans la vaste écurie, ce sont les esclaves slavons, hommes et femmes mêlés. Leurs bustes jaillissent de la paille, leurs yeux comme en extase brillent dans le rayon de lune, ils ne sont plus malheureux, ils ne sont plus humiliés, ils oublient les coups, ils oublient la fatigue, et leurs corps prostitués, et leurs enfants volés et salis, et cette existence épouvantable qui est la leur... Ils oublient tout ce qui n'est pas leur chant.

Le chœur formidable tonne ou se fait murmure, une entente parfaite que traversent des fulgurances d'une audace inouïe, tous unis en chacun, chacun sentant tous les autres... De ces pauvres carcasses épuisées sortent des voix souveraines, tonnerres ou rossignols, loups hurlant dans le vent, océans furieux, sources printanières... Ils chantent, ils chantent, éperdus, pâmés, comme personne jamais ne chanta, comme personne ne chantera plus.

Le chevalier et l'écuyer reçoivent de plein fouet le cri de ces désespérés qui de leur désespoir font de la beauté. Et l'ombre tout autour écoute : les Bulgars, un par un, sont venus, attirés par le chant des Slavons, et eux aussi écoutent, et se taisent, et pleurent.

Longtemps, longtemps, les voix de miracle, à pleine gorge, emplissent la nuit magnifique. Et puis c'est le silence. Les esclaves se sont enfoncés dans la paille, et maintenant ils dorment, la fatigue les a tués.

Renaud ne se rendort pas. Raymond non plus. L'émotion qui les agite ne se calmera que peu à peu. Pour Raymond, cette émotion est liée à un visage, ce chant et ce visage sont pour lui même chose, et ce visage est celui de la Slavonne qui présenta la cruche de kvass à Guéza. Il l'a repérée, tout à l'heure, parmi les autres, ensuite il n'a plus vu qu'elle. Elle chantait avec plus de ferveur encore que les autres, du moins c'est ce qu'il a semblé à Raymond, et l'irréelle lumière de la lune la transfigurait. Elle s'est affalée, là, tout près, Raymond l'entendrait respirer s'il n'y avait pas la respiration de tous les autres. Raymond se demande bien ce qu'il lui arrive. « C'est cette façon qu'ils ont de chanter », conclut-il. Et il ferme les yeux. La route est encore longue.

De nouveau, il les ouvre. Cette fois, c'est un frôlement dans la paille. Il tire à demi son épée hors du fourreau. Il scrute la nuit.

Il voit. Un Bulgar, à quatre pattes, se dirige vers la femme. Celle-là, oui, justement elle. Sans trop de bruit, mais sans trop se cacher non plus. Il lui secoue l'épaule. Elle ouvre les yeux et, docile, écarte les cuisses. Le gars la besogne à rudes coups de cul, selon la virile mode bulgare. Son spasme est violent, il brame, il hoquète, et puis il s'abat sur le ventre de la femme, sa joue sur ses seins, et il pleure comme un enfant. Il est toujours en elle, elle referme les bras autour de la grosse tête mongole et elle le berce, bien doucement, elle ne dit rien mais elle le berce. Il resterait bien là toute la nuit, seulement un copain arrive, les copains c'est sacré. Le copain tire son coup, c'est un classique, celui-là, il retourne la femme et la prend par-derrière, suivant les saines traditions des ancêtres. Après celui-là un autre, et puis un autre... Cette femme a du succès.

Plus loin dans l'écurie, les autres femmes slavonnes sont elles aussi abondamment visitées et besognées par des Bulgars furtifs, mais Raymond ne s'intéresse qu'à celle-là.

Enfin, tout s'apaise. « Même des Bulgars, avec leur bite en fer, faut que ça dorme, de temps en temps », pense Raymond. Mais ça ne l'amuse pas. Il voudrait bien dormir, lui aussi, Raymond, pour ne plus penser à tout ça...

Encore un bruit, à côté ! Raymond se fait attentif. Pas de doute, on pleure. A tout petits sanglots retenus. Raymond va voir.

C'est elle, bien sûr. Cette femme. Raymond a fait si doucement qu'elle ne l'a pas entendu venir. Soudain elle voit son visage, là, tout près du sien. Elle a un sursaut. Les larmes ont coulé sur la crasse de ses joues, elle est toute barbouillée. Elle écarte les cuisses, ramène ses genoux pliés jusqu'à ses épaules, ouverte à deux battants. Raymond fait « Non », de la tête. Elle se retourne, à quatre pattes, lève haut les fesses.

« Bon Dieu, pense Raymond, elle est tellement pleine de foutre qu'elle déborde ! » Il la prend aux épaules, la fait asseoir, l'amène doucement contre lui. A son tour d'être bercée. A son tour d'être consolée. Elle n'en revient pas. N'y croit pas. Veut se dégager. Ce n'est pas le rôle des hommes de consoler les femmes... Et puis s'abandonne.

Toute molle dans les bras de Raymond, elle pleure tout son saoul. Il ne sait pas quoi dire, mais comme il ne sait pas non plus se taire, il dit n'importe quoi :

— Là, là... Mon tout petit... Ça va passer, ce gros chagrin... Do, do, l'enfant do...

La femme est lourde, et douce, et chaude sur le ventre de Raymond. « Ça y est, je bande comme un goret ! » constate-t-il. Il se sent coupable. Ce n'est pas ça qu'il voulait. Consoler, voilà. On démarre dans la pitié, on se retrouve dans la bandaison. On a perdu de vue l'objectif, ô traîtresse nature... Il est d'ailleurs tout surpris. Lui, Raymond, Raymond le tombeur, en pincer pour ce sac de foutre !... Eh, oui, Raymond, c'est comme ça. T'as pas fini d'être surpris, mon grand !

Elle s'est endormie. Doucement, Raymond l'allonge sur la paille, et puis il va chercher sur le cheval de somme une couverture et il l'étend sur cette femme. Après ça, il se recouche et, cette fois, s'endort.

⁂

Chaque matin naît un jour neuf. Renaud le chevalier et Raymond l'écuyer se sont lavés bien à fond dans les eaux calmes de la petite crique. Renaud a nettoyé sa plaie avec l'« al kohol » de la fiole de Raymond, il a renouvelé le cataplasme d'herbes préparées par Raymond, son bras est rafraîchi, il se sent mieux. Assis en rond sous le ciel changeant, tous deux achèvent, parmi les guerriers bulgars confits dans leurs loques et dans leur crasse, de prendre le repas du matin : du mouton, cela va de soi, du pain de seigle ou de je ne sais quoi de très noir, plus noir qu'aucun pain qu'ils aient jamais vu, et de grandes jarres de lait caillé, très aigre, que les Bulgars nomment « yoghourt ».

Guéza est de bonne humeur. Il a tiré le coup du matin dans le ventre de la grande Slavonne, il aime bien commencer la journée de cette façon, ça lui ouvre l'appétit. Tout en dévorant une épaule d'agneau, il interpelle Raymond :

— Toi, bon archer, eh ?

— Bof, ça va ça vient.

— Toi bon archer. Sûr. Alors moi veux faire pari. Ici il y a très bon archer, très très. Plus meilleur comme personne. Toi fais joute avec lui. Si lui meilleur, lui gagne. Si toi meilleur, toi gagnes. D'accord ?

— Si moi gagne, moi gagne quoi ?

— Ah, ah ! Toi malin, eh ? Si toi gagnes, toi demandes à moi ce que tu veux. N'importe quoi, sauf or. Moi donne. Sauf or.

— Ça marche, dit Raymond. Fais venir ton bonhomme.

La joute a lieu dans la grande cour. Le redoutable concurrent n'est autre que le gars qui, hier, planta si adroitement sa flèche dans la poignée de l'épée de Renaud, la faufilant entre l'index et le majeur sans blesser le chevalier. Sans un mot, il présente à Guéza et à l'assistance un œil de mouton, le lance en l'air, très haut, presqu'à ne plus le voir, et à peine l'œil a-t-il atteint le point culminant de sa trajectoire qu'une flèche le cueille et l'emporte sur sa pointe. Les Bulgars font « Ah ! » Mais voici qu'une autre flèche rattrape la première, cueille délicatement l'œil de mouton et l'emporte à son tour. Cette flèche-là porte un empennage aux couleurs de Raymond. Le coup est stupéfiant. Les Bulgars hurlent d'enthousiasme. Ce n'est pas tout. Zip, zip, zip, zip ! Quatre flèches maintenant se dressent entre les cinq orteils du pied droit du champion bulgar, qui contemple la chose, sidéré. Il n'a rien senti... C'en est trop. Beau joueur, il serre Raymond dans ses bras et lui donne l'accolade.

— Toi gagné, dit Guéza. Toi plus meilleur comme pas un archer partout jamais. Ecoute. Pourquoi toi passes l'eau ? Reste avec nous. Prendre Byzance ensemble avec grand tsar Kroumm. Belle vie, bonne vie, bons camarades, bataille, butin, femmes, oh là là !

— Où va mon chevalier, là je vais, dit Raymond.

— Alors, chevalier, quoi toi dis ?

— Ta proposition me flatte, mais je dois la refuser. Je ne porterai jamais les armes contre ma Dame, ni contre mon Dieu (Il se signe). Mon épée leur est acquise à tout jamais. Puis-je ajouter que, ne le serait-elle pas, je ne la mettrais pas au service de qui fait violence à femmes et enfants et se souille journellement des crimes de bougrerie et de sodomie, car cela est infâme. Je suis sûr que si tu rentres en toi-même tu me donneras raison. Enfin, quoi.

— Bon, bon, dit Guéza. Ça ne coûte rien de demander. Dommage. Enfin, c'est comme ça, quoi... Eh bien, moi pense que moi vais faire passer l'eau à toi, maintenant.

— Hé là ! dit Raymond. Et mon prix ?

— Ah, ah ! Toi perds pas le Nord, eh ? D'accord. Guéza promis, Guéza donne. Toi choisis quoi ?

Raymond marche vers le coin de la cour où des femmes slavonnes sont occupées à gratter l'intérieur des peaux des moutons du festin d'hier avant de les tanner. Il prend par la main une de ces femmes, et c'est justement la grande belle fille de cette nuit, voyez-vous ça ! Il l'emmène jusque devant Guéza, elle traîne les pieds, elle ne veut pas, mais elle est tellement habituée à obéir aux mâles...

— Voilà, dit Raymond. C'est mon prix.

Guéza éclate de rire. A bien écouter, ce rire sonne un peu forcé.

— Toi emportes ça ? Mais ça, il y a partout ! Femmes partout, belles, belles, sent bon, gros culs blancs, là, là, et là, partout ! Celle-là putain slavonne, trou à foutre, baise moins bien comme sac plein d'herbe ! Moi veux donner toi chose de valeur, bijou, épée, beau cheval... Toi seulement demandes.

— Je veux celle-là, c'est tout.

— Alors, toi prends. Guéza promis, Guéza donne. Mais moi préviens : elle vaut rien. Rien du tout. Petits enfants pas mûrir dans ventre à elle. Elle perd eux en route. Ventre sec. Pas bon.

*
**

Ainsi donc Renaud et Raymond, allégés du pécule de la veuve Chrysothémis mais enrichis de Tamara la Slavonne, traversent le fleuve Danube et posent le pied en pays avar.

HUITIÈME CHAPITRE

Il pleut. Et il pleut. Jour et nuit. Il pleut sur les guerriers francs immobiles, dont les pièces d'armure rouillent. Il pleut sur les prisonniers avars dont la peau ruisselle. Car ils travaillent tout nus, les Avars, afin d'avoir des haillons secs à se mettre le soir. Ils n'ont pas de rechange, tout ce qu'ils possèdent ils le portent sur le dos.

D'un horizon à l'autre le fossé s'étire, les fourmis humaines grattent la terre, mollement. D'autres la ramassent à la pelle de bois, mollement, la jettent plus haut, d'autres encore plus haut, de palier en palier, comme ça jusque sur la berge. Là, d'autres la tassent dans des couffins d'osier, que d'autres chargent sur leur dos pour aller les vider plus loin. Mollement. Des prisonniers de guerre, ça fait tout mollement. Les Avars sont les plus mous des prisonniers de guerre.

Les fouets ont beau claquer, les garde-chiourme brailler du tudesque à s'en arracher la gueule, les petits hommes blêmes se meuvent comme des limaces exténuées. Leurs os trapus percent la peau, dans leurs yeux hurle la faim.

Deux fois par jour une marmite pleine de bouillie de sarrasin très claire est posée à terre au milieu d'un cercle de vingt Avars. Au signal, les vingt affamés se jettent sur la marmite, et que chacun se démerde ! Ils n'ont pas de cuillères, ils n'ont rien. Que leurs mains et leur bouche. Les plus rapides plongent la tête dans la soupe tiédasse et en aspirent le plus possible le plus vite possible. Les plus costauds les arrachent de là et plongent à leur tour. Les plus résignés s'aplatissent dans la boue et lèchent ce qui déborde de la marmite. La mêlée est effroyable, des oreilles sont arrachées à coups de dents, des couilles écrasées à coups de pied. Les guerriers francs, du haut de leurs chevaux massifs, regardent cela et rigolent. Ils font entre eux des paris sur ceux qui n'arriveront à rien attraper et donc crèveront les premiers, tout en mastiquant sans hâte l'épais ragoût de fèves, de pois et d'orge que parfume un morceau de lard ou de bœuf bouilli. Le lard ou le bœuf, ils se le gardent pour après, pour le déguster tranquillement sur une tranche de pain, la première faim passée, avec quelques chopes mousseuses pour faire descendre.

⁂

Le roi Karl parcourt le chantier, sur un beau grand cheval blanc aux naseaux noirs qui a nom Perceneige. Sa bonne épée Joyeuse bat à son flanc. Le cheval est crotté jusqu'au ventre. Le comte Geoffroy d'Anjou, porte-gonfanon du roi Karl, le seul qui puisse marcher devant lui, tient haut et fier l'oriflamme royale bien qu'elle ne claque pas au vent mais pende sur sa hampe et pisse l'eau en cascade sur le heaume du comte Geoffroy, d'où cette eau coule le long du nasal[1] et, de là, par une nouvelle cascade, sur la crinière du cheval, et enfin de là par terre où elle fait danser et gicler la boue. Frère Maxime, sur une mule aux oreilles ornées de pompons rouges, se tient au côté du roi afin de lui commenter l'état des travaux. Alkwin, Eginhardt et les autres chevauchent derrière. Le moinillon Valère vient en queue, derrière sur un ânon gambadeur, cramponné à une brassée de parchemins roulés dans une peau de cheval afin que la pluie n'en dilue pas l'encre.

— Si j'ai bien compris, dit le roi Karl, chaque nuit toute la terre ôtée pendant la journée retombe dans le trou ?

— C'est cela, Seigneur roi. Et bien pis encore : le trou gagne sur les berges et s'élargit. Tout ce sable argileux glisse au fond. Troncs et fascines n'y peuvent rien, on les retrouve enfouis, cela ne fait que compliquer le déblayage...

— Je veux ce canal, dit le roi Karl.

---

1. Nasal : pièce de fer qui prolonge le heaume de façon à couvrir et protéger le nez.

— Rien n'est impossible, dit le moine Maxime. Il suffit de maçonner au fur et à mesure. Un bon mur de pierre de chaque côté contiendrait la poussée des terres.

— Eh bien, alors ? Maçonne les murs !

— Il n'y a de pierre convenable nulle part, ici. Il faut la faire venir par bateaux, et puis par charrois jusqu'à pied d'œuvre. Cela prend du temps.

— Je veux ce canal. Je le veux vite, dit le roi Karl.

— Alors, il faut des hommes, beaucoup d'hommes, et des nefs, des bœufs, des chevaux... Il faut aussi construire des fours à chaux pour le mortier, et transporter jusqu'ici la pierre de craie qu'on y fera cuire...

— Fais ce qui doit être fait. Je veux ce canal, je le veux vite, c'est tout.

***

— Toujours rien, fils ?

Eginhardt secoue la tête.

Le roi Karl soupire.

***

Quand le roi Karl se déplace, sa cour se déplace avec lui, ministres et commis, seigneurs et dames, évêques et moines. Et aussi l'Ecole du Palais. Ce n'est pas parce qu'on est en campagne qu'il faut négliger les Arts, les Sciences et les Belles-Lettres.

Dans la grande tente que fouette la pluie, l'Académie Caroline tient séance. Tous sont assis sur des sièges pliants, même le roi Karl, car ici tous sont égaux. Au poing de guerriers impassibles fument les torches.

Il y a là Alkwin, qui préside. Et aussi Théodulfe, Leidrade, Turpin, Halitgaire, Adalhardt, Ansegise, Agobardt, Angilbert, Ernold le Noir, Benoît d'Aniane... Et aussi Eginhardt, et aussi Pépin, Louis et Charles, les fils du roi Karl, et aussi, par extraordinaire, ses filles, d'autres dames, et même des paladins, et même des musiciens. C'est semaine de pénitence, ce soir on ne danse pas.

Alkwin se lève.

— Au nom du Père, du Fils et de l'Esprit-Saint, dit-il en langue latine belle et bonne, à toi, Seigneur roi David[1], et à vous tous, seigneurs et dames, moi, Albinus, je déclare ouverte la présente séance de notre Académie de l'Ecole du Palais. Le premier sujet à l'ordre du jour...

A ce moment se lève Pépin, le bouillant fils du roi Karl, celui que son père a fait roi d'Italie.

— Seigneur Albinus, je peux réciter ce que tu m'as fait apprendre aujourd'hui ? Je sais tout par cœur !

— Tout à l'heure, Télémaque. Il y a temps pour tout.

— Mais tout à l'heure, je ne le saurai plus ! Je sens déjà que ça s'efface de ma mémoire.

— Eh bien, soupire Alkwin, si le seigneur roi David permet...

— Je permets, Albinus. Ce ne peut être que chose noble et pleine d'enseignement.

— Puisque le roi David permet, je t'en prie, Télémaque, dit Alkwin.

Pépin se racle la gorge et compte sur ses doigts. Alkwin pose la première question :

— Qu'est-ce que l'écriture ?

— La gardienne de l'histoire, ânonne Pépin, tout d'un trait.

— Qu'est-ce que la parole ?

— L'interprète de l'âme.

— Qu'est-ce qui donne naissance à la parole ?

— La langue.

— Qu'est-ce que la langue ?

— Le fouet de l'air.

— Qu'est-ce que l'air ?

— Le conservateur de la vie.

— Qu'est-ce que la vie ?

---

1. Les membres de l'Académie Caroline, fondée dans le cadre de la fameuse Ecole du Palais, aimaient à se donner des surnoms empruntés à l'Antiquité. Ainsi, Charlemagne était « David », Alcuin « Albinus » ou « Flaccus » ou « Horace », Eginhardt « Calliopus », Theodulfe « Pindare » ou « Fortunatus », Angilbert « Homère », Adalhardt « Augustinus », etc.

— Une jouissance pour les heureux, une douleur pour les malheureux, l'attente de la mort.

Ici, un murmure charmé s'élève de l'auditoire. Alkwin continue :

— Qu'est-ce que l'homme ?

— L'esclave de la mort, un voyageur de passage, un intrus dans sa propre demeure.

— Comment l'homme est-il placé ?

— Comme une lanterne exposée aux vents.

Les seigneurs et les dames applaudissent. Tous ne manient pas le latin avec l'aisance d'Alkwin, mais tous l'entendent peu ou prou. A la cour du roi Karl, c'est la moindre des choses. Le roi lui-même, bien que ne sachant ni lire ni signer son nom, parle hardiment un latin rustique dont il est très fier.

— Télémaque, mon fils, dit le roi Karl, je suis heureux de constater combien les leçons de maître Albinus t'ont profité.

Pépin se rengorge. Emma la blonde se penche vers Eginhardt et lui demande à voix basse :

— Mais qu'est-ce que c'est que ce galimatias ?

Eginhardt sursaute.

— Galimatias ? Comment peux-tu ?... C'est là science de haut parage qui nous fait voir le sens profond, mystique et symbolique caché en toute chose derrière le rideau des trompeuses apparences.

Tout cela, il l'a dit en latin. Eginhardt est un jeune homme très doué. Emma apprécie d'un discret coup de sifflet, mais elle réplique en langue vulgaire :

— Oh, ça va ! Moi qui ne suis qu'une fille ignare et ne me paie pas de fumée, je dis que ce ne sont là que mots creux comme vieux navets. Quand j'entends que « l'homme est une lanterne exposée aux vents », je dis que c'est banalité de vieillarde radoteuse qui crache sur ses tisons ! En latin comme en vulgaire.

— Blasphème ! Tu racontes n'importe quoi, parce que tu n'as pas, comme moi, sucé dans tes jeunes années le lait sublime de l'enseignement du seigneur Alkwin... Il se peut que sa rhétorique soit un rien trop fleurie et fasse parfois penser aux fanfreluches des poètes sarrazinois, mais le fonds est solide...

Emma pouffe et se cache derrière ses mains.

— Je n'ai pas sucé le lait d'Alkwin ? Et alors ? Chacune suce ce qu'elle peut ! Plains-toi donc, bel écolier !

Eginhardt rougit. Il rougit facilement, depuis quelque temps. Emma se penche vers lui. Son corsage échancré à la mode nouvelle laisse voir beaucoup de choses et en deviner plus encore. Elle lui souffle à l'oreille :

— Tu sens ? Tu sens comme je sens bon ?

Et puis, cette oreille est si près de sa bouche, c'est plus fort qu'elle, elle la mordille à petites dents pointues.

— Aïe ! fait Eginhardt.

Louis, le troisième fils du roi Karl, celui que, déjà, dans l'Aquitaine dont son père l'a fait roi, certains nomment Louis le Pieux, d'autres Louis le Débonnaire, d'autres encore Louis le Foireux, se retourne, sourcils froncés, et fait :

— Chut !

Et puis il ajoute, dents serrées :

— Si je régnais ici, j'en connais qui se retrouveraient vite fait au couvent !

— Ou au bordel, ajoute sa sœur Théodrade. Je crois qu'elles préféreraient.

Emma leur tire la langue.

Cependant la séance continue. Voici que s'est levé Warnefride l'historien, qui a changé son nom pour celui de Paul Diacre, et certes il a eu bien raison, car lorsqu'on est lombard de naissance et qu'on a été l'ami et le confident du roi Didier à l'époque où celui-ci soutenait contre le roi Karl ces terribles guerres qui devaient se terminer par le massacre général de la nation lombarde par les Francs, eh bien, il vaut mieux, si l'on veut vivre à la cour du roi Karl, faire oublier tout cela et changer son nom lombard contre un nom pieusement incolore. On peut aussi éviter de vivre à la cour du roi Karl, mais Warnefride a sans doute ses raisons...

— Seigneur roi David, dit Paul Diacre, je pense qu'il n'est pas de meilleur thème de discussion pour notre Académie que celui que nous offrent présentement les circonstances, à savoir le grand œuvre qui s'élabore ici même sous nos yeux et qui couvrira ton règne d'une gloire immortelle.

— Eh bien, dit le roi Karl, puisque vous le désirez, mes amis, soit. Il se pose justement à nous quelques menus problèmes qu'il sera peut-être amusant et instructif de prendre pour sujet de cette réunion. Maxime, mon fils, expose la chose.

Tous se font attentifs, comme s'ils ne connaissaient pas, hélas, et jusque dans leurs moindres détails, les menus problèmes qui immobilisent l'armée dans ce cul-de-sac boueux.

— Seigneurs et dames, commence sobrement le moine ingénieur, sachez que le grand œuvre dont parle si justement le seigneur Paul est à ce jour quasiment achevé.

Un murmure charmé s'élève de la noble assistance. Quelques accents qu'on pourrait croire sceptiques ont semblé s'y mêler. Le roi Karl fronce le sourcil.

— En effet, poursuit l'orateur, ce soir au coucher du soleil neuf cent vingt-deux toises[1] de canal étaient bel et bien creusées, sur cent pieds de large et dix-huit de fond, ainsi que prévu. Il ne reste, pour que les deux tronçons se rejoignent, qu'à bêcher et enlever une longueur de trois cents toises à peine de terre fort meuble.

— Qu'est-ce que trois cents toises quand on vient d'en dévorer neuf cents ? dit le roi Karl. Une bouchée.

— Dans ce cas, dit roidement Pépin, où est le problème ?

— Eh bien, dit frère Maxime...

— Je vais vous le dire, moi, où est le problème, dit Pépin. Et je le ferai en tudesque, ne vous déplaise, qui est ma langue naturelle et maternelle, bien que vous la réputiez vulgaire et impropre à parler des choses du savoir, mais le latin et ses arabesques m'embrouillent la pensée et me ralentissent la parole... Alors, voilà. Neuf cent vingt-deux toises de canal ont été creusées, c'est tout à fait exact. Mais les vingt-deux dernières toises ont à elles seules coûté autant de temps et quatre fois plus de travail que les neuf cents premières. Et les trois cents toises qui restent coûteront cent fois plus encore. Si toutefois nous les menons à bien... Or voici trois mois que nous sommes là. Cette affaire devait être liquidée en quinze jours. C'est tout. J'ai parlé.

Pépin se rassied. Ses dernières paroles, il les a dites en regardant le roi Karl. Le roi Karl se tourne vers frère Maxime.

— Je me suis engagé à creuser le canal en deux semaines, dit frère Maxime. Eh bien, les travaux de creusement et de déblayage m'ont jusqu'ici pris exactement douze jours et six heures. Je suis donc dans les délais. J'ai là tous les relevés

1. Rappelons que la toise de Charlemagne vaut un peu moins de deux mètres. Un pied = environ trente-trois centimètres.

d'heures de travail et de répartition des tâches qui le prouvent.

Frère Maxime tend la main vers la brassée de rouleaux de laquelle émerge la tonsure du petit moinillon Valère. Il en tire un parchemin qu'il se met à déployer.

— Frère Maxime, nous te croyons, dit le roi Karl. Pas besoin de preuves. Mais alors, explique-moi comment douze jours se changent en trois mois, qui en font près de... de...

— De cent, lui souffle Eginhardt.

— Deux cents ! dit le roi Karl, qui a entendu de travers. Ça fait une grande différence. Il suffit de faire une... euh...

— Soustraction, souffle Eginhardt.

— ... une exaction, pour voir immédiatement que ça fait beaucoup. Vraiment beaucoup. Explique-nous un peu cela, mon garçon.

— Ce sont les impedimenta, dit frère Maxime.

— Ah, ah ! ricane Pépin. Les impedimenta !

— Je trace mon canal, et puis je creuse le sol, et puis j'enlève les déblais. Bien. En cela consiste ma tâche. Mais voilà que le sol environnant coule et comble mon canal. Il fait cela derrière mon dos, surtout la nuit, quand je n'y suis pas. Corriger les effets de ces éboulements est une autre tâche, qui n'était pas prévue. Je m'y attelle, mais j'y perds mon temps... La saison s'avance, nous allons entrer en hiver, il pleut sans arrêt depuis trois mois, les prisonniers avars ont un rendement ridicule et présentent une mortalité déplorable, nous en avons déjà consommé deux mille, les paysans requis de force pour les remplacer montrent une mauvaise volonté sournoise et commencent eux aussi à mourir avant d'avoir eu le temps de rendre en travail ce qu'ils ont absorbé en nourriture, surtout les plus jeunes, ces gamins d'aujourd'hui ça n'a pas de santé, trop dorlotés... Quant à tes soldats, Seigneur roi, j'ai le regret de te le dire, mais si j'essaie de leur faire faire autre chose que les garde-chiourme ils préfèrent se battre en duel jusqu'à ce qu'un des deux tombe mort, ensuite le survivant s'attaque à un autre, et comme ça jusqu'à ce qu'il soit tué lui-même.

— Les guerriers francs ne sont pas faits pour creuser la terre ! dit Pépin.

— Les nefs franques ne sont pas faites pour naviguer sur des rondins de bois ! gronde le roi Karl.

— Le problème est simple et bien circonscrit, dit Alkwin. Il faut empêcher ces terres gorgées d'eau de glisser. Que l'eau s'en aille, que la terre demeure. Voilà.

Tous les fronts se plissent. Ils contemplent, posé devant eux, ce problème simple et bien circonscrit. Théodulfe lève la main.

— J'ai souvenance d'avoir lu, je ne sais plus dans quel auteur, qu'Annibal, ce général païen qui commanda les armées de Carthage contre Rome, fut un jour confronté à un cas semblable. Attendez voir... J'y suis. C'est lorsqu'il passa les Alpes. Il avait trouvé, barrant sa route, un énorme rocher. Ses ingénieurs s'y cassaient les dents. Savez-vous ce qu'il fit ? Il fit venir de partout du vinaigre, tout le vinaigre qu'on put trouver, et il fit dissoudre le rocher par le vinaigre. Cela ne pourrait-il s'appliquer au cas présent ?

Le roi Karl a écouté avec attention. Il a l'air un peu gêné.

— Fortunatus, mon ami, dit-il, il semblerait que tu n'as pas exactement situé où gît la difficulté. Il ne s'agit pas de liquéfier un roc, mais bien de solidifier un liquide. Si toutefois j'ai bien compris...

Eginhardt lève la main.

— J'ai cru remarquer, en me promenant de-ci de-là sur le chantier, une certaine incohérence dans la façon dont sont menés les travaux. J'ai cherché à comprendre ce qui clochait, et je crois avoir trouvé.

— Et alors ? demande le roi Karl.

— Ce sont tes pieds, Seigneur roi.

— Mes pieds ?

— Tes pieds. Tu viens de réformer le système d'unités de mesure afin de le rendre unique et intangible pour tout le royaume, ce qui est une fort bonne chose. Tu as décidé en ta sagesse que la nouvelle unité s'appellerait le « pied », comme d'ailleurs l'ancienne, mais que ce nouveau pied aurait pour étalon et modèle ton propre pied, Seigneur roi. Or tu es haut de taille et fort d'encolure...

— Je suis bel homme, dit le roi Karl.

— Certes ! Et donc ton pied est proportionné à l'ensemble de ta personne, ce qui fait que le nouveau pied de mesure est plus long que l'ancien. Plus long d'un pouce et quatorze lignes, pour être précis. En même temps, la toise s'est allongée, puisque une toise contient toujours six pieds.

— Je sais tout cela, dit le roi Karl. J'ai de grands pieds, j'ai de longs bras. Je tiens cela de ma chère maman la reine

Berthe. Ce n'est pas pour rien qu'on l'appelait Berthe au Grand Pied. Si j'avais ressemblé à mon père, Pépin, dit le Bref, la face du monde en eût été changée.

Le roi Karl rit, étouffe et s'étrangle. Toute l'assistance rit, fait de son mieux pour étouffer et s'étrangler. C'est cela, être roi.

— Ceci me rappelle quelque chose, dit Alkwin, songeur. Un philosophe païen parlant du nez de Cléopâtre, peut-être bien... Vous savez, cette reine d'Egypte...

— Les croquants d'Egypte avaient pris le nez de Cléopâtre pour mesurer leurs champs ? Comme c'est intéressant !

— Les Grecs de l'ancien temps utilisaient bien le phallus de Jupiter ! dit quelqu'un dans le fond, à tout hasard, pour voir ce qui va se passer.

On essaie de ne pas rire. Les dames rougissent. Les ecclésiastiques s'intéressent à leur chapelet.

— C'est quoi, un phallus ? demande Théodrade à son frère Louis, dit le Pieux, dit le Débonnaire, dit le Petit Foireux.

— Les Grecs, ils comptaient avec ou sans les couilles ? hurle Pépin, qui se croit décidément tout permis.

Les dames, cette fois, ne peuvent se retenir d'éclater. Elles essaient de rougir encore, mais ça ne fonctionne plus.

— C'est quoi, les couilles ? demande Théodrade.

Son frère ne sait pas.

Le président de séance frappe de son maillet de bronze une plaque de fer suspendue à deux chaînettes. Le tumulte décroît peu à peu. Emma, pliée en deux, cache les derniers spasmes de son fou rire derrière sa sœur Théodrade. Eginhardt lui tapote le dos.

— Il faut que j'apprenne le latin, marmonne Théodrade. Je veux rire aussi.

— Continue, fils, dit le roi Karl.

— Eh bien, dit Eginhardt, il se passe que les ingénieurs, arpenteurs et contremaîtres qui, sur le chantier, préparent le travail des manœuvres et goujats, comptent tous effectivement en pieds, toises, pouces et lignes, mais ce ne sont pas les mêmes pieds, les mêmes toises, les mêmes pouces ni les mêmes lignes ! Les uns utilisent le nouveau système, d'autres n'en ont même pas entendu parler. Les uns viennent d'Italie, les autres de Gaule, des Flandres, d'Angleterre, d'Irlande ou des pays du Danube. Chacun a son pied et sa toise à lui, ses règles sont étalonnées selon les usages de son pays, et quand j'ai essayé de leur expliquer cela chacun m'a dit que son système à lui était le seul qui réponde aux commandements de Dieu et aux lois de la nature, vu qu'il avait été conçu en conformité avec tel ou tel passage des Saintes Ecritures, et qu'en changer serait donc blasphémer et vouer l'ouvrage à une prompte et honteuse destruction.

— Tu as compris cela, fils ! s'écrie le roi Karl. Mais bien sûr ! Il fallait y penser ! Et, toi, tu y as pensé. Voilà. Alors, écoute. Je te nomme Surintendant général des canaux, routes, aqueducs et bâtiments du royaume.

— Seigneur roi...

— Si, si ! Ne proteste pas. C'est fait. Et donc, à partir de maintenant, tu es responsable de ce foutu canal.

— Seigneur roi...

— Tû-tût ! Tu peux le faire. Tu le feras.

Emma plante son coude dans les fausses côtes d'Eginhardt. Elle lui souffle à l'oreille :

— De l'avancement, hein, petit fayot !

***

Devant la tente, l'assemblée se sépare. Les seigneurs comtes, les seigneurs évêques et les seigneurs abbés ploient l'un après l'autre le genou devant le roi Karl, qui leur donne sa main à baiser[1], et puis ils enfourchent les montures que leur présentent les valets, qui son destrier fougueux, qui sa mule sacerdotale. Les dames, gracieusement, s'assoient de côté sur des haquenées aux longs cils et puis, chacune suivant son chacun, ils s'en vont dans leur chacunière.

Or les seigneurs évêques ne sont certes pas les plus mal nantis en femmes. S'allongent derrière eux les files de leurs splendides épouses et de leurs concubines altières, chacune flanquée de son page porte-parapluie[2].

---

1. En ce temps-là, l'évêque baisait la main du roi, et non l'inverse.

2. Le parapluie existait, mais oui, seulement il ne s'appelait pas comme ça. Jusqu'au XIIe siècle, le célibat était conseillé aux prêtres, mais nullement obligatoire, surtout si le nouveau prêtre était déjà marié. C'est le concile de Latran (1123) qui exclut expressément les hommes mariés de la prêtrise. Encore fallut-il attendre deux siècles avant qu'il fût effectivement appliqué. Quant aux concubines... Charlemagne avait lui-même tant à se faire pardonner qu'il ne pouvait pas se montrer plus sévère pour ses évêques que pour ses filles.

Les moines encapuchonnés baissent le nez vers le sol, à cause de la pluie mais aussi pour éviter de voir les dames épouses et concubines avec leurs jupes qu'emplissent des cuisses somptueuses, car dans leurs yeux flamboieraient les concupiscences. Et ils se disent que le Seigneur Christ, qui exige de ses bien-aimés le vœu de chasteté tout en leur interdisant la castration, rend sur la terre la vie bien dure aux futurs élus.

⁂

C'est une clairière, dans les bois, non loin du chantier du canal. Il en sort un furieux vacarme, épées sonnantes, voix rugissantes. Le roi Karl, qui passe par là, entend cela. Il dit « Allons voir ! » Le comte Geoffroy aussitôt le précède, portant haut le gonfanon du roi. Le roi Karl et les seigneurs de sa suite débouchent dans la clairière au sol pelé, et ils voient.

Ils sont tous là. Ceux qu'on appelle les pairs. Ceux qu'on appelle les preux. Les réchappés des folles chevauchées et des guerres titanesques. Ceux qu'on ne voit pas à l'Académie parce qu'ils ne savent pas lire, ni parler latin. Ceux qui méprisent les grimoires et ne connaissent que le droit de l'épée. Ceux qui aiment donner la mort et risquer de la recevoir. La phalange sacrée.

Tous grands preneurs de villes, grands pourfendeurs de géants, grands massacreurs d'infidèles, grands délivreurs de filles de rois et grands voleurs de poules, tous brutes superbes bardées de cuir et blindées de fer, tous ils sont là. Le roi a dit « On attend ». Ils attendent. Et, pour tromper l'attente, ils se battent. C'est tout ce qu'ils savent faire. Mais ils le font si bien !

Le roi Karl n'a pas interdit de se battre. Et qui donc pourrait interdire à un noble homme franc de se battre ? La vie, ils ne l'aiment jamais tant qu'au moment de la perdre.

Les énormes épées scramassaxes, pesantes comme outils de forgeron, s'entrechoquent en l'air et sonnent des volées d'angélus. Les lances, brisées dès les premiers assauts, gisent à terre. Les masses et les fléaux hérissés de pointes écrasent les heaumes, les haches francisques à deux tranchants glissent sur les écus prestement brandis, les chevaux se cabrent et hennissent, non de peur mais de rage, car ce sont chevaux de guerre et dressés au combat, leurs dents féroces mordent le cheval de l'adversaire et cherchent à broyer la jambe du cavalier.

Gonfanons, pennons et bannières aux vives couleurs dansent au-dessus des têtes, portés haut et droit par les écuyers agiles qui collent à leur maître dans toutes ses voltes, prompts à tendre une rechange quand l'épée du maître se brise, à offrir leur cheval quand le cheval du maître s'abat.

Plus puissant que la clameur de forge en délire et d'écurie en folie, le rire des chevaliers submerge tout. Ils ruissellent de sang, leurs pièces d'armure pendent et bringuebalent, ils s'amusent comme des enfants. Même les hors combat allongés dans l'herbe, la tête calée contre un tronc moussu, rient à pleine gorge et vocifèrent des encouragements aux champions restés en lice.

Guillaume au Court-Nez, duc d'Orange, dit Fièrabras, dressé debout sur ses étriers, cogne à deux mains, avec des « Han ! » de bûcheron, de sa grande épée fée Aurore sur Ogier l'Ardennois — qu'on appelle à tort « le Danois » —, lequel rend coup pour coup avec son épée Courtain, fée aussi. Or une épée fée ne peut être vaincue, un charme la protége, et donc les deux héros cogneront comme ça jusqu'au Jugement Dernier si rien ne vient les arrêter.

Huon de Bordeaux à la rouge trogne, que protège le nain Obéron, et Girard de Viane au nez fendu font équipe contre Garin le Loherain, celui-là même qui, pour l'amour de Blanchefleur aux yeux riants, prit, mit à sac et puis brûla Soissons et Cambrai avec tous les manants qui dedans grouillaient, et qui présentement combat au coude à coude avec son frère Begon de Belin aux longues oreilles, lequel arracha et puis mangea le cœur du terrible géant Isoré de Boulogne sur la colline du Mont Parnasse, près de Paris.

Foulque de Candie, ayant successivement brisé son épée, sa francisque et le tronc d'un chêne de cinquante ans sur le crâne doublé d'acier de Beuve de Comarchis, a fini par le saisir aux oreilles et lui cogne méthodiquement la nuque contre un dur rocher sous le regard approbateur du très vieux duc de Naisme à la barbe de fleuve, tandis que Dool de Mayence et Doon de Nanteuil, s'étant mutuellement embrochés jusqu'à la garde, pleurent de rire dans les bras l'un de l'autre en attendant que leurs écuyers respectifs leur ôtent les épées du ventre, oignent leurs blessures avec le baume magique qui guérit sur-le-champ toute plaie glorieusement reçue et qu'ils tiennent, l'un de la fée Mélusine, l'autre du diable Belzébuth à qui il a secrètement vendu son âme immortelle, enfin s'occupent de tous ces menus soins pour lesquels on nourrit des écuyers.

Il y a là encore, à cheval, à pied ou répandus à terre, faisant gicler le beau sang rouge ou bien allongés le nez dedans, Aymery de Narbonne, Gérard de Roussillon, Sipéris de Vignevaux et maints autres terribles gaillards et gais compagnons, et aussi sir Lancelot du Lac, un chevalier d'Angleterre aux dents de lapin qui parcourt le monde en cherchant quelque chose, on ne sait trop quoi.

— Qu'ils sont beaux ! dit Emma.

— Qu'ils sont vaillants ! dit Rothrude.

— Qu'ils sont sales ! dit Théodrade.

— Qu'est-ce que c'est que ce bordel ? dit le roi Karl.

Il s'avance, précédé du seul comte Geoffroy portant haut ses couleurs, et il étend la main. Aussitôt les combats cessent, comme si cette main était fée.

— Seigneur roi, on s'amuse un peu, dit Huon de Bordeaux, en crachant une dent.

— Histoire de ne pas perdre la main, dit Guillaume au Court-Nez, et puis il baise dévotement sa bonne Aurore, son épée fée, et bien doucement la remet au fourreau.

— Ote-toi de là, roi ! dit Ogier le Danois, dont étincelle le seul œil en état de s'ouvrir. Il faut que je tue mon homme. Mon épée Courtain est fée, chacun ici le sait, et l'enchanteur qui la forgea mit dans son acier cette condition qu'une fois tirée hors du fourreau elle n' y peut rentrer qu'elle n'ait tué. Il lui faut sa ration de bon sang rouge, à cette mignonne (Ce disant, il met un genou en terre et baise la garde de l'épée, qui a forme de la croix du Christ). Donc, roi Karl, abaisse ta main et retire-toi. Holà, Guillaume, à toi !... Tiens, fausse-couche, attrape ! Tiens, bâtard d'une pute et d'un goret ! Tiens, chiure de mouche !

Ce disant, Ogier a poussé son cheval contre celui de Guillaume, et son premier coup a tranché ce qui reste du nez de Guillaume, pourtant déjà fort raccourci. Les deux narines s'ouvrent maintenant au beau milieu de la face, comme celles du groin d'un cochon, et par ces narines il pisse du sang. Tout le monde rit, même le roi Karl.

— Ouah ! triomphe Ogier. Il te faut changer de surnom ! Tu n'es plus Guillaume au Court Nez, mais bien Guillaume Sans Nez !

— Tu n'auras plus besoin de nasal ! dit le très vieil Aymery tout chenu, qui dans ses jeunes ans fut Aymerillot et prit Narbonne à lui tout seul.

— Ni de mouchoir ! pouffe Emma, la si blonde, la si douce.

— Ogier, dit le roi Karl, tu as frappé alors que ma main était levée, ce qui est félonie grandissime, et tu as frappé alors que Guillaume avait remis l'épée au fourreau, ce qui est félonie double.

— Boaf, fait Ogier... Evidemment, si on cherche la petite bête...

Le roi Karl le menace du doigt.

— Ogier, Ogier, c'est toujours toi qu'on trouve derrière les mauvais coups. Je suis sûr que l'idée de cette joute est de toi.

— Epée n'est point quenouille : quand elle dort, elle se rouille.

— Et Ogier prend les paris, hm ?

— C'est pas défendu !

— C'est mauvais pour le moral. Vous jouez d'avance votre part de butin, et après vous n'avez plus le cœur à l'ouvrage.

— Roi, dit Ogier, laisse tomber. Nous devrions depuis longtemps être en terre païenne à découdre du Hun. A cette heure nous en aurions terminé et serions à boire le vin du Khâ-Khan dans son propre crâne, couchés sur un lit d'esclaves nues aux culs de toutes les couleurs. Or nous sommes là à patauger dans cette boue, à regarder la pluie couler de notre nez.

— C'est moi qui décide du jour et de l'heure, dit le roi Karl.

— Alors, décide vite. Sinon, il se pourrait bien que l'un ou l'autre d'entre nous s'en aille tout seul conquérir le trésor d'Attila.

— Jeune présomptueux ! dit le roi Karl.

— Chacun de nous en est capable. Pour ne parler que de moi, n'ai-je pas tenu tête pendant sept ans à toute ton armée, seul, assiégé dans Castelfort ?

Le roi Karl fronce le sourcil.

— Quand tu étais l'allié de cette ordure de Didier et combattais ton propre roi, salopard !

— C'est de l'histoire ancienne. Tu as passé l'éponge... Et si je n'avais pas été là pour jeter à terre et décapiter l'horrible géant sarrazin Braihier, hein ? Bien emmerdé tu étais, roi Karl ! Et bien content de me trouver ! Un gros brutal qui faisait ses trente pieds de haut !

— Vingt-cinq, dit le roi Karl.

— Trente ! Par le cul du diable, trente ! Voilà bien comment vous êtes, vous autres rois. Le danger passé, on minimise l'exploit.

— Seigneur roi, dit Guillaume, qu'est-ce qu'on fait, pour mon nez ?

— Au fait, dit le roi Karl. Ton nez crie vengeance. Il te fut ôté par trahison et félonie. Je dois rendre un verdict. Ogier, mets pied à terre et agenouille-toi humblement devant ton seigneur et roi.

— Mon cheval, dit Ogier, a nom Broiefort le destrier. C'est un cheval fée. Je n'en puis descendre que pour triompher. Jamais pour m'humilier.

— Voyons cela, dit le roi Karl. Ecuyers, posez cet homme à terre.

Deux écuyers royaux saisissent chacun Ogier par une jambe et tirent en arrière pour faire glisser le pied hors de l'étrier. Mais l'étrier soudain se resserre autour du pied, et rien à faire. Ogier rit à pleine gueule.

— Je te l'avais bien dit, roi Karl ! Ainsi, nous revoilà donc fâchés ? Eh bien, bon. Adieu !

Le destrier Broiefort secoue sa blanche crinière, lance vers le ciel un hennissement sonore, et puis bondit et disparaît. Ainsi s'en va Ogier l'Ardennais, dit — par erreur — le Danois.

***

Le roi Karl dit à ses preux :

— Enfants, on ne peut interdire au guerrier franc un combat honorable, c'est vrai. Cependant nous sommes en guerre, et tant que durera cette guerre votre vie m'appartient, et aussi votre épée. Gardez-les donc, l'une en bonne santé, l'autre au fourreau, car nous avons grand massacre de mécréants à faire et belle moisson de têtes à couper. Vienne l'heure, que votre bras soit fort et votre épée affûtée. Il y aura pour chacun butin à gagner plus riche que tous les trésors de Babylone, et force duchés à pourvoir, ainsi que comtés et baronnies. Sinon, glorieuse place en Paradis.

— Seigneur roi, dit Aymery de Narbonne, nous t'entendons et t'obéissons. Toutefois, ne tarde plus, car notre sang bout en nos veines et nos chevaux ruent en l'écurie.

— L'heure est proche, dit le roi Karl.

— En attendant, Seigneur roi, sache que courre l'aurochs, le cerf et le daim ne nous amuse plus guère. D'autant que ces nobles bêtes ont tout à fait disparu de ces lieux, on se demande bien pourquoi. Nous avons tué hier le dernier ours, ce matin le dernier loup, et mon valet plume le dernier corbeau. Si nous ne devons plus nous battre entre nous en loyal combat, à quoi donc occuper le temps ?

Le roi Karl réfléchit. Et puis il sourit dans sa grosse moustache. Il a trouvé.

— Eh bien, mes vaillants, dit-il, voilà qui tombe à point ! Les paysans et artisans que mes archers ont pris en grand nombre dans les campagnes afin de les faire participer à l'œuvre grandiose s'enfuient en masse, les ingrats, malgré les sentinelles, et se cachent dans les bois, dévorant glands, racines, herbasses, crapauds et autres menus insectes. Traquez-moi ces feignants et ramenez-les au travail. C'est gibier bel et nouveau. Donnez-leur la chasse, courez-leur au cul au grand galop de vos destriers, lâchez-leur vos chiens aux couilles et sonnez-moi dans vos trompes une sonnerie de tous les diables ! Que vos valets n'épargnent ni le fouet ni la trique ! Quant aux meneurs, nous les pendrons à ce chêne devant tous les autres après les avoir bien travaillés à tenailles et à tisons, afin que la leçon ne soit perdue.

Ainsi parle le roi Karl. Et, cela ouï, les paladins tous ensemble crient « Hoch ! Hoch ! Hoch ! » et puis « Taïaut ! », et soudain leur galop ébranle la forêt. Sir Lancelot du Lac, qui n'a pas très bien compris, car il ne parle pas le tudesque des Francs mais le celtique de Bretagne, crie à tout hasard par trois fois « Hourrah ! », et puis il s'en va par où s'en sont allés les autres, regardant à droite à gauche avec cet air qu'il a de toujours chercher quelque chose. Derrière sir Lancelot danse une irisation de la lumière, à peine une vapeur. Le roi Karl demande :

— Qu'est-ce donc que cette transparence ?

— Seigneur roi, dit Eginhardt, c'est la fée Viviane. Elle ne quitte jamais sir Lancelot, le protège de ses ennemis et l'aide dans sa quête.

— Une fée, eh ? C'est bien commode... Sa quête, dis-tu ? Mais que cherche-t-il donc, ?

— Ça, dit Eginhardt... J'aimerais bien le savoir.

***

Sur sa haquenée aux jambes de cerf, Luitgarde aux belles hanches regarde tendrement le roi Karl. Vaut-il mieux lui céder ou le tenir en haleine ? Karl veut Luitgarde. Luitgarde veut être reine. Céder, c'est perdre tout. Mais Luitgarde, aussi, veut Karl. Ses puissantes épaules. Sa terrible odeur de loup en rut... Luitgarde ferme les yeux, un vertige l'étourdit, elle frissonne, ses cuisses musclées se crispent sur les flancs de la jument. Luitgarde n'en peut plus de désir rentré. Tant pis ! Ce soir... Non, Luitgarde, non ! Sois forte, Luitgarde, tu seras reine.

NEUVIÈME CHAPITRE

Et donc ils ont franchi le fleuve Danube, ils chevauchent maintenant en pays avar, ils suivent la rive gauche en remontant le cours de l'eau, à la queue leu leu, sur un aride sentier de halage. Vient d'abord, ainsi qu'il sied, l'écuyer Raymond portant haut et droit le gonfanon aux couleurs de son chevalier - mi-parti sang et or avec au milieu la silhouette d'un dragon dressé, gueule béante et crachant flammes, une bête bien terrifiante[1]. Derrière lui vient, sur le destrier Vif Eclair, le chevalier Renaud armé en guerre, la lance au poing, le heaume éclatant enfoncé bien à fond sur la coiffe de la broigne d'acier bleu qui l'enveloppe tout entier, le visage excepté[2]. La chaleur, là-dessous, lui fait souffrir bien des tourments, et du nasal de son heaume la sueur cascade comme la pluie d'une gargouille un soir d'orage. Mais fière allure, certes !

Ensuite vient le cheval aux bagages et, derrière tout le monde, la femme slavonne sur son petit cheval mongol à la grosse tête. Guéza était de très bonne humeur, ce matin. Quand il les a vus partir dans le clair soleil, et la femme, derrière, à pied, qui se tenait à la queue du cheval de somme, il a ri à s'en péter la mâchoire et a envoyé un de ses vauriens mener un cheval pour elle. La femme n'a pas souri, la femme

1. L'usage des blasons et armoiries parlantes n'a pas encore pénétré en Occident, ni, bien sûr, l'art de les décliner en congrus termes héraldiques. Renaud, sans doute, imite ce qu'il a vu dans ses pérégrinations en pays sarrazinois.

2. La broigne est une autre forme du haubert, plus évoluée. Les plaques de fer sont devenues mailles d'acier étroitement entrelacées.

n'a dit ni au revoir ni merci, elle a enjambé le cheval et s'est assise dessus comme sur un tabouret à traire les vaches, elle lui a donné du plat de la main une tape sur le cou, elle a claqué de la langue et elle a crié : « Tiaï ! » Le cheval a pris le petit trot pour aller se mettre à sa place derrière les autres, modestement.

Une rivière s'était présentée, qui se jetait dans le Danube et qu'il fallait passer à gué. La femme avait poussé sa bête en avant et, sans hésiter, avait montré où était le gué. Le petit cheval à la grosse tête avait posé délicatement son pied sur les pierres propices. Après lui, les autres avaient fait de même. La rive d'en face atteinte, la femme avait repris sa place en queue de colonne.

— Tu as vu, chevalier ? Elle monte comme un homme, à cuisses ouvertes !

— Elle se tient en tout cas mieux que certains hommes, dirai-je.

— Et à cru ! Jambes nues ! Elle va avoir les cuisses en sang.

— Oh, ces chevaux-là sont bêtes de froid pays. Ils ont le crin duveteux comme laine de brebis... Il n'empêche qu'une dame ne saurait monter ainsi. Absolument pas. Fi !

— Sauf les filles du roi Karl. Surtout Gudrude. Il faut la voir, à la chasse ! Plus enragée qu'un chien de meute... Je me souviens de l'avoir vue, moi, achever une biche d'un coup de dents. A la gorge, hagne donc ! Elle riait ! Le sang lui coulait de chaque côté de la bouche.

— Une fille du roi Karl n'est pas forcément une dame.

— Une dame... Je crains bien d'avoir oublié, depuis que nous errons dans ces déserts, ce que c'est que senteur de dame, mais je sais bien que cette sauvagesse pue comme trente-six mille pourceaux ! Et ce n'est certes pas odeur d'intimité de femelle, qui tant serait douce à mes narines, mais bien pestilence excrémentielle, bouse de vache, purin de bourrique, suint de mouton, étron de truie, sueur de mâle en rut et trop-plein de jus de couilles, le tout macéré et ranci sur la bête depuis plus loin qu'Adam et Eve. Vingt dieux qu'elle est sale !

— Lave-la.

— C'est bien ce que je vais faire, à la première halte. Comme si je n'avais pas assez de nos chevaux à panser !

— Tu l'as voulue, tu l'as... Mais, dis voir, il me semble bien mal gardé, cet empire des Avars ?... Jusqu'ici, pas une patrouille, pas un guetteur ! Nous ne faisons pourtant rien pour nous cacher. Le gonfanon se voit à des lieues alentour.

— Cette vieille fripouille de Guéza avait donc raison, à ce qu'il semblerait. Les Francs, une fois de plus, se préparent à envahir le pays avar par la frontière d'Occident, mais cette fois pour en finir à tout jamais avec cette racaille. D'après les espions bulgars, toute l'armée du roi Karl est à cette heure concentrée aux marches de Bavière. Ils vont certainement attaquer très bientôt, car voici que la saison s'avance et il ne fait pas bon guerroyer l'hiver en pays inconnu.

— Voilà donc pourquoi nous ne trouvons que pays nu : les Avars se seraient portés en masse sur leurs frontières d'Occident.

— Et comme ces gens ne bâtissent pas mais vivent en errant ici et là au cul de leurs troupeaux, il n'en reste rien, pas même les traces.

— Mais alors, qui les prémunira, à l'Orient, contre l'avidité des Bulgars ?

— Oh, ce sont frères de race, à tout le moins cousins. Ça baragouine le même patois. Je pense qu'avec les Bulgars ils se disent qu'il y aura toujours moyen de s'arranger, quitte à leur laisser un lambeau de pays entre les mâchoires. Mais du roi Karl ils savent qu'ils ne peuvent attendre que massacre et extermination, il l'a juré sur la Sainte Croix, car il est las des perpétuels reniements, trahisons et brigandages de ces démons enragés qui n'acceptent le baptême que l'épée sur la gorge et, à peine le gros de l'armée parti, conchient l'eau bénite, crucifient les évêques et brûlent les monastères... Et puis, il y a le trésor. Le trésor du vieux grigou Attila... C'est bien tentant aussi, non ?

— Pourquoi faut-il que tu mêles des considérations profanes et viles à une noble entreprise ? Si trésor il y a, il sera cueilli de surcroît, comme due récompense des défenseurs de la vraie foi. C'est là belle et bonne chevalerie. Le butin n'est pas le but du héros...

— Mais il est toujours bon à prendre, j'entends bien !

Les deux cavaliers vont botte à botte, la largeur du chemin le permet. Le cheval de Renaud bute sur un caillou et se rattrape. Avec une grimace, le chevalier porte la main à son bras blessé. Raymond s'inquiète :

— Tu as mal ? Je vais rafraîchir ton pansement.

— Non, non ! Avançons.

— A quoi bon ? Que les Avars nous trouvent un peu plus en deçà ou un peu plus au-delà, qu'importe ? Puisqu'il faut qu'ils nous trouvent... Par contre, tu auras sans doute bientôt besoin de tes deux bras, chevalier, et en bon état ! Allons, faisons halte ici pour la nuit, l'endroit est gentil. Pendant que tu soigneras ton bras, moi je vais décrasser cette pute.

Ainsi font-ils. Raymond aide son chevalier à quitter ses ferrailles guerrières et lui prépare un cataplasme d'herbes fraîches qui attireront les ardeurs du mal hors du corps de Renaud et cicatriseront la plaie. Quand il en a fini, voilà que la femme, pendant ce temps, a ôté les selles et les harnais de dessus les chevaux, puis les a disposés bien proprement sur des chevalets qu'elle a bricolés de branches mortes. Elle a aussi tiré de parmi les bagages un chaudron à cuire la soupe mis là par la veuve Chrysothémis et qui n'a encore jamais eu l'occasion de servir, elle l'a rempli d'eau à même le courant du fleuve, et maintenant il chante, le chaudron, sur un joli feu qu'elle a mis en train en cognant deux silex au-dessus d'une pincée de poudre de champignon d'amadou bien sec mêlé de salpêtre de muraille qu'elle porte sur elle dans une petite poche de peau fermée d'un lacet de cuir... Raymond examine la pochette. Il s'exclame :

— Eh ! Ce sont couilles de taureau ! Le poil y est encore !

Mais la femme court à droite à gauche, cueillant herbes, arrachant racines, et la voilà qui fait signe à Raymond de lui prêter sa dague, et qui gratte et qui épluche, et toutes ces herbasses vont dans le chaudron, avec quelques beaux morceaux de mouton donnés par Guéza pour la route. La soupe bout gentiment, il n'y a plus qu'à attendre.

— Viens ici ! dit Raymond.

La femme le regarde. Elle ne bouge pas. Elle baisse les yeux. Elle a peur. Elle a peur parce que cet homme qui est son maître lui a donné un ordre et qu'elle ne comprend pas cet ordre.

— Viens ! répète Raymond, en faisant cette fois ce signe que même les chiens comprennent et qui veut dire « Au pied ! »

Elle aussi comprend. Elle s'approche, yeux toujours baissés, se tient debout devant lui. Il se frappe la poitrine du plat de la main. Il dit :

— Raymond.

Il va à Renaud, lui frappe pareillement la poitrine et dit :

— Renaud.

Il fait cela plusieurs fois de suite, une fois « Raymond », une fois « Renaud », et encore, et encore... Enfin il pose la main sur sa poitrine à elle, et il la regarde, l'air d'attendre. Elle a suivi tout cela attentivement. Elle dit ·

— Tamara.

Raymond n'en revient pas qu'elle ait compris si vite. Il se rend compte qu'il l'avait prise pour une espèce de pauvre bête, une brebis, une génisse... Comme il reste coi, elle a peur de n'avoir pas fait ce qu'il attendait d'elle. Enfin, il dit :

— Toi : Tamara. Tamara.

Il a l'air content. Alors, elle est contente. Elle rit.

Mais oui : elle rit !

Raymond se dit qu'il ne l'avait pas encore vue rire. Quelqu'un l'avait-il déjà vue rire ? Ou sourire ?... Rien que cet air de chien battu, toujours.

— Eh bien, voilà, dit-il à Renaud. Elle s'appelle Tamara.

— Beau nom de païenne, dit Renaud.

Raymond prend Tamara par la main et la mène au bord du fleuve, il y a là une petite crique sableuse. Il lui fait signe d'ôter ses loques. Elle comprend autre chose. Elle se couche sur le dos, ouvre les cuisses et attend.

— Non ! dit Raymond. Non, non ! Pas ça. Laver.

Il mime l'action de la laver. Elle veut comprendre, on voit bien qu'elle veut. Elle trousse ses jupes puis tourne le dos, à quatre pattes, la joue dans l'herbe, la croupe offerte. Chacun sait que cette position fait ressortir le sexe de la femme comme un beau fruit mûr, une figue éclatée aux grosses lèvres charnues, à l'intérieur rose corail. Raymond est tenté... Mais quand ce garçon a une idée en tête...

— Il y a temps pour tout, dit-il. Pour l'instant, c'est te laver. Allons, viens ici !

Elle vient. Désormais elle viendra toujours quand il dira « Viens ici ! »

Il la débarrasse de la peau de bique trouée qu'elle porte sur les épaules. Elle comprend alors et se défait elle-même de l'amas de chiffons qui lui couvrent le bas du corps.

— Mais c'est qu'elle est belle ! pense Raymond.

Et c'est vrai qu'elle est belle. Comme un arbre, comme un cheval, comme un grand chien. Presque aussi haute que lui, charpentée en force, lourde de croupe et de seins, les muscles longs qui bougent sous la peau très blanche, autant turque que slave, un peu mongole, aussi, noire de cheveux, de poils et de sourcils, au milieu de cette nuit le violet furtif du regard comme un éclair de chaleur, les pommettes larges et hautes mais sans les joues massives des Huns, au contraire les creux durement marqués des Turcs, et aussi le nez étroit, courbé en lame de cimeterre, qui deviendrait facilement arrogant... Un mélange réussi. Une bête superbe.

Elle se tient debout devant Raymond. Elle attend. Le froid hérisse sa peau si blanche, durcit les grosses coupoles bistre sur ses tétons. Raymond se secoue. Il montre l'eau.

— Viens ici !

Elle le regarde, étonnée, mais bon, il a ordonné, elle avance un pied dans l'eau, puis l'autre, sans quitter le maître des yeux, sourcils levés, attendant qu'il approuve, qu'il dise que c'est bien cela, qu'elle a bien compris ce qu'il attendait d'elle.

— Oui, oui ! Comme ça. Dans l'eau. Avance, avance !

Il mime en même temps, alors elle avance. La voilà dans l'eau jusqu'à mi-cuisses.

— Arrête !

Elle s'arrête.

Raymond a ôté ses bottes et ses chausses, il entre dans l'eau à son tour et, appuyant des deux mains sur les épaules de la femme, il la fait s'accroupir dans l'eau. Puis il lui frotte le corps avec le précieux savon gaulois acheté à Byzance. Ça mousse, ça sent le dernier parfum à la mode. Elle se laisse faire, narines frémissantes, un peu inquiète mais soumise, comme un cheval qu'on bouchonne. Il la rince. Lui plonge la tête dans l'eau. Il s'agit maintenant de décrasser la terrible tignasse, bloc compact mêlé de paille, collé de sueur, de poussière et de Dieu sait quoi... Mais là, l'élégant savon n'y suffit pas. Elle dit quelque chose. Il ne comprend bien sûr pas. Alors elle sort de l'eau, ruisselante, court jusqu'au foyer où chantonne la ratatouille, racle adroitement, en s'aidant d'un rameau feuillu, des cendres et des braises qu'elle pousse sur un large morceau d'écorce, puis elle revient, toujours courant, pose son écorce près de l'eau, arrose les braises rouges qui crachent et fusent et ne sont bientôt qu'un petit tas de boue grise. Elle prend alors cette boue à pleines mains, s'en enduit les cheveux, frotte énergiquement. Et quand elle plonge la tête dans l'eau, la crasse se dilue sous ses doigts, les mèches se démêlent et s'abandonnent mollement au courant, comme de longues algues brunes.

— En somme, dit Raymond, tu aurais très bien pu te tenir propre. Pourquoi tu ne l'as pas fait plus tôt, hein ?

Elle le regarde. Elle veut savoir si c'est bien ça qu'il voulait. Il a l'air plutôt satisfait. Alors, bon, elle aussi.

⁂

— Et maintenant, qu'est-ce que tu comptes en faire ? dit Renaud. Ce ne sont certes pas les putes qui manquent sur les chemins, par ces temps de misère. Il t'en faut vraiment une toujours à portée de queue ? Pour toi tout seul ? Sacré bandeur, va !

Ils ont avalé la soupe de Tamara, ils ont le ventre plein. Vautrés sur l'herbe, dans le soir qui descend, ils causent.

— Ecoute, chevalier. Bandeur, c'est vrai. Je peux faire l'amour six fois de suite, dormir un petit coup, casser une petite croûte, et remettre ça encore six fois de suite. Et le lendemain, pareil. Mais je peux aussi rester un an entier sans tirer un coup, ça m'est arrivé, ça m'arrivera peut-être encore, sans en faire une maladie, ni enculer mon cheval comme des que je connais.

— Beau sermon. Alors ?

— Alors, je sais pas, moi. J'ai eu envie, voilà. Cette grande saucisse toute triste toute dégueulasse, et tous ces gros cons qui se vidaient les couilles dedans... Je peux pas expliquer, ça m'a pris comme ça, quoi. Peut-être quelque chose qu'elle a, tu vois. L'allure, les gestes... Enfin, bon, quand l'autre guignol m'a demandé quelle récompense je voulais, j'ai pas eu à réfléchir, j'ai dit « Celle-là ! », voilà. Peut-être aussi un peu pour l'emmerder, lui. Parce que ça l'emmerdait, il voulait pas que ça se voie, mais ça l'emmerdait, tu peux être sûr !

— Bon. Mais c'est toi qui nous faisais remarquer que nous avons perdu du temps, ce qui est tout à fait vrai, hélas.

— C'est pas elle qui nous retardera ! T'as vu comment elle a eu vite fait de soigner les bêtes, de faire la soupe, tout ça ?... Tiens, je te parie que, au matin, quand on se réveillera à peine, nous deux, eh bien, les chevaux seront sellés, les bagages pliés, et un reste de soupe chaude nous attendra, tout fumant. Et sans que j'aie besoin de rien lui dire, note bien !

— On verra, on verra, dit Renaud. Mais je pense qu'il n'est jamais bon de mêler femmes et chevauchées.

Cependant elle s'active alentour à ces menues besognes qui font que toujours femme remue. Raymond a jeté au feu ses linges pleins de poux, elle a vêtu un sayon de laine et des braies d'homme serrées au mollet par un laçage croisé, c'est la rechange de Raymond, un peu râpée mais qui fera encore de l'usage. Elle a l'air d'un grand beau gars un peu fort du fessier, avec ses cheveux noués en queue de cheval à la mode des Huns.

Raymond la regarde. Il se régale l'œil. Les flammes mourantes dansent sur elle, la nuit est maintenant bleu foncé, pas encore tout à fait noire, les grillons, ou les cigales, ou je ne sais quelles créatures chétives, liment paisiblement le grand silence. Quelque chose de nouveau prend Raymond au ventre, en plein dans le creux. Il faut qu'il parle, Raymond :

— Chevalier, voilà. Je sais. Elle sera ma Dame.

— Comment ça, ta Dame ? Qui ?

— Elle, pardi. Tamara.

— Ça ?

— « Ça », oui. Et pourquoi pas ?

— Mais... Ma parole, tu es amoureux, gros paillard !

— La paillardise et l'amour vont fort bien ensemble !

— Pas le pur amour qu'on voue à sa Dame.

— Je me sens les épaules assez larges pour porter les deux.

— La paillardise rassasiée tue l'amour. La continence l'exalte.

— Nous allons changer tout cela !

— C'est une esclave, une marchandise... Même pas une pute. Un trou.

— Boh, boh... Elle sera ce que je la ferai. Et moi je veux la faire ma Dame... J'en connais d'autres qui font d'un trou une déesse, pour peu qu'il y ait du doré autour...

— Holà ! Tout doux ! Tu dis ça pour qui ? Des insolences, maintenant ? Des insinuations ? Et si je te coupais les oreilles, moi, petit merdeux ?

— Bon. Elle est ma Dame, c'est dit. Après tout, c'est dans ma tête à moi que ça se passe, non ? Et dans mon ventre, aussi.

— Dans ton bas-ventre, tu veux dire !

— J'espère bien ! Mais, en plus, je me sens un grand vide plus haut, comme une grosse peur, et une chaleur, et une lumière. On dit que ça se passe dans le cœur, mais pas du tout, c'est dans le ventre, en plein dans le ventre ! Et c'est l'amour, je le sens bien que c'est ça.

Et il se met à chanter. Il ne connaît pas beaucoup de chansons, Raymond, alors il chante le « Tantum ergo », c'est un très beau chant pour un amoureux, ça remplit bien les joues, ça fait marcher à fond la soufflerie, mais il faut le lancer à pleine gorge, la gueule ouverte à deux battants. Raymond chante comme dans une cathédrale.

— Eh ! s'effare Renaud. Tu veux nous faire repérer ?

— Mais oui, bien sûr ! C'est justement ça qu'on est venu faire. Tu as oublié ?

— C'est pourtant vrai ! Tu vois, l'habitude...

Ils chantent tous les deux. Renaud tire de ses profondeurs une basse formidable, les deux voix montent, descendent et s'entrelacent, les deux gaillards sont au paradis, et voici que se jette parmi leurs voix une voix d'ange et de louve, c'est la femme sauvage qui n'y tient plus, quand il s'agit de chanter il n'y a plus de maîtres ni d'esclaves, et le cantique majestueux devient hurlement à te sortir la boyauterie du ventre... Raymond en tremble de bonheur. C'est son chant d'amour à Tamara.

Mais Tamara, celui qu'elle regarde, à la dérobée, c'est Renaud, le fier chevalier.

Ils se passent l'outre pleine de kvass que l'archer bulgar, vaincu pour la première fois de sa vie, a offerte à son vainqueur en témoignage d'admiration grande. Tamara, les yeux baissés, refuse, c'est la boisson des guerriers, les femmes n'y ont pas droit. Ils chantent un autre cantique, et puis encore d'autres. Les Avars ne se montrent pas. Et bon, il faut dormir.

Les deux hommes s'enroulent dans leurs manteaux. Tamara se pelotonne sur les pieds de son maître pour les lui tenir au chaud. Raymond en est tout attendri. Mais aussi il voit clair, Raymond. Il dit :

— Chevalier, est-ce que ça te ferait plaisir...

— Quoi donc ?

— Eh, pardi, de paillarder ma ribaude !

— Raymond ! Elle est à toi...

— Ce qui est à moi est à toi, chevalier. Ne suis-je pas ton écuyer ?

— Et ce qui est moi est à toi. Ne suis-je pas ton ami ?

— Alors ?

— Après ce que tu viens de me dire ? Ta Dame ?

— Oh, elle sera ma Dame quoi qu'il arrive. Allons, elle est propre, maintenant. Elle sent bon. Si tu savais comme elle sent bon !

— Mais je ne suis pas en humeur de paillardise ! Et je ne le serai jamais pour elle. Te la sachant chère, ce serait trahison.

— Chevalier... Pour elle.

— Quoi ?

— Fais-le pour elle... Vois-tu, moi, elle m'accepte. Elle accepte qui veut. Mais toi, elle te veut.

— Où tu as vu ça, toi ?

— Dans ses yeux. Quand elle se figure que je ne la vois pas. Je crois bien qu'il y a dans ses yeux, quand elle te regarde, la même chose qu'il y a dans les miens quand je la regarde.

— Raymond, ça suffit. Je ne sais quel démon te pousse, mais je n'y céderai pas. J'ai fait à ma Dame vœu de chasteté, ne m'induis pas à tentation. Nous n'en parlerons donc plus. Maintenant, si son ventre crie famine et si le tien est d'accord, arrangez-vous bien à votre aise, ça ne me dérangera en rien, je me tourne sur le côté et je dors. Bonsoir !

— Bonsoir... Ça fait rien, merde, t'es compliqué, chevalier.

***

Ils chevauchent dans les brumes du matin.

— Raymond, dit le chevalier, as-tu remarqué ?

— Quoi donc ?

— Eh, tout ça ! Le fleuve... Pas un bateau dessus. Pas une voile. Pas même une barque de pêcheurs. Pourtant, c'est là le grand fleuve Danube, la voie d'eau entre Orient et Occident, il devrait être chargé dans les deux sens de nefs et de chalands bourrés ras la gueule de denrées, et sur ce sentier où nous chevauchons devraient tirer deux par deux les bœufs de halage. Or, vois. Des oiseaux piailleurs, et c'est tout.

— La guerre, chevalier. L'odeur de la guerre épouvante le commerce avant même qu'elle ne soit commencée. Et qui nous dit qu'elle n'est pas commencée ? Peut-être que tout à l'heure ces eaux bleues seront rouges ? Peut-être que ces oiseaux, au lieu de moucherons et de chenilles, goberont les yeux des guerriers flottant au fil de l'eau ?

Renaud lève la main.

— Halte ! Abaisse le gonfanon !

— Tu as vu quelque chose ?

— Là-bas. Dans le creux du coude de la rivière.

— T'as raison. Des tentes ! Des tentes de Huns.

— Je voudrais être sûr... Ah, voilà que ça vient vers nous. On nous a vus. Enfin, nous y sommes ! Allons, écuyer : gonfanon haut !

⁂

Eh bien, voilà. Un petit temps de galop, les Avars sont là, tout fringants tout beaux. Ils sont une vingtaine, sur leurs joyeux petits chevaux pleins de poil aux pattes. La lance ne servirait de rien en la circonstance. C'est donc l'épée au poing que Renaud les accueille. Plutôt pour la dignité de l'attitude, on n'est pas là pour jouer les paladins, un Roncevaux suffit dans une vie. Les Avars alentour font un cercle parfait.

Ces Avars sont bien les frères de sang des Bulgars, et donc Huns jusqu'à la pointe des cils, mais des frères sans mélange, ceux-là, qui ont su garder l'allure et l'arrogance des origines asiates. Les paupières plissées enfouissent l'œil, les grosses pommettes étirent le visage en un losange tout en largeur, la peau fait craindre une maladie de foie mais les joues sont bien roses. Ils sont jeunes. Plusieurs sont grêlés de petite vérole. Leur vêture, par-dessus les cottes de mailles et les quincailleries guerrières, chatoie de toutes les soies et de toutes les broderies de l'Orient fastueux. Ces farouches sont coquets comme des petites filles. Leurs courtes bottes de peau surfine rebiquent du bout, ça leur fait de drôles de pieds pointus à bascule. Autour de leur grosse tête s'évase en nid de cigogne la terrible coiffure mongole, couronne de fourrure de loup, de lynx, de zibeline ou peut-être de duvet de cygne, avec, au milieu, la coiffe pointue, cette fois enchâssée dans un cône d'acier bruni, ou argenté, ou doré, ça doit dépendre du grade. Une pointe aiguë surmonte le tout. Ils sont donc en tenue de combat. Chacun tient en poigne une lance légère, pour l'instant pointée sur le chevalier et sa suite, chacun porte au flanc un sabre courbe, sur le dos un arc tendu ainsi qu'un carquois bien garni. Tout cela en état impeccable. Renaud et Raymond, en vieux militaires, apprécient. Pas de selle sous leurs fesses, mais d'épais tapis aux motifs barbares et savants, aux couleurs à se pâmer, avec pompons, pendeloques et fanfreluches à foison. Pas d'étriers, cela va de soi, et c'est dommage : ça leur aurait offert un peu de surface en plus à couvrir de ciselures, d'émaux et de verroteries étincelantes. Eux aussi se tiennent là-dessus à la mongole, rabougris sur l'encolure comme un ouistiti sur une crosse d'évêque, tout en haut du cheval, presque entre les oreilles.

Parmi ces élégants il en est un plus élégant encore. Le chef, sans doute. Une moustache mince mais fort noire met en valeur ses lèvres bombées, épaisses comme deux gros concombres. Il parle. En langue avare, cela va de soi. Personne ne comprend, bien évidemment. Ah, si, tiens : Tamara a compris ! On a tendance à l'oublier, celle-là. Elle a compris, bon, mais ça avance à quoi ? Puisqu'en dehors de « Viens ici ! » elle n'a aucun élément de vocabulaire en commun avec les deux Francs.

Mais le chef semble avoir l'habitude. On ne commande pas un poste de péage sur la grande voie historique de passage entre Orient et Occident sans devoir affronter plusieurs fois par jour des problèmes de langage. Il décide de s'exprimer par signes, et ça, oui, c'est une bonne idée. Il dessine dans l'air le large mouvement du bras tendu qui, sur toute la terre, se traduit par « En avant ! Par là ! » et tout ce petit monde se met en route.

Les tentes sont tout de suite là, passé le coude. Ce sont toujours les mêmes coupoles, mais en parfait état, et non de cuir, mais de feutre. Des faufilements de lanières de peau de diverses couleurs y tracent des entrelacs aux géométries hardies. Des tapis très beaux et très lourds servent de portes. D'autres tapis sont jetés sur l'herbe, çà et là. Quelques Avars en robes matelassées, ceux qui ne sont pas de service, sans doute, accroupis sur les talons, y jouent aux osselets en buvant des tisanes dans des bols de porcelaine décorée. A l'écart, des femmes cousent des choses et jacassent avec des rires contenus. Sur un réseau de fils tendus entre des perches de bois, une vieille tisse un tapis. Un adolescent, les yeux perdus dans des lointains, pousse l'archet sur les cordes d'un petit instrument à long manche, il reprend sans cesse et sans cesse le même motif acide et sans cesse se trompe au même endroit, ça doit être difficile, un bout de langue lui pointe entre les dents. Un peu partout, gosses, poulets, chats, chiens, crottes de chiens. Chevaux à l'attache. Quelques chameaux.

Personne ne lève la tête au passage de la petite troupe, ce doit être pain quotidien. Le chef lance un nom, un des hommes accroupis se lève et se joint à eux. Tout le monde met pied à terre.

— Et voilà ! dit Raymond. La cérémonie du droit de péage va recommencer.

— De la rançon, tu veux dire.

— C'est la même chose. Seulement, cette fois, on n'a plus un denier vaillant, qu'il soit d'or ou d'argent. Pas question de faire la fine bouche, seigneur péagier de mon cul !

— Cette fois, gros niais, nous n'avons pas à nous soucier de péage, puisque nous n'avons nullement l'intention de passer outre. Nous sommes arrivés, eh oui.

Le chef dit quelque chose à Renaud. Quelque chose de bref mais de parfaitement clair car en même temps il tend la main, large ouverte, paume en dessus. Et pour que ce soit si possible encore plus clair, voici que l'on entend, clairement articulé en tudesque francique bel et bon :

— Camarades, ce sera dix sous d'or pour le chevalier, cinq sous pour l'écuyer, deux sous pour le valet.

Renaud et Raymond sursautent à l'unisson. Celui qui vient de parler est cet homme qui jouait aux osselets avec les autres, ils l'ont à peine regardé. Maintenant, ils voient, enseveli sous un énorme bonnet de peau de mouton à ailes battantes, un visage recuit de traîneur de routes aux yeux gris, loup maigre mâtiné de renard, que tout ça semble amuser beaucoup.

— Tiens, dit Raymond, je croyais que les Avars ne se mélangeaient pas.

— C'est ce qu'ils disent, répond l'autre. En fait, ils embauchent, surtout en ce moment. Je leur suis utile, comme vous voyez.

— Eh bien, tant mieux. Mais dis donc, c'est pas donné, le passage, ici.

— C'est le tarif. Et attention : vous n'avez pas de marchandises ? Des choses à vendre, bijoux, petits machins comme ça ? Parce que ça se paie à part.

— Tu nous prends pour des colporteurs ?

— Non, bien sûr. Je disais ça pour dire.

— Et il y a beaucoup de péages comme ça, le long de la route ?

— Quelques-uns. En tout cas au passage de chaque Ring[1]. Une partie du fric va au khan local, une partie est pour nous, le plus gros va au grand Khâ-Khan. Voilà. Ce qu'il en fait, j'en ai rien à foutre.

— Et t'es content comme ça ?

— Ça me va. J'aime cette vie. Pas de curés, des seigneurs plutôt moins chiants que les nôtres, des femmes tant que t'en veux, moi j'en ai six, de temps en temps une petite chevauchée chez les pue-la-sueur histoire de rigoler un peu en foutant le feu ici ou là, qu'est-ce que tu veux de plus ?

— Evidemment, dit Raymond, rêveur...

Le chef demande poliment ce qui se passe. Il a toujours la main tendue. Il attend.

— Bon, alors, on se décide ? dit l'Avar d'adoption. Ça fera dix-sept sous, et je vous compte pas les chevaux, vu que vous êtes des pays à moi.

— Explique-lui, Raymond, dit Renaud.

— Expliquer ? Rien à expliquer, faut payer. Sinon, couic ! Désolé, mes camarades, mais c'est pas moi qu'a fait le règlement.

— Tu vas comprendre, dit Raymond. On ne cherche pas à passer de l'autre côté. On vient prendre du service chez le Khâ-Khan. Enfin, mon chevalier que voilà, c'est à dire. Et moi avec, bien sûr. Et le valet aussi. Alors, voilà. Dis-lui ça, à ton patron.

— Vous voulez vous engager pour la campagne, c'est ça ? Pour la guerre contre le roi Karl ?

— Voilà. C'est ça.

— Mais... Vous êtes des Francs, non ? Le roi Karl est votre seigneur !

— Le roi Karl *était* notre seigneur. Il nous a fait vilenie, notre serment de vasselage est de par là même rompu.

---

1. Rings : Cercles concentriques partant du Ring royal et divisant l'Empire avar jusqu'à sa périphérie par des levées de terre servant de remparts défensifs.

Le transfuge hoche la tête.

— Tss, tss... Non, ça, un chevalier ne peut pas le faire... Pas joli, ça, pas joli...

— Ecuyer ! dit Renaud.

— Oui ?

— Dis-lui que moi seul suis juge et maître de mon honneur. Que ce n'est pas à un transfuge qui a renié son Dieu et sa race à me donner leçon. Qu'on me conduise à ce Khâ-Khan ou à qui que ce soit qui règne sur ces mécréants, et qu'on ne perde plus de temps !

— Oh, oh ! dit l'homme. Tu le prends de bien haut, mon petit chevalier ! Mécréant, ça, je veux bien. Mais pas plus transfuge que toi ! Je ne tire pas l'épée contre mon seigneur et roi, moi ! Jamais je ne chevauche pour la mise à sac vers les pays des Francs, jamais ! Grecs, Ostrogoths, Bulgars, Sarmates, Lombards, tant que tu voudras. Mais les terres du roi Karl, c'est sacré, rien à faire.

— Traduis ce que je t'ai dit à ton chef, dit Renaud. Et dis-lui que le chevalier Renaud est venu mettre son bras au service du grand Khâ-Khan des Avars. C'est tout.

L'homme aux yeux gris parle alors au chef avar. Qui a l'air surpris. Puis soupçonneux. Puis qui finit par abaisser la main, comme résigné à ce qu'il ne pleuve pas de sous d'or dedans. Puis se gratte la tête. Puis regarde Renaud, de pied en cap. Puis se gratte la tête, de l'autre main. Puis fait du bras le signe qui signifie « Suivez-moi » en se dirigeant vers une tente proche, la sienne, sans doute.

Les voilà assis par terre, le chef avar et le chevalier franc. Ecuyer et valetaille sont restés dehors, à veiller sur les chevaux et les bagages. Une femme en pantalon bouffant et petites bottes à bouts rebiqués a posé devant eux, sur le tapis précieux, un plateau de cuivre où fume une bouilloire à bec. Elle a émietté dans l'eau frémissante une pincée de petites feuilles sèches toutes rabougries. Puis elle a présenté à Renaud, sur un carré de soie brodé de fleurs et de dragons, un morceau d'une espèce de galette et un petit tas de sel. Maintenant l'Avar verse le liquide fumant de la bouilloire dans deux minuscules écuelles de porcelaine transparente, il fait fondre dans la sienne un morceau de beurre salé bien rance, c'est comme ça que c'est bon, et, après un salut à son hôte, il y trempe les lèvres. Renaud en fait autant. Ça n'a pas le goût des tisanes adoucies au miel qu'il buvait chez sa maman, ni du vin chaud à la cannelle... Enfin, bon, à la guerre comme à la guerre... Le chef frappe dans ses mains. L'interprète teuton devait attendre derrière le tapis qui sert de porte. Il entre. La conversation peut commencer.

— Le chef Kogtaï est très honoré de recevoir le chevalier Renaud. Il veut que tu lui expliques ton affaire un peu plus en détail. Car tu pourrais fort bien être un espion du roi Karl. C'est même ce qu'il te soupçonne d'être, pour ne rien te cacher. Alors, vas-y. A toi de jouer. Tâche un peu d'être convaincant, sinon...

Renaud débite l'histoire qu'il a si bien mise au point tout au long du chemin. Il a servi comme mercenaire dans les armées du Basileus, il a été de tous les combats, il eut même le grade de stratège[1], et maintenant, après toutes ces années, voilà qu'on refuse de le payer, et que même on lui confisque son butin légitimement amassé sous le prétexte que le trésor est à sec. Il pense quant à lui que la vraie raison est à chercher dans ses sympathies bien connues pour les briseurs d'idoles, défenseurs de la foi épurée... Très mal vu, ça, en ce moment, très très mal.

Un guerrier frustré du butin vaillamment gagné ! Le chef Kogtaï est sensible à l'injustice énorme.

— Il fallait s'y attendre, traduit l'interprète. Une femme sur le trône des Césars ! C'est la fin de l'Empire... Elle est entre les griffes des moines crasseux et des eunuques pleins de vices. Et comment pourrait-il en être autrement ? Une femelle...

Le chef Kogtaï est révulsé de dégoût. « Bon, pense Renaud, je le gratte là où ça le démange. » Suit un vif dialogue entre le chef et l'interprète. Enfin l'interprète conclut, en langue tudesque :

— Voici, chevalier. En ce moment même, le grand Khâ-Khan des Avars active la levée des tribus contre les armées du roi Karl. La guerre est imminente. Le chef Kogtaï vient donc de décider de partir rejoindre la Grande Horde du Khâ-Khan plus tôt qu'il ne pensait, afin de te faire escorte jusqu'au Ring royal. De toute façon, il est très heureux de l'occasion, il commençait à trouver le temps long. Je ne sais pas si tu as remarqué, mais il ne passe plus un bateau sur le

1. Stratège : général.

fleuve. Or, nous, c'est avec les bateaux qu'on travaille. Les gras marchands et leurs grasses cargaisons... Enfin, voilà, c'est décidé, vous partirez demain matin avec la fleur des guerriers. Il n'en restera ici que quelques-uns, les vieux, les éclopés... On ne peut quand même pas abandonner complètement l'arrière-pays à ces saloperies de bâtards de Bulgars qui n'attendent que ça.

— Et toi ?

— Moi, je reste. Là où les Francs livrent bataille, ma place n'est pas dans les rangs de l'ennemi.

En disant cela, il se croit obligé de pincer le nez comme un évêque forcé de voyager dans une charrette sur un tas de fumier. Renaud lui tire la langue.

⁂

Le grand gong de guerre mugit son tonnerre. Il proclame que les guerriers partiront à l'aube. Coup de pied dans la fourmilière. Le camp bouillonne. Les femmes courent et s'activent à toutes ces choses qu'il faut à leurs hommes pour la route et pour le combat. Elles courent, et s'activent, et gémissent le grand gémissement rituel de la séparation, car désormais qui fécondera leur ventre de son pieu magnifique et y plantera des enfants ? Qui ? La mort ricane avec le gong, il y aura des veuves et des orphelins, les femmes gémissent bien ensemble, cela fait au-dessus du camp un bourdonnement modulé où explose d'intervalle en intervalle la cuivraille éclatante. Les guerriers partiront en avant, sur leurs chevaux rapides. Les femmes, le troupeau et les tentes suivront à leur allure. Où va le guerrier va la tribu. Si la bataille est perdue, tout est perdu.

⁂

A la nuit tombée, le festin commence. Le banquet joyeux de ceux qui vont mourir mais qui espèrent tuer.

Tapis et coussins, coussins et tapis. Braseros et torches, outres et amphores. Moutons à la broche, cerfs, daims, sangliers, chameaux de lait, les Avars élèvent aussi des chameaux, oui. Vin, kvass, bière, koumiss[1], hydromel. Femmes, femmes, femmes... Pas les légitimes, celles-là sont restées dans la tente et gémissent en rond en astiquant les armes du seigneur époux, mais des femmes esclaves, des captives dont on attend la rançon, des chanteuses et des danseuses professionnelles louées chez une tribu voisine spécialisée dans ces choses.

Le chef fait face à Renaud, c'est une marque de considération. L'interprète — il se nomme Liutprand, un nom plutôt lombard que franc, si vous voulez mon avis —, assis en tailleur auprès de Renaud, commente et explique. De mauvaise grâce, tout d'abord, mais bientôt le plaisir de parler et d'ouïr la chère vieille langue tudesque est plus fort que celui de cracher son mépris à la gueule d'un traître.

Chacun porte la main au plat. La coupe de vin circule, un vin confisqué, en même temps que la vie, à quelque marchand qui n'aura pas voulu acquitter de bon cœur le droit de péage. A la santé du grigou ! La coupe pleine arrive devant Renaud. Il a un sursaut, la refuse. Il a reconnu un saint ciboire, volé dans quelque église dont on aura empalé le prêtre sur son clocher. Refuser de boire est faire affront à l'assemblée. Le chef Kogtaï fronce le sourcil. Il s'informe. Renaud ordonne à Liutprand :

— Dis-lui que je ne saurais boire dans un vase consacré qui contint le vrai sang du Seigneur Christ Jésus. Et que même je ne saurais souffrir que quiconque y boive devant moi, chrétien, païen ou mécréant.

Ayant dit, il se signe, élève à deux mains le saint ciboire, s'incline devant lui, le vide à terre, le baise dévotement, se signe à nouveau et l'enfouit sur sa poitrine, sous la chemise.

Le chef Kogtaï a porté la main à sa terrible lame courbe, mais vite vite Liutprand lui explique de quoi il retourne. Alors le chef rit à pleine mâchoire, et tous les guerriers rient à s'en étouffer, et basculent sur le dos pour rire bien à leur aise. La chose est si drôle : ce type qui adore un gobelet à boire !

— Si tu n'étais son hôte, dit Luitprand, ta tête aurait déjà roulé, pour l'affront. Mais au fond il s'en fout, quand on ne

---

1. Koumiss : boisson alcoolique obtenue par fermentation du lait de jument.

croit à rien il n'y a pas de sacrilège, pas vrai ? Il a commandé qu'on apporte une autre coupe.

L'autre coupe arrive. Le chef y boit le premier, puis la fait porter à Renaud. Qui la saisit à pleines paumes, c'est une grande coupe. Grande parce que l'homme à qui appartenait le crâne avait une grosse tête.

— C'était un grand chef bulgar, explique Liutprand. Le chef Kogtaï l'a vaincu en combat singulier, il a pris ses troupeaux, ses tapis et ses femmes, de son crâne il a fait faire une coupe. C'est pour lui une très grande gloire. Là, si tu refuses, je ne réponds de rien.

— Pourquoi refuserais-je ? dit Renaud. Ce crâne n'est pas une relique sainte, que je sache ?

Il regarde bien en face les deux trous, si bêtes quand les yeux n'y sont plus, et puis il boit, à longs traits. Le vin n'est pas des pires.

Mais voilà qu'arrive un mets dont les Avars semblent raffoler. Ce sont des tranches minces d'on ne sait quelle viande, disposées sur un grand plateau d'osier décoré de feuilles de menthe.

Liutprand se sert et dit :

— Goûte-moi ça, chevalier ! Rien que pour cette nourriture-là je ne quitterai jamais le pays des Huns.

Renaud mord dans la viande. Elle est apparemment crue, mais fort tendre. Macérée dans on ne sait quel suc prodigieux. Un jus divin baigne la langue de Renaud, une senteur caresse son palais, une senteur puissante et douce, intime et sauvage, qui monte par ses narines jusqu'à son cerveau, une senteur qu'il connaît bien mais ne reconnaît pas, une senteur de petite enfance et de rut...

— Nom de Dieu... soupire Raymond, qui mâche lui aussi cette chose.

— N'est-ce pas ? dit Liutprand.

— Fantastique ! dit Raymond.

— Diabolique, dit Renaud. Il y a du diable, là-dessous. Explique.

— Ah, ah... C'est la viande à la mode des Huns. Voilà. Ils coupent la viande en tranches bien fines, et puis ils la mettent à plat sur le dos du cheval...

— Pouah ! dit Raymond. Mais c'est une légende ! Un conte de grand'mère pour faire peur aux petits enfants ! Tu ne vas pas nous faire le coup du Hun qui cuit sa viande à la chaleur de son cul ? Pas à nous, camarade ! Pas à nous !

— C'est pourtant comme ça. Mais en mieux. En beaucoup mieux. Ecoutez voir. On arrange la viande sur le dos du cheval, seulement ce ne sont pas les fesses arides d'un Avar mal torché qui se poseront dessus mais bien celles, blanches et douces, d'une jeune fille...

— Ah, ah ! dit Raymond.

— Vraiment ? dit Renaud.

— Ou d'une femme. Les femmes vraiment aimantes préparent ce mets pour leur époux, seulement il y faut du temps, ce qu'elles n'ont pas toujours, alors elles ne le font que lorsqu'elles veulent fêter quelque chose... Mais le vrai régal, la merveille des merveilles, on ne l'obtient qu'avec de toutes jeunes filles.

— Pucelles ?

— Pucelles, bien sûr... Ah, camarade, je m'en ferais mourir...

— Et... la viande doit rester longtemps, euh...

— Toute une journée. De l'aube à la nuit. Au trot ou au galop, pour que les saccades mortifient bien la viande. Il importe de la changer de place, de temps en temps, afin que toute la surface y passe, car tout le secret est dans le contact bien intime entre la chair de la vulve innocente et la viande. Voyez-vous, il faut que cela presse, que cela écrase. Que les sucs se mélangent et s'entre-pénètrent. La véhémence du mouvement et la chaleur naturelle tant de la bête que de la fille opèrent ces transmutations subtiles et profondes dont en ce moment vous dégustez le résultat.

— Mais les épices ? Car je sens fort bien qu'il y a là-dedans poivre et piment.

Luitprand sourit mystérieusement. Son visage s'illumine de l'intérieur. La gourmandise peut produire les mêmes effets que l'extase mystique.

— Les épices... Eh oui, les épices. Ecoutez bien. C'est là le sommet. Alors, voilà, les épices, c'est dans la fille qu'on les met.

— Tu veux dire...

— Oui, oui. Dans la fille. Dans son machin. Sur les grandes lèvres. Sur les petites aussi. Toute la journée, tagada. Retourner la viande de temps en temps... Servez chaud, avec quelques feuilles de menthe pour faire joli.

— Mais... La fille ?

— Ah, la fille, le soir, elle est à point, elle aussi. Après le festin, c'est la cérémonie de la consécration des pucelles. Je veux dire, elles deviennent solennellement femmes. On a du mal à les retenir jusqu'au dessert.

— Elles ont comme qui dirait le feu au cul ?

— Exactement.

— Alors, tout à l'heure, ça va être l'orgie ?

— Ce sera une très belle fête. Dix-huit jeunes filles. On a avancé la date parce que les hommes vont être longtemps partis. En ce moment, elles attendent, ligotées dans la tente du Conseil. On les entend rugir d'ici.

— Ah, c'est donc ça...

***

Ce fut en effet une très belle fête. Tout à fait réussie. Les départs pour la guerre ont toujours versé la joie au cœur de l'homme. L'initiation solennelle des jeunes filles aussi. Ajoutons une recrue de valeur à honorer, cela fait beaucoup de raisons d'être heureux et de faire du bruit pour que ça se sache. Les danseuses dansèrent, les chanteuses chantèrent, les musiciens firent ce qu'ils purent car la viande à la hunnique donne soif. Les jeunes filles furent très bien, vraiment très très, c'était une bonne année, leurs mamans pouvaient être fières. Chacune d'elles fut honorée au moins cinq fois, elles l'auraient été davantage encore si les autres dames présentes n'avaient craint de n'avoir plus que des cavaliers hors d'usage, les capacités viriles ont des limites. Et, ayant, comme il se doit, satisfait en premier les héroïnes de la fête, les vaillants guerriers avaient butiné sur leurs juvéniles corolles la quintessence de ce feu qu'elles devaient à leurs précédentes occupations culinaires, et puis, leur organe butineur venant féconder de ce brûlant pollen une corolle moins novice, le feu l'embrasait à son tour, cette corolle, et bon, quoi, ce fut une de ces nuits danubiennes comme on en voit quelquefois dans la steppe.

Le chef Kogtaï avait tenu à ce que le noble chevalier franc fît à sa propre fille l'honneur de procéder à sa défloration, souvenir inoubliable pour plus tard. Puis il lui avait présenté sa nièce, toute timide, charmante, vraiment. Renaud ne pouvait refuser, ainsi que le lui expliqua Liutprand, il y allait de l'honneur du chef, donc de sa vie, à lui, Renaud, et pas question de Dame, de vœu ni de chasteté. Renaud s'inclina. Sa mission avant tout... Ensuite, eh bien, le premier pas était fait, c'est comme pour la première danse... Que roulent les destins !

Raymond, de son côté, fit de son mieux et même un peu plus. Il termina entre deux chanteuses très rieuses et mongoles à l'excès, il lui était venu une envie d'exotisme, l'une riait des yeux mais pas des dents, l'autre c'était l'inverse. Très curieux. Il leur demanda par gestes de chanter pour lui des chansons mongoles lascives — chose assez difficile à demander par gestes sans tomber dans la vulgarité —, mais leurs voix acides n'éveillèrent en lui qu'un violent besoin de faire pipi. On se débrouilla très bien quand même. Quand on veut vraiment être heureux, on est heureux.

Et Tamara ? Ah, Tamara... Tamara est vêtue en valet, Tamara est un valet. Elle s'est tenue pendant le festin debout derrière Renaud, pour la vraisemblance, puisque c'est le valet du chevalier qu'elle est censée être. Elle a assisté, impassible, à la fête, jusqu'au bout. Aux petites heures frisquettes, elle a exhumé Raymond d'entre ses danseuses jaunes, l'a chargé sur son épaule et l'a couché sur l'herbe, bien bordé dans son manteau.

Renaud s'est débrouillé tout seul.

A la pointe du jour, Raymond ouvre un œil. Et la première chose qu'il voit, c'est Tamara, acropetonnée à ses pieds comme un gros chien, et qui pleure, sans bruit. Il lui vient l'impulsion de la prendre dans ses bras, de lui dire des mots de tendresse et de consolation, mais il voit ce qu'il y a au bout du regard éperdu de Tamara, et ce qu'il y a, c'est Renaud. Raymond referme l'œil.

⁂

Le détachement avar file au trot enlevé à travers les herbes hautes. Il faut faire vite, le grand Khâ-Khan attend. Les cavaliers emmitouflés arrondissent le dos sous le poids de la fête de cette nuit. Au milieu d'eux, soigneusement entourés par des guerriers courtois mais vigilants, trottent le chevalier Renaud, l'écuyer Raymond, le cheval aux bagages et le valet Tamar. Personne ne parle, tout le monde a mal aux cheveux. Le soleil, d'un seul coup, déchire les brumes, et voici qu'apparaît le premier ring.

DIXIÈME CHAPITRE

La mine d'Eginhardt est sombre.

— Eh bien ? dit le roi Karl.

Eginhardt ne répond pas. Son silence vaut réponse.

— Donc, rien ?

— Rien.

— Tes envoyés sont revenus ?

— Tous. Ils ont soigneusement battu dans un rayon de vingt lieues tous les chemins qui mènent à Regensburg. Il ont questionné dans chaque auberge, chaque château, chaque masure. Personne n'a pu leur donner de nouvelles d'un messager venu d'Orient.

— Il voyage sans doute secrètement.

— Dans ces solitudes, un cavalier ou un piéton inconnu se remarque de loin. Les gens sont curieux. On n'a vu passer que tes messagers ordinaires, quelques soldats, quelques moines, quelques marchands, rares et groupés en convois. Tes préparatifs de guerre n'incitent pas au commerce, ni au pèlerinage. Ces voyageurs, je les ai interrogés un par un. Nul n'est notre homme, ni ne sait rien de lui.

— Il reste deux cents toises à creuser, dit, rêveur, le roi Karl. Deux cents toises seulement. Avant la fin de la semaine, le Rhin se mêlera au Danube, l'Orient à l'Occident. Personne n'a jamais réussi cela. Ni même tenté. Si les Romains l'avaient fait, leur Empire serait encore là, triomphant. Plus fort que Pharaon et ses stupides pyramides...

Il pose sa main sur la tête d'Eginhardt.

— Le jour où nous mettrons mon canal en eau, je donnerai une grande fête. Une fête fantastique. Et pendant le festin j'annoncerai mes fiançailles avec Irène, impératrice de Byzance.

— Mais... La reine Fastrade ?

— Fastrade ? Elle est bien malade... En tout cas, le mariage était nul. Cousins germains par trois voies différentes ! Tu te rends compte ? Turpin et Alkwin m'ont expliqué ça tout à fait bien. Irréfutable. J'ai tous les parchemins. Mon Dieu, quand je pense que pendant tout ce temps je vivais dans le péché ! C'est terrible, tu sais, Nanar ? Le Seigneur Christ me pardonnera-t-il jamais ? (Ici, le roi Karl se signe bien dévotement et baise la petite croix d'or, garnie de rubis et d'émeraudes, qui lui pend au cou.) Oh, oui, Il me pardonnera, quand Il verra que je restituerai à Ses églises et à Ses monastères les objets bénis volés par les Huns et les Avars ! Et je ferai une belle donation au pape...

— Encore une ! Le pape devient un bien puissant seigneur, je trouve... Trop puissant !

Le roi Karl donne un coup de coude dans les côtes d'Eginhardt. C'est-à-dire, il le voulait dans les côtes, mais c'est l'épaule qui prend.

— Allons, Nanar... Le pape est dans ma main. Dans cette main que tu vois là... En ce qui concerne le temporel, je veux dire. Pour le spirituel, je le lui laisse. Il est l'inspiré de Dieu. Je donnerai aussi quelque bonne abbaye à Turpin.

— Encore une !

— Et une à Alkwin... Tiens, Saint-Martin de Tours. La bibliothèque est splendide. Je le vois frétiller, ce gourmand !

— Mais il règne déjà sur six abbayes et possède plus de vingt mille serfs sur ses domaines...

— Ne sois pas mesquin !

— Enfin, bon, Seigneur roi, nous rêvons ! Tu n'as pas la réponse d'Irène, d'une part. Tu n'as pas terminé ton canal, d'autre part.

— Irène ne peut refuser, son messager va arriver, il est là, je le sens... Et mon canal, je ne vois pas maintenant ce qui pourrait m'empêcher de le mener à bien.

— La guerre n'est même pas commencée...

— Tu n'insinues pas que je pourrais la perdre ?

— Non, mais vous aurez bien peu de temps. Les Saxons...

— Les Saxons, les Saxons... Holà ! Qu'est-ce qui se passe ?

On entend courir, dehors, à pas nombreux, et puis un tumulte de voix haletantes, un garde qui rugit « Halte ! »

— Va donc voir, Eginhardt, dit le roi.

Eginhardt sort, Eginhardt rentre, une robe de moine le suit. C'est Maxime, l'ingénieur. Son teint est pâle, il ne dort guère. Il est hors de souffle, dans ses yeux il y a la mort. Enfin, il parle :

— Seigneur roi, un grand malheur...

Il hésite. Il n'ose pas.

— Parle !

— Tu sais que depuis longtemps nous passons chaque jour vingt fois plus de temps à ôter la boue qui, la nuit, descend combler le fossé déjà creusé qu'à creuser de l'avant ?

— Je sais. Eh bien ? Qu'on fasse ce qui doit être fait.

— On le fait, Seigneur roi. On le fait.

— Alors ?

— Cette boue que nous retirons, nous la portons à dos d'homme — un tombereau avec son cheval effondrerait ces berges gorgées d'eau — et nous la déversons à cent toises de là en un grand tas que nous étalerons quand, en ayant terminé avec le gros œuvre, nous aurons des bras disponibles.

— Oui, oui. Je sais tout cela. Eh bien ?

— Eh bien, Seigneur roi, tout à l'heure ce tas de boue, ce tas énorme, s'est mis en marche. Tout seul. Il s'est mis en marche, il a commencé à glisser, à peine à peine, personne n'a rien vu, et puis plus vite, et puis plus vite, et voilà qu'il s'est mis à courir, il a tout emporté, tout ce qui se trouvait sur son chemin, et puis il est tombé dans le canal, il a tout rempli, bien plus haut que les berges. Là où était un canal, il y a une montagne... Les travailleurs sont restés pris dessous, cela a été trop vite, les contremaîtres ont eu beau crier, les soldats sonner de la trompe, toute cette pauvre vermine piochait, dans l'eau jusqu'au poitrail, comme tu sais. Ils n'ont pas eu le temps de se sauver, c'est un grand malheur. Voilà, Seigneur roi.

— Une montagne ?

— Une montagne.

— Pas sur toute la longueur, quand même ?

— Hélas, presque. Même les murs de pierre, là où nous en avons mis, ont été emportés ou submergés.

— Eginhardt, mon ami, dit le roi Karl, tu es Grand Inspecteur des canaux du royaume

— C'est exact, Seigneur roi. J'y vais.

Eginhardt et frère Maxime s'inclinent devant le roi, et puis ils s'en vont.

⁂

Il n'y a plus de canal. Il n'y a plus de chantier. Rien qu'une grosse molle ondulation tremblotante de sable terreux d'où dépassent des troncs, des madriers, des manches d'outils, des jambes de chevaux. Eginhardt contemple cela, écrasé. Les gardes francs, au loin sur la plaine, pourchassent à cheval les manants terrifiés qui courent en tous sens. Les archers, un genou en terre, visent posément. Les prisonniers avars, prompts à mettre à profit tout incident, galopent, petites larves jaunes, sur leurs brefs mollets arqués, se faufilent sous le ventre des chevaux colosses, gagnent les taillis de ronces sous la futaie et y disparaissent. Certains, des punis, courent enchaînés deux à deux, ce qui n'est pas commode. Quand l'un s'emmêle et tombe, l'autre le traîne dans la boue sans presque ralentir...

A la fin, le gros du bétail humain est rattrapé, encerclé et entassé en une masse bien compacte. Le fouet siffle et mord. Çà et là quelques cadavres, enrobés de boue, hérissés de flèches. L'ordre règne.

Eginhardt demande :

— Qu'est-ce qui leur a pris ?

— Voilà, dit Maxime, ils ont peur. Ils disent que la terre n'est pas d'accord. Les Puissances qu'il y a sous la terre. Ils disent que nous les avons dérangées, alors elles ne sont pas contentes.

Turpin, l'archevêque, arrive sur son cheval Rougegorge. Il est armé en guerre, mais par-dessus le haubert de mailles d'acier il porte la dalmatique blanche. Il questionne un garde, qui fait s'agenouiller devant lui un des paysans, un vieux sans dents aux gencives molles, au poil blanc, aux yeux de lapin.

— C'est les Gnomes, dit le vieux en son tudesque clapotant. Ils ne veulent pas. Nous les avons réveillés. Alors ils ont fait marcher la terre, et la terre a mangé les camarades. Elle nous mangera tous. Elle a des enfants, la terre, des tas d'enfants, très méchants. Les Gnomes, et aussi les Géants. Moi, j'ai vu le géant Urstoff, je l'ai vu, moi, il est poilu comme un sanglier, il a des couilles de taureau, avec ses trois fils, je l'ai vu, ils forniquaient sous la terre avec les trois géantes Norne, les trois horribles, je les ai vus, là où il y avait le fossé, ils enfilaient les géantes, oh, bon Dieu, ils leur foutaient leur pieu de cheval dans leur gros sale con couleur de crapaud, quelle horreur, et ils gueulaient, tous, ils gueulaient, dame, ces races c'est comme tout, ça aime le cul, ça gueule quand c'est bon, alors ils gueulaient, la terre tremblait, et c'est comme ça que le tas s'est mis à glisser. Les Puissances, ça n'aime pas être dérangé quand ça tire son coup, ça non, ça n'aime pas ! Moi non plus, j'aimerais pas. Mais moi, je suis pas une Puissance, Seigneur évêque, rien qu'un pauvre con de paysan mâche-raves.

Les autres approuvent et se mettent à parler tous ensemble. Ils ont tous une explication, ils ont tous vu quelque chose. Wotan et Freia, les Elfes et les Ondines, l'affreux nain Wieland qui forgea Durandal, les Salamandres et les Walkyries... Turpin lève le bras. Dans son poing il y a la croix du Seigneur Christ. Turpin tonne :

— Silence ! Qu'est-ce que j'entends, cochons ? D'où tenez-vous ces noms ? Où les avez-vous appris ? Je me croyais en terre chrétienne ! Quelle erreur ! Wotan, Freia, les Elfes, les Gnomes, les Ondines, les Walkyries, les Salamandres... Adorez-vous donc les dieux païens ? Les vieux dieux moisis de vos arrière-grands pères ? Répondez, vermine !

Le vieux de tout à l'heure, à genoux, bavotte, sans lever les yeux :

— Nous n'adorons que le Seigneur Christ Jésus, mais quand les anciens dieux nous font des misères nous nous disons que le Seigneur Christ ne les a peut-être pas tout à fait tués tous et que s'Il permet qu'ils existent encore un petit peu et nous tourmentent, ça ne Lui retire rien, à Lui, que nous prenions garde de ne pas les mettre en colère.

— O mécréants ! fulmine Turpin. O païens ! O hérétiques ! Il n'y a jamais eu de dieu que le Dieu du ciel et son Fils unique le Seigneur Christ Jésus, et aussi, bien sûr, le compère Esprit-Saint. Les dieux de vos pères ne furent jamais des dieux, mais bien des diables suscités par l'Ennemi pour tromper les hommes qui n'ont pas encore eu le bonheur de recevoir la Parole. Des diables, vous dis-je ! Entendez-vous, nez sales ? Des diables ! Des sales répugnantes cochonneries de diables puants ! Et voilà comment on les met en fuite, puisque vous semblez l'avoir oublié, mauvais larrons, chrétiens de mon cul !

Turpin se dresse debout sur les étriers, il brandit haut la croix sainte, et il dit de sa voix de tonnerre :

— Quand vous voyez un diable, c'est que le diable vous tente. Faites le signe de la croix et prononcez bien distinctement ceci : « In nomine Patris, et Filii, et Spiritus Sancti, vade retro, Satanas ! » Si une fois ne suffit pas, dites-le trois fois. Plus, ce serait du gaspillage. Les diables se sauveront, je vous le garantis ! Il n'en restera rien qu'une vilaine odeur de soufre et de pet foireux... Allons, répétez avec moi : « In nomine Patris, et Filii... »

Tous, docilement, ânonnent l'exorcisme. Mais on voit bien qu'ils ne sont pas vraiment convaincus. Alors Turpin ajoute :

— Quiconque adorera, honorera ou craindra les anciens dieux, c'est-à-dire les diables, sera brûlé tout vif et ces cendres dispersées au vent. Bon. Assez rigolé. Au travail !

Mais il y a aussi là des paysans gaulois qu'on est allé rafler dans les pays au-delà du fleuve Rhin, et ceux-là n'ont rien compris au sermon de l'archevêque, sinon l'exorcisme en latin d'église. On les reconnaît à leur vêture bizarre, en haut la courte tunique romaine, en bas les larges braies celtiques, bouffantes et serrées à la cheville, alors que les paysans d'ici portent le vieux sayon germanique et, aux jambes, des peaux de mouton maintenues par des lanières entrecroisées. Les uns et les autres vont pieds nus. Il y eut l'an passé, dans les Gaules, une famine épouvantable qui fit mourir la moitié de la population et tous les petits enfants[1]. Ceux qui ne moururent pas, leurs seigneurs, ne pouvant les nourrir, les cédèrent volontiers au roi Karl, et donc ces gens, laissant là leur hutte et leur lopin, s'en sont allés au bout du monde creuser le canal du roi Karl. Ils pleuraient, mais on leur donna du pain et on leur dit que là-bas il y aurait à manger.

Aucun d'entre ces gens ne connaît le parler tudesque, il n'est donc pas facile de communiquer avec eux. Mais leurs yeux sont vifs, leur esprit prompt. Ils ont tout de suite appris ce que veulent dire « Arbeit ! », « Los ! », « Schneller ! », « Pause ! », « Essen ! », « Du Faul ! » et « Du,

1. La grande famine de 792.

Schweinkopf ! »[1]... Mais un discours aussi fleuri que celui de Turpin, ils ne sauraient le comprendre. Heureusement, Eginhardt est là. Eginhardt connaît tout. Eginhardt connaît le dialecte de ces gens, un parler doux et chantant où les rodomontades latines se sont faites babil d'oiseaux, un parler qui, en dépit des efforts du roi Karl, de ses moines et de ses évêques, supplante déjà le pur latin partout dans ces pays, et que d'aucuns clercs, même, et des plus savants, osent préférer au latin, comme plus clair et mieux sonnant.

Les travailleurs gaulois écoutent Eginhardt avec attention, d'abord stupéfaits qu'un Teuton parle leur langue, et puis riant entre eux de son accent épais. Ils lui répondent, parlant tous à la fois comme singes qui jacassent, qu'eux ne connaissent pas ces diables Wotan et Gnomes, que cela les fait bien « marrer » (Eginhardt ne connaissait pas ce mot. Il le note.) et que ces culs-terreux d'Allemagne sont vraiment ce qu'il y a de plus bête sur la terre. Eux, Gaulois, ils savent bien que le seigneur archevêque a tout à fait raison. Ce n'est pas Wotan, ses Gnomes ni ses Salamandres qui tuent ceux qui osent les déranger, mais Jupiter et Apollin, de vrais diables, ceux-là, on les connaît bien, dans les Gaules, ils ont, en dépit de tous les bûchers, des adorateurs cachés dans la grande forêt celtique, et des prêtres maudits qui grimpent dans les chênes sacrés couper le gui avec une faucille d'or, comme le grand enchanteur Merlin. Ce Merlin, oui, celui-là il est dangereux ! Il commande au vent et à la pluie, au feu et à l'eau, aux fées et aux lutins... Il n'y aurait rien d'étonnant à ce que ce soit lui, tout à l'heure... A bien réfléchir, c'est même sûrement lui, pas de doute.

Eginhardt leur conseille de ne pas insister et de s'en tenir aux préceptes de l'archevêque. Turpin lui demande :

— Qu'est-ce qu'ils disent ? Qu'est-ce qu'ils disent ?

— Ils sont entièrement d'accord avec ton sermon, Seigneur archevêque.

— Les braves gens ! N'ont-ils pas parlé de Jupiter et d'Apollin ? J'ai cru entendre...

— C'est exact. Ils ont comparé Wotan et Thor à Jupiter et

1. « Travail ! », « Allons ! », « Plus vite ! », « Repos ! », « Manger ! », « Feignant ! », « Cochon ! ».

Evidemment, j'ai interprété en allemand moderne. Ce livre étant rédigé en français d'aujourd'hui, le « Hochdeusch » eût détonné. La couleur locale, c'est amusant, mais il faut savoir s'arrêter.

Apollin et en ont conclu que c'étaient tous mêmes méchants diables et compagnie.

— Quelle subtilité ! Quelle prescience des saintes vérités chez des âmes aussi frustes !

Et Turpin éperonne son cheval, car de ces âmes frustes monte un fumet vraiment pénible à supporter pour un archevêque, surtout après déjeuner.

Cette affaire réglée, Eginhardt et frère Maxime font lentement, l'un à cheval, l'autre à mule, l'inspection des dégâts, puis ils se regardent, hochent la tête et constatent ensemble :

— Eh ben...

Ensuite Eginhardt se redresse et dit :

— Au travail, Maxime !

Puis il s'en va. Il est Grand Inspecteur. Il a inspecté.

Alkwin, l'érudit d'Angleterre, passe par là, devisant en langue vulgaire de Bretagne avec sir Lancelot du Lac. Sir Lancelot est tout heureux d'avoir trouvé enfin quelqu'un avec qui converser. L'impalpable luminosité irisée qui partout le suit scintille dans le pâle soleil. Les travailleurs gaulois se poussent du coude et se montrent du doigt cette chose.

Cependant, le temps s'est couvert. Et voici la première neige.

***

La nuit est coupée en deux. Noire en haut, blanche en bas. La neige étincelle sur la terre éventrée, sur tout ce chaos figé. Le roi Karl chevauche au pas dans cette neige de silence, précédé d'un seul porte-torche qui n'a même pas allumé sa torche, la neige éclaire bien mieux.

Le roi Karl n'est pas aussi content qu'il pourrait l'être. Sous le capuchon de son grand manteau sa tête penche en avant et rumine des pensées amères. Luitgarde aux belles hanches n'a rien voulu savoir. Une fois de plus. La salope !... Elle est fille de roi, elle veut être reine. Sinon, tintin ! Or, pas question. Le roi Karl, lui, veut être empereur. La voie vers l'empire s'appelle Irène. Mais le roi Karl a envie de Luitgarde, il a une envie terrible de poser ses mains sur les hanches nues de Luitgarde, ses belles larges hanches blanches... Alors le roi

Karl promet sans promettre, laisse entrevoir, objecte qu'il est encore l'époux de Fastrade la calamiteuse... Luitgarde doucement répond qu'elle saura attendre, qu'elle aussi l'aime d'ardent amour, que tout son corps appelle celui du roi Karl mais qu'elle ne commettra pas les horribles péchés de fornication et d'adultère, dût le feu qui la brûle la consumer en cendres. Le Seigneur Christ Jésus et la Vierge Très Sainte lui donneront la force de ne pas succomber.

— Je t'en foutrai ! pense le roi Karl. Sale petit serpent calculateur... Au fond, elle a raison. Sa fortune, c'est son cul. Si elle le donne, elle ne l'a plus...

Le roi Karl l'eût bien forcée, comme tant d'autres, n'eût été le roi son père, un vassal puissant qu'il vaut mieux avoir avec soi que contre. Et bon, elle n'ouvrira les cuisses que lorsque brillera sur son front le diadème de sainte Clotilde que se transmettent les reines des Francs, le marché est net... Va te faire voir ! Le roi Karl se demande chez laquelle de ses concubines il portera sa déception et le trop-plein de sa virilité. Toutes lui paraissent, ce soir, aussi peu attirantes que de vieilles savates... Pour se consoler et se maintenir en état, il essaie d'évoquer Irène, la si lointaine, l'inaccessible, l'Egale des Apôtres, la presque divine... Très excitant pour la tête. Seulement il n'a d'elle que ce petit portrait peint à la façon froide et maniérée des icônes d'Orient, et il craint qu'il ne soit flatté. Cette Irène doit bien avoir la quarantaine. Largement, même... Ici, le cheval dresse la tête. Ses naseaux frémissent et hument l'air de la nuit. Le roi Karl porte la main à la garde de Joyeuse, sa bonne épée. Il dit tout bas au porte-torche :

— Arrête-toi.

C'est, à l'orée d'un hameau, une masure de paysans un peu à l'écart. La porte vient de s'ouvrir. La lumière tremblante d'une lampe à huile découpe un rectangle jaune sur la neige et y projette deux ombres rapprochées.

— N'est-ce pas la maison où loge ma fille Emma ? demande le roi Karl.

— Si fait, Seigneur roi. C'est bien elle.

— Alors, tourne-toi, petit. Tu n'as rien vu, tu ne verras rien. Tiens, garde mon cheval. Qu'il ne hennisse pas, surtout !

Le roi Karl met doucement pied à terre et, profitant des fourrés et de la nuit, s'approche jusqu'au coin de la masure.

— Tiens, il a neigé ! dit Eginhardt.

— Nous ne nous en sommes même pas aperçus ! s'esclaffe Emma.

— Allons, je me sauve. Il doit être rentré. Il a souvent besoin de moi, la nuit. S'il ne me trouve pas là, tu sais comment il est...

— Non ! s'écrie Emma. Ne mets pas le pied dehors !

— Qu'est-ce qui te prend ?

— Tu ne vois donc pas cette neige ?

— Bien sûr, que je la vois ! Et alors ?

— Eh, mais, si tu marches dessus, avec tes grosses bottes, tu imagines les traces ?

— C'est vrai...

— Tout le monde saurait qu'un homme est venu chez moi ! Mon père tout le premier. Ce serait épouvantable... Je n'ose même pas y penser. Il me tuerait, tu sais !

— Je ne veux pas qu'il te tue !

— Il te tuerait aussi.

— Il ne saurait pas que c'est moi.

— Ah ?... Tu ne te dénoncerais pas ?

— Euh... Si, bien sûr ! Je suis bête... Eh bien, il nous tuerait tous les deux... Mais pourquoi, au fait ? Tes sœurs mènent joyeuse vie...

— Moi, c'est différent. Il ne peut pas supporter...

Emma rougit. Vite, elle dit :

— Ecoute. Tu montes sur mon dos, je te porte, comme ça il n'y aura qu'une trace de pas : les miens.

— Tu crois que tu pourras ?

— Tu pèses autant qu'un moineau !

— Toi, tu es maligne comme un renard !

Ils rient, et puis les deux ombres se fondent en une seule, longuement. Le roi Karl comprend qu'ils s'embrassent. Enfin il voit sortir une étrange bête à deux dos, qui lève haut les pattes dans la première neige et se dirige, secouée de fous rires, vers le cantonnement royal.

***

Le roi Karl a réuni son Conseil. C'est une séance extraordinaire. Ses fils, ses ministres et ses preux sont là, et aussi les autres chefs de l'armée, chacun selon sa place et son rang. Ils se regardent les uns les autres, ne sachant pourquoi le roi les a convoqués.

Le porte-gonfanon entre, et les deux porte-cor. Ces deux-là se postent à droite et à gauche de l'ouverture et embouchent les grandes cornes de buffle contournées. Les cornes crachent leur aboi rauque. Tous se figent. Le roi Karl paraît.

Le visage du roi pend vers le bas. Très mauvais signe. Même sa fière moustache pend, et aussi ses sourcils roux. La crainte s'insinue dans les cœurs. Il va se décider ici même des choses désagréables.

Un page présente au roi, sur un coussin aux broderies funèbres, une couronne. Pourquoi un page ? Présenter la couronne est une faveur due au premier secrétaire du roi, à son bien-aimé Eginhardt... Et puis, cette couronne n'est pas la couronne des rois francs, mais la couronne de fer des rois lombards, celle que Karl conquit sur Didier. Chacun se demande quelle intention symbolique se cache là-dessous. Mais peut-être le roi Karl a-t-il tout simplement oublié l'autre couronne à la maison ?

Le roi Karl ceint la couronne, qui est un peu étroite pour sa grosse tête et reste perchée là-haut, sur le sommet du crâne, comme un nid de cigognes sur une cheminée. Il n'a pas en main le sceptre d'or à la pomme de pin, ni sur les épaules le manteau royal. Tout ça sent l'improvisation. Faute donc de sceptre, il tire du fourreau Joyeuse, son épée loyale, et la tient devant lui bien droite, la lame en l'air. Enfin il s'assied sur le faudesteuil[1] et, sans un mot, laisse errer ses yeux sur l'assistance.

A son entrée, tous ont crié : « Salve, ô rex ! » en langue latine, car ils savent que cela lui fait plaisir. Le roi n'a pas répondu, ce qui ne lui ressemble guère. Ça va vraiment très mal.

Et le roi Karl parle. Il dit ceci :

— Vous tous de mon Conseil, sachez qu'une question m'a tenu éveillé toute la nuit. Cette question, vous allez m'aider à lui trouver une réponse. Ecoutez bien la question.

Le roi Karl laisse planer un silence. Ah, il sait comment on les manie, les hommes ! Tous attendent et pâlissent. Qui ne pâlirait ?

---

1. Faudesteuil : siège de fer à la romaine, c'est-à-dire aux pieds en X. Ancêtre à la fois du trône et du fauteuil.

— Voici. Quelle peine mériterait une fille de roi qui serait assez dévergondée pour, à la faveur des ténèbres de la nuit, accueillir secrètement un galant dans sa chambre et se livrer avec lui aux débordements de la concupiscence et de la luxure, autrement dit faire la ribaude et la putain, autrement dit se faire défoncer comme une truie par tous les trous connus et inconnus ?

Le roi Karl s'est échauffé en parlant. Ses dernières paroles manquaient tout à fait de majesté. De ses yeux fulguraient des éclairs, de sa bouche fusaient des postillons.

Bien sûr, personne ne répond. Le roi Karl, de son épée tendue, désigne :

— Toi, l'archevêque. En matière de péché, tu es expert. Plus le péché est gros, plus grosse sera la peine, n'est-ce pas ? Allons, parle !

Turpin l'archevêque sait que la colère des rois, ça va ça vient. Il sait aussi que lorsque les rois regrettent d'avoir fait les choses qu'ils ont faites, ils s'en prennent à ceux qui les leur ont conseillées. C'est même pour ça qu'ils ont des conseillers : pour leur foutre leur pied au cul chaque fois qu'eux, rois, ont fait des bêtises. Alors Turpin, ayant retourné cela deux ou trois fois sous sa mitre — car il est mitré, la convocation du roi disait « avec les attributs, insignes et vêture de son état » —, se force à regarder le roi Karl droit dans les yeux, jusqu'au fond des terribles yeux gris, et il dit :

— Seigneur roi, je préconise : indulgence.

— As-tu bien compris le cas, ou dois-je te le répéter ?

Quelque chose est passé dans les yeux gris qui jure avec la voix de courroux du roi Karl. C'est pourquoi Turpin insiste, plus fermement encore :

— Seigneur roi, je dis même : pardon.

— Pardon ? s'étonne le roi Karl.

— Pardon. Pardon total. Pardon plein et entier.

Le roi Karl pointe Joyeuse vers Alkwin.

— Et toi ?

Alkwin, qui n'est qu'abbé, est bien content qu'un archevêque y soit passé avant lui. Il dit avec componction :

— Le pardon, Seigneur roi. Voilà quel serait mon avis... Au cas, bien sûr, où une aussi impensable chose se produirait chez un roi ou l'autre.

— Et toi ?

C'est au tour de Théodulfe. Théodulfe est toujours d'accord avec tout le monde.

— Ma foi, le pardon, il me semble. Bien entendu, ceci n'est qu'un cas abstrait ? Un exercice d'école, je dirais ?

Tous ensuite répondent « Le pardon ». Tous, même les preux gantés de fer, même Louis le Cul-Bénit, à qui ses deux frères pincent discrètement mais sans pitié le gras du bras, un à droite, l'autre à gauche.

Il ne reste que le petit Eginhardt. Le roi Karl se l'est gardé pour la bonne bouche.

— Et toi ?

Eginhardt dit, de son air de bon élève :

— La loi que reçut au mont Sinaï, directement des mains du Seigneur Dieu, le patriarche Moïse ne laisse nulle place au doute, ni ne permet l'indulgence. La fornicatrice sera lapidée par le peuple jusqu'à ce que mort s'ensuive.

Le roi Karl a l'air un peu surpris. Il dit :

— Mais le Seigneur Christ Jésus est venu, depuis, et n'a-t-il pas dit : « Que celui qui n'a jamais péché lui jette la première pierre » ?

— La femme adultère dont parlait le Seigneur Christ était-elle fille de roi ?

— Tu as raison, dit le roi Karl. Cela aggrave le cas.

— Assurément.

— Et pour son complice, le lâche suborneur, que préconises-tu ?

— Eh bien, le cas est différent selon qu'il est marié ou non, qu'il est prêtre ou laïc, que la fille était consentante ou non, qu'il l'a séduite ou qu'elle l'a séduit, qu'elle était mariée ou non, pucelle ou non, nonne ou laïque, et enfin selon qu'il était au courant de tout cela, et jusqu'à quel point il l'était... Puis il faudrait savoir s'ils ont simplement forniqué selon les lois de nature et en utilisant uniquement les voies, organes et orifices prévus à cette fin ou s'ils se sont délectés dans les abominations diaboliques telles que sodomie, onanisme à deux, attouchements, succions et léchages divers tels ceux que nous nommons, entre autres, cunnilingus et fellatio... Il importerait donc d'examiner les circonstances bien soigneusement point par point avant de prononcer le verdict, car c'est là chose gravissime.

— Et entre quels extrêmes oscillerait-il, ce verdict ?

— Entre la mort et la mort.

— La mort dans tous les cas ?
— Exactement.
— A quoi bon alors tant peser le pour et le contre et enquêter sur les circonstances ?
— Parce que rendre la justice est chose sérieuse.
— Donc, la mort ?
— La mort.
— Pour tous les deux ?
— Pour tous les deux.
— Tu n'y vas pas de main morte, mon garçon, dit le roi Karl.
Les fils du roi s'entre-regardent.
— Je ne l'aurais pas cru aussi féroce, dit Pépin.
— Ce petit poulet dodu ! Voyez-vous ça ! dit Charles.
— Vous me faites mal, lâchez-moi ! dit Louis.
Ils le lâchent.
Le roi Karl, le menton dans la main, regarde Eginhardt, comme n'en croyant pas ses yeux. Dans son poing la grande épée Joyeuse frémit.
— Tu ne manques pas de culot, non plus, dit enfin le roi Karl.
Et puis il ajoute, calmement, mais sa voix gronde au fond de sa gorge comme un orage qui s'interdirait d'éclater :
— Merci à vous tous, gens de mon Conseil. Merci surtout à toi, Eginhardt, car toi seul as eu souci de la stricte justice sans te laisser aller à un lâche attendrissement, et pourtant c'est à toi qu'il dut en coûter le plus, puisque le suborneur de fille de roi, c'est toi, serpent !... Mais peut-être ne te savais-tu pas découvert ?
Eginhardt a pâli, cependant il ne baisse pas la paupière.
— Moi, Seigneur roi ? Quel est le calomniateur...
— Mais regardez-le ! Mais c'est qu'il me ferait douter de mes propres yeux !... Tais-toi ! Je sais tout. Je t'ai vu. Je vous ai vus... Et d'abord, à genoux !
Eginhardt s'agenouille.
— Donc, tonne le roi Karl, suivant ton conseil désintéressé, je dois te faire couper la tête, et ensuite celle de ma fille ? Soit. Je ne serai pas plus faible d'âme que toi.
Le roi Karl quitte le faudesteuil, l'épée Joyeuse au poing.
Maître Alkwin, l'érudit d'Angleterre, qui initia Eginhardt dans toutes les branches du savoir, vient devant le roi et lève la main.

— Qu'y a-t-il, Alkwin, mon bon père ? dit le roi Karl. Parle !

— Seigneur roi, dit Alkwin, tout à l'heure la voix d'Eginhardt fut seule à soutenir sa thèse. Toutes les autres voix de ton Conseil se prononcèrent pour l'avis contraire. La voix d'un seul surpassera-t-elle la voix de tous ?

— Les voix de mon Conseil me donnent des conseils quand je leur en demande, et rien que des conseils. Moi seul décide.

— Seigneur mon père, dit Pépin, si tu ne dois pas tenir compte des avis de ton Conseil, ne nous dérange plus, tu gagneras du temps.

— Et toc ! dit Charles. Ça, c'est envoyé.

— Ecoutez, vous tous ! dit le roi Karl. Quand vous m'avez donné vos avis, vous ne saviez pas qui vous jugiez. Maintenant, vous savez. Ce n'est plus une dispute d'école mais un verdict bel et bon que je vous demande...

— Moi, je dis : la mort ! crie à voix aiguë le troisième fils, Louis le Foireux. D'abord bien le tenailler tout partout à bonnes tenailles rougies au feu, et puis l'attacher par les organes honteux au cul d'un cheval sauvage, tagada, tagada ! Le punir, en somme, par où il a péché. Quant à la pouff... Aïe !

Ici, Charles et Pépin ont fait quelque chose à leur frère.

— Voici, dit le roi Karl. Ceux qui sont pour l'indulgence, levez la main.

Toutes les mains se lèvent, même celle du prince Louis, tenue en l'air, celle-là, par deux autres mains. Eginhardt se demande s'il doit voter, et puis il se dit qu'on ne saurait être à la fois juge et partie, et donc il s'abstient.

— Eginhardt n'a pas levé la main. Je suppose donc qu'il persiste dans sa première opinion, dit le roi Karl. Mais puisque, tous, vous me conseillez l'indulgence, je suivrai votre conseil... Gardes, allez me chercher la femme Emma, celle qui fut ma fille.

Mais Emma est déjà là, devant le roi. Elle ne devait pas se trouver bien loin. Elle prend la main d'Eginhardt et la baise, et puis elle garde cette main dans la sienne et se tient debout devant le roi son père, toute fiérote, comme une petite poulette arrogante qui n'a pas peur du loup.

Le roi Karl regarde Emma. Son sourcil est menaçant, ses bras sont croisés sur sa poitrine. Quelque chose brille au coin de son œil. Emma attend. Enfin, il parle :

— Si je devais suivre la loi que ton suborneur applique si

généreusement aux fornicateurs et fornicatrices, je vous ferais attacher l'un et l'autre à la queue d'un cheval qu'on ferait galoper jusqu'à ce que vous tombiez en morceaux, comme il fut fait jadis à la pauvre vieille reine Brunehaut. A tout le moins vous ferais-je couper la tête... Mais bon, nous ne sommes plus aux temps des Clovis et des Chilpéric. Les seigneurs ici présents me conseillent la clémence. Or la clémence est vertu romaine. Je me flatte d'être romain par le caractère. Va donc pour la clémence. Vous aurez la vie sauve.

De la foule des seigneurs monte un soupir de soulagement. Le roi Karl lève la main. Il reprend :

— Vous aurez la vie sauve. Et aussi la liberté. Mais rien de plus. Je vous bannis de ma présence. Ça, qu'on fasse ses paquets et qu'on débarrasse le plancher ! Et qu'on ne soit plus jamais en un lieu où je serai, ni à moins de trente lieues alentour.

Ayant dit, le roi Karl tourne les talons. Il sort, et tous le suivent. Alkwin, au passage, dit à Eginhardt :

— Te voilà bien avancé...

Et puis il regarde Emma et sourit.

— Tu n'as pas la plus mauvaise part, après tout !

Emma et Eginhardt restent seuls.

A Rome la déchue, dans l'oratoire privé du seigneur évêque du diocèse de Rome, celui-là même que les gens d'Occident appellent « pape ».

Hadrien, pape, s'entretient pour l'heure à voix basse avec un moine tonsuré vêtu de la bure couleur de terre qui est l'humble habit imposé par la règle de l'ordre fondé par Benoît de Nurcie à Mont-Cassin. Ils parlent à voix basse parce que la garde personnelle de celui qui se veut le successeur de saint Pierre est assurée par un contingent de soldats francs mis à sa disposition avec grand empressement par le roi Karl. Or le seigneur pape a quelque sujet de penser que les guerriers chevelus qui veillent à sa porte sont dévoués en premier lieu à la personne de leur roi et suzerain, et seulement ensuite à sa personne à lui, Hadrien, pape. L'expérience lui a appris qu'à tout hasard il vaut mieux pécher par excès de prudence que par excès de confiance. Un pape qui ne saurait pas cela ne serait jamais devenu pape.

Le moine parle un latin laborieux, avec un accent chantant qui n'est pas d'ici. Ni de nulle part ailleurs en Occident. Le pape hoche la tête. Il réfléchit à ce qu'il vient d'apprendre. Enfin, il dit :

— Tu as pris un bien grand risque, mon fils.

— Seigneur évêque, dit le moine, j'avais une mission. La voilà accomplie. Le risque en valait la peine.

Le pape sourit. Un malicieux sourire.

— Le risque, tu l'as pris en changeant ta robe de moine d'Orient pour celle-ci.

— Mais... Je me serais fait écharper ! Nous ne sommes pas

trop aimés dans cette partie du monde, Seigneur évêque.

— C'est bien vrai. Mais un moine qui transgresse la règle de son ordre et trahit ses vœux, ce n'est pas très bien vu non plus, par ici. Tu risques le bûcher, mon fils.

Le moine change de figure.

— Qu'ai-je donc transgressé, Seigneur évêque ?

— Un religieux de l'ordre de Mont-Cassin ne passe la porte de son monastère sous aucun prétexte, ne le savais-tu pas ? Or te voilà courant les rues, ta robe claquant au vent, cette robe que personne ne doit apercevoir hors les murs du couvent.

— Je... Je ne savais pas. C'est le seul vêtement religieux d'Occident que nous avons pu trouver au Palais...

— Probablement celui d'un pauvre saint homme que vos Avars, ou vos Bulgars, ou je ne sais lesquels de ces sauvages que vous embauchez comme mercenaires auront empalé ou écorché tout vif avec ses frères et son abbé quand ils pillèrent leur couvent, n'est-ce pas ?

— Seigneur évêque...

— Laissons cela. Et puis, appelle-moi donc « pape », ou « Très Saint Père » ou « Ta Sainteté ». C'est l'usage, ici. Ça ne t'écorchera pas la langue.

— Bien, Seigneur pape. Je n'oublierai pas. Quelle réponse dois-je rapporter à Constantinople ?

— Tu n'emporteras aucune réponse. Je ne veux rien avoir à faire avec ces complots d'eunuques... Combien d'avance a en ce moment le messager d'Irène ?

— Trois semaines, Seigneur pape. C'est le temps qu'il m'a fallu pour faire le voyage jusqu'ici. Trois semaines si rien ne l'a arrêté en route, je veux dire.

— Mais si... si quelque chose... l'a arrêté, tu n'as aucun moyen de le savoir ?

— Aucun moyen assez rapide.

— Pourquoi a-t-il pu quitter Byzance ? Il aurait pu manquer de chance avant ce moment-là, tu ne crois pas ? La question se serait trouvée réglée d'elle-même.

— En fait, Seigneur pape, il a bien semblé tout d'abord qu'un destin funeste s'opposait à cette mission alors que le messager n'avait pas encore franchi la double muraille de Constantinople.

— Tu dis « destin » là où il faut dire « divine Providence », mon fils. Cela sent son vieux fonds païen.

— Pardon, Seigneur pape. C'est pure routine de langue.

— Surveille tes routines, mon fils. Elles pourraient te coûter ta langue... Donc, le messager a pu quitter Byzance, avec l'aide du Prince des Ténèbres, n'en doutons pas, et maintenant il court les chemins au triple galop ?

— Si rien d'autre ne l'a arrêté depuis, comme je te disais.

— Hm... Il n'a pas l'air facile à arrêter... Mais ceci n'est pas de ton ressort. Tu m'as l'air dégourdi. Voici ce que tu vas faire. Le roi Karl réside en ce moment à Aachen. Ou peut-être à Regensburg, c'est possible aussi, puisque son armée est réunie là, sur le Danube, prête, dit-on, à nettoyer une bonne fois la Pannonie jusqu'à la mer Noire. Mais il tarde beaucoup à entrer en campagne. Nous nous demandions ce qui le retenait. Maintenant, je crois avoir compris. Tu iras donc trouver le roi Karl, où qu'il puisse être, et tu lui remettras ce que je vais te confier.

Hadrien trace rapidement une seule ligne d'écriture sur un minuscule carré d'un parchemin tellement fin qu'il en est presque transparent. Il le plie, le scelle à la cire d'un cachet anonyme et le tend au moine.

— Ceci passera directement de ta main dans la main du roi Karl. Aucune autre main ne l'effleurera.

— Il en sera ainsi, Très Saint Père.

— Ah, tu vois : ça vient ! Ta langue se dérouille.

— Puis-je me retirer, Très Saint Père ? Le temps nous est compté.

— Tu prendras quand même celui de répondre à une question.

— Très volontiers, Très Saint Père. Quelle est la question ?

— Voici. Pourquoi m'envoyer un faux moine latin alors que vous en aviez un vrai sous la main, et un qui avait toute ma confiance : le messager que moi-même j'ai envoyé au Basileus ?

— Eh bien, Très Saint Père... D'abord, ce messager était connu du Basileus. Or les ministres ont voulu agir à l'insu de de Sa Suprême Sagesse. Et puis, et puis... Et puis, ce messager, il lui est arrivé malheur, voilà.

— Malheur ? A mon messager ?

— Hélas... On l'a repêché dans le Bosphore, à la sortie du Grand Egout. Il était nu. On l'a reconnu à sa tonsure, qui n'est point chose courante par chez nous, où les moines portent au contraire les cheveux très longs, comme tu n'es pas sans le savoir, Seigneur pape. Des voleurs, sans doute... Ou peut-être

des fanatiques. L'habit religieux d'Occident n'est pas tellement aimé, là-bas.

— Bien sûr, bien sûr... Je suppose que votre Patriarche n'a pas trop pleuré. Ni vos eunuques du Conseil Sacré... Enfin, va, mon fils, et que Celui de qui dépend toute chose fasse qu'on ne te retrouve pas, demain, flottant dans les eaux puantes du Grand Egout. Celui de Rome, je veux dire... Allons, à genoux, que je te bénisse. Baise mon anneau et pars, ne perds plus de temps.

ONZIÈME CHAPITRE

Or sachez que les peuples de la race des Huns que l'on appelle communément « Avars », bien que leur nom complet et exact soit « Ouar-Khouni »[1], s'étant abattus au sixième siècle de l'ère du Seigneur Christ, conduits par leur puissant chef le Khâ-Khan Baïan, grand à jamais parmi les plus grands, sur les lieux mêmes qui avaient été jadis ceux de l'empire d'Attila, y ont à leur tour fondé un empire immense et redoutable.

Il n'y ont construit ni ville, ni forteresse, ni muraille, car, étant pasteurs nomades et guerriers chevauchants, ils méprisent quiconque s'attache et s'enracine au sol, mais ils ont établi sur la steppe neuf enceintes concentriques s'emboîtant l'une dans l'autre depuis les frontières extrêmes de leur empire jusqu'au lieu central qui abrite le trésor et où le Khâ-Khan se repose, entre deux campagnes victorieuses, parmi ses femmes plus nombreuses que les étoiles du ciel et belles à faire pleurer les poètes, servi par les princes vaincus dont il a fait ses esclaves.

Sachez aussi que le Khâ-Khan n'habite point un palais de pierre ou de bois, mais une tente de feutre magnifiquement ornée.

Sachez encore que les Avars vivent du lait et de la viande de leurs troupeaux, et aussi des droits de passage qu'ils prélèvent sur les bateaux et les caravanes chargés de riches

1. On reconnaît, dans « Avar » et dans « Hun », les deux mots « Ouar » et « Khoun » déformés par la prononciation romane.

marchandises qui ne peuvent éviter de traverser leur territoire dans l'un ou l'autre sens. Et que leur turbulence les pousse à de fréquentes incursions dans les pays et empires d'alentour, d'où ils ramènent monceaux de richesses et troupeaux d'esclaves, et tout cela s'en va encore grossir le trésor du Khâ-Khan, le plus fabuleux trésor de tous les temps.

Après quoi, ils tuent ou brûlent tout ce qu'ils ne peuvent emporter, et puis ils s'enfuient avec leur butin et se retranchent à l'abri de leurs neuf enceintes. Or ces enceintes s'appellent les « rings ». Le plus central de tous est le Ring royal.

Voici comment est fait un ring. Cela se présente comme un talus de terre de vingt pieds de haut et de trente pieds de largeur à la base[1], couvert d'arbustes très serrés et très piquants. Ce talus court d'un seul jet par plaines et montagnes, interrompu seulement là où passent fleuves et rivières. Or ce talus de terre recouvre un bloc de pierres très dures, tassées entre d'énormes pieux. Et des postes de garde très vigilants veillent sur la crête des rings, et des cavaliers y patrouillent sans cesse. D'un ring à l'autre s'étend une distance de trente milles[2]. Les guetteurs se transmettent des messages de crête en crête par le moyen de signaux de fumée et d'appels de trompe suivant des modulations convenues. Si l'ennemi parvient à forcer un ring, les Avars ont le temps de se réfugier dans le ring suivant.

Le Ring royal se trouve dans la grande plaine entre le fleuve Danube et la rivière Theiss, que les Huns nomment Tisza.

Voilà ce que c'est qu'un ring.

***

Le premier ring, la petite troupe du chef Kogtaï le franchit à l'endroit où le fleuve Danube l'interrompt. Là, le haut talus est coupé net, comme par un couteau, un grand couteau. Une chaîne pesante barre le fleuve, soutenue par des pontons ancrés à demeure où veillent des postes de garde. Renaud et Raymond voient tout cela et l'apprécient en gens de guerre.

---

1. 20 pieds = environ 7 mètres.
2. 30 milles = environ 42 kilomètres.

Au fil de la route, d'autres petits contingents de guerriers avars se sont joints à eux, accourus des confins de l'empire à l'appel du Khâ-Khan. Les contingents s'agglutinent mais ne se mêlent pas, chaque petit khan veut rester seul maître des hommes de son clan sous l'autorité suprême du Khâ-Khan. Certains poussent devant eux des troupeaux de paysans slavons, en guenilles, pieds nus, abrutis de misère. Ils marchent au fouet, de longs fouets dont les cinglent en virevoltant les agiles cavaliers. Ceux qui ne peuvent plus suivre, on les laisse crever sur place, ou bien ils servent de cibles pour tirer à l'arc.

— Pourquoi s'encombrer de ces vilains ? s'étonne Renaud.

— Oh, ceux-là, eh ? Luitprand m'a expliqué, dit Raymond. Ils vont à l'abattoir, ceux-là. C'est la façon avare. Au moment de la bataille, les guerriers poussent en avant des multitudes de ces Slavons, qu'ils arment au tout dernier moment de piques, de fourches et même de gourdins. Les archers avars les talonnent de près, de façon à ce qu'ils ne puissent pas faire demi-tour ni se rendre à l'ennemi. Celui qui hésite est abattu sur place. Auparavant, on leur a fait boire du kvass à s'en faire péter la tripe. Du kvass avec je ne sais quelle sorcellerie dedans qui les rend fous enragés. Et donc ces pauvres vermines courent sus à l'ennemi en gueulant comme diables déchaînés, le fouet les mord au cul, les yeux leur sortent de la tête, ils n'ont qu'une idée : foncer et tuer, tuer, tuer... Naturellement, ils ne tuent guère, ceux d'en face les attendent de pied ferme et les fauchent comme au pré. Mais, tu comprends, il y en a tant et tant qu'à force de les tuer les gars se fatiguent et s'écœurent. Et pendant ce temps la cavalerie avare les tourne par les flancs, les harcèle de loin, les travaille à la flèche sans donner prise, et bon, l'ennemi se trouve enveloppé et détruit avant d'avoir seulement pu engager le combat. C'est la manière avare.

— Manière fourbe et félonne, dit Renaud.

— Manière efficace, dit Raymond. A la guerre, seul le résultat compte. C'est le vainqueur qui écrit l'histoire. C'est le vainqueur qui décide où fut l'honneur et où la félonie.

— Ecuyer, tu raisonnes en vilain. Je ne sens pas en toi l'étoffe chevalière.

— C'est que je ne vois pas la mêlée du haut d'un bon cheval, moi, seigneur chevalier. La guerre ne m'a jamais rapporté que des coups, parfois — bien rarement ! — ma solde, encore plus rarement une miette de butin — que je perdais aussitôt aux dés. D'honneur, jamais. Si je suis tué, ma carcasse engraissera les vautours. Si je survis, je n'en aurai point la gloire et serai vilain comme devant.

Raymond reste un instant pensif, comme contemplant quelque chose qu'il découvre.

— Finalement, chevalier, il y a moins loin de moi à ces pauvres bestiaux que de toi à moi. Car les hasards de la guerre peuvent à tout instant faire de moi ce qu'ils sont, alors que rien ne peut faire de moi ce que tu es.

— Belle philosophie ! Et Dieu, dans tout ça ?...

— Oh, Dieu... Puisqu'Il a jugé bon de créer ce sac de nœuds où nous nous débattons, qu'Il se démerde !

— Tu blasphèmes, maintenant ?

— Pas vraiment, chevalier. Juste pour orner la conversation.

Ainsi devisant, ils cheminent. De halte en bivouac, de ring en ring, ils sont maintenant noyés dans une cohue qui couvre la steppe à perte de vue. La horde. Elle s'étrangle au passage de chaque ring, et puis s'étale de nouveau ensuite.

***

Les deux guerriers francs ne passent pas inaperçus dans cette marée de peuples où toutes les races errantes des déserts de l'Asie se côtoient et s'entremêlent, du Mongol au Turc, du Samoyède à l'Hindou, nez épatés ou en bec d'épervier, yeux bridés ou large ouverts, mais toujours cheveux noir-bleu et peau de vieux cuir. Renaud, le pur Teuton aux yeux d'azur, blond comme la paille de seigle, Raymond, le mâtiné celto-germain aux boucles châtain clair, sur leurs chevaux colosses avec leurs armes trop lourdes, excitent la curiosité, une curiosité pleine de méfiance. Qu'est-ce qu'ils foutent là, ces deux grands fromages blancs, si semblables à ceux contre qui on va se battre ? Ça murmure, alentour, et même ça gronde. Il faut toute l'autorité du chef Kogtaï et quelques coups de hampe de lance de ses guerriers, serrés autour des deux Francs, pour éviter le pire.

Tamara la Slavonne, produit d'un coït de bête entre un Bulgar ivre et une captive abrutie, avec ses cheveux d'encre et ses hautes pommettes, a l'air d'un enfant de la steppe plus ou moins bâtardé. Bâtards, ils le sont presque tous, sauf l'aristocratie turco-mongole, très fière de la pureté de son sang. Tamara parle une langue qu'ils comprennent, Tamara va et vient dans la horde avec une assurance qui ébaubit Raymond

— Cette pauvre vermine écrabouillée que c'était ! Tu te rappelles, chevalier ? Un bestiau. Une serpillière. Une latrine... Et maintenant, regarde-moi ça, si c'est dégourdi !

— Ce qui m'étonne, c'est qu'ils ne se soient pas encore aperçus qu'elle est femelle.

— Tu as vu comment elle s'y prend ? Elle se réveille avant tout le monde et elle s'écrase les tétasses sous une bande de toile serrée serrée.

— Et l'odeur, Raymond ? L'odeur de femelle ? Ces sauvages ont un flair de renard, sinon au bout du nez, du moins au bout de la queue...

— Elle doit avoir un secret. Elle connaît les herbes.

— Mais ils ont bien dû se rendre compte que, chaque nuit, tu la ramones à couilles rabattues, vieux paillard ! Et plutôt six fois qu'une.

— Oh, tu sais, je crois qu'ils pensent que je me tape ton valet. Ce n'est pas pour les choquer, vu qu'ils ne rechignent eux-mêmes sur aucun trou, je l'ai vu bien des fois. Trou rond, trou long, tout trou leur est bon.

— C'est pourquoi le Seigneur Christ Jésus les exterminera par le bras du roi Karl comme Son Père extermina Sodome et Gomorrhe.

— Sans doute, sans doute... Je trouve quand même que c'est bien de la férocité pour une affaire de trou.

— Dis donc, écuyer ? Te voilà bien indulgent ! Serais-tu en train de te faire Hun ?

— Hé, hé... Ce sont gentils compagnons et fiers cavaliers, tu sais ?

— Ce sont païens horribles et empaleurs de prêtres.

— Personne n'est parfait...

C'est la halte. Un chariot aux roues pleines apporte les vivres, une épaisse machine, lourde comme une charpente, chargée à crouler de pièces de viande, de jarres de farine et d'huile, d'outres pleines, et même de fagots, car dans ces marais le bois est rare. Vingt femmes captives tirent le chariot, attelées deux par deux à d'énormes carcans de bois qui leur enserrent le cou. Le charretier, assis sur un tonneau, gueule des « Ho... ho ! » rythmés et cingle les dos courbés de son fouet interminable et précis. Un ordre bref. Les femmes se laissent tomber à terre, sur le ventre, à cause du carcan. Ce sont des Slavonnes, des Gothes ou peut-être des Grecques. Des princesses, peut-être. Elles sont nues, affreusement nues : des squelettes blêmes, déchirés de plaies suintantes. Leurs dos sont des tapis de mouches mordorées pompant goulûment le sang figé. Trois de ces femmes sont grosses, leur ventre gonflé tire en avant sous leurs côtes étiques. Elles halètent, certaines sanglotent, la plupart gisent, immobiles, hébétées, attendant la mort. Plusieurs sont mortes en touchant le sol. Mais déjà les hommes s'abattent dessus. Chacune est empoignée par les flancs, son cul soulevé à bonne hauteur. Un membre impatient lui ramone le ventre à grands coups de boutoir, le mâle pousse un petit cri, chavire de l'œil et, soulagé, laisse retomber la femme inerte. Au suivant... Il y en a qui se battent, ils sont arrivés ensemble sur la même, et puis qui se mettent d'accord, un par-devant, un par-derrière, on ne va pas se fâcher pour si peu, si la bonne femme se prête mal on cogne dessus, ah, c'est bon, ça fait du bien... Le charretier, là-haut, gueule et claque du fouet, ils vont les lui crever toutes, il faut quand même qu'il lui en reste de quoi ramener le chariot, enfin quoi !

Tamara regarde cela. Tamara ne dit rien. Quand les hommes sont enfin partis se remplir la panse, elle vient avec une écuelle d'eau et un linge et, bien doucement, elle lave les plaies du dos d'une de ces femmes. La femme péniblement tourne la tête, voit Tamara, fait un bond et, griffes en avant, veut arracher les yeux de Tamara. Pourquoi est-elle libre, cette salope qui se permet d'avoir pitié ? Elle ne s'y est pas trompée, elle, elle a reconnu une autre femme. Le carcan de bois la ramène sèchement en arrière. Sa compagne est morte, le poids du cadavre a sauvé les yeux de Tamara.

— Une fois, lui dit Raymond, j'étais gosse, j'ai voulu délivrer un renard pris au piège. J'avance la main pour le caresser, le rassurer, quoi, et alors, hagne, il me mord ! Au sang. Tu vois, c'est pareil. Avoir pitié des malheureux, c'est leur cracher à la gueule. Mais je cause, je cause, et toi tu ne peux pas me comprendre...

Pourtant les yeux de Tamara semblent bien dire qu'elle comprend.

— Par moments, dit Renaud, je me demande si je ne ferais pas mieux de courir sus à ces moricauds, la lance en arrêt, d'en faire une pâtée et de délivrer ces pauvres gens. Ce serait chevaleresque presqu'autant qu'occire un dragon, non ? Certaines de ces femelles ont dans la tournure un vague je ne sais quoi qui sent sa princesse. A tout le moins sa comtesse...

— Allons, chevalier, tu sais bien qu'elles ne feraient pas trois pas, et toi pas un seul.

— Tu me seconderais, cependant ?

— Tu en doutes ? Et je sais que Tamara aussi se battrait, et de tout son cœur. Et après ? Nous sommes trois, ils sont cent mille.

— Ce serait fièrement mourir.

— Et ta mission ?

— Eh oui, ma mission... Tu as raison. Je n'ai pas le droit de mettre ma vie en jeu tant que ma mission n'est accomplie.

— Voilà la bonne réponse. Reconnais que je t'ai posé la bonne question... Sais-tu que des dizaines de ces femmes mettent bas chaque jour ?

— Pourtant on ne voit nul enfant.

— On les leur prend sitôt sortis, et on s'en amuse un peu. On les jette en l'air pour les recevoir sur une pique, ou bien on les tire à l'arc, des choses comme ça. Si bien que ces pauvres femmes mettent bas en silence, cachées par les autres, et étranglent elles-mêmes leur bébé. Il y en a qui le font cuire et le partagent avec les copines. Ou bien le dévorent tout cru. C'est qu'elles ont drôlement faim, tu sais.

— D'où tiens-tu tout cela ?

— Tamara, pardi ! Je lui apprends le tudesque, elle m'apprend le hun. J'ai toujours eu du goût pour les langues étrangères. Je commence à me débrouiller. Elle aussi. Tu devrais essayer.

Raymond appelle :

— Tamar !

Il explique :

— Ça fait moins féminin, tu comprends.

Tamara est devant eux.

— Essaie, chevalier, essaie, insiste Raymond. Demande-lui quelque chose.

— Valet, dit Renaud, quel est ton nom ?

— Nom ? Tamar, dit Tamara.

— Sais-tu si nous sommes encore loin du Ring royal ?

Tamara plisse le front. On voit bien qu'elle veut de toutes ses forces comprendre ce qu'a dit Renaud.

— Elle n'est pas si calée que ça, dit Renaud.

— Tu ne te mets pas à sa portée, dit Raymond. Comme ça, écoute.

Il se tourne vers Tamara et lui parle lentement, en détachant chaque mot et en faisant les gestes.

— Khâ-Khan, loin ? Encore marcher beaucoup ?

Son visage s'illumine. Elle a compris ! Elle secoue énergiquement la tête d'arrière en avant, ce qui, chez ces sauvages, signifie « Non », tout au rebours des gens civilisés, et elle dit :

— Khâ-Khan pas loin beaucoup. Encore nuit une : fini !

Elle l'a dit triomphalement, de sa voix musicale. Elle l'a dit en regardant Renaud. Elle répond à la question que lui a posée Raymond, son maître, mais elle regarde Renaud. C'est pour Renaud qu'elle est fière de sa science toute neuve. Elle est pour Renaud, la musique de sa voix.

— Tout compte fait, dit Renaud, elle nous sera peut-être utile.

« Je m'en fous, pense Raymond. C'est ma Dame à moi qu'elle est. C'est à moi qu'elle tient chaud en dedans. »

⁂

Et l'on arrive au dernier ring. Le Ring royal.

Là les clans se regroupent en tribus, les tribus en nations. Au-dessus des tentes de feutre flottent au bout de longues perches les insignes-totems : peaux déployées d'ours, de loups, de blaireaux, de tigres ou de panthères des neiges, têtes ou queues de chevaux, crânes de buffles avec leurs cornes, aigles momifiés comme en plein vol, haches, casques, sabres courbes... Ainsi les nouveaux arrivants peuvent-ils se repérer. L'ordre règne, militaire. Les tentes s'alignent à peu près, les allées se coupent à angle droit. Chevaux, chameaux et bétail paissent sur des étendues d'herbe laissées libres.

A l'extrême centre du ring se pressent les tentes des Avars de pure race, et au centre de celles-là les tentes de la tribu élue d'où est sorti le Khâ-Khan. Au centre de tous les centres est la tente des tentes, la splendide, la très vénérée. La tente du Khâ-Khan.

En ce moment même une double haie d'archers avars, l'élite de la garde, encadre le chef Kogtaï ainsi que les deux transfuges qu'il veut présenter lui-même au Khâ-Khan. Si le Khâ-Khan les juge suspects, ou simplement s'il trouve que c'est déranger sa sublime personne pour bien peu de chose, les deux Francs seront empalés, la tête du chef Kogtaï roulera dans la poussière.

A peine franchi le tapis de la porte, on plonge dans une étuve. Il fait chaud, là-dedans, à suffoquer. Une vapeur laiteuse colle à la peau, on ne voit rien que des lumignons jaunes dans des halos diffus. Et puis les yeux s'habituent, peu à peu le décor émerge de la soupe. Tapis, coussins, armes et cuivrailles. Esclaves. Le bric-à-brac habituel. Seulement les tapis sont de soie, les coussins tissés de fils d'or et d'argent, les armes incrustées d'ivoire, de nacre et de pierres précieuses, les cuivrailles aux riches émaux débordent de joyaux négligemment jetés. Les esclaves sont deux immenses gaillards couverts de perles jusqu'à leurs bottes au bout relevé, armés jusqu'au chignon et, sans doute, terriblement efficaces dans le corps à corps. Pas d'esclaves femelles. Le Khâ-Khan méprise trop les femmes pour faire parure de ces articles d'hygiène intime. Des ombres pâteuses dansent avec les flammes des lampes à huile. « Des lampes de sanctuaire », remarque Raymond. De l'encens essaie de brûler dans les cassolettes mais, étouffée par cette purée de buée, l'odorante fumée stagne en champignon au-dessus des braises mouillées.

Où est le Khâ-Khan, là-dedans ? Eh bien, le voilà sans doute : une tache pâle flotte dans la pénombre comme une lune à travers les nuages, c'est la tête auguste du Khâ-Khan des Avars, il prend son bain, il prend beaucoup de bains, il en raffole, son corps est dans la baignoire, une magnifique chose en bronze où se voient en bas-relief des scènes de la vie terrestre du Seigneur Christ. « Des fonts baptismaux ! » pense Raymond. Le Khâ-Khan est assis en majesté, le cul dans l'eau chaude. Le bord de la baignoire lui arrive au menton. De temps à autre, il porte à ses lèvres d'un geste élégant l'embout d'un long tuyau. « Opium », estime Raymond, qui a pas mal voyagé.

Le maître tout-puissant des peuples de la steppe est beau comme ces Mongols quand ils se mettent à être beaux. Jeune encore, un peu enveloppé, visage lisse, moustaches en parenthèses, paupières jointes ne laissant rien filtrer. « On ne sait jamais s'ils ont les yeux ouverts ou fermés », note Raymond.

Le petit khan Kogtaï s'est jeté à plat ventre. Raymond en fait autant. Renaud reste debout, il se tient fier et droit, un chevalier chrétien ne se prosterne que devant Dieu et sa Dame, et certes pas devant un ennemi de la foi... Un habile croc-en-jambe l'envoie s'aplatir rudement sur le nez. Il veut bondir, mais quelque chose le pique à la mâchoire, juste là où finit le haubert et où commence le visage, il faut bien qu'un chevalier respire, eh oui, c'est pourquoi cet endroit est tellement apprécié par les manieurs de fers homicides. Le fer est ici celui d'une pique aiguë que manie un de ces gaillards à l'air décidé. Renaud se rappelle qu'il a une mission à remplir. Il décide donc de rester allongé, puisque c'est la mode.

Le Khâ-Khan rit de tout son cœur. Son rire est aigu mais pas cristallin. Il en pleure, il tape du plat de ses mains sur la surface de l'eau, c'est sa façon d'être content, un vrai gamin, voilà tout le monde trempé. C'est de l'eau qui sent bon. Aussitôt un esclave verse de l'eau chaude pour rétablir le niveau. Le Khâ-Khan a encore quelques hoquets, et puis il dit quelque chose. « Cause toujours, je suis sourd ! » commente Raymond. Mais voici qu'une autre voix s'élève, de quelque part sur le côté. Et cette voix dit ceci :

— Le Khâ-Khan s'amuse beaucoup. Le Khâ-Khan dit qu'il l'attendait, celle-là. Il y a toujours un chevalier chrétien pour lui faire le coup de la dignité. Mais il n'en a pas encore vu un seul se relever avec la pique sur la gorge.

Or cela est dit en langue tudesque.

Renaud hausse le col autant que le lui permet la pointe de la pique. Il aperçoit deux esclaves silencieux qui portent une espèce de caisse plate munie de brancards. Sur cette caisse, un homme est assis, vêtu à la mode avare. Cependant les traits de cet homme sont tout à fait européens, et même germaniques. C'est lui qui a parlé.

Le Khâ-Khan, de nouveau, dit quelque chose. L'homme sur la caisse traduit :

— Le Khâ-Khan m'ordonne de vous informer que je suis son interprète particulier pour les langues teutoniques. Je fus fait prisonnier lors de la dernière campagne du roi Karl, celle qui manqua de peu d'anéantir la nation avare. le Khâ-Khan tient particulièrement à ce que je vous traduise ceci, sur le ton plaisant : « Celui-là — c'est de moi qu'il parle — celui-là, je ne lui ai pas fait couper la langue ! Je m'en garde toujours un pour pouvoir discuter le traité de paix. » Et c'est vrai, il ne m'a pas fait couper la langue.

L'interprète particulier lève une jambe, puis l'autre. Il n'y a pas de pieds au bout de ces jambes. Le Khâ-Khan rit tellement fort qu'il tombe à la renverse dans son eau chaude et manque étouffer. Il émerge, riant-toussant, gifle l'eau à grands coups de paume, tout ruisselle.

— Chaque fois il me fait raconter ça, et chaque fois ça le fait rire, dit l'interprète. Chaque fois... C'est une heureuse nature.

Mais on aborde les choses sérieuses. Le khan Kogtaï, le nez dans le tapis, expose au Khâ-Khan la circonstance qui lui a inspiré l'audace de solliciter l'honneur inouï d'une audience. Le Khâ-Khan répond par quelques mots fort brefs. L'interprète traduit aussitôt :

— Le grand Khâ-Khan des Avars, Suprême Souverain des Sept Climats de la Terre, Orgueil des Tentes, Arbitre des Tribus, Bienfaiteur des Troupeaux, Dispensateur de l'Herbe et de l'Eau entre l'Océan qui est à l'Orient et l'Océan qui est au Couchant, vous permet de vous relever et de vous tenir agenouillés entre ses mains.

« Ses mains », ce sont ces grandes brutes aux piques si pointues, pense Raymond.

Le Khâ-Khan parle encore. L'homme sans pieds traduit :

— Mon fils Kogtaï m'apprend que tu prétends être venu en pays avar de ton plein gré, afin de mettre ta lance, ton épée et ta science des choses de la guerre à mon service. Comment puis-je croire cela ?

— Mets-moi à l'épreuve.

— Je pense, moi, que tu es un espion du roi Karl et que tu examines l'état de mon armée et mes préparatifs de guerre afin de transmettre tout cela à ton maître par le moyen de certaines magies que vous enseignent vos prêtres et qui font voyager la pensée au loin tandis que les corps restent séparés. Voilà ce que je crois.

— Nos prêtres ne sont pas versés dans les arts de magie comme tes chamanes. S'ils l'étaient, se laisseraient-ils clouer en croix sur les portes de leurs églises, et empaler, et traîner à la queue d'un cheval par tes guerriers ? Bien sûr que non, ils ne se laisseraient pas faire ! Par magie et sortilège ils échapperaient à la vue et feraient mourir les guerriers sans même les toucher.

Le Khâ-Khan se caresse le menton. L'argument le touche, car il reconnaît l'infériorité des prêtres des chrétiens sur les chamanes avars qui savent commander aux Puissances.

— Je vais te raconter une histoire, dit le Khâ-Khan. En ce temps-là, le Khâ-Khan d'alors, le premier successeur du grand Baïan, assiégeait dans les montagnes du Frioul la cité lombarde que les Romains nommaient Forum Julii et qui, depuis, a cessé d'exister. Le comte Ghisulf, qui la défendait, fut tué. Sa veuve se nommait Romhilda. C'était une belle femme, dit-on, jeune et ardente. Du haut du rempart elle vit le Khâ-Khan dans sa gloire. Elle l'aima aussitôt, et d'une passion telle qu'elle lui envoya un messager secret pour lui proposer de lui ouvrir les portes de la ville s'il prenait l'engagement de l'épouser. Le Khâ-Khan promit. Une épouse de plus ou de moins, n'est-ce pas... Tout se passa comme convenu, nos hommes de guerre entrèrent de nuit dans la cité, brûlèrent tout, massacrèrent tout ce qui ne valait rien sur les marchés aux esclaves, enfin firent ce qui devait être fait. La comtesse Romhilda, parée en noces, le cœur battant, attendait son bien-aimé, qui vint en effet et l'épousa. Jusqu'au matin. Elle s'endormit, heureuse et comblée. Lorsqu'elle se réveilla, le Khâ-Khan en fit cadeau à ses douze gardes d'élite, qui en jouirent par tous les trous possibles et même en inventèrent d'autres. Quand la Horde se retira, on pouvait voir, au-dessus des cendres fumantes, se dresser un pieu très haut et, au bout de ce pieu, la comtesse Romhilda qui gigotait, bien proprement empalée. Par une faveur spéciale du Khâ-Khan, la pointe du pieu lui avait été enfoncée non dans le cul, comme c'est l'usage, mais dans l'autre trou, celui qui la démangeait si fort. Je trouve l'idée charmante.

L'interprète se tait. Le Khâ-Khan dit quelque chose.

— Il te demande si tu as compris pourquoi il t'a raconté cette histoire.

— Il y avait donc quelque chose à comprendre ? J'ai écouté l'histoire. C'est une intéressante histoire. Mais je ne vois pas ce qu'il y a à comprendre. Demande-lui de la recommencer.

— Tu as tort de faire le malin, chevalier. Le Khâ-Khan, par cette histoire tout à fait vraie, te prévient que les Avars ne répugnent pas à utiliser les transfuges, mais qu'ensuite ils les punissent comme traîtres et félons.

— Voilà, voilà... Donc, s'il décide que je suis un espion, il me fait empaler sur-le-champ. S'il décide d'accepter mes services, il me fera empaler comme traître après la victoire. Dis-moi si j'ai bien compris.

— Tu as bien compris.

— Seulement, voilà : suis-je traître ou espion ?... Ecoute. Dis au Khâ-Khan que je ne vais pas lui raconter une histoire, moi, pour le remercier de m'en avoir conté une, car je raconte fort mal, mais que je lui propose un jeu. Ce jeu est : « Suis-je traître ou espion ? » S'il trouve la bonne réponse, il a gagné. Il peut me poser trois questions.

— Tu veux vraiment que je traduise ça ?

— Tu es là pour ça, non ? Allons, traduis, camarade, traduis !

— Tu m'emmerdes avec tes conneries, chevalier. Tu te fous de sa gueule, bon, ça te regarde. Mais s'il pique la grosse colère, c'est moi qui dérouillerai en premier pour avoir osé lui répéter ça. Les têtes volent facilement, par ici.

— Les pieds aussi, on dirait. Que veux-tu faire d'une tête sans pieds ? Je suis sûr que tu trouves le temps long, toute la journée sur ta clayette à fromages. Crois-moi, mon ami, laisse-toi couper la tête, c'est un service que je te rends.

Le Khâ-Khan, cependant, voudrait bien savoir ce qui se dit pendant tout ce temps. Il ordonne quelque chose. Un garde allonge un coup du plat de sa pique sur la tête de l'interprète. Un coup léger.

L'interprète traduit donc. Le Khâ-Khan écoute attentivement, et puis il répond :

— Je n'aime pas les jeux. Je perds toujours. Et comme je suis mauvais joueur, quand je perds je fais couper la tête du vainqueur. Si bien que je sais d'avance ce qui va se passer, et c'est très monotone, n'est-ce pas ?... Oui. Tu n'es pas venu ici pour me proposer des charades, mais pour m'offrir tes services, à ce que tu prétends. Alors, je vais te dire. Moi, Khâ-Khan des Avars et Souverain des Sept Climats de la Terre, je n'ai pas besoin du bras ni de l'épée d'un petit merdaillon de chevalier qui a eu des mots avec son roi. Le dernier des valets d'écurie de ma Horde vaut douze chevaliers comme toi. Que tu sois espion ou pas, je m'en fous complètement. Je me demande seulement si je vais vous faire empaler tout de suite, toi, ton écuyer et ton valet, pour amuser mes guerriers, ou bien vous renvoyer au gros cochon de Karl, votre langue enfoncée dans votre cul et vos couilles cousues dans vos joues, avec un petit mot de la main de ce pauvre con que voici (il envoie une giclée d'eau chaude sur la tête de l'interprète) pour dire à votre cul-bénit de roi des têtes carrées que je l'emmerde et que je vais lui mettre une sacrée ratatouille, à lui et à ses curés, et leur faire bouffer leur crucifié avec la croix et les clous.

Le Khâ-Khan s'est un peu énervé. Dressé dans la baignoire, il souligne les points brillants de son discours de grands coups de poing dans l'eau. Le voilà tout à fait en forme. L'interprète a du mal à suivre.

— Le roi Karl a la langue fourchue. Ou plutôt, il a dans la bouche autant de langues que j'ai de doigts aux deux mains. Voici deux fois douze lunes, il a franchi par traîtrise la frontière de Bavière et celle du Frioul et il a ravagé nos marches d'Occident. Les Slaves, ces larves puantes, l'ont accueilli en libérateur et se sont faits chrétiens en masse. Tout ceci, note bien, au mépris des traités jurés sur son Christ en bois. Et puis il est reparti quand l'hiver est venu, et qui a été bien attrapé ? Les Slaves ! Ils l'ont senti passer, tu peux me croire. Le Slave est le chien du Hun. Le Teuton est coriace, mais son crâne est tout en os, il n'y a pas de cervelle dedans. Les Grecs font de belles armes, mais ils sont trop ramollis pour s'en servir, ils préfèrent payer des mercenaires. Seul, le Hun est un guerrier. Seul, le Hun est un homme. L'avenir est aux Huns. La Horde à nouveau s'étendra d'un Océan à l'autre. Déjà mes chevaux se baignent dans le Pont Euxin[1] et dans l'Adriatique, les Varègues[2] qui descendent des glaces du Septentrion et les Arabes qui montent des sables d'Afrique se croisent sur le fleuve Volga pour échanger leurs marchandises et paient tribut à mes khans de là-bas[3]...

A ce moment apparaît dans le cercle de lumière laiteuse un personnage qu'on n'a pas entendu entrer et qui a l'air de se trouver là comme chez lui. Il est vêtu à la hunnique, très richement. La soie et l'or ruissellent sur lui, avec de coquettes petites choses en fourrure par-ci par-là. Son bonnet est fort pointu, deux rabattants dénoués battent doucement de part et

1. Le Pont-Euxin : la mer Noire.
2. Varègues : commerçants vikings venus de Norvège et du Danemark.
3. Ce sont plutôt des khans bulgars ou tatars, mais le Khâ-Khan se laisse emporter par son lyrisme.

d'autre de son visage rond. Il sourit, mais c'est peut-être un tic.

— Aplatissez-vous, vermines ! ordonne soudain l'interprète. Voici devant vos faces le Ouïgour des Avars, Celui qui Sait les Choses et les Mots, l'Inspiré des Puissances, l'Oracle et le Guide. En fait, poursuit-il sur un ton moins solennel, le Khâ-Khan n'est qu'une moitié de Khâ-Khan. Le Ouïgour est l'autre moitié. Prosternez-vous, mais moins longtemps que pour le Khâ-Khan, quand même... Là... Ça va comme ça, vous pouvez vous relever.

Le Ouïgour — puisque Ouïgour il y a — s'assied en tailleur sur une pile de coussins qu'un garde lui arrange prestement, de façon à ce que sa tête soit au niveau de celle du Khâ-Khan dans sa baignoire, et même un rien plus haute. Le Khâ-Khan et le Ouïgour échangent quelques phrases rapides, à la suite de quoi le Khâ-Khan fait un signe impérieux aux gardes, qui sortent tous, sans un mot, même le préposé à l'eau chaude. Le Khâ-Khan juge le moment venu de quitter son bain. Le Ouïgour tend fraternellement à son collègue une vaste pelisse en peau d'ours noir dans laquelle le Khâ-Khan ensevelit son corps dodu.

— Asseyez-vous, dit l'interprète, que ses porteurs, avant de quitter la place, ont déposé à terre.

Le Ouïgour regarde attentivement le chevalier Renaud, puis l'écuyer. Il hoche la tête, comme se demandant s'il n'est pas en train de faire une bêtise. Enfin, il se décide. Il parle. L'interprète traduit.

— Le roi Karl va entrer en campagne d'un jour à l'autre. Ses armées pénétreront en Pannonie comme dans du beurre...

Ici, le Khâ-Khan proteste. Le Ouïgour le fait taire comme un sale gosse qui ne comprend pas qu'il y a un temps pour la harangue aux troupes et un temps pour les dures réalités de la vie. Il reprend :

— Les Francs et leurs alliés feront de la bouillie d'Avars. Aucun doute là-dessus... Le roi Karl achèvera ce qu'il a commencé il y a deux ans. S'il entre en campagne. Or, il ne le fera pas. A l'heure qu'il est, le peuple saxon tout entier s'est levé, a massacré les garnisons franques et marche vers le Rhin. Le roi Karl ne le sait pas. Il croit encore qu'il s'agit d'une petite révolte locale comme il y en a sans cesse chez les Saxons, une petite révolte qu'il ira châtier quand il en aura fini ici. Il ne sait pas non plus que les Arabes d'Espagne, que vous appelez Sarrazins, ont franchi les Pyrénées, envahi l'Aquitaine et avancent vers la vallée du fleuve Rhône. Quand il apprendra cela, il aura plus urgent à faire qu'envahir la Pannonie.

Le Ouïgour marque une pause. Renaud dit à l'interprète :

— Demande-lui pourquoi il me dit tout cela et dis-lui que je ne connais rien à la politique. Tout ce que je veux savoir, c'est : il m'embauche ou il m'empale ? Le reste me passe au-dessus de la tête.

Après un aller et retour avec relais par l'interprète, la réponse arrive :

— Tu vas savoir... La campagne du roi Karl n'aura donc pas lieu. Pas cette fois. Mais plus tard, ça... L'appétit de Karl est un gros appétit et l'Empire des Steppes n'est plus ce qu'il était. Il n'est pas bon de posséder un trésor légendaire quand on a des voisins aussi gourmands et des guerriers trop habitués à vaincre des Slaves armés de bâtons. L'Empire avar fut grand, il croit l'être encore. Moi, je sais ce qu'il en est. La Horde se fera massacrer par vos butors bardés de fer. Ni la vitesse de nos chevaux, ni l'habilité de nos archers n'empêcheront les rings d'être enlevés l'un après l'autre... C'est ici que nous avons besoin de toi, chevalier.

— Nous y voilà, dit Renaud. Je ne serai donc pas empalé ?

— Tu le seras, et bien pis que cela, si le moindre mot de ce qui se dit ici est répété hors de cette tente. Cesse de faire le mariole, et écoute. Ecoute bien. A cent lieues d'ici, dans les montagnes de la Bohême, vit une tribu avare. Ma tribu. Cette tribu se trouve au-delà des confins de l'Empire, isolée en pays slave. Mais elle a rompu avec les habitudes des peuples de la steppe. Elle a trouvé là-bas des forteresses formidables, elle les a relevées et renforcées, et les seigneurs avars vivent sur le travail des paysans slaves abrutis comme vous autres Teutons vivez sur le travail de la racaille des culs-terreux de Gaule, d'Italie et des Flandres. Nous avons quelque chose à faire parvenir là-bas...

— Un petit pot de beurre et une galette pour ta mère-grand ? ne peut s'empêcher de demander Raymond.

L'interprète ne juge pas nécessaire de traduire.

— Quelque chose d'extrêmement précieux, poursuit l'Ouïgour. Quelque chose que nul ne doit apercevoir. C'est toi, chevalier, qui porteras cette chose à bon port. Quatre de nos gardes t'escorteront.

— Pourquoi ne pas en charger un Avar ? Un de ces gardes, justement, par exemple.

— Parce que son départ ne passerait pas inaperçu et serait interprété comme un acte de défaitisme.

— Et ça n'en est pas un ?

— C'est un acte de sagesse et de prévoyance.

— Mais pourquoi ne pas offrir tout simplement la paix au roi Karl ?

— Nous l'avons fait. Secrètement. Le Khâ-Khan et moi-même sommes pour la paix à tout prix, malgré les rodomontades et retroussis de moustaches. Mais le roi Karl veut la guerre. Il connaît notre réelle faiblesse, il l'a tâtée, il frétille, il veut tout tuer. Et puis le trésor d'Attila lui fait tourner la tête... D'autre part, le peuple avar aussi veut la guerre. Les chamanes prédisent la victoire, nos guerriers se voient déjà ravageant l'Italie, la Bavière et, pourquoi pas, la Gaule... S'ils savaient que nous voulons la paix, ils nous massacreraient.

— Et si les Francs attaquent quand même ?

— Nous filerons à notre tour en Bohême. Le gros Karl, repu de sang et de butin, finira bien par se calmer. Et comme, entre-temps, nous nous serons faits chrétiens...

— Le baptême coûte peu à qui ne croit en rien, marmonne Raymond.

— Donc, tu partiras... Tu seras censé être un ambassadeur saxon qui s'en retourne chez lui animer la guerre contre Karl, chargé de nos encouragements et de notre contribution aux dépenses de la campagne. Saxons, Francs, Goths, Lombards, tout ça parle le même patois, n'est-ce pas ? Tous des Boches, comme nous disons ici.

— Il y a des nuances, dit Renaud.

— Tu te débrouilleras, j'en suis sûr. J'ai parlé.

Le Ouïgour, sans un mot de plus, se lève et s'en va comme il est venu. Le Khâ-Khan en fait autant. L'interprète, sur sa clayette, semble abattu.

— Maintenant, c'est sûr, ils me coupent la tête, dit-il. Je suis le seul à part vous à connaître le secret... Je vais vous donner un conseil, avant d'y passer. Quand votre mission en Bohême sera remplie, ouvrez l'œil : vous serez alors les seuls dans le secret, et vous ne servirez plus à rien. Vous m'avez compris ?

— Tout à fait, camarade. Mais tu vois les choses un peu trop en noir...

— Ah, oui ? Tiens, les voilà.

Les deux Avars porteurs entrent, se mettent entre les brancards et ressortent, enlevant l'homme sans pieds qui, au passage, tourne vers les deux Francs un regard sans illusion.

— J'espère qu'ils feront vite... J'ai été un bon interprète. N'est-ce pas que j'ai été un bon interprète ?

— Un très bon interprète, dit Renaud.

***

Dehors, un homme attend. Un Grec, visiblement. Ses pieds et ses mains sont enchaînés. Un Avar de la garde du Khâ-Khan tient le bout de la chaîne. Le Grec touche le bras de Renaud. Il dit en tudesque :

— Je, interprète nouveau.

Renaud blêmit, se mord la lèvre pour ne pas crier. Raymond l'observe.

— Ton bras, chevalier ? Tu as si mal ?

Renaud fait « Oui » de la tête. Et puis ils s'en vont, entourés de leurs gardes.

DOUZIÈME CHAPITRE

Un grand feu brûle dans la nuit. La Horde tout autour couvre la plaine aux herbes molles qui s'étend entre l'eau et l'eau. C'est la Nuit des Oracles, la nuit sacrée où les chamanes du peuple avar, les septièmes fils d'un septième fils, ceux qui savent parler aux Puissances Intermédiaires, interrogent le destin. Pendant des jours et des jours ils se sont ensevelis dans le silence, le jeûne et la méditation. Ils ont absorbé les Liquides, ils ont mâché les Herbes, ils ont respiré les Fumées, ils se sont infligé les Sept Plaies. Leurs yeux se sont agrandis, ils voient ce que nul autre qu'eux ne voit. Tout autour, la Horde silencieuse attend. La guerre sera-t-elle joyeuse et grasse de butin ? L'Elan des Bannières culbutera-t-il le mur de fer des gros barons francs romanisés ? Rendra-t-il à la libre steppe les territoires où l'épais Teuton parasite les peuplades à tête ronde agrippées à la glèbe ?

Les chamanes sont nus, accroupis en rond autour du feu. Leurs visages portent les Signes Peints. Les tambours d'intercession ronflent en sourdine sous leurs doigts légers. Voici que se dresse le Grand Chamane, celui qui partout suit le Khâ-Khan tout-puissant et l'éclaire de sa sagesse. Il se dresse, et alors tous se dressent, tous les chamanes. Ils élèvent au-dessus de leur tête le tambour d'intercession dont la peau maintenant gronde et crépite sous les doigts secs, sous les poings durs, tandis que stridulent les aigres sonnailles de la couronne du tambourin. Lentement, les chamanes aux yeux hallucinés commencent à danser. Et puis plus vite. Et plus vite. Autour de chacun sautent et bondissent des grappes de clochettes et de grelots pendues à de minces lanières de cuir tressé dont l'autre bout est muni d'un croc de fer planté dans la chair du chamane, dans la tendre chair de sa joue, de son dos, de ses seins, de son ventre... La danse s'accélère encore, devient furieuse, les cuivrailles sonores cinglent les corps et les membres, les crocs déchirent, le sang ruisselle. Certains se sont transpercé la verge et, à chaque bond de la clochette contre leur ventre, une pluie de sang arrose leurs cuisses.

Les chamanes ne sentent pas la douleur. Les Puissances leur ont donné ce pouvoir, à eux seuls. Le Grand Chamane saisit un poignard, le présente au-dessus de sa tête afin que tous le voient bien, et soudain se le plante dans la joue, jusqu'à la garde. La lame ressort par l'autre joue. Alors tous les chamanes se poignardent en grande fureur, qui les joues, qui la gorge, qui le gras du bras... Leurs yeux, dans la rouge lueur des flammes, sont des trous d'ombre qui ne reflètent rien. Les tambours et les sonnailles ronflent et crépitent plus fort que le brasier. Les chamanes dansent et dansent devant les flammes... Les chamanes dansent *dans* les flammes... La fumée prend soudain l'odeur terrible et magnifique qui monte de ces églises qu'on brûle avec les chrétiens entassés dedans...

Les guerriers, sur leurs chevaux immobiles, regardent, et s'épouvantent, et s'enthousiasment. Les Puissances sont avec les chamanes du peuple avar. Les Puissances sont de bonnes Puissances, les chamanes de bons chamanes. Tout est bien. Les oracles vont parler.

— Ainsi, dit Renaud, Dieu permettrait que des miracles viennent conforter la mécréance de ces chiens de païens ? Mais non, cela ne se peut ! Ce ne sont point là miracles, mais bien sales prodiges puants chiés par Satan et ses diables ! Sorcelleries infectes ! Sortilèges exécrables !

Il se signe furtivement. Raymond, non moins discrètement, rit.

— Ni l'un ni l'autre, chevalier. Ni miracles, ni diableries. Rien que passe-passe et poudre aux yeux. Je t'en fais autant quand tu veux.

— Tu te percerais le corps et le visage à coups de poignard ?

— Tu parles ! Ces poignards-là, ça fait impression de loin, comme ça, à la lumière des flammes qui bougent tout le temps, mais je te dis, moi, que ce ne sont que des tiges d'acier très minces et très brillantes, comme des broches à ortolans, si tu vois, et ils se les enfoncent en des endroits qui ne font pas mal. Je connais au moins douze jongleurs des rues qui savent faire ça, à Byzance, et qui n'épatent que les ploucs débarquant de leur campagne, et qui même, à force de se percer toujours aux mêmes endroits, ont fini par avoir des cicatrices en forme de fourreaux. Ça glisse tout seul. Très, très commode... Tiens, tu permets...

Raymond donne une tape sur la joue de Renaud.

— Qu'est-ce qui te prend ?

— Passe doucement ta main sur ta joue.

— Et alors ?... Eh ! Qu'est-ce que c'est que ça ?

— Une fibule[1], chevalier. Je l'ai enfoncée dans ta joue, tu n'as rien senti. Tu veux que je te l'enfonce dans le ventre ? Je connais les endroits...

— Bon, bon... Ça va comme ça... Mais, dis donc, et danser dans le feu ? Tu ne vas pas me dire qu'il y un truc de jongleur, là ?

— Bien sûr que si ! Tu as remarqué que ces gars-là ne se sont pas jetés dans les flammes tout de suite, mais seulement après avoir bien dansé et sauté tout près du feu ?

— Peut-être, oui... Et alors ?

— Alors, ils étaient ruisselants de sueur et, en faisant vite, ils ne risquaient pas de se brûler. Comme toi quand tu mouilles tes doigts de ta salive pour éteindre une chandelle. Et comme ils sont beaucoup, qu'ils se croisent et s'entrecroisent sans cesse dans les fantasmagories du feu, tu ne sais jamais qui est dedans ni qui est dehors, et puis d'abord tu ne te poses pas même la question, tu te laisses aller à ce que tes yeux veulent voir, c'est là tout le secret.

— Et l'odeur de chair brûlée ?

— Oh, quelques débris de viande, quelques pincées de corne de cheval râpée jetées en douce sur les braises...

— Ainsi ces coquins pipent-ils ces sauvages, et leur Khâ-Khan tout le premier !

— Beuh... Le Khâ-Khan, je crois qu'il en prend et qu'il en laisse... Et aussi son compère le Ouïgour.

— Mais comment sais-tu tout cela ?

— Vois-tu chevalier, j'ai passé un bon bout de mon temps

1. Fibule : épingle fermée, à ressort, ressemblant à notre « épingle de nourrice ».

de vie à lancer les dés... J'ai plumé plus d'un centurion bourré de butin... C'est un métier où il faut de la promptitude dans l'œil et de l'agilité dans les doigts. Crois-moi, en matière de miracle ou de diablerie, un bon tricheur vaut dix exorcistes et cent Pères de l'Eglise.

— Mettrais-tu les miracles du Seigneur Christ et des saints martyrs au même rang que les viles supercheries de ces imposteurs ?

Raymond fait « Euh... », mais la suite il l'improvisera plus tard, le moment est venu d'interroger le destin. Le Grand Chamane s'est assis par terre, en tailleur. Devant lui est un bassin de bronze plein d'eau. Un chamane subalterne lui présente une bottelée de brindilles fraîchement coupées. Il en prend une, la laisse tomber sur l'eau, observe comment elle flotte. Il prend ensuite plusieurs brindilles qu'il fait tomber de même, l'une après l'autre. Chaque fois il observe le dessin formé par les brindilles entrecroisées. Puis il médite longuement, les mains aux cuisses, le regard perdu. Enfin il parle.

Ce qu'il annonce doit être de bon augure car une acclamation sauvage éclate aux premiers rangs des guerriers et gagne de proche en proche toute la Horde. Les lances sont brandies en l'air, leur bois frappe en cadence les boucliers ronds, l'énorme joie de la tuerie promise monte jusqu'au ciel. Le Khâ-Khan lève les deux bras, le silence se fait, il prononce une harangue courte et pleine de feu. La Horde à nouveau rugit.

Au côté de Raymond, le jeune valet Tamar semble épouvanté. Son maître lui demande, en petit-nègre tudesco-hunnique, en gestes, en grimaces, ce qui le trouble. Il-elle répond par les même moyens que le grand sorcier des Avars a prédit du sang, des fleuves de sang, et des forêts de pals, et des incendies qui brûleront pendant des lunes et des lunes, et, pour finir, l'écroulement d'un grand empire. Il a dit que beaucoup de ceux qui sont ici seront bientôt allongés dans leur sang mais qu'il y aura gloire et butin pour les autres, beaucoup de gloire, beaucoup de butin.

— Pas de quoi t'alarmer, mon petit chat, dit Raymond. C'est le boniment d'usage. Ce qui m'épate, moi, c'est que ça marche encore. J'ai vu les stratèges du Basileus ramasser des raclées épouvantables après avoir promis à l'armée victoire, gloire, butin et double ration de pinard, avec quelques morts par-ci par-là, bien sûr, mais le mort c'est jamais toi, c'est l'autre, n'est-ce pas, et bon, la fois d'après, ils remettaient ça, pas honteux du tout, et le Patriarche bénissait les légions, on faisait une belle procession avec exposition des Saintes Reliques, du Saint-Sacrement et des Saintes Icônes, et c'était reparti, et on se faisait encore casser la gueule... Tous les mêmes, quoi.

Tamara a écouté très attentivement. Elle dit :

— Grand sorcier aussi chez Francs ? Lui plus fort, Francs gagner. Lui moins fort, Avars gagner.

— Ecuyer, dit Renaud, je voudrais bien savoir quel diable pernicieux te pousse sans cesse à mettre sur le même pied les grimaces des mécréants et les saintes pratiques que nous enseigna le Seigneur Christ Jésus, vrai Dieu de vrai Dieu et Fils de vrai Dieu, descendu tout exprès parmi nous pour nous les enseigner. Vois quel trouble tu jettes dans l'âme de cette fille ! Tu ferais mieux de l'instruire dans les saintes lumières afin que nous puissions la faire baptiser dès que nous poserons le pied en terre chrétienne.

En disant cela, il a regardé Tamara. Il a daigné regarder Tamara. Tamara est éperdue de bonheur.

⁂

— Toi, ambassadeur du duc des Saxons ? demande l'interprète grec. Bien. Khâ-Khan fait dire à toi escorte prête. Escorte attend toi près bois petit, là-bas, où il y a lac petit. Pas loin. Toi trouve. Khâ-Khan salue toi. Donne ça pour dépense.

Il tend un petit sac de peau assez rebondi. Renaud s'étonne.

— Je ne reverrai pas le Khâ-Khan ?

— Non. Pas voir. Khâ-Khan dit toi faire vite vite, tagada tagada.

— Compris. Eh bien, salut ! Attrape, écuyer. En avant !

Il jette à Raymond le sachet dodu et part au petit trot.

— Oh, oh, apprécie Raymond, c'est lourd, ça Madame ! De l'or, j'espère. Eh bien, nous voilà ambassadeurs, et voilà nos poches de nouveau pleines.

— Et nous voilà avec une mission de plus sur les bras.

— Bof, de mission en mission, nous nous rapprochons du but, c'est le principal.

Tamara, sur son petit cheval à grosse tête, trotte derrière. Elle tient par la bride le cheval aux bagages.

— Bon. Le petit lac... C'est pas de l'eau, ce qui brille sous la lune, là-bas ? Tout juste ! Le petit bois, maintenant... Hé là ! Qu'est-ce que c'est ?

Des poignes de fer surgies de la nuit ont saisi les chevaux aux mors. Les nobles bêtes hennissent et se cabrent, mais on leur ferme les naseaux, et faire un pas de plus, pas question. Le chevalier et l'écuyer portent la main à l'épée, seulement d'autres mains ont été plus promptes : d'épée au fourreau, point ! Raymond n'aime pas ça. Il gueule, fou de rage :

— Non mais, ça va pas, mes salauds ? Place, nom de Dieu, place ! Service du Khâ-Khan ! Ambassadeurs !... Merde, c'est vrai, ces fils de putes ne comprennent rien ! Dis-leur, Tamar. Explique, allons, secoue-toi le cul, bon Dieu !

Tamara crache très vite quelques mots cinglants, sans oublier, malgré l'émoi du moment, de faire la grosse voix, la voix d'homme. Il lui est répondu d'un ton courtois, et même, dirait-on, suppliant. Elle traduit :

— Pas bandits. Pas attaquent. Pas méchants. Eux fils Grand Chamane. Grand Chamane envoie eux chercher vous. Fils malade. Autre fils. Beaucoup malade. Bobo. Beaucoup bobo, hou là là ! (Elle mime « beaucoup bobo ».) Mourir. (Elle tord la bouche, tire la langue sur le côté et tourne les yeux vers le haut pour montrer le blanc.) Papa triste. Papa pleure. (Elle suit de ses deux index le trajet des larmes.) Vous, seigneurs saxons. Connaître le dieu empalé sur deux bâtons. (Elle croise les deux doigts.) Lui peut-être plus fort que Puissances ? Vous venir. Essayer magie du dieu empalé. Si pas venir, eux tuer nous.

— Tu aurais pu lui apprendre le mot « crucifié » avant celui d'« empalé », dit Renaud à l'écuyer.

— Je ne savais pas que nous aurions si tôt une discussion théologique, chevalier. Bon, qu'est-ce qu'on fait ?

— Ah, parce qu'on a le choix ?

— On peut toujours faire comme si on l'avait, pour la chose de la dignité.

— Dis-lui de leur dire que d'accord, on les suit.

Raymond se tourne vers Tamara :

— Nous venir.

Tamara le redit en langue hunnique. C'est encore plus court. Elle a le cœur gros, Tamara. Le beau chevalier aurait pu s'adresser directement à elle, au lieu de faire le détour par Raymond. Il l'évite, quoi.

On se remet en route. Ce n'est pas loin. Les chevaux sont laissés derrière un bouquet de bouleaux qu'argente la lune. Il faut être discret. Que penseraient les guerriers avars s'ils surprenaient Celui qui parle aux Puissances manquant de confiance en ces Puissances au point de s'adresser à la maison concurrente ? On se faufile donc comme des voleurs dans la tente du Grand Chamane, heureusement située très à l'écart des autres, comme il se doit : c'est le sanctuaire d'un ascète.

Il fait terriblement chaud, dans la yourte. La flamme bleue d'un brasero danse sur des blocs de tourbe. L'enfant gît, nu, sur l'inévitable montagne de coussins précieux. La mort est sur ses joues cireuses, au fond de ses orbites de nuit. Il respire à petits coups haletants. Ses frères, de solides gaillards échelonnés sur toute la gamme des adolescences, s'alignent le long de la paroi de feutre aux riches tapis. Le Grand Chamane parle. Tamara traduit :

— Lui (elle désigne le petit malade) fils très précieux. Lui sept (elle montre avec ses doigts).

— Septième ? demande Raymond.

Elle approuve avec vigueur.

— Oui. Septième fils. Septième fils, ça très bon beaucoup. Septième fils de chamane, lui chamane aussi. Seulement septième fils, toi comprends ? Lui parle avec Puissances. Lui meurt, ça beaucoup pas bon. Plus jamais chamane après papa chamane. Puissances faire mourir septième fils, Puissances ne plus aiment chamane. Comprends ?

Renaud regarde Raymond. Raymond regarde Renaud. Ben, oui. Faut faire quelque chose. Mais quoi ? Renaud tire doucement son épée (on la lui a rendue) et la plante dans le sol. C'est le crucifix de fortune des soldats perdus. Il s'agenouille devant, fait le signe de la croix. Ça ne peut pas faire de mal. En tout cas, la famille est impressionnée. On regarde le chrétien faire sa magie. Renaud récite un *Pater Noster*, il ne sait vraiment que celle-là, après il essaiera un *Ave*, mais déjà il a des trous. Après ? Oh, eh bien, il recommencera. C'est la ferveur qui compte. Si le Seigneur Christ Jésus a envie d'aider, il aidera sans y regarder de si près.

Raymond se penche sur l'enfant pâle. Il sait que les médecins prennent le pouls, il le prend donc. Il n'y connaît rien, mais ça lui paraît courir drôlement vite. Et cette petite main brûle sa main. Ce ventre a l'air bien gros... Il le tâte, du bout des doigts. Dur comme du bois de chêne. L'enfant pousse un cri. Voilà, c'est là qu'est le mal. Dans son ventre. Qu'est-ce qu'on fait quand on a mal au ventre ? Une bonne purge ? Il regarde Tamara. Tamara a mouillé d'eau fraîche un linge plié en compresse qu'elle pose sur le ventre douloureux. Pourquoi pas ? Raymond a une idée. Il dit à Tamara :

— Va aux chevaux. Dans le bagage. Petite bouteille. Tu prends, tu rapportes. Vite. Tu comprends « bouteille » ?

Tamara comprend. Tamara sait ce qu'est une bouteille. Tamara sait quelle bouteille.

Elle revient bientôt, tend à Raymond la fiole, la fiole précieuse où clapote l'« al kohol » de la veuve Chrysothémis.

Le père dit quelque chose. Tamara pâlit. Raymond demande :

— Qu'est-ce qu'il a dit ?

— Lui dit Nosferatu sucer sang de fils.

— Nosferatu ?

— C'est mort-vivant. Puissance mauvais. Beaucoup très mauvais. Venir la nuit, sucer sang, faire mourir fils, après fils mort-vivant pareil comme Nosferatu[1].

— Ah, ah ! Voilà donc l'affaire...

Raymond réfléchit. Les morts-vivants et autres Puissances louches, Renaud s'en occupe présentement. Il est chevalier, il est pur, si une prière doit être exaucée c'est bien la sienne. Moi, Raymond, mon rayon c'est les onguents, baumes et élixirs. Et aussi la pâte à faire reluire les cuivres et étinceler l'acier. Chacun sa partie. Bien. Où en étais-je ? Ah, oui. L'élixir que les Arabes appellent « al kohol » est bon pour les plaies, les blessures, les ulcères et tous les dommages causés à la peau. Mais, s'il guérit les plaies du dehors, pourquoi ne guérirait-il pas celles du dedans ? Pour le savoir, il faut essayer. Qu'est-ce qu'on a à perdre ? Le môme est foutu, de toute façon. On y va !

Justement, Tamara lui tend la fiole magique. Raymond ôte le bouchon, dit à Renaud « Prie, chevalier, prie ! C'est maintenant, oui, qu'il faut prier ! », respire un grand coup et,

1. Eh, oui ! Nous sommes dans ce qui sera un jour la Hongrie, tout près de la Transylvanie. Ce qui nous prouve que les méfaits des vampires ne datent pas d'hier.

soulevant d'une main la tête de l'enfant, engage le goulot entre les lèvres mi-closes.

Le précieux septième fils d'un septième fils a un sursaut. Ça brûle. Mais il avale. Et avale. Et encore. A terribles rasades. La bouteille est bientôt vide. La tête pâle retombe sur les coussins. Et voilà que les yeux éteints s'ouvrent et brillent, brillent comme jamais. Soudain l'enfant s'assied, soudain il se lève, il se met à danser... Ça, alors ! Et il parle. Il dit des choses sans doute étonnantes car son père et ses frères sont frappés de stupeur. « Il vaticine, ma parole ! » pense Raymond. Un vrai petit prophète ! Tamara a un mouvement pour s'enfuir, car ce que dit un chamane ne doit pas être entendu par des oreilles de femme. Heureusement, elle se rappelle qu'elle est Tamar, le valet Tamar, le jeune beau gars, et elle reste. Mais comme elle tremble !

— Lui dit quoi ? demande Raymond.

— Choses très terribles beaucoup, répond Tamara. Moi comprends rien du tout. Personne comprend rien du tout. Puissances parler. Terrible, terrible...

— Saoul comme un cochon, conclut l'écuyer. Moi aussi, je me serais enfilé ça dans le corps, je causerais avec les Puissances.

Le papa Grand Chamane, illuminé par la joie, est tombé à genoux. Il se prosterne devant son septième fils vivant et confirmé. Les six frères en font autant.

— Lui dit la Puissance dans la croix de l'épée très beaucoup bonne Puissance. Très beaucoup forte. Lui donne à toi cadeaux. Lui devient chrétien.

— Admire, Raymond, et humilie-toi devant ce vrai miracle de la Croix sacro-sainte, dit Renaud. Le Seigneur Christ a voulu que moi, pauvre errant, réussisse ce que n'ont pu toutes les armées du roi Karl ni celles des Empereurs de Constantinople : amener à Lui l'indomptable peuple avar !

Cependant l'enfant parle moins précipitamment. Il a un hoquet. Il promène alentour un regard qui ne voit rien. Et, d'un bloc, il s'écroule, tout de son long. Le père se précipite, colle l'oreille à la jeune poitrine. Il se relève. Il n'a plus l'air joyeux. Il va droit à Renaud, empoigne son bliaud à hauteur de gorge et dit deux mots, seulement deux mots. Tamara traduit :

— Fais lui vivant encore.

— Aïe, dit Raymond. On dirait que la grâce n'agit plus. S'il y a un dieu pour les ivrognes, ce ne doit pas être le Seigneur Christ.

Le Grand Chamane répète :

— Fais lui vivant !

Cette fois, la pointe de son poignard est sur la gorge de Renaud. Les six fils se sont rapprochés. Ils ont tous l'épée à la main, même le plus jeune, qui n'a pas plus de quinze ans. « Ça, pense Raymond, quant à le ressuciter... Il n'y a plus une goutte de ce bon "al kohol", et de toute façon ça m'étonnerait que ça agisse, ce coup-ci !... Je crois qu'il va falloir improviser. » Le père cependant s'énerve. Tout ce qu'il sait faire, c'est répéter ses « Fais lui vivant ! » de plus en plus désespérés. Il tremble, il sanglote, la pointe aiguë fait un creux dans la peau de Renaud, et puis perce cette peau. Le sang jaillit, l'acier plonge dans la chair. Un éclair, une lame siffle et s'abat, le bras tranché net tombe sur le tapis, la main toujours crispée sur le manche du poignard. C'est l'épée de Raymond qui a fait ce beau travail. Il a coupé ce bras comme on coupe une andouille, il est vrai qu'il n'était pas bien gros, les ascèses auxquelles se livrent les chamanes ne développent pas les muscles ni ne durcissent les os. Le chamane regarde son épaule d'où fusent deux longs jets de beau sang rouge. Son sang. Il regarde son bras, par terre, près de son fils mort sur qui gicle son propre sang, et puis il tombe à genoux, et puis il tombe allongé, et là il finit de se vider.

Pendant ce temps, la bataille fait, comme il sied de dire, rage. Les six fils sont agiles et savent tenir une épée. Renaud et Raymond ont fort à faire, surtout Renaud qui manie d'une seule main une épée à deux mains, à deux mains de colosse. Raymond, lui, s'escrime de la gauche et de la droite. Que de beaux coups sont donnés là ! Les six fils et leurs douze bras n'arrivent pas à percer le mur d'acier dont s'enveloppent les deux héros. Dos à dos, Raymond et Renaud font des prodiges. Déjà un des fils est désarmé, son épée a échappé à sa main transpercée et gît sur le riche tapis. Mais le nombre et la jeunesse finissent par avoir raison de la science des armes et de la folle bravoure. Les deux Francs fatiguent, leur souffle se fait haletant, leurs coups sans force. Le sang leur coule de mainte blessure. Ils vont succomber. Alors Tamara sort de son coin. Sa peur est grande, sa colère encore plus. Elle ramasse l'épée tombée, pousse un hurlement et se met à cogner sur les cinq frères restants comme on cogne avec un bâton sur des chiens pour les séparer. Elle cogne, elle cogne, de tout son cœur, à tour de bras, en poussant des « Han ! », en gueulant des injures sans doute horribles, échevelée, écumante, bouche tordue, œil fou. Foin de quarte, de sixte et de savants moulinets ! Elle cogne, elle hache, elle abat. Ah, la superbe furie ! Ah, la garce magnifique ! Il pleut du sang, des oreilles, de la tripaille, de la merde, de la couille en vrac, même des têtes et des membres, tout ça voltige et s'entrechoque, et aussi vases, coupes, lampes et autres cuivrailles accrochées au passage. « Quelle bonne femme ! » se dit Raymond, en adoration.

Quatre des six fils sont éparpillés en morceaux par la tente, le cinquième contemple, incrédule, ses boyaux déroulés devant lui. Le dernier, la tête en sang, se traîne à quatre pattes et dit « Pitié ! » en langue avare. Il a autre chose à faire sur cette terre que s'étonner, pourtant il reste bouche bée quand il voit le fougueux valet, dont l'animation au combat a ouvert le bliaud du haut en bas, exhiber une paire de nichons blancs et drus aux grosses pointes brunes. Ce sera son dernier étonnement. Du moins l'aura-t-il aidé à penser à autre chose qu'à son triste avenir, et c'est tant mieux car Renaud lui redresse la tête d'un coup de pied et, d'un revers de lame, la lui fait sauter loin du corps sans omettre de dire « Dieu ait ton âme ! », ce qui est bien bon de sa part.

— Vite ! dit Tamara.

Ils essuient leurs épées aux tapis et les remettent au fourreau. Raymond récupère baudrier et fourreau sur un des morts et en ceint la taille de Tamara. Il dit, blagueur mais l'œil humide :

— Prends cette épée. Tu t'en es montrée digne...

Tamara met l'épée au fourreau comme elle rangerait un balai dans un coin, elle fait « Tfou ! », ce qui doit vouloir dire « Peuh ! » en sa langue... Ils sortent. Personne, semble-t-il, n'a rien entendu, la tente est très à l'écart. Ils courent aux chevaux, ils sautent en selle. Les voilà loin.

***

Dans le petit bois au coin du petit lac, six cavaliers attendent. Ils ont nom Djenghizikh, Ellak, Ouzindour,

Emnedzar, Gheism, Hernak. Ils se tiennent immobiles dans la nuit, la lance droite. Seule, là-haut, sous le fer de la lance, la touffe faite des cheveux des ennemis tués, arrachée avec la peau du crâne, flotte dans la brise nocturne[1]. Ils attendent l'ambassadeur saxon qu'ils doivent accompagner jusqu'aux confins incertains du monde avar, là où commencent les huttes de terre des peuples aux yeux bleus.

Le Saxon tarde. Les ordres du Khâ-Khan sont formels : être loin avant le jour. Enfin, un galop fait frémir le sol. C'est le Saxon avec sa suite. Pourquoi galopent-ils comme s'ils étaient poursuivis ? Enfin, bon, ce sont eux, aucun doute, Djenghizikh les reconnaît, le Khâ-Khan les lui a fait voir de loin. Il s'avance hors du couvert, dans un rayon de lune, le bras levé.

Les nouveaux venus stoppent net. Le valet Tamar, le bâtard qui parle le hunnique, se détache et vient à Djenghizikh. Il le salue de ses deux mains jointes et lui transmet le salut de son très honoré maître l'ambassadeur des Saxons. Djenghizikh plante sa lance en terre afin de pouvoir, lui aussi, joindre les mains dans le salut d'accueil. Il étend le bras, désigne quelque chose, un paquet de nuit dans la nuit. L'ambassadeur et son écuyer s'approchent. C'est une charrette, une chose légère comparée aux massifs charrois barbares, une sorte de litière à deux roues, non dépourvue d'élégance, probablement le produit du pillage de quelque villa patricienne sur les confins d'Italie ou de Byzance. Les roues sont à rayons et cerclées de fer, le coffre hermétiquement clos d'une bâche tendue sur des arceaux et lacée à l'arrière.

— C'est donc là le plus précieux du trésor du grand Khâ-Khan des Avars, dit Raymond. Je suis curieux de voir ce qu'il y a là-dedans ! Des diamants gros comme mon cul, des émeraudes comme mes couilles, des rubis...

— Gros comme quoi, les rubis ?

— Je trouve pas. J'ai donné les meilleures comparaisons en premier, j'aurais pas dû. Ah, tiens, en voilà une : comme les nichons à Tamara. Voilà. Je suis content.

— T'en faut pas beaucoup... Bon. Pas le temps de vérifier. Ni d'écouter des conneries, d'ailleurs. En avant !

1. Encore une idée fausse à remettre dans le droit chemin ! Les Peaux-Rouges n'ont pas inventé le scalp. Les Huns savaient faire cela, et même avec un joli tour de main.

On se met donc en route. Viennent d'abord, deux par deux, Ellak et Emnedzar, puis le chevalier Renaud et l'écuyer Raymond, puis le valet Tamar et le cheval aux bagages, puis Gheism et Ouzindour, puis la charrette close, puis Hernak et Djenghizikh, qui ferment la colonne. Deux courageux petits chevaux laineux tirent la charrette. Le cocher est assis sur le timon, ses courtes jambes pendent et se balancent. Il tient un long fouet dont il ne se sert guère. Il sourit sans cesse mais ce n'est peut-être pas un sourire. Il crie « Tiaï ! » pour « En avant ! » et « Ioo... ho ! » pour « Halte ! ». Il n'a pas beaucoup de conversation. Son nom est Gouzir.

⁂

— Relève-toi, dit le Khâ-Khan.

Le cavalier prosterné se relève avec peine. Il est fourbu. La poussière grise qui tombe de lui fait un anneau tout autour sur le tapis. Il demeure à genoux. C'est quand même mieux quand on peut voir en face celui à qui l'on parle.

— Qu'est-ce qui me prouve que tu dis vrai ? dit le Khâ-Khan.

— Ceci.

— Qu'est-ce que c'est ?

— Le sceau personnel du Grand Logothète du Basileus de Constantinople.

— Je me fous de vos sceaux et de vos Logofesses de mes deux.

— Alors, ça.

Le cavalier trousse à pleines mains son vêtement de buffle et son linge de dessous. Son ventre apparaît. Sous le nombril, un tatouage s'étale, noir et rouge : une tête de loup.

— Tiens, donc ! Tu es du clan du Loup ?

— Je suis Baïan. Fils du fils du fils du fils (il compte sur ses doigts) de Baïan le Grand, le Père des Avars. Mon père a été élevé à la cour de Byzance, livré en otage comme garantie d'un traité entre le Khâ-Khan d'avant toi et le Basileus d'avant le Basileus de maintenant. Je suis né là-bas. Peu après, le traité a été violé, comme tous les traités, et donc mon père égorgé devant le peuple et les légions, puisque le traité avait été violé par les Avars. Moi, on m'a oublié. Ma mère était grecque, ma nourrice avare. Et voilà qu'on a eu besoin d'un messager avar. On s'est souvenu de moi. Me voici.

— Tu es chrétien ?

— Je hurle avec les loups.

Le cavalier sourit finement. Le Khâ-Khan pense « Qu'est-ce qui lui prend ? », et puis il comprend qu'il y a eu une plaisanterie à propos de loups, une de ces conneries qu'adorent les Grecs, il méprise ces jeux de châtrés, il se dit que l'éducation grecque a pourri ce jeune prétentieux plus qu'il ne s'en doute lui-même, mais bon, ne le vexons pas, étirons notre bouche en cette grimace obscène que les Longs-Nez appellent « sourire »... Le Khâ-Khan sourit.

« Un peu lent de la comprenette », pense le jeune Baïan.

— Donc, reprend le Khâ-Khan, tu m'affirmes que le grand machin raide aux poils jaunes est un envoyé secret de la mère Irène au gros Karl ?

— Absolument.

— Et qu'il lui porte son accord pour un mariage ?

— C'est cela même.

— Hou là là... Je vais te dire une chose : ce mariage serait la fin de la nation avare.

— A qui le dis-tu !

— Et aussi la fin de la nation bulgare, et peut-être même des Arabes... Mais ceux-là, hein, on s'en fout. C'est juste pour dire que ça va loin, cette affaire.

— On a pensé à tout ça, à Byzance.

— A Byzance, eh eh... Ce serait la fin du Patriarche, la fin du règne des eunuques ! Qui t'envoie, toi ? Les curés ? Ou les sans-couilles ?... Oui, oh, peu importe... Alors, ce salaud était bien un espion ? Ah, l'ordure ! Il m'a eu, l'hypocrite, il m'a eu ! Et moi qui lui ai confié... Non, rien.

— Il a beaucoup d'avance ?

— Il est parti au milieu de la nuit.

— Alors, on peut le rattraper.

— Sûrement ! Surtout qu'il est gêné par... Non, rien.

— Donne-moi un détachement. Des hommes sûrs, des chevaux rapides. Il sera à nous avant ce soir.

Un tumulte s'entend au-dehors. Un officier de la garde entre et se prosterne.

— Quoi encore ?

— Le Grand Chamane. Mort. Tué. Ses fils aussi. Tous les sept. Un carnage.

— Bravo ! Décidément, c'est mon jour !

— Grand Khâ-Khan, c'est l'espion ! dit Baïan fils de Baïan fils de Baïan.

— Tu crois ? Oh, il ne peut pas avoir tout fait, quand même ! Personne n'est aussi mauvais que ça !

— Peut-être que le Grand Chamane l'aura démasqué, et alors, n'est-ce pas, il n'avait pas le choix...

— Tu dois avoir raison. Mais quel salaud, ce Boche ! Un chamane comme celui-là, tu iras le trouver, toi ! Le septième fils d'un septième fils d'un septième fils, et comme ça sur dix générations. Je ne sais pas si tu te rends compte. Et moi, pauvre de moi, qui suis allé confier à ce vendu... Non, rien.

***

La petite troupe fait route vers cet horizon qui fuit devant elle, droit sur un point invisible perdu entre Nord et Occident, là où surgiront tôt ou tard les montagnes de Bohême, si loin encore. Le jour s'est levé. On reconnaît maintenant fort bien les enseignes sacrées du Khâ-Khan en haut des lances des deux cavaliers de tête. Un crâne de loup avec son poil, montrant les dents, totem du clan. Une mince flamme noire traversée dans sa longueur d'une bande écarlate, les couleurs personnelles du Khâ-Khan.

Ils ont rudement marché. Ils ont quitté la plaine entre Danube et Tisza et abordent le pays onduleux. Ils n'ont pas croisé de guerriers. Tous ont déjà rejoint leurs postes assignés à la frontière de Bavière ou bien dans le Ring royal, autour du Khâ-Khan. Ils ont franchi trois rings, mettant à profit les interruptions aux cours d'eau. Les postes de veille ont sonné de la trompe en hommage aux couleurs du Khâ-Khan.

— On aurait pu s'arrêter au dernier ring et casser une croûte sur le pouce, dit Raymond. Boire quelque chose de chaud... De toute façon, il faudra bien qu'on s'arrête pour manger. Je crève de faim, moi. On n'aura pas le temps d'allumer du feu.

Il ajoute, très farceur :

— A moins que Tamar n'ait mis des entrecôtes à cuire sous son cul... Hein, Tamar ?

Il rit. Mais Tamara plonge la main dans la ceinture de ses

braies, la plonge très loin entre ses cuisses, soulève les fesses, hop, et sa main revient au jour, ramenant une large tranche de viande qu'elle montre gravement à Raymond.

Renaud, couché sur l'encolure du cheval, rit à s'en péter la tête. Raymond, les yeux ronds, contemple ce prodige : il lâche une connerie en l'air pour se faire rire, elle devient vraie ! Tamara a tiré de son sein une feuille de vigne bien verte, l'a étalée sur sa paume, a posé dessus la tranche de viande, ainsi présente-t-elle fort gracieusement sa cuisine à son seigneur. Alors Raymond prend la viande — que pourrait-il faire d'autre ? — et, ma foi, la porte à sa bouche.

— C'est à point ? demande Renaud.

Raymond mastique, au rythme du pas du cheval. Attentif, il déguste. Il dit, la voix toute drôle :

— Délicieux... Non, c'est pas ça. C'est mieux. C'est autre part... Je peux pas dire... C'est elle, quoi ! C'est elle ! Ah, chevalier...

Mais déjà Tamara, rougissante, tend une autre tranche de viande à Renaud... Rougissante, mais oui ! Tamara rougissante...

— Bon. Elle a deux fesses, dit Raymond. Le compte y est. Mais elle n'en a que deux. Qu'est-ce qu'elle va manger, elle ?

Voici justement la réponse. Tamara tire du même endroit une troisième tranche, plus petite, celle-là, plus étroite.

— La tranche du milieu, je pense, dit Renaud.

Voir les Francs manger a mis les Avars en appétit. L'un après l'autre, ils ont extrait des profondeurs de leurs braies la tranche de viande attendrie aux secousses du trot et macérée à la sueur de cul et, sans ralentir l'allure, ils dévorent.

— Quand vont-ils en remettre au four pour le repas de ce soir ? demande Raymond.

Mais le repas du soir sera d'un strict classicisme occidental. Puisqu'il faut bien s'arrêter pour dormir et laisser se reposer les chevaux, ne serait-ce que quelques heures, Tamara en profite pour allumer un feu, y faire griller des viandes et gonfler une bouillie de graines de blé noir. Le tout est vite avalé, pioché à la main à même le chaudron dès que c'est un peu refroidi.

Il est très tard. On a marché à crever les chevaux. Les Avars s'allongent sur le dos, une pierre sous la nuque. Repus, ils rotent, et puis s'endorment, foudroyés.

Djenghizikh, cependant, ne dort pas. Il a fait bouillir de

l'eau, il a laissé tomber dedans une pincée de ces feuilles recroquevillées qu'ils emportent partout sur eux, tassées et comprimées en forme de brique, et voilà, il tend le bol fumant à Renaud, ça sent bon, il pousse aussi vers lui un autre bol plein de beurre ranci bien à point, et, sur une feuille verte, une poudre blanche qui est du salpêtre. Il dit, l'air engageant :

— Tchaï.

Tamara explique :

— C'est « tchaï »[1].

— Tisane ? dit Raymond. Herbe ?

— Tchaï. Bon. Fatigue, parti. Malade, parti. Triste, parti. Tchaï, bon.

— Oui, dit Renaud. Mais sans beurre. Beurre, beuark ! Pas bon.

— Je suis sûr qu'avec du miel... dit Raymond.

— Tu l'as déjà dit. Bois une gorgée.

Raymond boit, gravement. Le bol fait le tour. Djenghizikh l'emplit de nouveau. Chacun boit. Raymond dit :

— Si on partage avec l'écuyer, on partage aussi avec le valet. Tiens, Tamar.

Il tend le bol à Tamara. Djenghizikh, impassible, regarde. Tamara fait « Non » de la tête, mais chez ces gens « Non » se fait « Oui », d'arrière en avant. Raymond, bien sûr, comprend de travers. Il s'énerve.

— Eh bien, alors, prends !

Il pousse le bol dans les mains de Tamara, qui se voit bien forcée de le prendre. Elle lève un regard désespéré vers Raymond, mais il exige :

— Bois !

Alors, elle boit. Une gorgée. A peine. Très vite. Et puis tend le bol à Djenghizikh, sans le regarder. Djenghizikh ne prend pas le bol. Il dit quelque chose, quelque chose de très sec et de très cinglant. Raymond s'inquiète :

— Qu'est-ce qu'il dit ?

— Dire moi pas avar. Moi, bulgar. Bulgars pas bons. Comme chiens. Pas purs. Mélangés avec Slavons. Slavons comme merdes de chiens.

— Ah... C'est ça qu'il a dit, eh ? Dis-lui ça : Toi serviteur de

1. « Thé » se dit, encore de nos jours, « tchaï » en russe, en chinois, en mongol...

moi. Insulter mon serviteur, c'est m'insulter moi. Et toc !

Djenghizikh écoute la traduction. Il répond.

— Toi aussi, serviteur. Toi, rien du tout. Serviteur de serviteur, moins que rien du tout.

— Qui parle mal de mon écuyer parle mal de moi-même.

Cette fois, c'est Renaud qui s'en mêle.

— Toi, Saxon. Germain. Pas comprendre Avars, dit Djenghizikh par la bouche de Tamara. Bulgars coupent couilles du cheval, ça très beaucoup pas bon, ça la honte[1]. Bulgars faire dans cul des hommes pareil comme dans trou des femmes, ça très beaucoup la honte. Bulgars parler comme Slaves, oublier langue des Huns, langue des ancêtres. Bulgars gratter la terre, habiter maisons. Bulgars, tfou !

Ce « Tfou ! » doit être le mot du suprême dégoût, car, au moment ou Tamara, yeux baissés, le répète, l'Avar expulse un énorme crachat qui fouette le sol juste entre les pieds de Tamara.

— Bon, ça va comme ça, dit Raymond, qui tombe de sommeil. Les Avars méprisent les Bulgars, et nous on les méprise tous, ces faces de cul de chaudron... Quand je pense que ce grand con ne s'est même pas aperçu que Tamar est une femme, EN PLUS... Je voudrais quand même bien savoir à quoi ressemble leur trésor, là, dans la carriole... Mais je t'en fous, y a toujours un de ces sans-nez assis devant le laçage de la putain de bâche...

Tout le monde s'étend, Tamara roulée en boule aux pieds de son maître. Dans un bâillement, Raymond marmonne encore :

— Et ces colliers de gousses d'ail qu'ils se mettent autour du cou avant de dormir, hein ? A quoi ça ressemble, je te le demande ?

— Ça, Tamara sait, dit Tamara. C'est pour démons de la nuit. Avars croient que morts pas morts mordre eux au cou et sucer sang. Avars très beaucoup peur. Avars comme petits enfants : beaucoup peur, beaucoup méchants.

Tamara rit sous cape. Tamara jette un regard furtif au chevalier Renaud, qui, bien à plat sur le dos, la bouche ouverte, ronfle aux étoiles. Tamara, contente, s'endort.

---

1. Les Bulgars n'ont peut-être pas inventé l'art de châtrer les chevaux, mais il est sûr qu'ils étaient les seuls à le pratiquer dans le haut Moyen Age. C'était très mal vu.

***

Ellak, qui galope en tête avec Emnedzar, lève le bras. Tous s'arrêtent. Ellak met la main à l'oreille, la tête tournée dans la direction d'où l'on vient. Il dit quelque chose. Tamara traduit :

— Trompes de guerre parler. Ellak entend. Tamara aussi entend.

— J'entends aussi, maintenant, dit Renaud. Ça vient du dernier ring que nous venons de passer, on dirait. Bon. Et alors ? C'est le train-train de la vie de garnison. L'appel à la soupe, je pense. Ça ne nous regarde pas. En avant !

Mais Djenghizikh paraît inquiet. Il regarde au loin en arrière, discute avec les autres Avars.

— Eux dire : quelque chose pas bon, dit Tamara. Trompes parler pour alarme. Et maintenant, fumée aussi parler.

Elle pointe l'index vers l'horizon. Des bouffées blanches montent l'une derrière l'autre, selon un rythme saccadé et précis. Djenghizikh parle, Tamara traduit :

— Fumée dire : « Laisser passer personne. » Ça, message Khâ-Khan. Nous, soldats. Khâ-Khan dire « Pas passer ». Toi pas passer.

— Eh là ! dit Renaud. Nous sommes *déjà* passés. Nous, envoyés du Khâ-Khan. Ambassadeurs. Ça pas pour nous. Dis-lui, Tamar. Allons, en route !

Djenghizikh secoue la tête. Il est bien embarrassé. On a franchi le dernier ring, on est maintenant dans la montagne, il voudrait être sûr de ne pas faire une connerie, Djenghizikh.

Un bruit de galop se rapproche. Une troupe assez nombreuse.

— Eh bien, voilà, dit Renaud. Ce doit être ces types-là qui ont forcé le passage du ring. Des déserteurs, peut-être ? Ou des prisonniers qui s'échappent... Mettons-nous toujours à l'abri, le temps de les voir passer. Grimpons par là.

C'est un sentier d'éboulis très abrupt qui se tortille au flanc du roc. Là-haut, ils seront en sûreté. Il faut mettre pied à terre et mener les chevaux à la bride. Ils n'aiment pas ça, les chevaux, ils ont peur. Les Avars suivent, pas très convaincus.

— Et voilà ! dit Raymond. Comme à Roncevaux ! Mais cette fois, c'est nous qu'on est en haut, c'est nous qu'on tient le bon bout !

Raymond arrange la corde de son arc, la tend juste comme il faut, la contrôle du gras du pouce et passe son carquois sur son dos, les empennages bien à portée. Les Avars se demandent s'ils doivent en faire autant, et puis décident que la lance et l'épée suffiront, il n'est pas question d'engager le combat, la mission avant tout. Mine de rien, ils se placent en demi-cercle autour du chevalier, de l'écuyer et du valet, qui guettent ce qui va déboucher au pied de l'à-pic.

Le galop frappe le roc, amplifié par l'écho. Les voilà... Ce sont des Avars de la garde du Khâ-Khan ! Leurs chevaux sont blancs d'écume. Un godelureau arrogant, vêtu et armé en prince mais couvert de poussière, galope à leur tête. Son cheval dresse l'oreille, frémit de la narine et hennit longuement. Le godelureau tire sur la bride en même temps qu'il lève le bras. Tous s'arrêtent. Ils sont bien une vingtaine. Le godelureau dit quelque chose en regardant de tous côtés. Il montre aux autres le sentier d'éboulis, puis la crête, là-haut. S'ensuit une discussion animée.

— Merde ! marmonne Raymond. Ces sauvages-là, ça a le flair du renard en quête de poulets.

— Eux envoyés par Khâ-Khan, dit Tamara. Eux, bannière du Khâ-Khan.

C'est vrai. Au mât d'une lance ricane la tête de loup, au mât de l'autre claquent les couleurs redoutables. Djenghizikh, Ellak et les autres savent maintenant où est le devoir. Renaud, Raymond et Tamara voient le mur des boucliers ronds se resserrer. Les pointes des lances convergent sur eux. D'en bas, une voix interpelle, d'un ton fort impérieux.

— Lui dire : tuer. Ordre du Khâ-Khan. Pas laisser parler. Tuer vite.

— Je vois, dit Renaud. Il nous en a trop dit.

— Oh, mais, attends ! s'écrie Raymond. Tu vas voir !

Il dit à Tamara :

— Répète ce que je vais dire. Crie très fort. Aussi fort que tu peux. Tu y es ? On y va !

Il hurle :

— Khâ-Khan, menteur ! Khâ-Khan, félon ! Khâ-Khan avoir dix et dix langues dans sa bouche ! Khâ-Khan dire aux braves guerriers « En avant contre le roi Karl ! » et en même temps Khâ-Khan mettre trésor à l'abri ! Bouh ! Vilain Khâ-Khan ! Tromper peuple avar ! Et maintenant, vous aussi savoir secret. Vous aussi mourir, puisque nous mourir à cause du secret ! Vous tuer nous maintenant, et après camarades tuer vous. Ah, ah !

Tamara hurle chaque phrase après lui, en s'efforçant de grossir sa voix, laquelle, après tout, peut passer pour celle d'un adolescent.

Les six Avars de l'escorte se regardent. Djenghizikh les houspille. Tamara traduit :

— Lui dire que Saxon avoir dix fois dix langues. Parler, parler... Djenghizikh s'en fout. Khâ-Khan dire « Tuer ! », Djenghizikh tue.

— Donc, bataille ! dit Renaud. D'accord. Allons, Raymond, tire l'épée ! Montjoie Saint-Denis !

Les six Avars hésitent encore. La consigne est sacrée. Ça, ils comprennent. Mais si la consigne change en cours d'exécution, ils sont un peu perdus. Le Khâ-Khan leur a ordonné de protéger ces trois types, et voilà maintenant que le Khâ-Khan leur ordonne de les tuer ? Leurs âmes simples et loyales sont à la torture. Pendant ce temps, les nouveaux venus escaladent la crête, les voici qui déboulent, mais l'un derrière l'autre, bien sûr, on ne peut pas grimper à deux de front. Le godelureau arrogant qui commande ces gars arrive en tête, plein de feu, l'épée à la main. Mais celui-là, ils ne le reconnaissent pas. Djenghizikh lui-même est ébranlé. Il connaît bien les soldats de la garde et leurs officiers, tous des copains. Qui donc est cet imposteur ? Quelques pointes de lances se tournent vers lui.

— Je suis Baïan, fils de Baïan, fils de Baïan, fils de Baïan le Grand, dit-il aussi vite qu'il peut. Je suis prince avar, du clan du Loup.

— On dit ça..., dit Djenghizikh.

— Et ça ?

Baïan pose sa lance et son bouclier sur le cou de son cheval. Il retrousse son devant, met au jour son nombril et son tatouage. Les Avars font « Aha ! » Une flèche fait « Dzouinng ! » et vient se planter dans le nombril, en plein dans le petit creux. Elle s'enfonce là-dedans, c'est rien que du mou, il ne reste dehors que les plumes de la queue, de jolies plumes rouges et vertes, Raymond aime ces couleurs.

Tamara n'avait pas jugé utile de traduire le bref dialogue, ça allait d'ailleurs trop vite, mais Raymond a compris que les destins basculaient. C'est un garçon tout en réflexes, qualité essentielle chez un soldat de fortune.

Ce « Ddzouinng » a déclenché le massacre. Toutes les lances sont maintenant pointées vers là où il faut, plus d'hésitation, le moral militaire remonte. Le cheval de Baïan le jeune bondit, son épée va faucher plus férocement encore que d'habitude, car son ventre lui fait très mal. Il n'a pas arraché la flèche, il ne faut jamais, la pointe en double hameçon vous sortirait la tripaille du ventre, alors qu'en la laissant en place le bois bouche la plaie et l'empêche de saigner, c'est une des choses qu'on vous enseigne en premier. Avant de crever, il veut s'en payer, Baïan, ah, les salauds !

Seulement, Renaud est là, prompt à la parade, et c'est épée contre épée. Géant contre Titan. Lui aussi, il est enragé, Renaud. Il en oublie qu'il a un bras hors d'usage, il cogne avec les deux, il n'a pas une flèche plantée dans le nombril pour le stimuler, il n'en a pas besoin, c'est un battant, c'est un vaillant, son épée est plus lourde, son bras plus long, son cheval plus gros, il culbute l'Avar, son cheval et toute sa ferraille cul par-dessus tête, tout ça tombe à la renverse là d'où c'est venu, écrabouillant toute la queue leu leu de féroces qui grimpent à la rescousse.

Pendant ce temps, Raymond et Tamara ne sont pas restés à ne rien faire. Que valent six lances avares contre deux bonnes épées franques ? Ils te vous fauchent ça comme blé mûr pour se mettre en appétit, et puis c'est le ballet des épées, le grand cliquetis de mort sous le beau soleil. Renaud, en ayant fini avec Baïan, revient sur le centre, à trois contre six qui ne miserait sur les preux ? Sans compter le vrai Dieu, qui est avec eux. Mais tous les lascars amenés par Baïan n'ont pas été aplatis, beaucoup même ont achevé l'ascension de la crête et voici qu'ils accourent en hurlant des choses sinistres, c'est maintenant une trentaine d'ennemis qui font rage et crient « Tue ! »

Pas question d'arc ni de flèches dans ce combat de chiens, on blesserait les siens. Au corps à corps, donc. Le chevalier et l'écuyer font merveille, tranchent et défoncent, taille et estoc, hardi petit, les casques mongols cabossés sonnent le fêlé comme de vieilles gamelles, tout le monde est rouge de la tête aux pieds, les chevaux aussi, ils n'aiment pas ça, les chevaux, l'odeur du sang les rend fous, ce sont mangeurs d'herbe. Tamara tue comme quatre chevaliers, sa furie l'a reprise, bonne recrue, même le cheval aux bagages a choisi son camp, dressé sur ses jambes de derrière il ouvre les crânes avec ses fers de devant, ou bien il se tourne et rue des deux sabots dans une poitrine, ça aussi ça fait mal, tiens !

Mais que peut la vaillance contre les gros bataillons ? Hélas. Tout homme de guerre connaît la réponse. Et, à mesure que s'élève autour des vaillants une muraille de cadavres et de blessés gémissants, ceux des attaquants encore valides voient se préciser la certitude de leur finale victoire et s'avancer le moment du grand hallali.

— Chevalier, c'est pas pour dire, mais je me sens un peu fatigué, dit Raymond.

— Repose-toi un instant. Tu as pensé à emporter un coussin ? Dormir la tête basse donne la migraine.

Ces propos badins s'échangent, cela va de soi, sans que s'interrompe le festival des horions... La fin, cependant, est proche. Elle sera cruelle. Tamara a cassé son épée au ras de la garde. Elle ramasse, parmi le fourniment éparpillé par la fougue du cheval aux bagages, le grand chaudron à cuire la soupe, et la voilà qui cogne avec ça, mais c'est malcommode et son bras est bien las...

Ils vont succomber, les trois braves, ils vont tomber en héros et personne jamais n'en saura rien. Déjà Renaud gît, son sang s'est enfui par sa plaie rouverte... Mais quel est ce monstre aux dix têtes, aux vingt membres, aux cent épées étincelantes, soudain surgi de nulle part et hachant les Huns comme chair à pâté ?

— Les Quatre Fils ! s'écrie Raymond, soudain plein de force et de feu. Les quatre Aymon !

Ces mots ressuscitent Renaud, qui se dresse sur un coude. Et alors il voit.

Il n'y a qu'un cheval, un seul, et sur ce cheval quatre cavaliers. Mais ce cheval est Bayard, le destrier enchanté donné par la fée Orlande aux quatre fils d'Aymon le Saxon, duc de Dordogne en Aquitaine. Bayard, la commune monture des quatre pauvres chevaliers, Bayard dont la croupe s'allonge selon le nombre de preux qu'il lui faut porter.

L'aîné des quatre fils Aymon a nom Raygnald. Sa terrible épée Fusberte à chaque coup fend un Avar en deux depuis la pointe du heaume jusqu'au cheval, parfois même, sur l'élan donné, fend-elle le cheval après le cavalier, et alors les deux moitiés se séparent et tombent, une à droite, une à gauche, épandant sur l'herbe force tripailles merdeuses et vilain sang noir d'infidèle. Derrière Raygnald, ses trois frères, Guiscard,

Allard et Richard, ne laissent leur part à personne, et cela fait, au-dessus de Bayard le noble destrier, comme un tourbillon d'ailes de moulin emballées qui projette têtes et membres de Huns aux quatre horizons.

Les Avars, devant cet ouragan mortel, ont reculé, toutefois en bon ordre, et maintenant, à l'abri des buissons et des rochers, ils font pleuvoir sur les valeureux Francs flèches et javelots, et aussi d'autres armes de jet fort malicieuses qu'un chevalier chrétien aurait honte et vergogne d'utiliser.

Or ces armes scélérates sont comme suit. Aucunes sont d'épais silex faits en forme de disques semblables à ceux que, à ce que rapportent les lettrés, les Grecs des anciens temps lançaient dans l'arène du stade en manière d'exercice et passe-temps, mais la circonférence en est taillée et affûtée tant et tant qu'elle tranche mieux qu'un rasoir et, habilement lancé, ce disque diabolique ouvre les gorges, coupe les têtes ou bien fend les bouches jusqu'aux oreilles et puis revient bien gentiment se poser dans la main qui le lança. Autres de ces engins cruels sont des croix d'acier aux branches fort pointues qu'il suffit de jeter avec force parmi l'ennemi pour qu'elles crèvent les yeux et percent les poitrines à coup sûr car, ayant quatre pointes tourbillonnantes, il est certain qu'il s'en trouvera toujours une pour se planter au but. Autres encore sont cordes de fin cuir tressé, fort minces, fort souples et fort solides, munies d'un nœud coulant, dont ces perfides attrapent de loin les cavaliers au col et les font choir, et puis les amènent à eux pour les étrangler ou poignarder bien à leur aise et convenance.

Mais les Francs ont écus bels et bons, vastes et bien couvrants, et aussi promptitude et vigueur nouvelles. Les engins déshonnêtes ne servent de rien contre ces cœurs vaillants. Les Quatre Fils crient « Montjoie Saint-Denis ! » et lancent les terrifiantes francisques, les lourdes haches d'armes franques, certaines à un seul fer, d'autres à deux fers opposés, qui, elles, font ravage parmi les Avars, défoncent les heaumes et font éclater les boucliers, tant et si bien qu'il n'y a plus qu'à charger pour finir le travail.

Tous les Avars sont bientôt dépêchés vers le paradis des guerriers huns, quel qu'il soit et où qu'il se trouve, sauf deux qui dégringolent la pente et s'enfuient en courant. Raymond bande son arc.

— Je les arrête ? demande-t-il.

— Laisse courir ces pauvres bestioles, dit Renaud. Ils ne nous feront plus de mal.

Il se tourne vers les Quatre Fils.

— Chevaliers, vous arrivâtes à point. Grand merci vous dois-je, et aussi mes gens, que voici.

— C'était la moindre des choses, dit Raygnald. Nous chevauchions. Nous entendîmes « Montjoie Saint-Denis ! » Pouvions-nous passer outre ?

— J'ai dit « Montjoie Saint-Denis », moi ?

— Tu l'as même hurlé à pleine gueule, dit Raymond.

— Mais c'est le cri de guerre du roi Karl ! Je m'étais juré de ne plus le lancer, plus jamais !

— Et nous, chevalier, nous nous étions juré de ne plus jamais y répondre ! Et tu vois...

— C'est vrai, vous, les Quatre Fils, vous avez fort souffert des procédés du roi Karl.

— Et ce n'est pas fini ! Apparemment, toi non plus, chevalier, tu n'es pas trop content de lui ?

Mais Renaud, que le sang perdu épuise, vacille et tombe en pâmoison. Tamara la vigilante le reçoit dans ses bras. Doucement, elle le couche sur l'herbe, à l'ombre d'une touffe de noisetier.

Dans un beau mouvement d'ensemble, les Quatre Fils passent la jambe pour mettre pied à terre. Le cheval Bayard aussitôt raccourcit. Il hennit de plaisir, s'ébroue et, du bout des dents, cueille quelque herbette parfumée.

Raygnald se penche sur Renaud, lui force entre les lèvres le goulot d'un flacon de cristal où scintille une liqueur de la couleur des vers luisants.

— Cet élixir me fut donné par l'enchanteur Maugis, qui me veut du bien, dit-il.

— Qui ne connaît Maugis, dans les Gaules et les Germanies ? dit Raymond. Nous sommes au courant de vos aventures, vous savez.

Renaud cependant ouvre les yeux. Le voilà frais et gaillard. Même son bras blessé ne lui fait presque plus mal.

— Eh bien, dit Raygnald, mes frères et moi sommes enchantés d'avoir pu vous être utiles. Mais nous ne voulons pas être indiscrets. Si vous le permettez, nous allons prendre congé.

— Savez-vous si nous sommes encore loin de... Au fait, encore loin de quoi ?

— Au fait, oui, dit Raymond. On ne sait plus où. C'est les Avars qui savaient... Merde ! Le trésor ? Le trésor du Khâ-Khan ?

Il est là, le trésor. Dans sa charrette, en bas, un peu plus loin, à l'abri d'un bosquet de pins. Il n'a pas bougé. Le cocher avar est assis sur le timon, derrière ses chevaux, il balance ses courtes pattes, il attend qu'on lui dise ce qu'il doit faire, il sourit. Mais est-ce bien un sourire ?

Raymond se gratte la tête :

— Vu que le Khâ-Khan a voulu nous faire tuer, je me demande si la mission tient toujours. Mais, bon, c'est toi le patron.

— Il me semble, dit Renaud, que nous pouvons considérer cela comme une rupture de contrat.

— De toute façon, ce trésor, nous ne savons pas où le livrer.

— De toute façon, nous n'avions accepté cette mission que pour nous aider à traverser le pays avar et à remplir l'autre mission, la seule, la vraie.

— Une mission dans la mission, en somme.

— Et si nous voulons bien nous rappeler que les Avars sont tout à la fois les ennemis enragés de l'impératrice Irène et du roi Karl...

— Notre devoir est lumineux : ce trésor est butin de guerre, chaudement et vaillamment conquis.

— Avec l'aide inestimable des quatre fils Aymon, qui auront donc droit au partage.

Les Quatre Fils, courtoisement, s'inclinent. Raymond tire son poignard, s'approche de la charrette, par-derrière, là où le laçage tient la bâche fermée. Il regarde le cocher. Le cocher tourne vers lui sa face béate et continue à balancer ses jambes. Alors, hein... Raymond, d'un seul coup, tranche les entrecroisements du lacet, du haut en bas. La bâche s'écarte. Raymond rejette les deux pans et dit à Renaud :

— Chevalier, à toi l'honneur.

Renaud scrute l'intérieur de la charrette. On ne voit rien, là-dedans, c'est tout noir. Il tend les mains, tâte l'obscurité. Il se tourne vers les autres. Il a l'air surpris. Enfin, il ramène ses mains au jour. Dedans, il y a une princesse.

Une princesse avare, mais bon, une princesse.

Elle est toute mignonne, parée comme pour une fête. Elle se blottit contre Renaud, la joue sur son cœur. Ses lèvres bougent, on entend un gazouillis, un pépiement d'oiseau.

— Que dit-elle ? demande Renaud.

Tamara ne répond pas. Ça n'a pas l'air d'aller, Tamara. Renaud insiste.

— Eh bien, traduis, Tamara !

— Elle dire : « Mon sauveur ! Mon sauveur ! » crache Tamara.

— Sauveur ? Je l'ai sauvée de quoi ? s'étonne Renaud.

— Oh, les princesses, ça dit toujours ça, dit Allard.

— C'est même à ça qu'on reconnaît que c'est des princesses, dit Guiscard.

— Nous, les princesses, ça commence à bien faire, dit Richard.

— Bon, ben, c'est pas qu'on s'embête... dit Raygnald.

Et il saute en selle. Et Allard saute en selle. Et Guiscard saute en selle. Et Richard saute en selle. Et chaque fois le bon cheval-fée Bayard s'allonge un peu plus.

— Hé ! dit Raymond. Avant de partir, dites-nous : pour aller à Aachen[1], c'est par où ?

— Par là, tout droit, disent les Quatre Fils. Pouvez pas vous tromper.

Les quatre bras, bien parallèles, se tendent vers une direction exactement à mi-chemin entre Occident et Septentrion. Puis le bon cheval Bayard hennit, lève la queue, lâche huit beaux crottins et part au galop. Les quatre fils Aymon disparaissent à l'horizon.

1. Aachen, c'est Aix-la-Chapelle, pour le cas où vous l'auriez oublié.

TREIZIÈME CHAPITRE

Que faire d'une princesse quand on en trouve une là où l'on croyait trouver un trésor ? Le premier mouvement est de la rejeter à l'eau, comme un poisson trop petit, mais voilà, il n'y a pas d'eau. Et puis, on est chevalier. Alors, bon, on la prend en croupe. Et son domestique, l'Avar à la face de lune vaguement hilare, on l'emmène aussi, puisqu'elle le réclame, juché sur un des deux chevaux précédemment attelés à la charrette. Car, de charrette, plus question, il faut maintenant forcer les étapes. Bien sûr, elle aurait pu, la princesse, monter sur l'autre cheval de trait, elle aurait pu, seulement elle ne sait pas monter. Une princesse d'Orient n'apprend pas ces choses. La voilà donc pelotonnée contre le dos de Renaud, ses bras dodus enserrent la taille bien prise du chevalier, ses seins menus mais expressifs tressautent au gré du trot soutenu contre le dos du chevalier, sa bouche en cerise gazouille son gazouillis.

Tamara trotte en queue de colonne. Elle fait une drôle de tête, Tamara.

Ils chevauchent ainsi longtemps, très longtemps. Ils vont loin, aussi loin qu'ils peuvent, avant de faire halte. Ils ont quitté les confins indécis où rôdent de petits détachements isolés d'Avars en quête de meurtre et de rapine. Ils ont cherché à éviter les premiers villages tchèques, et puis ils en ont vu fumer les cendres sur l'horizon. Ils ont rencontré les premiers paysans tchèques : ils se desséchaient haut dans le ciel, plantés bien à fond sur leurs pals bien alignés. Les corbeaux leur avaient gobé les yeux, les vautours leur fouillaient la tripe, leurs longues chevelures d'or fauve claquaient au vent comme des oriflammes. Il semblerait qu'avant de quitter le pays pour s'en aller au-devant des armées du roi Karl les gens de la Grande Horde se sont payé une dernière tranche de bon temps.

— L'ombre des empalés me défonce le cul, dit Raymond. Décidément, je ne m'y ferai jamais, à ces chienneries.

— J'en suis de même tout attristé, dit Renaud. Qu'il me tarde donc de fouler la douce terre de Gaule, où nous cheminerons à l'ombre gentiment balancée des pendus !

Le sabot de leurs chevaux sonne maintenant sur le roc des montagnes de Bohême. Autour d'eux s'étage la noire forêt aux chênes énormes, aux sapins immobiles, où les gnomes grouillent sous les fougères, où l'air frissonne sous l'aile invisible des fées... C'est donc là la secrète et sauvage Bohême, l'antique patrie des Celtes Boïens, que chassèrent les Germains Markomans, que chassèrent à leur tour les Slaves Tchèques... Elle est désormais la patrie des Tchèques, et pour un bon bout de temps, semble-t-il, puisque ni les hordes des Khâ-Khans ni les armées du roi Karl n'ont jusqu'à ce jour réussi à les déloger ou à les soumettre.

Ce n'est que lorsque s'allument les premières étoiles que Renaud donne enfin le signal de la halte. Ils se laissent tomber à terre. Le combat contre les Avars les a fort malmenés. Les chevaux tremblent sur leurs jambes, il semble qu'ils vont s'abattre, mais l'herbe tendre de la clairière leur donne un sursaut d'appétit. Tamara est de nouveau en loques, après chaque bagarre c'est la même chose, elle se donne tellement à fond, elle ne prend vraiment pas assez soin de ses affaires, et maintenant, voilà, ses vêtements de jeune gars pendent autour d'elle, il est difficile d'ignorer qu'elle est femelle, et glorieusement femelle. Mais, après tout, pourquoi s'en cacher, désormais ? Les Huns de tout poil sont loin, eux et leur mépris des ventres qui les portèrent et des mamelles qui les allaitèrent. Et l'autre, là, qui fait sa pucelle et sa sucrée, est-ce qu'elle les cache, elle, ses rondeurs ? Pour ce qu'il y en a, d'ailleurs... Tamara crache.

Tamara ramasse du bois, Tamara allume le feu, Tamara court à la source remplir son chaudron cabossé, Tamara épluche les légumes, Tamara bouchonne les chevaux... Pour les chevaux, tout de même, Raymond est déjà en train, tandis que Renaud panse son bras. La princesse, assise sur un coussin de soie, dans son beau caleçon de soie et sa longue robe de soie, gazouille. Le cocher à face de lune brosse les cheveux de la princesse.

Ils sont maintenant assis en rond autour du feu. Ils soufflent sur la soupe brûlante. Ils n'ont pas grand'faim. Ils sont trop fatigués.

— C'est pas qu'on ait grand'faim, dit Raymond. On est trop fatigués. Mais tout ce qu'on voudra, quelque chose de chaud dans le ventre, ça vous retape ! Remarque, la viande mijotée à la sueur de cul, j'ai rien contre, et même j'apprécie, enfin ça dépend quel cul — là, Raymond se tourne galamment vers Tamara —, mais à la longue ça échauffe le tempérament, ça vous fait venir des furoncles, et un cavalier avec un furoncle mal placé, vous savez quoi ? Ben, y a plus de cavalier, voilà quoi. Sans parler de la constipation, n'est-ce pas, chevalier ? J'ai pas raison, peut-être ?

Renaud dit « Hon, hon... » Tamara ne dit rien. La princesse gazouille quelque chose. Tamara baisse le nez dans sa soupe. Raymond demande :

— Mais qu'est-ce qu'elle raconte ?

Tamara traduit, sans lever le nez :

— Elle dire voir que moi Slavonne. Femmes slavonnes plus pire comme bête grouïï-grouïï...

— Ah, un cochon, tu veux dire ? Une truie ? Elle dit que tu es une truie ?

— Peut-être ça. Toi savoir. Elle pas jamais mange avec Slavonne.

— « Le Slave est le chien du Hun », proverbe hun. On sait ça.

— Elle dire femmes slavonnes pas jamais mange avec guerriers, pas jamais avec princesse, ça beaucoup pas bon.

Tamara crache pour mimer le dégoût d'une princesse avare. Renaud est pensif.

— Elle a raison, dit-il. Elle me fait prendre conscience à quel point tu abuses de ma bonté, écuyer. Ta servante ne devrait pas être assise à la table de ton seigneur. Toi non plus, je te ferai remarquer. Tu es censé te tenir à mon côté pour me servir à boire et couper mes viandes de tes mains, cependant que ta Tamara resterait à ses fourneaux. Enfin, quoi.

— Chevalier, les princesses te montent au chignon. Une servante ne doit pas non plus prendre l'épée, je pense. Cependant, si elle ne l'avait fait, nous ne serions pas là à manger sa soupe. Et toc !

— Les circonstances extrêmes autorisent des libertés extrêmes. Mais justement, étant extrêmes, elles ne doivent point devenir le quotidien. Il existe un ordre des choses voulu par Dieu. Ou alors, pourquoi nous battons-nous, peux-tu me dire ?

Cependant le gazouillis coule, fontaine intarissable.

— Traduis, Tamara, traduis, exige Raymond.

— Elle dire quoi Avar faire avec Slavons. Slavons très beaucoup bêtes, bons à rien. Avars chercher, chercher, et trouver quoi faire. Essayer sabres, voilà quoi faire. Slavon pendu en l'air, les mains en l'air, comme ça, d'accord ? Sabre couper gros Slavon en deux du premier coup, ça très beaucoup bon sabre, ça sabre pour Khâ-Khan. Sabre couper femme slavonne en deux, ça bon sabre, sabre pour khan. Sabre couper seulement petit enfant slavon en deux, ça sabre ordinaire, sabre pour guerrier ordinaire.

— Et que fait-on des sabres de rebut ? demande Renaud.

— Et que fait-on des Slavons de rebut, ceux qui ont été coupés pas tout à fait en deux par les sabres de rebut ? demande Raymond.

Tamara ne sait pas. La princesse ne l'a pas dit.

La princesse ne mange pas la grosse soupe de Tamara. Son domestique lui présente, sur de minuscules assiettes de porcelaine transparente, des nourritures délicates qui se trouvaient avec elle dans la charrette. Elle ne se lèche pas les doigts, elle picore sa petite dînette du bout de deux agiles baguettes d'ivoire dont elle use comme d'un long bec d'oiseau. Les trois autres, qui puisent la ratatouille au chaudron dans le creux de la main et puis l'aspirent avec force bruits de bouche et dégoulinures de menton, la regardent, fascinés.

— Ce doit être une mode venue de l'Orient lointain, dit Renaud. J'ai ouï dire par les marchands qui viennent avec les caravanes que les seigneurs huppés de par là-bas se servent volontiers de baguettes afin que leurs doigts impurs n'effleurent point le manger.

— A Byzance, dit Raymond, j'ai vu certains patriciens piquer les viandes et les porter à la bouche par le moyen d'une petite fourche d'argent. Ça aussi, ça doit être difficile à manier.

— Moi je dis qu'on se met à table pour se remplir la panse, puisque Dieu nous a ainsi faits qu'il nous faut la remplir. Pas pour faire l'acrobate. Vanités. Ostentations. Raffinements et fanfreluches. Décadence et pourriture. C'est comme ça que les empires partent en eau de colique, et tiens, Byzance, justement... Comme Babylone la Grande Putain. *Mané, Thécel, Pharès*, et rrran, le feu du ciel ! Chez tes Orientaux que tu dis, là, ça doit pas être bien beau à voir non plus, je parierais.

La princesse cependant a terminé son gracieux repas. Elle tamponne ses lèvres mignonnes d'un petit carré d'étoffe, sans aucun doute de la soie. Et le gazouillis reprend. Elle n'a pas mangé assise par terre, comme les autres qui écrasent l'herbe de leurs vastes fesses, non, elle a fait cela à genoux, son petit derrière posé sur ses petits talons, et maintenant, toujours ainsi agenouillée, elle s'est tournée vers le chevalier, il est pour lui, son gazouillis, pour lui seul, ses mains sont jointes, ses longs cils baissés, vraiment, quelle vénération !

Renaud fait un signe à Tamara, alors, bon, Tamara traduit.

— Elle dire que toi grand chef, toi khan, toi nez très beaucoup long. Elle princesse. Toi mange avec elle, toi et elle seulement, nous esclaves, nous bêtes grouïï-grouïï, manger avec nous pas bon. (Elle crache.)

Tamara se tait. Le gazouillis coule toujours. Renaud s'énerve. On dirait que ça l'intéresse, Renaud, ce que dit la princesse.

— Eh bien, continue !

Tamara s'arrache les mots du ventre :

— Elle dire que toi beau, beaucoup très beau. Cœur à elle saute dans poitrine et chante comme petit oiseau. Yeux à toi c'est fleurs sur la steppe au printemps quand petite pluie est tombée.

Là, Tamara pouffe.

— Ah, dit Renaud, ces gens d'Orient ! Quel sens de la poésie ! Même lourdement traduit par cette fille d'écurie, ça garde tout son parfum, toute sa puissance d'évocation !

— Bon, elle te propose la botte, quoi, dit Raymond.

— Dis-lui, Tamara, je te prie, que je suis bien touché de ce qu'elle ait fait violence à sa pudeur et à son rang pour me faire cet aveu, et que de mon côté je ne suis pas insensible à la puissance de ses charmes, mais que je suis engagé à une dame qui est ma Dame et que je ne puis me laisser aller à une autre inclination, dût mon cœur en souffrir et, hélas, le sien.

— Bah, une princesse de temps en temps, dit Raymond...

— Quoi est « Dame » ? dit Tamara.

— Ah, ah, dit Renaud. Voilà en effet une notion bien étrangère à une souillon slavonne élevée chez les Huns ! Pour les Avars, la femme est d'abord une bête de somme, et très secondairement un trou humide qu'on a toujours sous la main quand le jus de couille vous donne des coups de tête dans le ventre... Comment faire entrer l'idée de la Dame, là-dedans ?

— Tu pourrais peut-être lui dire que la Dame, c'est un trou humide avec du rêve autour ?

— Tu vas la prendre, ta gifle, écuyer !

La princesse, mains jointes, cils baissés, attend. Elle trouve que la passion du beau chevalier au long nez manque de spontanéité pour répondre à la sienne. Elle a fait les premières avances, ce qu'une princesse, surtout d'Orient, ne fait que rarement. Il est hors de question qu'elle essuie un refus. Impensable. Elle prend doucement les mains de Renaud, les pose sur sa tête. Elle gazouille quelque chose de très bref où il y a le mot « khan ».

— Eh bien, Tamara ?

— Elle dire toi son khan. Pareil comme dire son seigneur... Pourquoi toi pas enfonces queue à toi dans trou à elle ?

— Elle a dit ça ?

— Non. Ça, moi dire.

— Eh bien, eh bien, esclave ?...

— Moi dire et dire encore. Trou, c'est trou. Il y a trou bon, il y a trou pas bon. Trou princesse-là pas bon. Elle nez petit, elle trou petit. Sec. Trou à elle pas aime queue. Prend queue avec baguettes. Toi nez très beaucoup grand. Toi queue très beaucoup grande. Queue belle aller dans trou beau, voilà. Toi enfonces queue à toi dans trou à elle, comme ça toi sais. Toi pas content moi dire ça, toi tuer moi. Egal. Moi, esclave. Moi, bête grouïï-grouïï.

Raymond rit. Pourtant il a compris, lui, ce que Tamara essaie de dire au chevalier, et ça ne lui fait pas plaisir, à Raymond. Mais puisque Renaud n'a pas l'air de comprendre, il va l'aider. Il est comme ça, Raymond.

— Tu es aimé, chevalier. Elles sont toutes à tes pieds, larges ouvertes, tu n'as qu'à entrer. A ta place, je n'hésiterais pas. Rien que pour la comparaison. Commence par la princesse. Je ne pense pas qu'elle accepterait de passer après Tamara.

— Ramèneras-tu donc toujours tout à des questions de trou et de queue ? Pour les chiens, les cochons, les vaches, il n'y a que trou et queue. Pour les croquants et les gens de pied, il n'y a que trou et queue... Dieu a voulu que les chevaliers fussent autrement faits. Pour eux il a créé Pur Amour, qui n'est pas grasses délices et vidange de couilles mais mortification du corporel et exaltation du spirituel... Mais je t'ai dit cela maintes fois, et c'est bien de la salive perdue... Allons, il est temps de dormir un peu.

— Ah, chevalier, Tamara serait-elle ma Dame s'il n'y avait entre nous trou et queue ? L'est-elle grâce à trou et queue, ou bien malgré ? Je ne sais. Je sais seulement qu'elle est à coup sûr et quoi qu'elle fasse ma Dame, parce que la voir me fait chaleur au ventre et lumière en tête, et même seulement penser à elle quand je ne la vois pas. Les chiens, les cochons et les taureaux ont-ils des Dames, chevalier ? Bien sûr, qu'ils en ont ! J'espère bien que Dieu n'a pas omis mon frère chien, mon frère cochon ni ma sœur vache dans la distribution de cette grande chaleur d'entrailles, ni mon frère loup, ni mon frère moineau, ni mon frère vermisseau, pas même mon frère croquant ! Quant aux gens de pied, j'en suis, et, vois-tu, moi aussi j'exalte le spirituel... Sans mortifier le corporel, toutefois.

— Voilà toute la différence ! Ton pauvre petit spirituel a besoin d'un gros lourdaud de corporel bien sale pour exister.

— Chevalier, je ne suis certes guère versé dans les sciences rhétoriques, pourtant je discerne que ton Pur Amour est façon commode de se tenir à l'abri de Vrai Amour. Et je démontre.

— Oh, oh ! Tu raisonnes ? Te voilà philosophe ?

— Tu vas voir. Proposition. Amour est tourment. Démonstration. Je le sais bien, moi qui aime tant. Or ta Dame, tu l'as choisie et voulue hors de toute pensée de cul parce que tellement haut située, et même hors de toute comparaison et compétition. Que sous sa robe elle ait un cul ou non, tu ne veux pas le savoir. Qu'elle aime ou n'aime pas, qu'elle ait un mari, un amant, qu'elle soit jalouse, fausse, cruelle, putain ou diableresse, que même elle ignore ta dévotion, cela n'entre point en l'affaire. Elle est ta Dame, tu en as décidé ainsi, c'est une belle image dorée, comme les icônes des églises de Byzance, seulement c'est une icône dans ta tête. Elle ne bougera jamais, ne changera jamais, ne te causera aucun tourment. Conclusion. Or, s'il n'y a pas tourment, il n'y a pas amour. Car amour se crée tourment même quand il n'y a pas lieu. Là où tout va bien, amour se dit que ça ne peut qu'aller plus mal tout à l'heure, et il tend les épaules, et le voilà en tourment.

— Es-tu donc tourmenté, Raymond ?

— Bon Dieu, si je le suis !

— Que peux-tu craindre ? Ta Dame est avec toi, ton corporel est rassasié tout autant que ton spirituel est exalté, du moins si j'en crois vos gros halètements de nuit et le claquement frénétique de vos culs, elle te soigne et te fait la vie douce, et, n'étant pas épouse mais esclave, c'est-à-dire objet t'appartenant, tu en es propriétaire et maître absolu.

— Propriétaire, oui. Maître, peut-être. Mais son chevalier, point. Or amour n'a que faire d'être le maître, il veut être l'élu. Son trou et ma queue s'entendent à merveille, mais son cœur n'est pas à moi, mais sa tête est ailleurs, et alors moi je ne suis pas aussi content que je devrais... Ah, chevalier, Dieu, qui a si bien fait tout le reste, a dû créer l'amour un jour qu'Il était saoul.

— Raymond !

— Ah, chevalier, quel divin tourment que le tourment d'amour ! J'espère que Dieu connaît cela, tout au moins qu'il a goûté au plat avant de nous le servir, comme fait le cuisinier consciencieux... Ah, que j'aime donc l'empoigner, la garce, quand elle sent bon sa sueur fumante ! Et me frotter le museau sous ses bras, dans ses poils sauvages, et sur son ventre blanc, et entre ses tétasses, et entre ses grandes cuisses, et tout partout ! Elle sent la pisse, elle sent la vache, elle sent l'enfantelet, elle sent le foin coupé, elle sent le jus de raie du cul, elle sent les cheveux à se noyer dedans, oh qu'elle sent bon la vie, ma grande femelle !

— Tu en parles comme un goret parlerait de sa truie ! Ce n'est que rut de bête, cela, pas amour humain !

— L'homme qui nie la bête en lui nie le divin.

— Te voilà maintenant théologien ? Et théologien païen, ma foi ! Sais-tu que tes belles sentences pourraient te mener au bûcher, beau théologien de merde ? Bon. On dort.

Mais Raymond ne s'endort pas tout de suite. Il prend Tamara par la main et, sans bruit, l'emmène un peu plus loin, là où il y a des buissons, puisque maintenant il sait que Renaud les entend. Et là il plonge corps et âme dans les odeurs et les rondeurs que tant il aime, et puis le sommeil le prend, blotti entre les grands bras blancs comme un gros nourrisson, et Tamara, jusqu'au matin, restera comme ça, sans bouger, pleine de lui, dégoulinante de lui. Mais ce n'est pas à lui qu'elle pense.

⁂

Et la princesse ? Eh bien, la princesse, elle dort en princesse, sous des choses de soie et de plume, son serviteur pelotonné en chien à ses pieds.

⁂

Le lendemain, tandis qu'on chevauche, Raymond s'approche de Tamara.

— Moi voir toi penses dans ta tête. Grosses pensées. Quelles ?

— Voilà quelles. Pas bonnes pensées. Elle, là, pas princesse. Pas fille Khâ-Khan. Pas fille khan. Avars s'en fout les filles. Avars veut fils. Filles beaucoup pas bon beuark. Quand femme fait petite fille, Avar colère, Avar jette fille à bêtes grouïï-grouïï. Elle pas fille Khâ-Khan.

— Qu'est-ce qu'elle est, alors ? Quoi elle ?

— Elle, voilà. Khâ-Khan met queue dans trou à elle. Toi comprends ? Elle mange queue à Khâ-Khan. Elle faire choses beaucoup beaucoup bon avec queue à Khâ-Khan, avec oreilles à Khâ-Khan, avec trou prout-prout à Khâ-Khan. Khâ-Khan très beaucoup aime, très très beaucoup.

— Ah, ah ! Le petit coquin ! Elle est sa maîtresse, alors ?

— Non. Elle pas maîtresse. Elle esclave. Khâ-Khan acheter elle à caravane. Avars pas aiment quand homme aime femme. Ça pas bon. Avars dire : homme aime esclave, lui esclave de l'esclave. Avars savoir Khâ-Khan aime comme ça très beaucoup cette femme, Avars tuent Khâ-Khan. Alors, Khâ-Khan cache elle.

— Eh bien, dis donc ! C'est rien qu'une petite pute achetée au marché, et moi j'ai rien vu ? Moi qu'en ai tant acheté ! Princesse... Je t'en foutrai, tiens !

— Pas dire chevalier Rino. Pas bon. Lui triste très beaucoup.

— T'as raison. Après tout, hein, princesse, esclave, pute, qu'est-ce que ça change ?... Mais, dis donc, au fait, d'où sais-tu tout cela ? Qui toi dire ?

— Elle parle à serviteur Figure-de-Cul. Moi entends. Elle dire un petit peu, moi comprends très beaucoup.

— Eh, eh ! Fûtée, hein ? Je veux dire : toi très beaucoup bon dans tête à toi.

— Toi, maître à moi. Moi dois dire à toi.

***

Il y a encore des jours, il y a encore des nuits. Ils vont. La route est longue jusqu'à Aachen la belle, la ville toute neuve du roi Karl, la capitale des Francs qui doit devenir la métropole de l'Occident, la Rome nouvelle. Ils se guident au soleil et aux étoiles. Ils suivent la ligne des crêtes, elle file dans la bonne direction.

Autour du cheval de Tamara bringuebalent en grappes paniers et chaudrons. Elle fait halte pour cueillir des herbes et des baies, déterrer des racines, ramasser des châtaignes, des faînes, des noix, l'automne glorieux a les mains pleines. Et puis elle pique un temps de galop pour rattraper le gros de la troupe, toute sa quincaillerie danse, sonne et clapote... A la nuit tombée, elle guette les hérissons et les lapins, qu'elle attrape à la course. Pour être plus agile elle se met nue, soudain son grand corps blanc bondit hors d'une cachette et plonge sur la joyeuse petite bête, qu'elle aplatit sous elle. Les hérissons n'ont pas le temps de se rouler en boule. Elle mettra ça dans sa soupe, pour donner du goût, ou bien les rôtira à la broche, si elle en a le temps. Elle puise dans ses paniers des châtaignes bouillies qu'elle distribue pour tromper la faim et occuper les doigts. Dans ses chaudrons fermés d'une peau de lapin percée de trous — car il faut que l'air circule — fermente le kvass de pain acide parfumé aux baies rouges. Qui a soif vient trouver Tamara.

La princesse ignore tout le monde, sauf le chevalier et Face de Cul. Elle est en croupe tantôt derrière l'un, tantôt derrière l'autre, afin de ne pas toujours fatiguer le même cheval. Elle picore ses petites choses à elle, du bout de ses petites baguettes, agenouillée devant Renaud, ses yeux adorants fixés sur lui. Renaud ronronne et prend l'air un peu douloureux qui convient devant cet impossible amour. Elle gazouille toujours, mais personne n'écoute, on s'est habitués. Elle ne se fait pas beaucoup d'amis.

⁂

Quelque chose a réveillé Renaud. Un choc. C'est ça, un choc. Dans les côtes. Et, aïe, un autre ! Renaud bondit, et alors il manque étouffer : un pied est posé sur sa gorge, un pied large et musclé, qu'on n'ébranle pas comme ça. Renaud ouvre les yeux, essaie de regarder devant lui, ce qui n'est pas facile quand on a la face tournée vers le ciel. Il parvient à voir, dressée entre ses jambes et se découpant sur la pourpre du jour naissant, une croix. A tout hasard, il se signe. Et voici que de là-haut un rire lui tombe dessus, comme une charretée de pommes. Tellement énorme, tellement éclatant et rebondissant, ce rire, que les oiseaux dans les branches interrompent net leurs chants et s'enfuient dans un grand effroi d'ailes battantes, de fiente et d'imprécations.

Le pied libère la gorge de Renaud, qui peut enfin s'asseoir. Il a devant lui un grand gros gaillard dont la large face émerge d'un entassement de peaux de mouton avec la laine tournée en dedans. Ses grands pieds rouges et fort sales s'accrochent au sol de part et d'autre des jambes de Renaud. Ses mollets sont enfouis sous d'autres épaisseurs de peaux de mouton maintenues en place par un laçage croisé. Il tient en main un épieu de bois à la pointe durcie au feu. Cette pointe veut viser le nombril de Renaud, mais le rire ravageur qui secoue le gars la fait osciller en zigzag dans toutes les directions.

— Ha, ha ! Si je veux, tu es morrt ! Bon blague ! Trrès bon ! Rrigolo ! Tu ne garrdes pas bien toi. Tu es un guerrrier, pourrtant, je vois. Pas sentinelle, rrien ! Tout le monde dorrt comme cochons. Vous avez la chance : je suis ami.

Raymond et Tamara ont sauté sur leurs pieds, ils ont au poing hache et épée. Le géant rit. Ses cheveux fauves noués en queue de cheval lui fouettent les reins. Quel rire !

— Bons soldats ! Trrès vigilants, vrraiment, quand c'est trrop tarrd ! Je plante ton épée dans la terrre. Si je plante dans ton ventre, parreil. Je dis : tu as ton dieu devant toi, fais ta prrièrre ! Ha, ha ! Dis à camarrades baisser les arrmes. Je suis ami. Tu es chevalier frranc, paladin, je vois écu et épée : frrancs. Tu es ami du rroi Karrl. Moi aussi, ami du rroi Karrl. Je suis soldat dans les arrmées du rroi Karrl. Longtemps. Finie la guerrre, je rrentrre. Je m'ennuie. Je mets solde et butin dans cul des femmes, dans dés, dans rrigolade. Il n'y a plus. Pfft. Je veux aller trrouver rroi Karrl. Fairre soldat encorre. Trrès bon. Bataille. Rrigolade. Ha, ha !

Tamara dit :

— Lui, Tchèque. Ça bon.

— Où vous maintenant aller ? demande le Tchèque. Arrmée pas parr là. Brrigands tchèques, par là, et aussi Saxons. Saxons descendent pourr attaquer rroi Karrl parr derrièrre. Saxons, Avarrs : amis.

— Nous n'allons pas rejoindre l'armée, dit Renaud. En fait, nous allons à Aachen.

— Aachen ? Trrès loin. Saxons rremontent rrivièrre Weserr. Tuent tout. Quand vous arrive, Saxons déjà là. Vous ne passe pas.

— Alors, nous ferons un détour par le sud. Il faut que nous passions.

— Pourrquoi, il faut ? Imporrtant ?

Renaud se tait. Il n'est pas arrivé jusqu'ici pour confier son secret au premier venu, fût-il tchèque, hilare et sympathique. Raymond a fait le même calcul, mais il est allé un peu plus loin. Il s'approche de Renaud, lui dit à l'oreille :

— Il en sait déjà trop, de toute façon. Il nous a vus, il sait où nous allons. Il faut le tuer tout de suite. Ou bien l'emmener avec nous, mais alors nous devrons le surveiller, il ne doit pas se sauver.

Le Tchèque essaie de donner un air malin à sa grosse figure. Il y réussit presque.

— Vous va Aachen pourr voirr rroi Karrl, pas vrrai ? Vous amis rroi Karrl, pas vrrai ? Vous a message pourr lui, pas vrrai ?

Renaud et Raymond se regardent, bien embarrassés. Le Tchèque prend l'air encore plus malin, ce qui serait très fatigant si ça devait durer.

— Moi sais quelque chose que vous ne pas sait. Trrès imporrtant quelque chose.

Ses deux gros yeux, bleus comme des yeux de vache qui seraient bleus, vont de l'un à l'autre.

— Si je dis chose, vous emmène moi avec.

— Mais nous n'allons pas à l'armée ! L'armée doit se rassembler en ce moment aux marches de Bavière et d'Italie, dans les vallées des rivières Danube, Drave, Save, Inn, que sais-je ? C'est là que doit se masser une armée pour envahir le pays avar. Le commandement se trouve sans doute à Regensburg, comme pour la dernière campagne. C'est là qu'il te faut aller.

Ici, le Tchèque se plie en deux. Ce qui vient d'être dit doit être drôle au-delà de tout. Le rire de dévastation épouvante au loin les ourses et leurs oursons.

— Rregensburrg, eh ? Voilà : vous emmène moi à Rregensburrg !

— Mais nous n'allons pas à...

— Si ! Si, si ! Vous va. Vous veut voirr rroi Karrl, d'accorrd ? Alorrs, voilà : rroi Karrl pas à Aachen, rroi Karrl à Rregensburrg, avec arrmée. Vous emmène moi, vous voit rroi Karrl, moi vais dans arrmée, engage moi pourr durrée campagne. Trrès bien tout à fait.

Raymond se donne un coup de poing dans le creux de la main.

— Bon Dieu, mais bien sûr ! Le roi Karl est à la tête de l'armée ! Et nous qui... Chevalier, chevalier, tu te rends compte, ce que nous allions faire ? Perdre encore des jours et des jours à nous taler le cul, pour apprendre à l'arrivée qu'il nous faut rebrousser chemin !

— Et remettre notre message trop tard ! Si déjà il n'est pas trop tard...

— Chevalier, nous sommes de foutues bourriques !

— Parle pour toi. Moi, je suis une épée, un bras pour manier cette épée, une tête pour diriger ce bras. En ce qui concerne les menus détails et les choses triviales de la vie, j'ai un écuyer. Ecuyer, rappelle-moi qu'il faut que je te fesse.

— Pas maintenant. J'ai besoin d'un cul sans soucis pour avaler les dernières lieues de galop. Holà, toi, le Tchèque ! Combien d'ici à Regensburg ?

— Oh, pas loin. Deux jourrs. L'est parr là, autrre côté la montagne. Montagne l'est petit, aprrès trrouver rrivière Rregen, torrrent. Tout le temps descend. Va vite. Nous s'en va ? Moi prrêt. Donne-moi cheval.

On lui donne le deuxième cheval de la charrette. Il monte là-dessus comme sur un âne, ses grands pieds pendent au bout de ses jambes et traînent par terre. Le cheval plie mais ne dit rien. Le Tchèque rit de tout son coffre, de toutes ses dents. Il en a au moins trois mille.

— Moi marrche ! Cheval pas porrte moi, moi porrte cheval !

***

Et bon, on se remet en route. Droit au midi, cette fois. La crête franchie, on cherche le torrent Regen. Le voilà qui bondit au fond de sa gorge parmi les éboulis. Il n'y a plus qu'à se laisser descendre.

— Je ne verrai donc pas Aachen la belle, soupire Raymond.

— Tu auras tout le temps après.

Cependant le paysage change. La forêt s'éclaircit, des cultures grimpent à l'assaut des pentes. Des huttes de terre grise couvertes de chaume gris se serrent frileusement au creux des vallées. Au loin, des paysans font les vendanges. Le vent apporte les bribes d'une chanson.

— Chevalier, dit Raymond, je connais cet air. Mon papa me le chantait quand j'étais petit.

— Alors, nous sommes chez nous, dit Renaud.

— Chez nous ?

— Chez nous, oui, en pays franc, sur les terres du roi Karl ! D'ici jusqu'à l'Océan, nous sommes chez nous !

— C'est donc ça que je me sens tout ému, depuis tout à l'heure...

Mais le Tchèque, qui chevauche en tête, s'arrête soudain et se tourne vers les autres, un doigt sur les lèvres.

— Chtt ! Pas brruit. Il y a patrrouille, là-bas.

— Patrouille ? Quelle patrouille ?

— Soldats. Garrdent frrontièrre. Surrveillent si Avarrs ou Saxons essaient passer parr Bohême.

— Des soldats francs ?

— 'videmment, soldats frrancs ! Ici, terrre rroi Karrl.

— Fort bien, dit Renaud. Allons trouver cette patrouille. Faisons-nous connaître et mener au roi Karl.

— Pas si vite, dit Raymond. Je me demande... C'est la

guerre. Nous pourrions être des espions. Ils vont nous interroger, nous fouiller, une fois de plus...

Il tire Renaud à part.

— Nous sommes tenus au secret absolu, n'est-ce pas ? Surtout auprès de l'entourage du roi Karl, si j'ai bien compris ?

— Tu as raison. Je croyais en avoir fini avec les cachotteries, mais il paraît que non.

— Patrrouille venirr parr ici, dit le Tchèque.

— Eh bien, il faut nous cacher. Là, tiens !

Il montre, derrière un bouquet de bouleaux, à flanc de montagne, un renfoncement obscur qui pourrait bien être le début de quelque chose d'assez profond. Ils mettent pied à terre et vont y voir. En effet, c'est l'entrée d'une grotte qui s'enfonce sous la montagne. Il y fait noir et tiède.

— J'aimerais mieux qu'il y fasse froid, dit Raymond.

— Pourquoi ? Tu as trop chaud ?

— S'il y faisait froid, c'est qu'il y aurait un courant d'air. S'il y avait un courant d'air, c'est qu'il y aurait une autre issue. Il n'y a pas d'autre issue. Je n'aime pas ça. Je me sens pris au piège.

— Rrenarrd toujourrs fait plusieurrs sorrties à terrrier, dit le Tchèque.

— Au fait, comment t'appelles-tu, Tchèque ?

— Prszemyszl. Cavalier Prszemyszl.

Il se met au garde-à-vous.

— Oh, c'est commode, ça ! Je t'appellerai le Tchèque, si tu veux bien.

— Soldats partis, dit Tamara, qui guettait dehors.

— C'est une bonne chose, dit Raymond. La nuit ne va plus tarder, je propose qu'on dorme ici. Que t'en semble, chevalier ?

Renaud fait « oui » de la tête. Il a tout à coup l'air accablé, Renaud. Il s'est assis par terre, le dos au roc, il soutient son bras blessé, ça ne va vraiment pas fort.

— Oh, chevalier, s'inquiète Raymond, qu'est-ce qui t'arrive ?

— J'ai mal. La tête me tourne. Les jambes me manquent.

— Ton bras ?

Renaud hoche la tête.

— Il faut que je tienne... Jusqu'à Regensburg.

— Les médecins du roi Karl te soigneront.

⁂

Dehors, devant l'entrée de la grotte, un petit garçon, un pâtre qui a délaissé un instant les moutons de son père pour aller cueillir des noisettes, regarde de tous ses yeux. Il s'est caché derrière un gros rocher car il a peur de ces gens en armes et de mauvaise mine qui surgissent, tuent et brûlent tout, et puis emmènent les petits enfants pour les vendre comme esclaves. Il regarde de tous ses yeux, il a très peur mais il est très curieux. Ensuite, bien doucement, il se coule sous le taillis et rejoint ses moutons. Le soir, de retour au village, il raconte à son papa ce qu'il a vu dans la grotte. Le papa réfléchit. A ce qu'on dit, une guerre est en route. Les garnisons aux frontières ont été renforcées. Ces gens armés sont, à n'en point douter, quelque parti d'Avars ou de Saxons aventurés en enfants perdus afin de piller pour leur propre compte. Afin d'espionner, aussi. Malgré sa grosse fatigue il décide d'aller jusqu'à la vieille tour fortifiée datant des Romains où tient garnison le petit contingent chargé de ce secteur de la frontière. S'il fait une bêtise, il se fera engueuler, peut-être bastonner, bof, il a l'habitude. Et si c'est sérieux ?... Bon, le chef jugera. C'est son boulot, à cet homme.

⁂

Le chevalier geint dans son sommeil. Il a mal, il a de la fièvre. Tamara lui pose sur le front des compresses fraîches, c'est tout ce qu'elle peut faire. Elle a voulu arranger le pansement de son bras, il l'a repoussée avec colère.

Les autres dorment, qui çà, qui là, dans les ténèbres tièdes. Tout à l'heure, les chauves-souris se sont envolées en une ronde silencieuse, des milliers de chauves-souris qui partaient chasser dans le clair de lune.

Tout le jour, tandis qu'on chevauchait, la princesse n'a eu d'yeux que pour le géant tchèque. Elle lui a demandé s'il était noble homme. Il a répondu « Je suis prince ». Un vrai prince ? « Tout à fait vrrai. Un Przemyszl est duc régnant de Bohême, je suis son neveu. » Elle a battu des mains. Elle a tâté les muscles de ses bras, elle a écarquillé ses yeux de poupée. Elle a dit « Tu es fort ! Tu es beau ! Tu es un khan ! Tu es un dieu ! », mais il ne comprend pas les langues ouralo-altaïques et Tamara n'avait pas envie de s'en mêler. Le Tchèque sentait en lui une envie de cul gonfler sous ses peaux de mouton, une vraiment très grosse envie de cul. Il a dit à Renaud :

— Prrincesse aime moi. Moi aime elle. Donne-la-moi.

Renaud a regardé la princesse. Elle a fait « Oui, oui ! » avec sa tête, elle avait l'air très content. Alors Renaud a dit « Prends-la, puisqu'elle est d'accord ». Il avait un peu de peine, Renaud. Il a dit encore « Mais dès que nous trouverons un prêtre, nous vous marierons, ainsi que Raymond et l'esclave Tamara, qu'il faudra d'abord affranchir... Que de tintouin ! Est-tu chrétien, au moins ? »

Non, il n'est pas chrétien. Il a planté une épée en terre et il a dit :

— Ça, dieu des Tchèques. Pas crroix de l'épée, dieu. Non. Lame de l'épée. Lame qui tue. Dieu est meurrtrre.

Il a fait quelques manigances avec ses mains, sans doute le signe de croix de ce dieu-là, et puis il a pris sa princesse dans ses bras et il s'est mis à danser en jetant ses jambes en l'air, l'une, et puis l'autre, et même les deux à la fois, quelle souplesse, quel entrain, et voilà, les noces étaient faites.

On a dîné de choses froides, Tamara n'a pas pu faire de soupe, la fumée du feu se serait vue de loin. Et puis le Tchèque a emporté la princesse au fond de la grotte, tout au fond, on les a entendus longtemps, lui rugissant, elle gazouillant, d'abord, et puis couinant aigu, et puis sanglotant, et bon, quoi, voilà pour eux.

***

— Tu as bien fait, dit le chef Chlodeswig. Des gens en armes qui se cachent, ça sent le gibier de potence. Va dormir, je m'en charge.

— Si vous avez besoin d'un coup de main, nous, au village, on a de bonnes fourches et de bonnes triques, dame, dit le paysan, qui pense aux escarcelles peut-être bien garnies des brigands, et aussi à leurs guenilles, car tout est bon à prendre par ces temps de misère.

— Laisse cela, croquant. C'est affaire de gens de guerre.

Cachez-vous en vos maisons et n'en bougez plus, dit le chef, qui n'a nullement l'intention de partager les dépouilles avec ces ploucs aux doigts crochus.

Le croquant, donc, fait trois courbettes et puis s'en va, bien heureux qu'on ne lui ait pas botté le cul pour sa peine. Le chef Chlodeswig fait sonner le rassemblement. Quand tout son monde est devant lui :

— Walther, selle mon cheval. Gunther, je veux tous les hommes planqués autour de ce trou, mais pas trop près, il ne faut pas que les chevaux vous sentent. Vous n'attaquerez que s'ils font mine de sortir. Sinon, vous attendez mon retour.

Le cheval est prêt. Le chef Chlodeswig saute en selle et pique des deux. Jusqu'à Regensburg, quand on connaît les sentiers, il faut deux bonnes heures de galop. Un peu plus pour revenir, à cause du seigneur grec qui n'est pas très habile à éviter les branches qui cinglent et les pierres qui roulent. Ils arrivent avec les premières rougeurs de l'aube.

Les guerriers francs sont à l'affût, invisibles pour qui ne sait pas qu'ils sont là. Le chef Chlodeswig, à plat ventre derrière une souche, dit au seigneur grec, du coin de la bouche :

— Toujours d'accord sur le prix ?

— Toujours, si c'est bien lui.

Il tire de sa manche un petit sac de cuir qu'il fait tinter. Car ce qu'il y a dedans tinte, et bien joliment.

— Pour toi comme pour moi, j'espère que ce sera lui.

Le chef Chlodeswig hoche la tête, lisse sa longue moustache blonde et se lève. Il donne le signal.

— On y va, les enfants. En avant !

*
**

— Chtt ! dit Raymond au grand Tchèque. Le chevalier a eu mal toute la nuit, maintenant il dort, je le réveillerai juste au moment de partir... Mais toi, t'en as fait un boucan, dis donc, là-bas dans le fond, avec ta princesse ! Vous autres, les Tchèques, c'est pas de l'amour, c'est la charge de la cavalerie à la bataille de Poitiers !

Il n'a pas l'air tellement ravi, le Tchèque, pour un lendemain de nuit de noces.

— Prrincesse, tfou ! (Il crache.) Trrou à elle petit, sec, pas bon. Moi, grrosse queue. Moi veux trrou grand comme cheminée. Trrou trrop petit, elle crrie, moi pousse, moi casse, elle crrie trrès forrt. Moi donne gifles. Elle pleurre. Elle tourrne à moi trrou la merrde. Bon. D'accorrd. Aussi trrop petit, encorre plus trrop petit. Elle crrie. Moi pousse. Moi casse. Elle pleurre, elle pleurre... Non, ça va pas, ça. Moi donne gifles. Alors elle prrend queue à moi dans bouche à elle. Oh, ça pas bon ! Ça, sale cochon ! Tfou ! (Il crache.) Ça, même Avarrs il fait pas ! Même Bulgarrs il fait pas ! Moi trrès beaucoup la honte sur figurre à moi, moi cogne tête à elle, cogne cul, cogne ventrre, cogne tout. Trrès beaucoup cogne. Moi mal aux mains,mal aux pieds... Femme jaune, pas bon.

Quelque part dans le noir, quelqu'un pleure à petits sanglots.

Tamara, qui était agenouillée au chevet de Renaud, se dresse, prend son chaudron pour aller puiser de l'eau. D'un revers de bras, la grande fille chasse une boucle noire qui lui agace l'œil. Le Tchèque s'enthousiasme.

— Moi veux celle-là ! Celle-là, bon ! Très beaucoup bon ! Grands bras, grande bouche, grand trou, grand...

Tamara, déjà un pied dehors, pousse un hurlement. Deux terribles gaillards à moustaches blondes lui ont sauté dessus, et d'autres arrivent, des dizaines, il se coulent dans la grotte comme des petits chats, ces brutes énormes, avec une précision toute militaire ils foncent par petits groupes sur leurs objectifs sans s'emmêler les pieds, personne n'a le temps de tirer l'épée, en un clin d'œil voilà tout le monde ficelé sur l'herbe, le rouge soleil leur caresse le nez.

— Alors ? Tu reconnais ton bonhomme ? demande le chef Chlodeswsig.

— Facile, répond le seigneur grec. Si c'est l'un d'eux, ce ne peut être que celui-là... (Il le montre.) Maintenant, il faut vérifier.

— Et... notre marché ?

— Quand je serai sûr.

— Ca y est, les complications... Moi, je dis : on leur coupe la tête, là, et vite fait bien fait, ça, oui, c'est le travail. Si c'est pas les bons, on recommencera autant de fois qu'il faudra. On finira bien par tomber dessus. On n'est pas des fégnants, nous.

— Il faut les fouiller. Bien à fond. Et puis, si ça ne donne rien, les faire parler. Après, mais seulement après, tu en fais ce que tu veux.

— On leur ouvre le bide, on fouille dans la tripaille, on fouille bien, bien partout, s'il y a quelque chose à trouver, on le trouve. On connaît son boulot, merde.

— C'est MON travail. C'est MOI qui paie.

— On le saura... Bon. Les gars emmenez-moi ça. Deux hommes par colis. Mais non, andouille, toi là ! Pas un à chaque pied ! Un à la tête, un aux pieds... Comme ça, oui. Direction : le cantonnement. Une, deux ! Une, deux !

⁂

Dans la cave de la vieille tour romaine. Ils sont allongés sur la terre humide, tout nus, on les a fouillés tout à fait à fond, chaque orifice a été sondé, chaque vêtement lacéré, chaque chaussure, chaque pièce de harnais, décousue, déchiquetée... Le chef Chlodeswig commence à s'énerver. Le seigneur grec à la tête en forme de courge dit :

— Après tout, ce ne sont peut-être pas les bons.

— Parle pas de malheur, étranger. On aurait fait tout ça pour rien ?

— Il faut les faire parler.

— Et s'ils n'ont rien à dire ?

— Alors, tant pis pour eux. Débrouille-toi.

— Débrouille-toi, débrouille-toi... Et mes hommes, comment je les empêche de causer, moi ? C'est pas très réglementaire, ce que je leur fais faire là. Si ça venait à se savoir en haut lieu, je pourrais bien aller me balancer par le cou chez les corbeaux, moi.

— Tiens, voilà une avance. En haut lieu ? Eh bien, tu as liquidé une flopée d'espions, c'est plutôt bien vu.

— Les espions, les ordres c'est que je les amène au quartier général. Le roi Karl tient à les interroger lui-même.

— Bon, ils ont fait de la rouspétance, tes soldats se sont défendus... Tu peux compter sur eux ?

— Ça... Cinq ans qu'on est ensemble ! Je les ai formés. C'est mes enfants, pour ainsi dire. C'est jeune, ça pense plutôt aux femmes qu'au butin. Ça a le feu aux couilles, si tu vois ce que je veux dire.

— Eh bien, laisse-les s'amuser un peu. Les deux bonnes femmes, là, ça devrait les intéresser. Mais d'abord, les faire parler.

— On y va.

— Et après, tu me liquides tout ça. Un trou dans les bois, ni vu ni connu.

— Je leur ferai creuser leur trou eux-mêmes. Parce que creuser, le troufion aime pas trop. Ça lui sape le moral. Reboucher, ça va.

***

Ils sont enchaînés au mur à de gros anneaux de fer. On trouve toujours tout ce qu'il faut dans une forteresse romaine : pas de lieu de garnison sans cul de basse-fosse. C'est un peu rouillé mais ça tient le coup.

— Ça y est, ça va être notre fête, dit Raymond. Mais, bon Dieu, ils nous ont tout pris. Qu'est-ce qu'ils veulent donc ?

— Comme si tu ne t'en doutais pas !

— Tu veux dire... Oh, non, c'est pas possible ! Personne ne peut savoir...

— A Byzance, les murs ont des oreilles. Ceux du Palais Sacré ont de très grandes oreilles. Le type qui parle au chef n'est pas un militaire. Même pas un Franc. Regarde bien sa gueule. Observe ses manières.

— Je vois. Un Grec, c'est ça ?

— Ça y ressemble.

— Alors, pendant qu'on se donnait tout ce mal, cette face d'huile prenait tranquillement un raccourci ?

— Il n'avait pas à se cacher, lui.

Raymond approche autant qu'il peut sa bouche de l'oreille du chevalier.

— L'émeraude ?

— J'ai eu le temps de l'avaler.

— Mince de morceau ! Mais si ces fumiers-là connaissent leur métier, ils vont nous purger.

— Tu vois, ils ne le font pas. Preuve que ce n'est pas ce genre de truc qu'ils cherchent. Ils cherchent quelque chose qui se digère et disparaît quand on l'avale, donc pas la peine de fouiller notre merde... Remarque, ça ne les empêchera pas de nous découper les entrailles, après. Ils cherchent autre chose que l'or et les bijoux, mais il n'y a pas de petits profits pour le soldat.

Le seigneur grec s'approche sans se presser, en dandinant son gros cul. Un gaillard le suit, le couteau à la main. Ça ne va pas être du raffiné. Quelque chose de rustique et d'efficace, je te fais sauter un œil à la pointe du couteau, tu parles ou je t'arrache l'autre, ce genre-là.

— Ecoute, dit Raymond au Grec. Mettons tout de suite les choses au point. Je suis ce que vous autres héros appelez un lâche. Pas la peine de te fatiguer à me faire du mal. L'idée que tu pourrais m'en faire suffit. Questionne-moi, je te dis tout ce que que je sais.

— Et comment sais-tu qu'il y a quelque chose à savoir ?

— Ah oui, c'est vrai... Ben, puisque tu cherches, non ?

— Hmm... Et alors, que sais-tu ?

— Euh... Rien. Voilà. Rien.

— Tu vois bien qu'il faut que je vérifie. Mais plus tard. Il se peut en effet que toi, tu ne saches rien. En tout cas, s'il en est un qui sait, c'est celui-là.

Son index est pointé sur le chevalier.

— On va donc commencer par lui.

Tamara, dans son coin, l'œil mauvais, secoue ses chaînes et tire dessus à les arracher du mur. Un soldat fait « Holà, ho ! » et lui balance un coup de pied dans le ventre, juste là où ça fait si mal. Tamara se tient tranquille.

— Je vais quand même te demander d'abord si tu veux me dire bien gentiment ce que je veux savoir. Je n'y crois pas. Tu es du bois dont on fait les héros, toi. Mais on ne sait jamais. Il ne faut pas négliger une occasion de s'épargner de la fatigue et du temps perdu... Alors ? Tu parles ?

Renaud fait « Non » de la tête. Il grelotte de fièvre, Renaud, il n'a même plus mal tellement il a mal, c'est devenu un gros gong lancinant qui lui bat jusque dans la tête. Il ne sait même plus très bien où il est, ni ce qu'on lui veut, il ne lui émerge dans toute cette purée que le vague souvenir qu'il y a quelque chose qu'il ne faut pas qu'il dise, à aucun prix. Il se raccroche à ça. Enfin, il essaie.

— C'est « Non »... Bien sûr, bien sûr... Bon. Eh bien, avant de t'abîmer, réfléchissons un peu. Il s'agit d'un message. Un message que tu ne connaîs pas forcément. Que tu ne connais sûrement pas, même. Tu sais où il est, c'est tout. Il est sur toi, puisqu'il ne peut pas être ailleurs. L'histoire nous enseigne certains stratagèmes. Voyons voir... Zénobie, reine de Palmyre, assiégée par les légions de Rome, voulut faire parvenir à Longinus, son conseiller intime, un message qui devait rester secret. Elle fit raser le crâne d'un esclave, fit tatouer dessus le message que les cheveux, en repoussant, dissimulèrent. Il ne restait au destinataire qu'à tondre l'esclave... Non. Tes cheveux sont trop longs. Il faut des années pour que croisse une pareille tignasse... Léonidas, lui, c'est le dessous de la langue qu'il avait fait tatouer. Soldat, pince-lui le nez jusqu'à ce qu'il ouvre la bouche. Là... Prends-lui la langue, soulève... Rien. Pendant qu'on y est, examinons le palais... Le dedans des joues... Hmm... Lâche-le. Théodora, dit-on, faisait tatouer l'intérieur de la peau du prépuce du messager pour correspondre avec ses amants... Allons, soldat, décalotte-moi ça !... Rien ? Ah, puisque nous sommes dans le coin, il me revient que la reine Brunehaut utilisait, elle, la peau des testicules d'un guerrier. On tirait dessus de façon à l'étirer le plus possible, on tatouait très finement et on laissait la peau se crisper sur elle-même dans cette position naturelle où se complaît la peau de couilles, dissimulant l'écriture dans ses replis serrés. Voyons ça... Non. Quant aux plis du trou du cul, qu'utilisait volontiers Socrate, nous les avons déjà examinés.

Le seigneur grec se gratte le menton.

— Quel cabot ! pense Raymond.

— Il ne reste qu'une cachette. Une seule.

Il tend l'index vers le pansement sur le bras du chevalier :

— Soldat ! Arrache-moi ça !

Le soldat arrache, puisqu'on lui dit d'arracher. Le mot n'implique pas une spéciale douceur dans l'exécution. Renaud, qui avait subi passivement les investigations précédentes, saute en l'air et pousse un rugissement épouvantable. Tamara mord le mollet du soldat le plus proche, qui hurle à son tour et lui flanque sa sandale dans les dents.

La face habituellement jaune du seigneur grec devient vert-de-gris. Il vomit à s'en arracher l'âme. Ce qu'il y a sous le pansement n'est pas beau à voir. Le bras tout entier est rouge et enflé. La plaie violacée, noire par endroits, boursoufle et grouille, marbrée de traînées de pus. Une puanteur d'abomination bondit et emplit la cave.

— Alors, Ducon, gueule Raymond, c'est un faux pansement, peut-être ?

Le Grec s'essuie la bouche.

— Faux, non. Mais utilisé, pourquoi pas ? Soldat, fouille-moi ça. Allons !

Le soldat, de la pointe du couteau, écarte les herbes empoissées de sanie de l'emplâtre, déroule les bandes d'étoffe pourries. Rien. Le soldat court vomir dehors.

— Bien, bien... dit le Grec, rêveur. C'est donc un message oral, qu'on t'a fait apprendre par cœur... Mais non, ça ne marche pas. Un message de cette importance doit être signé, indiscutable... Je commence à croire que tu n'es pas le messager... De toute façon, pour toi et les tiens, ça ne change rien... Chef, liquide-moi tout ça !... Et puis, non, attends ! Quelque chose me dit que je brûle. Essayons encore. Soldat, ton couteau !

Le Grec prend le couteau par la lame, l'extrême pointe de la lame, et se tapote la paume de la main avec la poignée. Elle est lourde, cette poignée, c'est de la corne de cerf renforcée de bronze avec des petits trucs jolis en argent. Il s'agenouille près du chevalier, le nez pincé pour respirer le moins possible, et il commence. A petits coups bien secs de ce manche de couteau, il frappe la plaie, en plein dessus, de plus en plus sec, de plus en plus fort...

Renaud se mord les lèvres, aussi longtemps qu'il peut, et puis la douleur est tellement flamboyante, il hurle comme jamais aucune bête ne hurla, il se s'entend même pas, il est fouaillé, raclé, dépecé, éparpillé aux quatre mille diables ricaneurs par cette épouvante. Et puis il se tait. Le Grec suspend le tambourinage.

— Eh bien ?

Mais Renaud n'est plus là. Il a perdu conscience.

— Merde, dit le chef Chlodeswig.

— Eh, oui. Ce n'est décidément pas le bon. Tu y perds ta prime, soldat... On peut encore essayer sur l'écuyer, mais je n'y crois guère.

— Euh...

— Oui ?

— Les femmes, là... On peut ?

— Les femmes ? Oh, bien sûr, bien sûr ! Ça n'a plus d'importance. Comme ça, vous n'aurez pas tout perdu !

— Vous avez entendu les enfants ? Profitez-en tant que

c'est chaud ! En colonne par un. A ma droite pour la grande, à ma gauche pour la petite. Je passe le premier. Après moi, le plus âgé dans le plus haut grade et ainsi de suite.

— Chef ?

— Oui ?

— On pourrait pas les sortir dehors, les bonnes femmes ? Ça pue drôlement, ici. Ça casse le sentiment, moi je trouve.

— D'accord. On emmène tout le monde. Prenez des pelles et des pioches. Pendant qu'on grimpera leurs gonzesses, les types creuseront leur trou. C'est ça, l'organisation.

— Sûr, chef.

QUATORZIÈME CHAPITRE

Il neige sur le chantier. Une neige molle et grasse, pas très décidée, qui fond en touchant le sol et se mêle à la noire bouillasse. Pas un arbre ne dresse son squelette éperdu au-dessus du lac de gadoue fouettée, ils ont tous été coupés ras pour les besoins du boisage, d'abord ceux qu'on avait sous la main, et puis de proche en proche on a tout dénudé jusque par-delà l'horizon. Sur ce paysage chauve gesticulent les épaisses charpentes de quelques engins de levage faits de troncs et de cordes. L'un d'eux est mû par une grande roue en cage d'écureuil où grimpent sans s'élever jamais vingt prisonniers avars rythmés au sifflet et stimulés au fouet.

Au loin sur la plaine les Avars grouillent au ralenti, asticots blêmes sur la chiasse glacée. De place en place, la silhouette encapuchonnée d'un guerrier garde-chiourme, figé sur son cheval.

Les prisonniers avars sont un peu moins nus qu'au début. C'est qu'il en meurt beaucoup, alors les survivants se partagent les guenilles des morts, elles sont tout aussi trouées que les leurs mais, trou pour trou, les trous ne tombent pas forcément l'un sur l'autre, ça peut arriver à couvrir.

Il n'empêche que la main d'œuvre gratuite fournie par la précédente campagne de Pannonie, celle de 791, commence à s'épuiser, comme aussi les contingents de serfs gaulois et autres. Il a fallu rafler au loin les paysans des villages et les amener à la corvée du roi Karl, à coups de botte dans le train la plupart du temps. Les paysans s'échinent aux mêmes tâches merdeuses que les prisonniers de guerre, ils trouvent ça humiliant. Ils sont à peine mieux nourris, la terrible famine de l'an passé a vidé les greniers à blé du roi, le soldat se débrouille en rapinant mais le paysan, lui, l'éternel rapiné, n'a même pas ici le loisir d'aller à la maraude, il est cloué à la boue du chantier comme un immonde captif avar. Le paysan n'est pas content. Il lui arrive de murmurer des choses très injurieuses contre le roi Karl et sa famille, quand il est sûr de n'être pas entendu d'un soldat, naturellement. C'est assez hypocrite, le paysan.

— Chierie ! crache pour lui-même le gros guerrier franc. Rempile, qu'il disait. Ça sera une campagne éclair, qu'il disait. Trois semaines, un petit mois à tout casser. Tu comprends, qu'il disait, les Avars sont sur le cul. Il y a deux ans, quand on leur a si bien écrasé la gueule, on aurait pu en finir une bonne fois ric et rac. Le roi Karl est trop bon avec ces crapauds. Il se laisse attendrir, et total, aujourd'hui faut remettre ça. Mais cette fois, on va jusqu'au bout, ça, je te le jure ! A nous le trésor d'Attila ! Et les gonzesses, dis ? Toutes les plus belles femmes du monde ces fumiers-là se les sont raflées, le cul ils en sont dingues, des milliers de milliasses de chattes en chaleur, t'imagines ? Toutes les couleurs, toutes les odeurs, des Grecques comme des statues, des Slaves toutes blanches que tu vois les veines à travers, des Sarrazines que ça a le cul en feu, des Jaunasses serrées serrées, des Juives que tu rentres dedans tout entier avec ton cheval, des Scythes, des Tatares, des Romaines, même des noires comme la suie ou bien tachetées comme la panthère, c'est des femelles d'Afrique, ça, même des avec douze nichons, comme les truies, des avec une queue de poisson, des avec le con au milieu de la figure, vachement pratique, des avec des cous de chameau et des cornes de cerf, des bonnes femmes que tu peux même pas imaginer que ça existe... Et rien que des jeunes, note bien. Ils les jettent aux cochons avant qu'elles deviennent vieilles... Alors, moi, porté comme je suis par nature sur la chose du cul, je me laisse avoir encore un coup. Pourtant, l'armée, j'en avais ma claque. J'avais juré que, fini mon temps et ma solde en poche, salut bonjour, je m'installe sur le lopin que le roi Karl donne aux vétérans après dix ans de campagne, je colle là-dessus une demi-douzaine de croquants et je défriche, je te fais pousser le froment, la vigne et le mouton laineux... Mais, merde, je me suis dit, ça serait trop con d'en avoir chié comme j'en ai chié tout ce temps-là, et cinq blessures à la clef, pour tourner le dos et faire tintin juste au moment de la distribution ! Alors, bon, j'ai remis ça. Et total, en fait de montagnes d'or et de bonnes femmes à la pelle, ça fait près de six mois que je vois que le cul de ces vilains singes, feignants comme des loirs en hiver et plus sournois que des serpents. Plein le cul, moi, bordel de merde ! Plein le cul, plein le cul, plein le cul... Tiens, qu'est-ce qu'ils foutent, ceux-là ? Ils roupillent, ma parole ! Couchés par terre, carrément. Dans la gadoue. Oh mais, ça va pas, ça ! Interprète !... Interprète, bordel !

L'interprète avar accourt sur ses petites pattes torses mais bien musclées. Il a cet air lèche-cul des interprètes. Il n'est pas tout en os, comme les autres prisonniers. Un interprète, ça touche triple ration de bouillie de sarrasin dans une écuelle à soi tout seul, avec même des fois un petit bout de couenne dedans. En passant devant le groupe des prisonniers assis, gris de froid, dans la boue, il leur crie quelque chose qui semble vouloir dire « C'est ça, faites bien les cons ! Et maintenant, qui c'est qui va dérouiller ? C'est Bibi ! » Quelques gars lui crachent de brèves syllabes cinglantes de hargne et de mépris, la plupart ne le regardent même pas. Un seul, un tout jeune avec des yeux où flambe la folie, fait un bond terrible pour lui arracher l'oreille d'un coup de dents, ou peut-être lui ouvrir la gorge. Mais il a oublié qu'il est enchaîné par le cou, la chaîne est juste trop courte, les mâchoires claquent dans le vide, la chaîne soudain tendue casse net le bond de l'Avar, qui s'écroule, la pomme d'Adam brisée par le collier de fer. L'interprète, tout pâle, infléchit sa course pour passer un peu plus au large. Le gros Franc rit à en étouffer. C'est un gradé. Il fait signe au porte-fouet qui, déjà, accourt : bras tendu, poing fermé, pouce en bas. C'est un signe romain, le signe que faisaient autrefois les empereurs dans le cirque pour dire « Tue ! » Les Francs méprisent les Romains, ces gras fils de putes mous du cul, mais en douce ils essaient d'imiter les façons romaines, faut vivre avec son temps.

Le porte-fouet se rend compte qu'il ne s'agit pas de fouet, cette fois. Le pouce en bas, c'est du sérieux. Il hésite un instant entre la grosse épée scramassaxe et la hache francisque, se décide pour la hache, en libère l'anneau du mousqueton de sa ceinture, en éprouve le fil du gras du pouce, cherche de l'œil quelque chose qui puisse servir de billot, mais il n'y a rien, le moindre trognon de bois a été brûlé, alors il pense avec ennui aux petits silex qu'il y a par terre et à sa hache qu'il lui faudra de nouveau affûter, enfin il gueule à l'Avar qui crache le sang :

— A plat ventre, toi, l'enragé ! La joue droite par terre !

Et, au compagnon de chaîne de l'Avar, car les mauvais bougres sont enchaînés par paires :

— Toi, tu le chopes par les cheveux, tu tires dessus tant que tu peux, pour que son cou se présente bien. Compris ?... Alors, tu te magnes, oui ?

Le gros gradé fait remarquer :

— T'es con. Ils comprennent pas le tudesque, ces piafs-là. Ah, t'es bien de ta cambrousse, toi, encore !

L'interprète s'empresse, souriant, gluant :

— Moi dis. Moi explique.

— Magne-toi le cul, alors, dit le porte-fouet.

Il crache sur le pied de l'interprète, un gros paquet, juste sur les orteils.

— Vermine...

Il sue la haine.

— Mollo, dit le gradé. C'est MON interprète. Va pas me lui abîmer la mentalité, gros plouc.

— Ces Huns, moi, je peux pas les piffer. Plus fort que moi. Déjà, rien que l'odeur...

— Pas des Huns. Des Avars.

— C'est la même chose. Cousins germains. Cul et chemise. En tout cas, ça pue pareil.

L'interprète se place face aux prisonniers, à distance prudente. Il leur parle ainsi, dans la chantante et saccadée langue hunnique :

— Alors, vous êtes contents, pauvres merdes ? Vous avez gagné, avec vos conneries ! Bon. Toi, là, tu te couches par terre, et toi, là, tu lui prends les cheveux, à deux mains s'il te plaît, fumier, et tu tires dessus tant que ça peut, le grand con Long-Nez, là, va lui couper la tête, alors tâche que ça se passe gentiment, sinon tu y passes aussi, remarque que j'en ai rien à foutre, vous pouvez bien tous crever ça m'empêchera pas de dormir, et si au lieu de vous saouler la gueule et d'enculer vos chevaux vous aviez appris le tudesque, ou le latin, ou le grec, vous feriez exactement comme moi.

Pas de réponse, juste un grondement à dresser le poil sur le dos.

— Je vous emmerde, dit l'interprète.

— Was ? dit le porte-fouet dans la gutturale langue gothique, la seule qu'il connaisse.

— Eux pas contents, dit l'interprète.

— Sale race ! dit le porte-fouet.

— Toi peux faire travail, maintenant.

— Pas trop tôt !

Il crache dans ses paumes, saisit à deux mains le manche de la hache, la fait sauter deux ou trois petites fois pour la tenir juste là où elle s'équilibre bien dans la poigne, évalue de l'œil l'angle et la distance, et puis tranche le cou de l'Avar au mauvais caractère. D'un seul coup. Il connaît son affaire. Cela fait le même bruit satisfaisant que lorsqu'on coupe une rave pour la soupe aux cochons. Le lourd collier de fer glisse du moignon de cou et tombe dans la boue, floc. Deux jets de sang jaillissent à l'horizontale. Deux prisonniers se jettent à plat ventre, collent leur bouche aux artères tranchées et aspirent à longs traits, en creusant les joues. Quelques gorgées et ils laissent la place à deux camarades, en ayant soin de tenir bouchées les artères avec leur pouce afin que rien ne se perde. Le porte-fouet a changé de couleur.

— T'as vu ça ? Non, mais, t'as vu ça ? Oh, les dégueulasses ! Les foutues pourritures de dégueulasses !

Il lève son fouet.

— Laisse, dit le gros gradé. C'est une coutume. Il boivent le sang de leur copain, ça fait qu'ils héritent de sa force et de son courage, tu vois ? Dans leurs déserts, quand ils crèvent de soif, ils coupent une veine au cou de leur cheval et ils boivent son sang, pas trop, juste ce qu'il faut, et puis ils referment. Moi, je trouve ça pas si con.

— C'est dégueulasse, dit le porte-fouet. Et il vomit sa ration de pois cassés au lard.

« Et à la messe, tu dégueules sur les pieds du seigneur curé quand tu bois le sang du Seigneur Christ ? » Il a envie de lui demander ça, le gros Franc, et puis il se retient, c'est pas des choses à dire quand on a pour roi le roi Karl.

Mais quel est ce remue-ménage ? Un groupe de paysans requis, juste à côté, a cessé le travail et discute avec ardeur. Le gros père pousse son cheval jusque-là. Ceux-là, il les comprend, ce sont des gens de la région, des colons francs parlant tudesque bel et bon. Or voilà ce qu'ils disent :

— Oh, ben, c'est pas mal, ça ! Oh, ben, tu me la copieras ! Alors, comme ça, v'là c'te foutue racaille d'Avars ed'marde qui se la coule douce pendant que nous autres, les Francs pur jus, hommes libres et tout, on se tape tout le travail ? Mais qu'est-ce qu'ils foutent donc, les soldats ? Hé, beau militaire, t'as-t-y vu tes zoziaux, là ? Te te figures p'têt ben qu'on va les laisser nous bouffer nout'pain et se fout' ed' nout' gueule, par-dessus le marché[1] ?

Le gros gradé n'aime pas qu'on lui dise ce qu'il a à faire. Surtout des civils.

— C'est à moi que tu causes, nez sale ? Mêle-toi de tes fesses et remets-toi au boulot.

— Ben, et ceux-là, donc ?

« Ceux-là » sont toujours immobiles, le cul dans la boue, recroquevillés et claquant des dents, ceux du moins qui ne font pas la queue pour lamper quelques gouttes du sang du copain. Le porte-fouet, cramponné à la queue d'un mulet, n'en finit pas de vomir ses tripes. Le gros Franc pressent que les emmerdes ne font que commencer. Il jette les yeux alentour. Il semble bien que sur toute l'étendue du chantier les prisonniers avars ont déposé les outils.

Les paysans aussi ont senti qu'il se passe du pas ordinaire. L'inquiétude rôde.

— Ces saloperies, gueule un colosse à longues moustaches, aux cheveux noués en chignon comme aux temps des grandes ruées vers l'Ouest, ces saloperies, c'est pas du monde, c'est même pas humain ! Voyez ! Voyez donc ! Ça boit du sang d'homme ! C'est des vampires, v'là ce que c'est ! Des sorciers ! Ils ont des diables dans le corps, c'est leurs diables qui veulent du sang ! Et ces diables-là, moi je vous le dis, i leu'z'y font tout ce qu'i leu demandont ! C'est de leu' faute si qu'on est là à souffrir comme des pauv'malheureux et qu'on va y crever tous, dame ! C'est eux qui z'ont jeté un sort su'c'te putain de charogne ed'canal ! C't'un peuple ed' sorciers, tous tant qu'i sont. D'abord, pourquoi qu'on les a point baptisés, hein ? Je vas vous le dire, moi, pourquoi. Passe qu'à peine tu leur z'y mets l'eau bénite su' la tête, eh ben, les diables qu' z'ont en dedans d'eux i s'ensauvent, et avant d's'ensauver i z'y leu' tordent el'cou, parfaitement. Et alors y aurait pus d'Avars pour faire el'canal, dame. Vous me suivez t'y ? Et v'là

1. Eh oui, ce sont des culs-terreux qui parlent. Des culs-terreux germaniques, bien sûr, alors il s'agit d'une transposition pour que vous puissiez vous faire une idée plus précise et plus vraie des rapports sociaux.

maintenant que ça veut même pus ren fout' ! Ah, ben, dame !

Les paysans crient « Bravo ! » et « T'as raison ! », ça fait un gros brouhaha méchant, de plus en plus méchant, de moins en moins brouhaha, car il scande maintenant tout net « Tue ! Tue ! » et « Crève ! » et « A mort ! ». Il gagne de proche en proche sur la plaine. Les paysans en colère se pressent en amas compacts. Ils serrent dans leurs poings des manches d'outils. Les paysans sont opprimés par le roi Karl et les hommes du roi Karl. Ils n'en peuvent plus. Il faut qu'ils tuent. Tuer les hommes du roi Karl, impossible. Alors, les Avars. Tuer pour tuer, pourvu qu'on tue... Ça soulage.

Le cri furieux emplit le ciel : « Tue ! Tue ! » Les loups au loin se terrent en leurs tanières. Les gardes s'énervent, forment le cercle autour des Avars impassibles, houspillent les obstinés petits hommes jaunes acharnés à leur propre malheur, jettent contre eux leurs chevaux pour les faire bouger. Les fouets claquent et cinglent. Rien à faire. Les Avars ont dressé le mur de l'indifférence. Les Avars se sont installés au fond du désespoir. Les Avars attendent la mort.

Ils ne peuvent se grouper autour de leurs chamanes sacrés pour demander aux Puissances force et courage devant les noires Portes car, leurs chamanes, on les a tués il y a longtemps, on les a tués en premier, les élus des Puissances, les Septièmes Fils d'un Septième Fils, les savants, les miséricordieux, et maintenant les Avars sont perdus comme des louveteaux sans mère, seuls devant les Portes du Néant sans personne pour leur tenir la main, ils ont froid, ils ont peur, même si leurs faces de pierre aux yeux clos n'en laissent rien voir. Ils n'ont jamais eu pitié. Ils n'attendent pas de pitié. Le massacre peut commencer.

Le massacre commence.

La masse paysanne d'abord oscille sur place, se saoule d'injures vociférées pour faire monter sa colère jusqu'aux paroxysmes où les choses se font toutes seules. Une première pierre sonne contre un crâne, et puis mille pierres. Enfin, c'est la ruée. Ils ont osé. Ils vont cogner à tour de bras sur du vivant, ils vont faire éclater des crânes et gicler des yeux, ils vont écraser des poitrines, broyer des os, effacer des visages, ils vont égorger et ils vont éventrer, ils vont plonger à pleins bras dans du rouge, ils vont insulter celui qu'ils tuent, ils vont couper des couilles et les enfoncer dans les bouches hurlantes, c'est la chose qui vient tout de suite à l'esprit, très classique mais toujours très payante.

Ça va bon train. Les gardes, esclaves du devoir, ont d'abord tenté, sans excès de zèle, de contenir la marée furieuse, et puis, trop bien convaincus eux-mêmes de la scélératesse des Avars et de leurs pouvoirs maléfiques, ils se sont laissé emporter par leur propre écœurement, par leur besoin de passer leur hargne sur quelque chose, et ils se sont mis joyeusement à tuer du haut de leurs chevaux colosses.

— Tue, les sorciers ! Tue, tue !

Mais voilà que les petits hommes se rebiffent. Ces bestioles, quand on ne s'y attend pas, ça vous mord ! Ils croyaient avoir accepté la mort, ils ne peuvent supporter qu'elle leur soit donnée par ces lourdes brutes au gros cul, aux grosses poignes, au gros nez rouge... Ces pieds-plats au front de taureau, avec leur gueule tordue de haine, les égorgeraient comme des moutons, eux, les seigneurs de la steppe, eux dont la main n'avait jamais manié d'autre outil que la lance, l'arc ou l'épée ? Voilà les quasi-cadavres soudain sur pied, vifs et pleins de rage, les voilà qui sautent à la gorge des paysans et leur tranchent d'un coup de dents la carotide, qui se faufilent comme serpents sous les gourdins, les fourches et les haches pour enfoncer d'un coup de tête un visage à l'intérieur de lui-même, les voilà qui arrachent avec les ongles la peau d'un ventre et en déroulent les entrailles, qui s'emparent des outils et des armes, tirent les cavaliers à bas de leur monture pour les tuer à terre à coups d'épieu, sautent sur les chevaux, les font volter à grands cris stridents et défoncer crânes, ventres et poitrines à coups de sabots... Des malins prennent des tisons à un brasero pour les glisser entre la selle et le poil du cheval, ou bien entre la selle et les couilles du cavalier, le résultat est tout aussi explosif. D'autres passent sous le cheval et lui brûlent le ventre, la bête rue, jette son cavalier à terre et puis galope droit devant elle, traînant le bonhomme par un pied resté pris dans l'étrier...

Les prisonniers se battent comme des gens qui ont soudain pris conscience qu'ils n'ont rien à perdre mais que les dernières minutes peuvent valoir le coup. Il n'y a plus que férocité, acharnement, haine. Haine, haine...

Les Avars en arrivent même à tenir en respect les lourds paysans et les quelques garde-chiourme encore vivants. Ils en profitent pour amorcer une retraite en bon ordre en direction des forêts. Là, dans la montagne, il sera difficile de les traquer. Ils pourront tendre des guets-apens. Peut-être parviendront-ils à gagner le pays des Tchèques et, de là, passer en Pannonie ? Le repli s'effectue, les paysans suivent à distance, en hurlant des menaces mais sans trop s'y frotter, ils ont été durement étrillés. Les Avars peu à peu pénètrent sous le couvert et s'enfoncent dans les bois.

Cette fois, c'est fini. Le chantier n'est que désolation. Les lourdes grues de charpente gisent sur le flanc, disloquées. La cage d'écureuil flambe et crépite haut et clair. Quelques braseros renversés fumaillent, des chevaux sans cavalier errent, apeurés par les cadavres.

Lentement, obstinément les berges glissent dans le lit du canal, un pan après un pan, et cela fait à chaque fois un bruit lourd et gras, un bruit définitif. Les premiers vautours planent en rond, très haut. Les loups frémissent de la narine. Il y aura curée, cette nuit.

***

Le roi Karl aime sa ville de Regensburg. Pas autant, bien sûr, qu'Aachen la blanche, dont il a fait sa capitale et où on lui construit un palais, un vrai, aussi beau, aussi somptueux que ceux des empereurs de Rome quand il y avait des empereurs à Rome, Aachen est sa ville chérie, mais le roi Karl a la bougeotte, comme l'eurent avant lui tous les rois barbares, ceux de la lignée des Mérovée comme ceux de la lignée des Pépin, cette bougeotte germanique qui le fait sans trêve courir d'un bout à l'autre de ses Etats, soit pour guerre, soit pour inspection, soit pour son plaisir. Aussi, partout dans le royaume il existe des résidences prêtes à tout moment à accueillir le roi, sans compter les abbayes nombreuses qu'il a fondées et richement nanties. Ces résidences sont des villas à la romaine, restées bien souvent telles que les bâtirent les patriciens cossus. Vastes et opulentes, grandes ouvertes sur la campagne, ornées de belles peintures et de toutes sortes de merveilles, elles sont propres au loisir, surtout à la chasse, passion du roi Karl, qui y traîne sa cour, ses filles, ses femmes et ses concubines, plaise ou non, au grand galop par pâtures et halliers tandis que sonne la rauque fureur des trompes.

Regensburg, qui fut d'abord Colonia Augusta Tiberii, puis Castra Regina, puis Ratisbona, avant de devenir Regensburg, la forteresse sur la rivière Regen depuis peu conquise sur les ducs de Bavière, est la pointe avancée de la puissance franque, le balcon d'où le roi Karl domine et menace l'Orient. Qui tient Regensburg n'a qu'à allonger la main pour saisir la Bohême et la Pannonie, et, par les plaines étagées du Danube, par les cols des Karpates et des Balkans, réduire à sa merci Tchèques et Avars, Croates, Serbes, Bulgars et Daces, pour même submerger et écraser dans son cocon doré Byzance, l'arrogante, l'exténuée.

C'est à Regensburg que, l'an passé, sept-cent-quatre-vingt-douzième de la venue parmi nous du Seigneur Christ Jésus, le roi Karl convoqua le Concile qui condamna Félix, évêque d'Urgel en Catalogne, dont l'hérésie très pernicieuse était de dénier au Christ Jésus la nature de vrai Fils de Dieu pour n'en faire qu'un fils adoptif, une espèce de bâtard légitimé.

Un cavalier plaqué de boue, dégoulinant d'eau, le heaume fort cabossé, le haubert en bringuebale, met pied à terre dans la grand'cour de la résidence royale de Regensburg. Il jette la bride à un valet d'écurie, enjambe d'un bond le perron de bois qui mène au péristyle. Sous la colonnade, une foule attend. Comtes et leudes, missi dominici, chefs de guerre, ambassadeurs, princes soumis, ecclésiastiques, dignitaires du palais, syndics des marchands et des corporations... Le cavalier boueux se fraie un chemin dans la brillante cohue. Il parvient à une double porte monumentale de chêne clouté que gardent deux colosses bardés de tôles et de rivets.

— Service du roi ! annonce le cavalier.

Il va pour passer. Les deux courtes lances se croisent devant sa poitrine.

— On ne passe pas.

Il n'en revient pas, le cabossé.

— Service du roi, je vous dis. Vous êtes cinglés, ou quoi ? Vous me reconnaissez pas ?

— Je te reconnais très bien, dit le colosse de droite. Tu es Rikulf, le rempilé. Tu es de garde au canal. Tu devrais être à ton poste.

— Mais j'en arrive, de mon poste ! Tu sais pas ce qui se passe ! Regarde-moi ! C'est très grave. Il faut que je voie le roi Karl.

— Tu déconnes ? Le roi Karl, on peut pas le déranger. Pas

à cette heure-ci. Il inspecte l'école. Rien à faire. Faut que t'attendes.

— Mais c'est dingue ! Tu te rends compte que si tu me laisses pas passer il y va de ta tête ?

— Si je te laisse passer, tu veux dire ? Rien à faire. La consigne, c'est la consigne. Allez, tire-toi.

Le messager en pleure de rage. Le deuxième garde lui dit alors :

— Ecoute, mon gars Rikulf, te ronge pas comme ça. Va voir un chef. Tiens, v'là justement le roi Pépin. Raconte-lui ton affaire.

— C'est une idée, ça ! T'es un pote, Leudowald !

Il court au roi Pépin, le fils du roi Karl, celui qui commande l'armée d'Italie.

— Seigneur roi, les prisonniers se sont révoltés, ils ont tout tué, tout cassé, et maintenant ils se sont sauvés dans la montagne.

— Les Avars ?

— C'est ça même, Seigneur roi.

— Alors, comme ça, bande de feignants, vous avez laissé échapper les Avars ? Et ils vous ont cassé la gueule ? On en reparlera, mon gaillard... En attendant, sus à cette racaille !

Pépin tire son épée massive, la dresse en l'air et rugit :

— Holà, mes leudes ! Holà, vous tous, chevaliers, comtes et barons ! Qui m'aime me suive ! En selle, bordel de Dieu, en selle ! Montjoie Saint-Denis ! Noël ! Noël ! Sus à la racaille ! Taïaut ! Taïaut !

Aussitôt Guillaume au Court-Nez, Huon de Bordeaux, Foulque de Candie, Garain le Loherain, Girard de Viane et Gérard de Roussillon, Dool de Mayence et Doon de Nanteuil, et aussi le vieil radoteur Aymerillot, qui jadis prit Narbonne mais aujourd'hui branle du chef et n'a plus dent en gueule, et aussi sir Lancelot, qui n'a rien compris sinon « Taïaut ! », tous les preux et paladins qui là se trouvent, tous autant qu'ils sont, courent à leurs destriers. Aux cris de « Tue ! » et de « Noël ! », la cavalcade d'enfer fait voler les cailloux du chemin, et puis s'enfonce dans la forêt.

⁂

Le roi Karl ne sait pas écrire, mais il sait que l'écriture est bonne. Il sait que, par la magie de ces infimes tortillons griffonnés dans la cire ou sur le parchemin, la toute faible toute incertaine mémoire de l'homme devient une fantastique mémoire, et il sait qu'on peut entasser dedans, bien rangés, bien à portée de la main, prêts à accourir au premier appel, les Evangiles et les Pères de l'Eglise, Euclide et Pythagore, Hippocrate et Galien, Plutarque et ce Grégoire qui fut abbé à Tours, Jérusalem et Babylone, les étoiles et les comètes, les bêtes des champs et les oiseaux du ciel, les généalogies et les bâtardises, le vin des vignes et le miel des abeilles, et aussi les rentrées du fisc, et aussi les armées, et l'ordre des batailles, le juste et l'injuste, le passé et l'avenir, même le destin des empires...

Le roi Karl n'est pas un savant, mais il entrevoit la souveraine puissance du savoir. Il attire à lui les lettrés, il les protège et les favorise. Il a ordonné que, sur l'étendue de ses Etats, les abbés et les évêques établissent des écoles pour l'instruction de la jeunesse. Il veut que de son peuple sorte une élite savante. Il ne manque pas de visiter ces écoles lors de ses passages. En chacun de ses palais existe une école palatine que doivent fréquenter les fils des nobles hommes de sa suite et aussi ceux de ses serviteurs non nobles, toutefois non esclaves et non serfs. Le roi Karl sait bien que ces fils de gens de peu, aiguillonnés par l'appétit de s'arracher à leur basse condition aussi bien que par les coups de pied au cul de leurs papas, se donnent à l'étude avec fureur, ce qui ne peut que piquer d'émulation les enfants bien nés, trop portés par nature à se laisser vivre.

Pour lors, le roi Karl visite l'école de son palais de Regensburg. Les écoliers ont chacun leur botte de paille, qui leur sert d'appuie-dos ou de pupitre selon qu'ils écoutent ou écrivent. Ils sont bien jeunets, tous. Trop novices pour avoir droit à la plume d'oie, au calame ou même à la mine de plomb, ils tracent des bâtons pataudes sur des plaques de pierre d'ardoise à l'aide de blocs de craie qu'ils doivent retailler souvent au canif.

Le magister a cédé son tabouret au roi Karl. Alkwin, l'érudit d'Angleterre, et le savant homme Theodulf se tiennent debout derrière le roi. Le magister interroge un élève.

— Ça ne va pas louper, glisse Theodulf dans l'oreille

d'Alkwin, il va nous faire le coup des bons à ma droite, les mauvais à ma gauche... Tu vas voir si je me trompe !

Alkwin lui plante son coude dans l'estomac.

La baguette haute, le magister ordonne :

— Réponds, enfant. J'ai vu les morts engendrer le vivant, et les morts ont été consumés par le souffle du vivant. Qu'est-ce donc ?

— Seigneur magister, récite l'enfant, c'est le feu.

— Explique-toi.

— Les branches mortes engendrent le feu, mais à son tour le feu consume les branches mortes.

L'enfant a débité cela d'un trait, sur un air psalmodié qu'il scande par un balancement de tout le corps d'arrière en avant. Le roi Karl approuve de la tête. Il aime ces subtiles devinettes où se cachent des sentences de haute sagesse par lesquelles resplendit l'ordre merveilleux que le Créateur a mis en toutes choses.

— Approche, enfant. Sais-tu lire l'écriture ?

— Je sais, Seigneur magister.

Pour le roi Karl, c'est là le fait de science par excellence, l'acte magique. On promène les yeux sur ces signes alignés, et voilà ; de la bouche du lecteur coulent des sermons tout ruisselants de savoir.

— Alors, je te prie, lis ceci pour le seigneur roi.

De sa longue baguette le magister désigne sur un gros évangéliaire une ligne tracée en caractères énormes, sans doute à l'usage d'un curé dont l'âge aura affaibli la vue. L'enfant commence par se balancer pour se donner la cadence, et puis il ânonne, en détachant bien les syllabes et en criant très fort[1] :

— *Non in so-lo pa-ne vi-vit ho-mo, sed in om-ni ver-bo quod pro-ce-dit de o-re De-i*[2].

— C'est bien, petit, c'est très bien, dit le roi Karl. Mets-toi ici, à ma droite.

Theodulf pousse son coude dans l'estomac d'Alkwin.

---

1. Pendant des siècles, la lecture se fit à voix haute, en psalmodiant, un peu comme les enfants récitent la table de multiplication. Les premiers qui essayèrent de lire à bouche close furent considérés comme des virtuoses.

2. « L'homme ne vit pas seulement de pain, mais de toute parole provenant de la bouche de Dieu. »

Seul le latin s'écrivait. Il faudra attendre encore un bon demi-siècle pour voir apparaître le premier texte en langue dite « vulgaire ».

— Toi, là-bas, qui te caches derrière les autres, viens donc ici, dit le roi Karl. Tu es le fils du comte Hinkmar, je te reconnais bien. Magister, interroge-moi un peu ce gros garçon-là.

Le magister n'a pas l'air précisément ravi. Il essaie du facile, sans illusion :

— Qu'est-ce que le jour ?

L'enfant rougit et reste coi.

— L'invitation au travail, souffle Alkwin.

Il connaît par cœur la réponse, Alkwin : c'est lui-même qui a établi ce bréviaire philosophique en forme de catéchisme à apprendre par cœur.

— On ne souffle pas ! dit le roi Karl.

— Qu'est-ce que la liberté ? demande le magister.

L'enfant ne dit mot. Le roi Karl s'agite. On voit bien qu'il sait, lui, et que ça le démange de répondre. Il finit par lancer, triomphal :

— L'innocence !

Alkwin, Theodulf et le magister applaudissent. A tout hasard, les enfants en font autant. Le gros garçon se rassure. Il a tort.

— Qu'est-ce que l'hiver ?

Ce n'est donc pas fini ? Le gros garçon se remet à transpirer. Dans l'angoissant silence, on entend quelques ricanements étouffés.

— L'exil de l'été ! lance le roi Karl.

Applaudissements. Mais le roi Karl ne se laisse pas griser. Il tance le gros garçon :

— C'est ainsi que tu profites des bons maîtres que je te donne, fainéant ? Vois ton petit camarade, c'est le fils d'un de mes chirurgiens-barbiers, si je ne me trompe, eh bien, il travaille, lui. Je lui donnerai un évêché, plus tard, à tout le moins une abbaye. Et à toi, qu'est-ce que je devrai donner, hein ?

— Moi, j'en veux pas, d'abbaye. Je serai comte et leude et homme d'épée, comme mon papa.

— Et tu crois que ça te dispense d'apprendre ?

— Mon papa, il sait pas lire.

— Les temps changent, petit. L'avenir est aux gens de savoir. Si tous font comme toi, le noble sang tudesque croupira dans l'auge aux pourceaux tandis que s'élèveront les enfants des vaincus. Tu dois étudier !

— Mais à nous, déjà, on nous fait entrer dans le corps la science des armes, de la guerre, du cheval et de la vénerie, nous arrivons ici éreintés d'avoir combattu à la lance et à l'épée, alors que ceux-là sont tout frais ! C'est pas juste !

Et l'enfant éclate en sanglots.

***

Le roi Karl quitte l'école palatine. Son sourcil est froncé car une fois encore les enfants de sa noblesse ont montré le mépris où ils tiennent l'étude et les ornements de l'esprit. Mais il n'est au fond pas aussi fâché qu'il le laisse paraître. Il se dit qu'après tout il ne serait peut-être pas conforme à l'ordonnance divine des choses et à la tranquillité des empires que les gens de guerre se servent de leur tête autant que de leur épée. Par contre, cet appétit de savoir qui éclate chez les besogneux lui semble de bon augure : il sortira de ceux-là une caste de clercs et de grands commis qui rivaliseront de zèle au service de l'Etat, tout en sachant que, si haut qu'ils montent, il ne sera pour eux jamais question de supplanter le sang royal ou même de s'élever jusqu'à la caste équestre.

— Que t'en semble, Alkwin ? J'ai été plutôt bon, non ?

— Seigneur roi, tu leur as fait grande impression. Voilà de jeunes gaillards qui n'oublieront jamais que le roi Karl les a félicités.

— Ou que je leur ai tiré l'oreille !

Un garde en armes se tient dans le corridor qui mène à la grande salle d'audience. Il fait un pas vers le roi.

— Dietrich ? Qu'est-ce que tu fais là ?... Attends, je sais : un messager d'Orient est arrivé !

Le roi Karl soudain frétille d'impatience.

— Un messager ? D'Orient ?... Non, Seigneur roi, non. C'est rapport au canal.

— Eh bien, quoi, le canal ?

— Seigneur roi, il est arrivé comme qui dirait malheur.

— Encore ? Quel genre de malheur, cette fois ?

— Seigneur roi, les prisonniers avars. Ils se sont sauvés. Ils ont tué des gardes.

— Ils n'iront pas loin. Pépin ou Charles s'en chargera.

— Seigneur roi, c'est déjà fait. Le seigneur roi Pépin leur donne présentement la chasse.

— Tout est bien, alors. Et c'est pour ça que tu me déranges ?

— C'est que... Il y a aussi les paysans.

— Les paysans ?

— C'est eux qui ont commencé, pour la chose des Avars. Ils disent que les Avars sont tous magiciens et qu'ils font des sortilèges avec les diables pour défaire le canal au fur et à mesure qu'il se fait, que toute la misère qu'ils ont c'est de la faute à ces jaunâtres, et alors ils se sont jetés dessus pour les détruire, et voilà maintenant qu'ils courent par les villages et qu'ils tuent les marchands juifs, les esclaves grecs et sarrazinois, enfin tout ce qui est un tant soit peu noir de poil et jaune de peau.

— Où est le problème ? Les Avars, il faut me saigner ça sur place, comme des gorets. Ils sont baptisés, ils se débrouilleront avec le Seigneur Christ. Quant aux culs-terreux, on pend les meneurs et on me remet les autres au travail à coups de pied dans le cul. Cours dire ça à mon fils Charles. Qu'il prenne mille hommes et rejoigne son frère. Un peu d'exercice fera du bien à tout le monde.

Le garde salue à la franque et file. Le roi Karl soupire :

— Me déranger pour de pareilles conneries !

En lui-même, il pense « Où es-tu, Nanar, mon fils ? Pourquoi m'as-tu mis en colère ? Cet Alkwin est fort savant et de bon conseil, mais il ne sait rien de nos affaires d'Orient, et je ne puis me confier à lui. Il est clerc de l'Eglise et abbé, et comme tel dévoué au pape presqu'autant qu'à moi-même, peut-être plus qu'à moi-même. Ce mariage avec une schismatique, une hérétique pour ainsi dire... Il jetterait les hauts cris. Je l'entends d'ici. Il intriguerait avec le pape et me foutrait tout par terre... Ah, Nanar, Nanar, toi seul étais au courant, toi seul tenais les fils... Pourquoi m'as-tu pris au mot, petit con ? Reviens donc ! Ton roi a besoin de toi ! »

Ainsi pense le roi Karl dans le secret de sa tête. Tout en marchant, il demande à Alkwin :

— Les Saxons ?

— Seigneur roi, les nouvelles ne sont pas bonnes. La révolte, ou pour mieux dire, la guerre, a maintenant gagné la Frise et le Schleswig. Les bandes saxonnes marchent sur l'Austrasie. Elles vont atteindre le Rhin.

— Le Rhin ?

— Le Rhin. Elles approchent de Colonia[1].

— Hé là ! S'ils passent le Rhin, ils sont à Aachen !

— Hélas !

— Les Sarrazins ?

— Eh bien, la Marche d'Espagne et la Septimanie[2] sont à feu et à sang. Ils ont brûlé et mis à sac Barcelone, Nîmes et même Arles en Provence. Il semble cependant qu'ils ne sont pas en force suffisante pour une invasion. Certains signes laissent penser qu'ils seraient sur le point de se retirer, chargés de butin et d'esclaves.

— Juste une petite promenade dans mes plates-bandes pour me faire un pied de nez, en somme ? Eh bien, attends un peu, il va la sentir passer, l'émir !... Les chefs de l'armée sont là ?

— Ils t'attendent.

— Allons-y.

---

1. Colonia Agrippina, dont le nom n'a pas encore évolué en Kölln (pour les Allemands) et Cologne (pour les Français).

2. La Marche d'Espagne : la Catalogne.
La Septimanie : le Languedoc.

QUINZIÈME CHAPITRE

— Finalement, dit le grand Franc maigre en renfonçant sa chemise de dessous dans ses braies, on s'en fait tout une idée avant, et puis ça va tellement vite qu'on se demande si c'est vraiment arrivé. A peine le temps de te mettre en train, pfft, c'est déjà fini...

— Bon, ben, si t'aimes pas ça, n'en dégoûte pas les autres, dit le suivant en troussant les pans de son bliaud de toile.

Et, les braies sur les talons, il plonge entre les grandes cuisses blanches de Tamara. Dans son impatience il ne trouve pas l'accès du premier coup, alors il empoigne son outil pour le guider tout en tâtonnant du bout des doigts dans les replis onctueux. Il n'y arrive pas, il faut qu'il y mette les deux mains, il jure « Nom de Dieu de salope, t'as pas de trou, ou quoi, merde ? ». Il est frustré parce que lui, pour que ce soit satisfaisant, il faut qu'il serre contre lui à pleins bras le corps de la femme en balbutiant « Maman ! Maman ! ». Déjà que, là, devant les copains, il est bien obligé de fermer sa gueule, sans quoi, les fumiers, ils n'en finiraient pas de le charrier, il les entend d'ici, en plus s'il doit tirer son coup juste en frottant son truc dans le machin et couic, c'est la déception amère. Cette grande pute se laisse faire, d'accord, et même elle se prête, mais elle n'aide pas. Lui, ce qu'il aimerait, c'est qu'elle lui passe la main dans les cheveux, qu'elle lui gratte le crâne en disant « Mon petit »... Ça y est, il a quand même trouvé l'entrée, et voilà, ça va tout seul, ça l'aspire d'un seul coup jusqu'aux poils du ventre, alors tant pis, hardi petit, à grands coups de cul furibards il te défonce ça faut voir, ses noires fesses carrées, aussi mal gracieuses que sa hure, pistonnent à un train d'enfer, il lance vers le ciel un barrissement puissant, puis un cri de souris étranglée, et s'abat sur le ventre de Tamara comme une grenouille éclatée. Le suivant lui demande s'il compte finir la campagne là, et puis l'empoigne par le col et le rejette sur le côté.

Tamara regarde le ciel et compte les hommes. Quand le dernier lui sera passé dessus, ce sera la fin. A moins qu'un ou deux aient de l'ardeur de reste, ce qui prolongerait un peu le sursis... Dans le coin de son œil, elle voit Raymond, le Tchèque et Face-de-Cul, la bêche au poing, qui creusent la fosse commune. Ils creusent mollement, les quatre gars qui les surveillent sont plus attentifs au spectacle des copains tirant leur coup et à leur propre crainte qu'on ne leur fauche leur tour qu'à l'ardeur au travail des prisonniers.

La petite princesse d'Orient a elle aussi beaucoup de succès. Les grands guerriers sont curieux de comparer les sensations que peut donner cette invraisemblable miniature à celles qu'ils trouvent dans leurs vastes femelles tudesques, histoire de se rendre compte si la grande chevauchée qui se prépare en pays avar vaut vraiment la peine de s'exciter l'imagination, question tendresse et repos du guerrier.

Le chef Chlodeswig s'étonne :

— Ça ne te dit rien ? demande-t-il au seigneur grec. Tu es peut-être trop noble homme pour tremper ta mouillette dans le même œuf que les nôtres, à nous, gens de peu ?

Le Grec hausse les épaules et tourne le dos. Il va vers les hommes qui creusent leur propre tombe. Les mains au dos, il les regarde un moment. Enfin il se décide. Il va à Face-de-Cul, lui ôte la bêche des mains, le prend par une de ces mains et l'entraîne derrière les buissons. L'esclave suit, docile comme un cheval qu'on mène au pré.

« Voilà donc l'affaire ! » pense le chef Chlodeswig.

Il tape dans ses mains et lance :

— Ça y est ? Tout le monde a eu son content ? Alors, dépêchons, les enfants ! Les bonnes femmes, venez ici, au bord du trou. Croyez pas qu'on va aussi se les trimballer à bout de bras, non ? Pas de fatigue inutile. Efficaces, voilà.

Mais Tamara est déjà debout. Elle aide à se relever la princesse, que secouent les sanglots et que barbouillent les larmes. Elle la soutient tandis que, titubantes, elles marchent jusqu'au trou, poussées dans le dos par les pointes aiguës de deux framées. La princesse voit soudain devant elle le grand

Tchèque Przemyszl. Elle va droit à lui, se colle à lui, à sa grande puissante carcasse, elle appuie sa joue contre le vaste poitrail bombé, elle entoure de ses bras ronds le cou de taureau, et elle ne bouge plus. C'est là qu'elle veut mourir. L'énorme Przemysyl referme sur elle ses bras aux poils rouges. Il ne dit rien. Deux grosses larmes coulent sur ses grosses joues et tombent sur le crâne d'oiseau de la petite princesse.

Tamara à son tour s'avance. Raymond ouvre les bras. Tamara s'arrête, regarde Raymond, ses yeux ne disent plus la soumission mais la très grande tendresse. Son sourire aussi dit cela. De sa longue forte main elle caresse la joue de Raymond, et puis elle passe, elle va jusqu'au pied de l'arbre où est allongé le chevalier Renaud, toujours inconscient. Elle le regarde comme elle ne l'a encore jamais regardé, tout son saoul, bien à son aise, et puis elle s'allonge à son côté, flanc à flanc, elle prend la main de Renaud dans la sienne, elle ferme les yeux, voilà, c'est comme ça qu'elle veut attendre la mort, elle.

— Bon, dit le chef Chlodeswig. On peut y aller ?

— C'est dommage, dit le Grec.

— Qu'est-ce qui est dommage ? Tiens, tu as meilleure mine, étranger. Tu es tout rose. Le grand air t'a fait du bien, on dirait.

— C'est dommage de les tuer comme ça. Il y a tant de choses à faire.

— On en a fait tout ce qu'on pouvait en faire, non ?

— Tu manques d'imagination, beau militaire. Moi, par exemple, je me dis que ce serait intéressant de faire couvrir les femelles par un cheval...

— Par un cheval ? C'est pas faisable, ça !

— Oh, que si ! Il faut seulement aider un peu la nature.

— Mais c'est crime de bestialité très horrible et abominable, ça ! Péché mortel et archi-mortel ! Tu es sûr d'être chrétien ?

Le chef Chlodeswig se signe.

— S'il y a crime, ce n'est pas toi qui le commets, mais bien la femelle... Mais peut-être n'avez-vous ici que des juments ou des hongres ?

— Hongres ? (Le chef Chlodeswig crache.) Tu te crois chez les Bulgars, ces chiens de païens qui châtrent les chevaux ?

Mon cheval, à moi, est un étalon de quatre ans. Faut pas y en promettre, moi je te le dis.

— Alors ? Fais-le venir.

— Ça va pas, non, bougre de cochon ? Allons, vous autres, au boulot ! Tuez-moi tout ça, rebouchez-moi ce trou, et qu'on n'en parle plus.

— Bon, bon, dit le seigneur grec. Tu es le chef, après tout.

— Tu l'as dit.

⁂

C'est à ce moment qu'une flèche empennée de plumes de coq de bruyère vient en sifflant se planter dans la fesse gauche du seigneur grec.

— Houlà ! crie ce noble étranger. Par Jésus Pantokrator, on m'attaque !

— Qui c'est, ce Pantokrator ? demande le chef Chlodeswig. Vous n'avez pas le même Jésus que nous, dans ton pays ?

— Qui a fait ça ? gueule le Grec.

— J'ai bien peur que ce ne soit moi, dit un joli petit homme plein de confusion qui émerge du sous-bois.

Il tient un arc à la main, un carquois plein lui bat l'épaule. Il est très ennuyé, vraiment. Le Grec brame et sautille.

— Seigneur Eginhardt ! dit le chef Chlodeswig.

— Tiens ! C'est toi, Chlodeswig ? dit Eginhardt. Ce seigneur est de tes amis, peut-être ?

— Oui, c'est ça.

— Eh bien, il faut lui ôter ça du cul. Il a l'air de souffrir, hm ? Souffres-tu, Seigneur étranger ?

Le seigneur étranger hurle et sautille en rond. Eginhardt décide de considérer cela comme une réponse.

— Je ne peux mieux faire que de le débarasser de cette malheureuse flèche, dit Eginhardt, mais il faut m'aider. Si on ne le tient pas fermement, je risque de l'abîmer. C'est que mes flèches ont des barbes à retroussis, comme des hameçons, si tu vois, alors, si je tire dessus sans précaution, la moitié de la fesse vient avec... Je les forge moi-même, ça m'amuse. Il faut élargir un peu la plaie au couteau à droite et à gauche...

Le Grec maintenant pleure.

— O Iézous Pantokrator ! O Théos ! O Panaghia !

— Mais... Ce seigneur est grec ! dit Eginhardt, soudain intéressé. Un Grec par ici ? Si près de Regensburg... Chef Chlodeswig, que sais-tu de cet homme ?

— Eh bien, je te l'ai dit : c'est un ami.

— Un seigneur grec, avec des vêtements de ce prix, ton ami ? Et ces bijoux... Tu le connais depuis longtemps ?

— Je le connais... depuis que je le connais ! Et qu'est-ce que c'est que ces questions ? Tu n'as aucun droit. T'es plus chouchou du roi, Eginhardt. T'es rien du tout, v'là ce que t'es. Et même, tu es banni, si je me souviens bien ? C'est à moi de te demander : Qu'est-ce que tu fais à deux pas de Regensburg et du roi ? Hm ? Sais-tu bien que je devrais t'arrêter, moi, et te mener au seigneur roi, qui décidera s'il veut te faire pendre ? Et qu'est-ce que tu dis de ça, merdeux ?

— Oh, oh... Tout beau, Seigneur chef Chlodeswig, tout beau... Là... On se calme. Tu devrais savoir que la colère des rois, c'est comme leur faveur, ça va, ça vient. Et justement je me tiens pas trop loin en attendant que ça revienne, pour qu'on n'ait pas trop à me chercher. Et quelque chose me dit que ce jour-là pourrait bien être plus proche qu'on ne croit... Allons, mon gros père Chlodeswig, tu sais bien qu'il vaut mieux ne pas m'avoir contre toi. Je parle pour ton bien. Je vais te poser une question. Tu vas y répondre tout net. Voici. Ce seigneur grec est-il un messager pour le roi Karl ?

Le chef Chlodeswig secoue sa grosse tête casquée de fer :

— Messager ?... Non... On peut pas appeler ça comme ça. Non.

Eginhardt a l'air déçu. Le Grec saute et pleure, moins fort, toutefois. On s'habitue à tout. Même à une flèche dans le gras, à condition de ne pas la cogner partout.

— Seigneur Eginhardt ! crie Raymond.

Il fait un pas en avant, mais aussitôt deux framées[1] se croisent devant sa poitrine, quatre bras vigoureux le tirent en arrière et un bon coup de pommeau de scramassaxe[2] lui atterrit derrière l'oreille.

— Un Franc ? Ces gens sont des Francs ? s'étonne Eginhardt. Ces gens que tu vas faire tuer ? Qu'ont-ils fait ?

1. Framée : courte lance, ou long javelot, comme on préférera. (Mais peut-être vous l'ai-je déjà dit ?)

2. Scramassaxe : grande, grosse, lourde épée à deux mains, qui fait très mal. (Ça, je vous l'ai déjà dit, j'en suis sûr. Mais on ne s'en lasse pas !)

— Espions.

— Oh, je comprends. Le roi Karl les a vus ? Tu sais qu'il veut interroger lui-même tous les espions ? Absolument tous.

— Eh bien...

— Pas espions ! hurle Raymond. Pas espions ! Messagers ! Pour le roi K...

Raymond tombe à la renverse, un guerrier assis sur la poitrine, un autre sur la figure. Il étouffe. Il mord à pleines dents ce cul offert. Le cul est bardé d'acier, il s'ébrèche les dents sur les lames d'un haubert. L'intérêt renaît chez Eginhardt.

— Chlodeswig, mon ami, tout ça n'est pas clair. Tu vas me laisser dire deux mots à l'oreille de ce gars, un écuyer, si je ne m'abuse. Et c'est son chevalier qui gît là tout pâle.

— T'as pas le droit !

— Tiens, donc ! Tu vas voir ça. Et emmène-moi ce braillard gueuler plus loin. Enfin, quoi, il en fait une histoire, pour une flèche dans le cul ! Un accident de chasse. Ça arrive tous les jours.

Le chef Chlodeswig est plutôt emmerdé, il se balance comme un gros ours, mais il n'essaie pas d'empêcher Eginhardt de se pencher sur Raymond, de pousser d'un coup d'épaule le rustre bardé de fer et de presser l'écuyer à voix anxieuse :

— Si ce que tu as à me dire est ce que je crois, dis-le-moi tout bas à l'oreille.

Quand Eginhardt se redresse, son visage est un visage de triomphe. Il marche droit au chef Chlodeswig, lui frappe la poitrine à petits coups hargneux de l'index :

— Tu allais faire une belle connerie, mon gros père Chlodeswig ! Tu ne peux pas imaginer à quel point ta tête tenait peu à tes épaules... Allons, rassemblement ! Donne-moi des chevaux, quatre hommes d'escorte, une litière pour ce gars-là, et en route !

— T'as pas à me donner d'ordres !

— Tu en donnerais ta tête à couper ?

— Euh...

— Alors, exécution. Ah, et puis, tu viens avec nous. Tu as des choses à raconter. Au sujet de ce Grec, par exemple... Tiens, où il est passé, celui-là ? Retrouvez-moi ça, et en route !...

⁂

Voici donc comment Eginhardt, pour avoir désobéi au roi Karl et s'être caché dans la forêt à quelques lieues à peine du séjour de ce grand monarque, trouva par fortuit hasard le messager d'Orient qu'il avait tant attendu en vain et le sauva d'un grand péril. C'est qu'ainsi en avait décidé la divine Providence qui régit nos terrestres destinées.

Avant que de se mettre en route pour Regensburg, Eginhardt envoya quérir la princesse Emma, la propre fille du roi Karl, qu'il aimait de tendre amour et pour qui il avait construit de ses mains au profond des bois une maisonnette de bon aspect avec beau feu flambant en cheminée et salaisons pendues aux poutres, car Eginhardt le gentil écolier avait appris à manier l'arc et l'épieu. Or Emma était grosse de ses œuvres. La pauvrette appréhendait fort la colère du roi son père lorsqu'il la verrait en cet état alors que le prêtre n'y était point passé. Mais Eginhardt lui a dit : « Femme, les temps sont venus. Je le sais. Il le faut. » Alors elle a plié ses cottes et les a mises dans le coffre aux vives peintures, et elle n'a plus rien dit, car l'homme a parlé.

⁂

La petite troupe fait route vers Regensburg. Moins vite que ne le voudrait l'impatience d'Eginhardt, à cause du chevalier que les mouvements des chevaux font durement souffrir dans sa litière de fortune[1]. Il a repris conscience, le chevalier. Eginhardt en a profité pour lui demander s'il est bien le messager d'Orient et si le message est toujours en sa possession, à quoi le chevalier a répondu en faisant « Oui » de la tête. Eginhardt lui a demandé ensuite si ce message était tel que le souhaitait le roi Karl, à quoi le chevalier a refusé de répondre.

On atteint bientôt les faubourgs, parmi les charrois qui

1. Une litière est une voiture sans roues, munie de brancards à l'avant et à l'arrière de façon à être suspendue entre les deux chevaux. Ainsi évite-t-on les cahots causés par les roues sur les mauvais chemins.

entrent en ville pleins à crouler de choux, carottes, navets, panais et autres verdures pour les panses du roi Karl, de ses preux et de sa cour, et aussi les troupeaux de bœufs meuglant, de moutons bêlant et de cochons couinant qui mourront pour ces glorieuses panses.

Eginhardt sait comment atteindre discrètement la résidence royale et y pénétrer sans se faire remarquer. Il interpelle un serviteur. Le serviteur le reconnaît, sursaute, et puis se dit « La faveur des rois, ça va, ça vient, ne nous étonnons de rien ».

— Seigneur, dit-il, le seigneur roi est de présent sur son chantier du canal, il sera de retour avant la nuit.

— C'est contrariant, dit Eginhardt, contrarié.

— Harald, dit Emma, sais-tu si la petite maison où j'étais se trouve encore libre ?

— Je crois savoir qu'elle l'est, dit Harald le bon serviteur.

— C'est là qu'il faut aller, dit Emma. Transportons-y le chevalier. Harald, envoie-nous un médecin, tous les médecins que tu pourras trouver. Les meilleurs !

⁂

La maison est glaciale, mais bientôt le feu ronfle sur l'aire de l'âtre au milieu de l'unique salle, la fumée monte droit et s'échappe par le trou du toit, l'eau bout dans le chaudron. Le chevalier, couché sur un bon matelas de paille fraîche, grelotte de fièvre et lutte pour ne pas s'évanouir à nouveau, car il craint de délirer et de livrer au vent son secret. On a allongé le Grec dans un coin, sur le ventre à cause de la flèche qui lui sort du cul, dûment ligoté car son cas n'est pas clair. Il geint doucement. Raymond lui remonte le moral :

— Un peu de patience, quoi ! Le médecin va t'ôter ça... Au fait, qu'est-ce qu'il peut bien foutre, ce médecin ?

Et justement, le voilà. C'est un gros moine plein d'importance que précède un moinillon effaré. Il pose la main sur le front du chevalier, hoche la tête, tâte le pouls au poignet, hoche la tête, demande :

— Comment sont ses selles ?

— Fort dures et fort rares, dit Raymond. Je n'ai pas eu le bonheur de les voir, mais à son écuyer on dit tout.

— Huhmm... Et ses urines ?

— Ça, je ne saurais dire. Il ne m'en a pas parlé.

— Huhmm... A-t-il au matin la langue chargée ?

— Mon père, si je puis me permettre, c'est au bras qu'il est blessé.

Le gros moine amasse dans ses gros yeux tout le dédain qu'il peut, et certes il peut beaucoup.

— Chaque chose en son temps. J'y venais.

Il daigne enfin poser le regard sur ce bras étalé là devant lui. Visiblement, il aimerait mieux le poser ailleurs, par exemple dans le corsage de Tamara qui, penchée sur le chevalier, lui rafraîchit le front d'un linge humide. C'est qu'il n'est pas beau à voir, ce bras. Les choses ont encore empiré. La plaie présente l'aspect terne et sournoisement maléfique d'un lac d'étain. Autour de cette mer morte, une boursouflure de peau distendue, tuméfiée, noirâtre, aux reflets sinistres de vieux bronze, bordée par une zone livide plus terrifiante que tout le reste. L'odeur est épouvantable.

Le savant médecin hoche la tête et déclare :

— Ça pue.

Personne ne le contredit. Il ajoute :

— *Gangrena putrefactica.*

Raymond sursaute. Pas besoin de savoir le latin...

— Tu es sûr ?

Ce qui lui vaut un nouveau déversement de mépris oculaire.

— Je suis formel. *Gangrena. Sphakelos.*

— Bon Dieu ! Mais alors...

— Alors, il faut couper. Vite. Sinon...

— Eh bien, coupe, médecin, coupe !

— Je suis médecin, pas barbier. J'ordonne qu'on coupe, je ne coupe pas.

— Oh, nom de Dieu...

— Par contre, je suis clerc, et tu blasphèmes, fils.

— Je blasphémerai bien davantage si mon chevalier, là, vient à crever !... Un barbier ! Dis-moi où trouver un barbier !

— Je m'en occupe, dit Eginhardt.

— Il serait bon, reprend le médecin, pour clarifier son sang et l'épurer des humeurs mortifères qui l'encombrent et risquent de gagner le cœur, source de toute pensée comme de tout sentiment et moteur de la vie, de lui faire prendre une bonne décoction d'herbes purgatives que je vous indiquerai, et aussi, afin de stimuler et renforcer les esprits vitaux, de lui donner toutes les heures un gobelet du sang d'un taureau frais abattu, mêlé de deux cuillerées de miel d'abeilles et battu avec deux jaunes d'œuf dans du vin muscat. En applications locales, je prescris des cataplasmes de limaces rouges écrasées vivantes et mêlées à deux scrupules[1] de poudre de relique du bras de saint Barthélemy. Saint Barthélemy est souverain pour les plaies au bras.

— Et où trouve-t-on cette poudre, révérend père ?

— Dans le reliquaire qui se trouve en l'abbaye de Trier, que nous autres clercs appelons Augusta Trevirorum[2]. Encore faut-il bien spécifier que c'est pour un bras, car là-bas se trouve aussi la relique du membre viril de ce grand saint, lequel membre guérit à coup sûr la stérilité des femmes mais serait de peu d'efficace en notre affaire. De toute façon, seul un roi, et encore, en employant la force armée, pourrait prétendre accéder au reliquaire.

— Voilà donc la question réglée.

— Une petite saignée ne lui ferait pas de mal non plus...

— Faites, notre maître, faites donc !

— Encore une fois, je suis médecin, non barbier, ni apothicaire. Je prescris, je n'exécute pas.

— Attendons ce barbier.

Attendre. Encore. Et cette saleté de plaie, cette plaie mangeuse d'homme, qui bée, stupide et obstinée comme l'œil d'un poisson mort... Enfin Eginhardt revient, ramenant le barbier.

C'est un barbier arabe. Ce sont les meilleurs. Les médecins arabes aussi sont les meilleurs, mais il n'ont pas le droit d'exercer en terre chrétienne. Alors, ils se font barbiers[3]. Le Sarrazin, au premier coup d'œil, voit de quoi il retourne. Il dit quelques mots au petit Juif bouclé comme un agneau noir qui porte le sac de cuir où sont ses instruments. L'enfant ouvre le sac et en tire les outils. Le Sarrazin dit au gros moine :

— Seigneur médecin, faut opium.

Le moine approuve gravement du menton. Il dit :

1. Mesure de poids. Un scrupule équivaut à environ 1,25 gr.

2. Et que nous autres appelons « Trèves ».

3. C'est-à-dire chirurgiens. Les docteurs en médecine considéraient comme indigne d'eux de manipuler la chair souffrante. Ils laissaient donc la chirurgie, art vil et bas, à des travailleurs manuels : les barbiers.

— Je prescris du vin d'opium pour endormir et rendre insensible à la douleur le patient afin qu'il puisse être procédé commodément à l'opération de chirurgie qu'exige son état, à savoir l'ablation de son bras gauche.

L'enfant plonge dans le sac, y pêche une fiole qu'il tend à son maître. Le chirurgien-barbier verse de cette fiole dans une timbale d'argent et, soulevant d'une main la tête du chevalier, présente le liquide à ses lèvres en disant :

— Bois tout.

Renaud ouvre la bouche pour dire « Un chevalier ne craint pas la douleur », mais il est bien faible et, avant que sa voix ne soit montée à ses lèvres, la timbale en a obstrué l'orifice. La liqueur d'oubli coule en lui, une torpeur embrume ses sens, il sombre dans un néant sans fond.

Le chirurgien-barbier se met à l'œuvre.

« Allons, se dit Raymond. Il est temps. Largement temps. »

Il sort

⁂

Le crépuscule d'hiver descend sur Regensburg. Raymond marche par les ruelles fangeuses. Le roi Karl a décidé de les faire paver de dalles de pierre, comme faisaient les Romains, mais jusqu'ici d'autres soucis l'ont occupé. Et donc l'écuyer enfonce dans la boue jusqu'à la cheville, il n'a pas voulu prendre son cheval, il avait besoin de marcher. Des cochons fouillent du groin les tas d'ordures, des poules et des canards courent partout. Soudain Raymond reste sur place, un pied en l'air. Devant lui, là, juste sous son nez, au bout de la ruelle, il y a un mur. Une seconde plus tôt, il n'y avait rien, que l'espace vide du carrefour. Et maintenant, ce mur. Gris et lisse. Et qui bouge... Un mur qui bouge ! Raymond, prudemment, fait un pas, et puis, vite, tourne le coin, il y a un interstice. Le mur est une bête. Grande comme une maison. Tout là-haut, perdu dans le gris, il y a un petit œil guilleret, et cet œil regarde Raymond. Quelque chose se déroule de quelque part sous l'œil. Une queue ! Une grosse longue épaisse queue que la bête d'épouvante porte sous l'œil, là où il y aurait un museau chez une bête chrétienne. Cette queue se dresse droit en l'air, une petite bouche rose s'ouvre juste en dessous, et le cri de cent mille trompettes sort de la bête. En même temps, Raymond voit deux cornes recourbées, fort longues et fort pointues, qui sortent de cette bouche, une de chaque côté.

— Un dragon ! se dit Raymond. Ça doit être ça, un dragon ! Il m'a senti. Il va se mettre à cracher des flammes. Oh, si seulement mon chevalier... Moi, les dragons, j'y connais rien du tout...

Mais la bête n'a pas l'air de lui en vouloir. Raymond prend le large. De loin, il se donne le loisir d'y regarder mieux. Il n'a jamais vu semblable créature, il ne savait même pas que ça pouvait exister. Tout là-haut, perdu dans le ciel, assis au-dessus de l'œil, sur ce qui semble bien être la tête du monstre, entre deux ailes de chauve-souris grandes comme des portes de grange qui battent doucement et qui semblent bien être des oreilles, est assis un petit bonhomme tout noir de peau, tout doré de vêture, et ce petit homme crie à Raymond :

— Bojor, Sidi ! Ti vo monti sir l'iliphont ? Attonds.

Il dit quelques mots dans l'immense oreille, et voici : la bête fantastique, posément, plie les jambes de devant, puis celles de derrière, et c'est comme une montagne qui se mettrait à genoux. Raymond, circonspect, s'approche. Mais le monstre n'a pas l'air hostile. Les petits yeux — pas si petits que ça, vus de près — le regardent, intéressés. Cette queue qui pend à la place du nez s'allonge comme un bras, le doigt qu'il y a au bout palpe délicatement le visage de Raymond. Le petit homme — c'est presque un enfant — fait un large sourire, tend la main et dit :

— Ti montes, Sidi. Ji t'aide.

Raymond grimpe et s'installe derrière ce garçon. L'éléphant se remet debout.

— Où ti vas ?

— Au palais. Voir si le roi est arrivé.

— Ji t'onmène.

Raymond, le bon écuyer, remarque que la bête lance les deux pieds du même côté à la fois, comme les chameaux, ce qui lui donne une démarche balancée. Il y a peu de gens dehors, et ils se retournent à peine, ils ont l'habitude, sans doute. Chemin faisant, le garçon au sombre visage explique :

— Ci l'iliphont. Ti l'as jamis vi l'iliphont ? Ci mon sidi Haroun al-Rachid qui l'donne à ton sidi roi Karl.

— Haroun al-Rachid ? Mais c'est le roi des Sarrazins !

— Jistimont ! Mon sidi Haroun al-Rachid il i l'calife di Croyonts. A Bagdad. Lui il fait cadeau l'iliphont à ton sidi li roi Karl. Ji viens avec l'iliphont dans l'bateau. Il y a oussi li lions i l'zoutoumate. Ti verras. Li roi Karl ti montre.

L'adolescent sarrazinois explique ensuite que l'éléphant s'ennuie. Trop triste, ici, trop froid, tout gris, jamais de soleil... Et lui aussi, Ali, il s'ennuie. Il tousse. L'ambassade du calife des Croyants est repartie pour Bagdad depuis longtemps, laissant l'éléphant et laissant Ali pour soigner l'éléphant.

— Il s'appille Abulaz, dit Ali.

***

C'est ainsi que l'envoyé extraordinaire du seigneur pape, arrivant secrètement de Rome à marches forcées, se trouve devant le portail de la résidence royale de Regensburg nez à nez avec un monstre d'épouvante tout droit sorti de l'enfer.

— C'est Béhémoth ! C'est la Bête de l'Apocalypse ! Seigneur Christ, la fin des Temps est donc arrivée ? Le roi Karl serait-il l'Antéchrist prédit par l'apôtre Jean ?... Et, là-haut, ce garçon tout noir qui mène la Bête serait donc le vilain diable Apollin, ou peut-être l'archidiable Belzébuth ?

Le moine se signe tant qu'il peut, mais la Bête est toujours là, et comme personne alentour ne semble s'en effrayer, ni même y faire attention, et comme des petits enfants lui offrent des raves et des croûtons qu'elle prend délicatement avec cette main à un doigt qu'il y a au bout de ce bras qui lui pend au bout du nez pour les enfourner dans sa petite gueule rose et les croquer en grande satisfaction, l'envoyé du pape s'avise qu'il reste à courir plus de deux siècles encore avant l'An Mil et que, les prophètes et les Pères sont formels, la fin des Temps, le règne calamiteux de l'Antéchrist et le triomphe définitif du Messie auront lieu en l'An Mil et pas avant, et que donc, bref, il n'y a pas le feu, cette Bête n'est qu'une grosse bête, un point c'est tout, ce diable noir un négrillon et ce manant en loques et tout crotté qui vient de sauter à bas de la Bête et de franchir en courant l'enceinte du palais n'est qu'un écuyer, ça il le sait, il l'a déjà vu quelque part... Quelque part ? Mais bien sûr ! L'écuyer, pardi ! L'écuyer du grand flandrin !... Il est donc arrivé ?... Oui, mais il n'a pas vu le roi... Pas encore... Il est temps, juste temps !

L'envoyé du pape saute à bas de son cheval, jette la bride à un page ou à je ne sais quoi qui musarde dans la cour le nez en l'air, trousse sa robe, et se rue, quatre à quatre, vers le péristyle aux colonnes de bois joliment peintes. Mais il n'a pas la tête à la peinture.

***

— Seigneur roi, dit Hinkmar le paladin, qui est de garde ce jour-là, on m'avise qu'il y a là un homme qui veut te parler. A toi seul.

— Ah, bon ? Et de quoi il a l'air ?

— Fort las, fort déchiré, fort cabossé et fort crotté.

— Tonsuré ou d'épée ?

— D'épée.

— Et il ne veut parler qu'à moi seul ? Il n'a rien dit d'autre ?

— Ma foi, non... Ah, si ! Il arrive d'Orient.

— Tu ne pouvais pas le dire tout de suite ? Amène-le dans la petite pièce que tu sais. Monte la garde à la porte. Qu'on ne me dérange pas.

— Il y a aussi un envoyé du seigneur pape.

— Plus tard, plus tard !

— Il dit que c'est extrêmement important et extrêmement urgent.

— Demande-lui de quoi il retourne.

— Il ne veut parler qu'au Seigneur roi, seul à seul.

— Décidément, c'est le jour ! Eh bien, il attendra. Vite, va me chercher l'homme d'Orient !

***

— Donc, dit le roi Karl, tu arrives de là-bas ?

— Oui-dà, Seigneur roi.

— De Byzance ?... Je veux dire : de Constantinople ?

— De Constantinople, Seigneur roi. Là-bas, on dit plutôt « Byzance ».

— Tu es le messager de tu sais qui ?

— Ah, non, Seigneur roi. Moi, je ne suis que l'écuyer du messager.

— Il m'envoie son écuyer ? Pourquoi pas son valet d'écurie ? Il se prend pour qui, ce prétentieux ? Bon, trêve de chichis. Le message ?

Le roi Karl tend la main.

— Le message, Seigneur roi, c'est le messager qui l'a.

Le sourcil du roi Karl se fronce.

— A quoi jouons-nous, bonhomme ? Qu'est-ce que c'est que cette histoire de messager qui t'envoie pour me dire qu'il a un message pour moi ? Que ne l'apporte-t-il lui même ? Et d'abord, où est-il, ton nom de Dieu de messager ?

— Tout près d'ici, Seigneur roi.

— Pourquoi alors n'est-il pas venu lui-même ?

— Il ne peut pas bouger, Seigneur roi. Il est en ce moment entre les mains du médecin et du chirurgien. Il ne donnera son message qu'à toi seul, en mains propres.

— Et... Il court péril de mort ?

— Seigneur roi, péril très grand et très pressant.

Deux grosse larmes coulent sur les joues du bon écuyer.

— Il me faut donc y aller.

— Et promptement, Seigneur roi.

***

Il y a toujours à l'écurie un cheval tout sellé pour le roi, quelle que soit l'heure. Raymond a sauté sur un cheval qu'un page ahuri tenait par la bride, tournant en rond dans la cour et ne sachant qu'en faire. Quatre gardes francs tout dévoués au roi Karl galopent devant, quatre autres derrière. Ils sont bientôt arrivés.

— Halte ! crie Raymond.

— Ici ? s'étonne le roi.

— Ici.

— Mais c'est la maison...

— Je sais, Seigneur roi.

Comme Raymond a mis pied à terre, le roi Karl en fait autant. L'escorte se range à droite et à gauche de la porte. Au bruit, cette porte s'est ouverte. Raymond s'efface. Le roi Karl entre.

Ils se sont jetés à genoux, il ne voit que leurs nuques. Mais ces nuques, il les connaît bien. La flexible nuque blanche de sa fille Emma, les lourdes boucles sombres d'Eginhardt, son fils selon son cœur.

Il ne dit rien, le roi Karl. Le puissant, le terrible. Il n'aime pas qu'on se foute de lui. Enfin, il parle.

— C'est donc comme ça que je suis obéi ? Je vous fais grâce de la vie, je vous exile par grande clémence, et vous, ici, sous mon nez... Cette fois, Emma, c'est le couvent. Toi, Eginhardt, tu y vas de la tête. Avoue que tu l'as bien cherché.

Ils restent là, cois, à genoux, tête basse, mains jointes. Ils n'implorent ni ne maudissent. Ils sont là.

— Mais, nom de Dieu de petits cons, explose le roi Karl, pourquoi ne vous êtes vous pas sauvés au diable vauvert ? De quoi j'ai l'air, moi, maintenant, hein ? Je parie que les huit corniauds, là dehors, rigolent comme des bossus ! Pourquoi rester là dans mes jambes, hein ?

Alors, Emma parle.

— Parce que nous attendions ton pardon, papa.

Le roi Karl reste la bouche ouverte. Heureusement, il se rappelle ce qu'il est venu faire là.

— Bon, bon... Ce messager ? Il existe, au moins ?

— Il est là, Seigneur roi, s'empresse Raymond.

Il précède le roi jusqu'à la paillasse où gît le chevalier, plongé dans un sommeil sans doute peuplé de monstres, car il geint et grince comme âme damnée. Le roi Karl demande au médecin :

— Eh bien, mon père, que t'en semble ? Il vivra ?

Le gros moine regarde le barbier mauresque, qui, d'un discret mouvement de paupières, fait signe que oui.

— Il vivra, Seigneur roi, dit le moine-médecin... Pourvu toutefois que la fièvre de mort ne s'y mette, ajoute-t-il, prudent.

— Quand s'éveillera-t-il ?

— Incessamment, Seigneur roi. Si tu veux, je le réveille.

Le moine secoue l'épaule de Renaud. Une panthère noire s'abat sur lui, le tire en arrière, le jette à terre, lui plante ses griffes dans les joues. Tamara protège son chevalier.

— Sacrée femelle ! Quel chien de garde ! dit le roi Karl.

Eginhardt et Emma se tiennent dans un coin, main dans la main.

— Seigneur roi, dit Raymond, si le seigneur Eginhardt ne s'était trouvé là, nous étions tous morts et ton message perdu bel et bien.

Quel bon petit cœur, ce Raymond !

— Vraiment ? dit le roi Karl.

Raymond, en deux mots, raconte l'affaire.

— Ainsi donc, dit le roi Karl, ce gros geignard dont je ne vois que le cul est un espion et un comploteur qui voulut mettre à mort un courrier royal ?

Le gros geignard ne répond rien. Son croupion est toujours empenné, il faut croire qu'on n'a pas eu le temps de s'occuper de lui. Il ne geint d'ailleurs presque plus. Par contre, il écoute. Lui aussi, il a une mission à remplir.

— Eh bien, Eginhardt, dit le roi Karl, il semblerait que tu m'as rendu service ?

— Un grand service, dit Emma.

— Toi, l'effrontée, tu parleras quand je te le dirai. Il semblerait que je te suis débiteur ?

Le roi Karl fronce le sourcil.

— Je n'aime pas être débiteur.

Les yeux du roi Karl sont terribles.

— Alors, pour ne plus l'être, je vais te rendre la monnaie de ta pièce. J'annule le bannissement, je te rends ta place de secrétaire intime du roi et je te donne en mariage ma fille Emma, que tu m'as dérobée, petit salopard !... Et engrossée, il me semble, non ?

— Papa, s'écrie Emma.

Elle se jette au cou du roi tandis qu'Eginhardt se jette à ses pieds. C'est ce qui se fait dans de pareils cas. Tout le monde pleure tellement c'est beau. Sauf Renaud, qui s'éveille et réclame à boire. Il a très mal, Renaud. Le roi Karl s'arrache aux douces joies du pardon pour s'approcher du blessé. Il s'agenouille et place son visage tout près.

— Chevalier, sais-tu qui je suis ?

Renaud se ressaisit. Il jette sur cet homme un regard que brouille la souffrance. Il dit :

— Tu es le seigneur Karl, roi des Francs.

— Chevalier, tu as beaucoup risqué et beaucoup souffert pour m'apporter un message. Ce message, tu l'as ?

Renaud serre les dents et dit :

— Je l'ai.

— Donne-le-moi.

Renaud réussit à grimacer un sourire. Un sourire de triomphe. Cet instant le paye de tout. Il dit :

— Le voici.

Sa main droite se porte à son bras gauche. Elle tâtonne, tâtonne. Soudain Renaud se dresse, c'est un fou furieux qui se dresse, et qui hurle :

— Mon bras ! Où est mon bras ?

— Au fait, c'est vrai, dit le médecin, tu ne peux pas savoir. Ton bras, eh bien, nous avons dû le couper. *Gangrena putrefactica pestilentia gravissima.* Une heure plus tard, il était trop tard. La vapeur gangréneuse serait montée au cœur dont elle eût perturbé les clavicules, causant mort immédiate et subite par cessation de la vie. Je t'ai sauvé la vie, Seigneur chevalier, ajoute modestement le gros moine.

— Avec l'aide du maître-barbier que voici, précise Eginhardt, qui est pour la justice, surtout en un si beau jour.

— Mais mon bras, bon Dieu, le bras que vous m'avez coupé, qu'en avez-vous fait ? Donnez-le-moi !

Le médecin regarde le barbier, le barbier regarde le médecin. Enfin, ce bras, qu'en a-t-on fait ?

— Qu'en as-tu fait, barbier ? demande le médecin.

— Et que veux-tu que j'en aie fait ? Je l'ai posé là, je suppose, et puis je n'y ai plus pensé, j'avais autre chose à faire : cautériser les vaisseaux, tailler la peau pour le moignon, recoudre, mettre l'emplâtre... Dis donc, toi, regarde-moi un peu dans les yeux !

La dernière phrase s'adresse à son aide, le charmant petit Juif bouclé comme un agneau noir. L'enfant, obéissant, le regarde dans les yeux. Et se met à rougir. Et à rougir. Et à rougir...

— Ecoutez, dit le roi Karl. J'aimerais bien qu'on me dise. Ce bras, semble-t-il, est fort important. Très bien. Mais en quoi est-il important ?... Pour notre affaire, je veux dire, en dehors des services qu'il pouvait rendre au chevalier.

La souffrance et l'anxiété font à Renaud une tête épouvantable. Il crie :

— Tu ne comprends pas ? Tu ne comprends vraiment pas ? Alors, écoute, roi Karl. J'ai cousu le message dans la plaie de mon bras. A l'intérieur, oui, tout au fond. C'était une blessure faite comme une tranche de gigot qui tiendrait encore au gigot par un lambeau de viande, ça faisait couvercle à charnière, quoi. J'ai recousu les bords de la plaie, tout autour. Le parchemin était bien caché. On a pensé à fouiller le pansement, personne n'a eu l'idée de fouiller la plaie elle-même ! C'était tellement vilain à regarder... Et quand ça c'est mis à puer, j'étais bien tranquille.

— Et... Que dit-il, ce message ?

Renaud secoue la tête

— Je ne sais pas. Il ne fallait pas que je sache.

— Eh bien, trouvons ce bras, dit le roi Karl.

— Euh... Je pense que ce galopin a quelque chose à avouer, dit le barbier. Allons, parle, Moïse.

— Je l'ai jeté aux cochons, dit Moïse, tout d'une traite.

Et puis il enfouit sa tête dans ses bras et attend les gifles.

Déjà Raymond est dehors. Des cochons, il y en a partout, qui courent, couinent et se bousculent, c'est très joueur, les cochons, ou bien qui fouillent du groin la boue noirâtre. Au beau milieu du passage, une truie énorme, vautrée sur le flanc, allaite ses douze petits, béate, comblée. Va chercher là-dedans !

— Je vais les faire tous éventrer, dit le roi Karl. On finira bien par tomber dessus.

— Seigneur roi, ça ne servirait à rien. A l'heure qu'il est, la puissance destructrice des sucs de l'estomac a rongé et dissous le mince parchemin, et en tout cas effacé l'écriture qui était dessus.

— Cochons tout mange, même os aussi, dit Przemyszl.

***

— Dis-moi, Nanar.

— Oui, Seigneur roi ?

— Ce chevalier, ce... Comment, déjà ?

— Renaud, Seigneur roi.

— Renaud, c'est ça. Je ne l'ai jamais vu ?

— Auparavant, tu veux dire ? Je ne crois pas.

— Il me fait un drôle d'effet. Comme si j'étais sur le point de me rappeler... De me rappeler quelqu'un, quelque chose, va savoir... Quelque chose de désagréable, en tout cas, ça, je le sens.

— Tout barbu et mal en point comme il est, même sa mère ne le reconnaîtrait pas.

— Et c'est pour mon service qu'il a mené si rude chevauchée. Ce n'est pas sa faute si... Quel qu'il soit, je le récompenserai de ses peines. Rappelle-moi ça, Nanar.

Le roi Karl se tait, tout songeur.

— Nanar, Nanar, dit-il enfin, on dirait bien que Quelqu'Un, là-haut, ne veut décidément pas que l'Orient s'unisse à l'Occident. Ce mariage qui devait porter la puissance romaine rénovée par le sang germanique depuis le Grand Océan jusqu'aux monts du Caucase... Ce canal qui devait faire du Danube un prolongement du Rhin... Nanar, la Providence est contre moi.

— Seigneur roi, s'écrie Eginhardt, les visées de la divine Providence ne sont évidentes qu'après coup. Elle te protège, c'est sûr, et elle veut ta gloire. Simplement, ses chemins ne sont peut-être pas ceux que nous avons cru.

— Ah, Nanar, Nanar, dit le roi Karl, charmé, que tu m'as donc manqué ! Toi, tu sais les trouver, les mots ! Mais bien sûr ! Je m'enlisais dans cette gadoue aussi bien que dans ces molles rêveries d'Orient... Il y a d'autres voies, Nanar ! Allons, dès demain j'abandonne le chantier, je redeviens homme de guerre. Le terrassement ne me vaut rien. Il n'est plus temps d'aller en Pannonie liquider l'empire avar, la saison est trop avancée. Pépin et les preux vont rouspéter, mais dès le printemps j'envoie tout le monde en Saxe montrer à ces cochons de renégats que quand on me cherche on me trouve. Pas de quartier. On tue tout, on rase tout, et on y met des colons francs, gaulois ou italiens, à coups de botte dans le cul s'il le faut. Je ne veux plus voir l'ombre d'un Saxon vivant. S'ils demandent le baptême, on baptise et on tue. Comme ça, ils iront tout droit en paradis. Je leur fais une grande faveur. Je suis las de tant de déceptions. Tout de suite après, je m'occupe des Avars. Voilà Noël qui vient, je veux aller ouïr la messe de minuit en mon monastère de Saint-Killian, près de Würzburg. Et puis chasser un peu l'aurochs dans ma forêt de la Harz. Ah, Nanar, Nanar, je te retrouve ! Nous avons fait de grandes choses, mais celles que nous allons faire passeront l'imaginable.

C'est ainsi que Karl, roi des Francs, n'épousa pas Irène, impératrice de Byzance.

⁂

Le roi Karl s'en est allé, et avec lui Emma et Eginhardt. Le barbier aussi est parti. Il reviendra chaque jour pour les soins, Eginhardt l'en a prié, il le paiera de ses deniers ainsi que le savant médecin qui a laissé ample provision de vin d'opium en prescrivant d'en donner au chevalier dès que la douleur se fait insupportable.

Raymond, les bras ballants, se tient devant Renaud. Il ne sait que dire.

— Je sais, dit Renaud, je sais. Ne me dis rien. J'ai échoué, d'accord. Je suis déshonoré, d'accord. Mais vois-tu, pour l'instant, j'ai trop mal... J'ai mal, j'ai mal, un point c'est tout. Je me désespérerai après. Les tourments de l'âme, après. Ça m'occupera la tête pendant le voyage.

— Le voyage ?

— Evidemment, le voyage ! Qu'est-ce que tu crois ? Il me faut maintenant retourner à Byzance.

— A Byzance ?

— A Byzance, bien sûr ! Arrête de faire l'écho. Qui apprendra à la Basilissa Irène que son message n'a pas été remis, hein ? Qui donc, sinon moi ? Pas le roi Karl, en tout cas : il a déjà renoncé à son beau rêve, il est bien loin d'Irène et de Byzance ! S'il entre un jour dans Byzance, ce sera en conquérant, la lance au poing, dans l'embrasement de l'incendie. Ainsi accomplira-t-il son vrai destin, qui est de vaincre par le fer et par le feu, et non, comme il s'en flatte, de légiférer et d'apprendre à lire aux petits enfants ! Pour moi, j'ai failli à ma mission, je dois aller en rendre compte et en recevoir le juste prix. Mais j'ai fait pis : j'ai déçu la confiance de ma Dame.

— Elle te fera empaler !

— Elle en a le droit comme souveraine, elle en a cent fois le droit comme ma Dame. Je partirai dès que je pourrai tenir sur un cheval.

— Comment ça, tu partiras ? Nous partirons.

Renaud, en dépit de la douleur qui lui tord le visage, est tout ému.

— C'est beau, ce que tu viens de dire là, Raymond ! C'est bien de l'avoir dit. Ça me réchauffe le cœur. Mais tu ne viendras pas. La faute est mienne, le châtiment sera mien. Vends l'émeraude. Je prendrai là-dessus de quoi m'équiper à neuf. Tu garderas le reste. Achète-toi une terre là où ça pousse bien et où les serfs ne rechignent pas à la besogne ni à la corvée. Conduis ta Tamara au baptême, et puis épouse-la devant Dieu et le Seigneur Christ Jésus. Ne discute pas, verse-moi de ce vin d'oubli, je vais dormir.

⁂

— Répète voir un peu ça, dit le roi Karl.

L'envoyé du pape répète :

— Sa Sainteté le seigneur pape voit en toi, roi Karl, le ferme soutien de la véritable Eglise du Seigneur Christ, laquelle ne saurait être que catholique, apostolique et romaine, avec à sa tête le successeur de l'apôtre Pierre ainsi que le voulut le Seigneur Christ en personne. Ayant constaté avec chagrin que hors de cette Sainte Eglise il n'est qu'errements, idolâtrie, schisme et hérésie qui l'assaillent de toutes parts, Sa Sainteté, inspirée par la Divine Providence, a décidé de se reposer sur un bras séculier du soin de protéger et conduire en leurs terrestres travaux et vicissitudes les âmes chrétiennes, et pour cela de faire revivre l'Empire romain tel qu'il fut en ses années glorieuses. Et c'est toi, roi Karl, qui serais l'Empereur de ce nouvel Empire.

Les yeux du roi Karl se plissent, son visage se fait rusé.

— Huhmm... Et de quels territoires serait fait ce bel Empire ?

— Mais... Des territoires où règne la Sainte Eglise, dit naïvement l'envoyé.

— Le pape est bien généreux ! Bien généreux, en vérité ! Il me donne ce que je possède déjà ! Il m'octroie ce que j'ai conquis ! Sais-tu bien, cornichon, que plus de la moitié de tout ce qui est chrétien catholique romain a été soumis par mes soldats, converti et baptisé par mes évêques ? Sais-tu bien que, tout cela, j'ai dû aller le prendre l'épée au poing, ou bien l'arracher par menaces ou trahison ? Sauf le peu que je reçus en héritage, bien sûr, mais cela, ce sont mes pères qui l'ont conquis ou arraché, et avant eux les premiers Francs, les fils de Merowig, les Chlodeswig et les Daghbert[1] ? Grand merci à Sa Sainteté, vraiment !

1. Mérovée, Clovis, Dagobert. Une fois de temps en temps...

— Mais jusqu ici tu n'es que roi, c'est-à-dire chef reconnu des Francs. Qu'est-ce que les Francs ? Sans vouloir te vexer, Seigneur roi Karl, une toute petite nation. Même pas : une confédération de tribus, qui ne domine les autres nations barbares que par la force des armes et la terreur du bourreau. Tu as vaincu les Lombards, tu as vaincu les Saxons, avant toi les rois francs ont vaincu Burgondes, Alamans et Wisigoths, mais tout est sans cesse à recommencer. L'ambitieux qui te vaincra est peut-être déjà en route... Sois Empereur, sois César, sois l'héritier, l'oint et l'élu de Rome : tous s'inclineront. Quiconque s'élèvera contre toi s'élèvera contre Dieu. Tu seras l'Egal des Apôtres, le bras de Dieu sur la Terre.

— Huhmm... Et que me demande le pape en échange ?

— Rien. Rien de plus que les pays que ton père le roi Pépin et toi-même lui avez donnés, ou plutôt restitués conformément à l'acte de donation de l'empereur Constantin...

— Dis donc, c'est déjà un beau morceau ! D'autant que le fameux parchemin de Constantin, entre nous, hé, hé, l'encre en est encore humide et l'herbe que broutait le mouton qui donna cette peau-là n'a pas encore repoussé !... Mais bon, ne chipotons pas, ce qui est donné est donné... Empereur, eh ? J'aurai la pourpre et le machin rond, là ?

— Le globe ? Bien sûr ! Et la couronne, et le sceptre... Tu seras le seul véritable Empereur, car l'Empire, c'est Rome. Tu seras au-dessus des césars d'Orient comme Rome est au-dessus de Byzance.

— Mais c'est vrai, ça ! Le Basileus sera mon vassal ! Je pourrai sommer la petite mère Irène de me livrer Byzance, et tout l'Orient, et son cul en prime !

— Seigneur roi !

— Et si elle ne veut pas me le donner, j'irai le chercher ! Tope là, mon gros père ! A quand la cérémonie ? Je verrais assez bien ça à Pâques prochaines. Cours le dire au pape !

— Seigneur roi, je ne suis qu'un messager, je n'ai pas voix au Conseil de Sa Sainteté. J'ose avancer néanmoins que ça me paraît un peu tôt... Il faut préparer les esprits... Faire en sorte que cet Empire te soit offert par tes comtes et tes barons, tes abbés et tes évêques. Que tes peuples te supplient d'accepter... Le seigneur pape n'attend de toi, aujourd'hui, qu'un accord sur le principe de la chose...

— Il l'a, c'est dit.

Le messager du pape toussote deux ou trois coups. Il ajoute, yeux baissés :

— Et aussi l'assurance que tu ne chercheras nul accommodement avec les schismatiques...

— Qu'est-ce que ça veut dire, ça ? Quels accommodements ? Quels schismatiques ?

— Oh, par exemple, est-ce que je sais, moi... Disons, un mariage... Du côté de l'Orient...

— Que le pape joue sa partie, je jouerai la mienne. Va, maintenant.

***

— Ecuyer je suis, écuyer je reste, dit Raymond. Où mon chevalier va, je vais.

Il se tourne vers Tamara.

— Toi, fais ce que tu veux. Tu es libre. Je t'affranchis. Libre ! Tu comprends ? Libre. Je te donnerai des sous quand j'aurai vendu l'émeraude.

Elle secoue sa noire tignasse.

— Toi acheté moi. Moi, chose à toi. Où toi es, moi est.

Le fidèle écuyer sent son cœur se dilater. Ce sont juste ces mots-là qu'il espérait bien entendre, tout en craignant d'en entendre d'autres. Cependant il ne peut oublier qu'au moment de mourir c'est dans la main de Renaud que Tamara a mis sa main. Cela, il ne l'oubliera jamais. C'est donc avec un peu d'amertume qu'il dit, montrant le chevalier endormi :

— Et où il y a moi, il y a aussi lui. C'est ça ?

Tamara ne baisse pas les yeux.

— Même si lui loin de moi, moi près de lui. Cœur à moi dans main à lui. Moi, esclave à toi. Chose à toi. Aimer toi, soigner toi, faire tout bon pour toi. Mourir pour toi, si ça bon pour toi.

Raymond soupire.

— Oui, oui. Tout ça, mais rien que ça. Et bon, quoi. Faudra bien que je m'y fasse. A lui ton cœur, à moi ton cul. J'ai peut-être pas la plus mauvaise part... Nous retournerons donc à Byzance, mais nous n'irons pas en tendant les fesses au pal, bon Dieu non ! Ce grand con, si on le laisse faire, il suppliera l'autre peau de vache de le punir ! A croire qu'il aime ça...

Bon, j'aviserai, le moment venu. Pour l'instant, il faut le guérir, et puis lui redonner des forces. Tamara lui fera du bouillon, moi je trouverai un forgeron qui lui façonnera un beau petit crochet de fer pour mettre à son moignon. Allons, c'est dit.

Soudain Raymond se frappe le front.

— Hou là là... Mais si on retourne à Byzance, on va retomber sur la petite mère Chry-Chry ! J'allais l'oublier, celle-là...Eh bien, voilà, il faut que je mette de côté de quoi lui rembourser son petit capital avec les intérêts au denier cinq. Rubis sur l'ongle. Oui, mais, et question sentiment ? On s'était comme qui dirait un peu promis, tous les deux... Et même un peu tenus... Aïe ! Et voilà que de penser à elle ça me pince quelque part là-dedans. Pas comme pour Tamara. Tamara est ma Dame, Tamara est ma vie, je meurs si je la perds. Mais il peut peut-être y avoir une petite place pour Chry-Chry dans tout ça ! Après tout, j'ai bien le droit d'être un peu compliqué aussi, moi, mon papa était noble homme. Bah, en Orient comme en Orient ! Je vais peut-être bien me monter un gentil petit gynécée, moi, tiens donc !

— Et moi, dit Przemyszl le bon géant, je parrte plus pourr arrmée. Je fairre chevalier errant. Plus rrigolo.

— Mais, dit Raymond, il te faut t'équiper.

— Je pensé déjà. Je prrends choses vieux à toi et à chevalier, choses beaucoup trrès cassées, heauberrt, heaume, courrroies, tout ça, je rréparre, et voilà, j'ai équipement ! Pas besoin les sous. Si toi d'accorrd.

— Prends, prends, mon gars ! De toute façon, je dois nous équiper de neuf. Et je vais t'acheter un cheval et une bonne épée. Un chevalier ne saurait combattre à pied. Surtout s'il est prince. Et il te faut un écuyer, un valet...

— J'ai écuyer ! Voilà.

Przemyszl prend au collet Face-de-Cul comme on prend un lapin aux oreilles et l'exhibe à Raymond.

— Face-de-Cul, écuyer trrès bon. Seulement besoin botter le cul trrès beaucoup. Et j'ai aussi valet : c'est petite femme étrroit. Fairre soupe, étrriller cheval, elle apprrend. Elle déjà moins étrroit.

La minuscule poupée mongole se blottit en gazouillant contre le torse magnifique.

— Très bien, très bien..., dit Raymond. Et celui-là ?

Il désigne le Grec de malédiction, toujours emplumé, endormi à plat ventre sur sa douleur.

— Oh, celui-là, eh ?

Przemyszl empoigne le bois de la flèche et, d'un coup sec, tire à lui. La flèche s'arrache à la fesse. Arrache aussi un bon morceau de fesse. Le Grec crie, une seule fois mais très fort, saute sur ses pieds et s'enfuit, droit devant lui. Nul depuis ne l'a revu.

***

Avant de quitter ces lieux funestes pour s'en aller fêter la Noël en son bien-aimé monastère de Würzburg sur la rivière Main, le roi Karl offre un grand banquet à ses preux et aux chefs de l'armée qui, demain, délaissant pour un temps la Pannonie et le trésor des Huns, fera route vers les plaines du Septentrion afin de châtier les Saxons renégats.

Or, bien que le cœur du roi Karl soit triste, car il n'est pas accoutumé à renoncer quand il a entrepris ni à tourner le dos quand il a décidé d'aller de l'avant, ce banquet ne laisse pas d'être fort joyeux. Les preux en effet y fêtent leur grande victoire sur les prisonniers avars échappés par traîtrise et félonie. Acharnée fut la chasse et grasse la tuerie.

Et tandis que tous boivent et mangent selon leur soif et appétit, chacun assis suivant son rang à la grande table en fer à cheval, voici que des jongleurs et des baladins divertissent la noble assemblée par mille tours et facéties. Voici un nain d'Hibernie sachant éteindre une bougie à dix pas d'un seul pet tonnant comme dix tonnerres, ce qui fait beaucoup rire les dames, voici l'éléphant Abulaz que le gentil moricaud Ali fait mettre à genoux pour offrir un bouquet à la plus belle, ce qui gâte le sourire des autres, voici deux lions et un singe, autres cadeaux du calife des Croyants et empereur des Sarrazins Haroun al-Rachid, mais le roi Pépin donne le singe à dévorer aux lions, et ça c'est vraiment drôle, voici encore une merveilleuse clepsydre, cadeau du même calife Haroun, qui est une horloge actionnée par la force de l'eau tombant d'un bassin en un autre et faisant au passage se mouvoir diverses roues mécaniques fort ingénieuses d'où résultent les jeux d'oiseaux automates d'or et de pierres précieuses chantant et battant des ailes pour indiquer les heures du jour et de la nuit, machine à ce point sublime que les gens du roi Karl, n'y comprenant rien, y élèvent des carpes et des grenouilles, toutes choses données par le calife Haroun en gage de loyale amitié et d'admiration grande, car seul le vulgaire s'étripe par haine et détestation, alors qu'en toute chevalerie la fureur des combats n'interdit nullement l'estime et les bonnes manières entre les chefs.

A la fin vient un barde, lequel, à l'imitation du païen Homère tant vénéré des Anciens, chante en vers bien scandés la bataille de Roncevaux où périrent tant de preux et vaillants chevaliers, et ainsi commence ce chant qui tire les larmes des yeux du roi :

Karl li res, nostre emperere magne...

— C'est là patois vulgaire, dit le roi Karl à Eginhardt, et même patois gallo-roman. J'y ai l'oreille peu faite. Qu'a-t-il voulu dire par « emperere magne » ?

— Seigneur roi, c'est « grand empereur ».

— Un peu prématuré..., dit le roi Karl.

⁂

Le roi Karl, ses ingénieurs et ses armées ont quitté les vallées de l'Altmühl et de la Regnitz. Et de tous ces grands travaux, de ces immenses fatigues, de ces montagnes de morts, de ces lacs de pleurs, il ne reste sur la plaine de boue que deux tronçons envasés, l'un au Nord, l'autre au Midi, qui tirent l'un vers l'autre et ne se rejoindront jamais.

Et ces deux fossés dérisoires écrivent sur le blason sanglant du Conquérant ce mot piteux : échec.

Et lui qui se veut constructeur d'empire n'aura été qu'un Attila de plus. Et son empire, comme celui du Hun, disparaîtra avec lui.

Et ces deux cicatrices énormes ne s'effaceront jamais, et on les nommera dans les siècles des siècles du nom que déjà leur donnent les paysans d'alentour : les Fosses de Karl, les Fosses Carolines.

EPILOGUE

Et puis chacun suit sa destinée, évitant de poser le pied dans les pièges du Malin avec l'aide de la divine Providence.

Année après année, l'impératrice Irène, l'Egale des Apôtres, déjouera les complots des intrigants et les émeutes des iconoclastes. Les cinq fils du Copronyme, abusant de sa clémence, tenteront une fois encore de soulever la populace. Elle les fera donc une bonne fois mettre à mort, et voilà pour eux.

De plus en plus belle, de plus en plus seule, il lui faudra faire face à la plus terrible des déceptions qui puissent déchirer le cœur d'une mère. Son propre fils, l'empereur Constantin VI, âgé de vingt-sept ans, une fois de plus mal conseillé par quelques vauriens ambitieux, osera, en l'an 797, se révolter contre la tutelle pleine de sollicitude de sa maman afin, comme il le dira, de « vraiment régner par lui-même ». Irène lui fera crever les yeux dans la chambre même où elle l'a mis au monde. Une mère doit parfois se montrer ferme, quoi qu'il lui en coûte. Elle sera alors, pleinement et en toute légitimité, Empereur romain d'Orient, Basileus Autokrator.

Hélas, l'armée, malgré ce titre au masculin, n'oubliera jamais qu'elle est femelle et ne lui obéira qu'en traînant la jambe. Il s'ensuivra que les frontières du Nord seront violées à maintes reprises par les Bulgars de Kroumm dont elle devra chaque fois acheter le retrait par des concessions désastreuses. En l'an 798, Haroun al-Rachid, Calife de Bagdad et Commandeur des Croyants, appellera l'Islam à la guerre sainte contre Byzance. Les armées arabes envahiront et ravageront ce qui reste des territoires d'Asie. Ce n'est qu'au prix d'une capitulation que l'histoire qualifiera de honteuse qu'Irène obtiendra qu'ils ne mettent pas à sac Constantinople elle-même.

Pendant tout son règne Irène se grisera du mirage de la réunification de l'Orient et de l'Occident par son mariage avec le roi des Francs et multipliera les ambassades, officielles ou secrètes, dans ce dessein. C'est même une de ces tentatives, découverte et mise à profit par le protégé d'Irène, le Grand Logothète Niképhore, le seul de ses ministres qui ne soit pas eunuque, qui fournira le prétexte à l'émeute qui la renversera, en 802, et portera au trône impérial ledit traître et félon Niképhore.

Niképhore, empereur, sera tel qu'il fut toujours : cupide, avare, fourbe et cruel. Il périra vilainement en 811, lors d'une campagne contre les Bulgars, d'un coup de poignard reçu pendant son sommeil, car Dieu qui voit tout n'eût pas permis qu'un méchant ladre meure de la mort des héros, la lance au poing.

Le roi Karl, au jour de Noël de l'an 800, alors qu'il se trouvera à Rome pour y entendre dévotement la messe de la Nativité du Seigneur Christ Jésus, se verra à sa grande surprise couronné par le seigneur pape Empereur d'Occident et suprême souverain par-dessus tous les souverains temporels sur cette Terre. Auparavant, il aura définitivement écrasé les Saxons indomptables et les aura baptisés, non par l'eau et le sel, mais par le fer et par le feu. Et puis, cela réglé, il aura tourné ses armes vers la Pannonie et détruit de fond en comble l'exécrable empire des Avars, brûlant tout, tuant tout, même les femmes aux joues d'abricot et les petits enfants à la mamelle, car le cuisant échec de ses Fosses Carolines lui aura enseigné qu'on ne peut rien tirer de bon de cette race maudite.

Or, un peu avant cela, le grand Khâ-Khan des Avars, et aussi leur Ouïgour, voyant à nouveau les armées franques s'amasser aux marches de Bavière et connaissant la faiblesse de la Horde, se seront efforcés d'apaiser le roi Karl et d'éviter la guerre, mais le roi Karl a toujours voulu cette guerre, et aussi ses fils, et aussi ses preux, et aussi ses évêques et le seigneur pape, et donc le roi Karl aura fait prévenir secrètement les petits khans et les guerriers avars de la démarche du Khâ-Khan et du Ouïgour, et les guerriers en colère auront massacré ces deux-là comme lâches et vendus, car les Avars aussi veulent la guerre, ils croient en la puissance invincible de la Horde régénérée et aux prédictions de victoire des chamanes. Et donc tout le grand peuple avar, avec ses enseignes, ses oriflammes, ses gongs et ses tambours, marchera glorieusement contre l'envahisseur franc, et pour la dernière fois l'Elan des Bannières ébranlera la steppe sous son terrible galop. Car les Francs seront comme un mur d'acier, rien ne pourra entamer ce mur, et ils avanceront à leur tour, et ils écraseront tout, et ils tueront tout, ring après ring, jusqu'au Ring royal. Du formidable empire avar il ne restera rien, pas même le souvenir. Et le plus fantastique trésor de guerre de tous les temps, amassé là depuis plus de trois siècles par Attila et ses successeurs, tombera aux mains du roi Karl, et puis sera distribué par lui à ses vaillants leudes et gentils compagnons, et aussi à ses églises et abbayes, et aussi au seigneur pape, car Dieu n'est-il pas le premier combattant des forces du Bien et l'artisan de toute victoire ?

Et le roi Pépin, fils du roi Karl, amènera à Aachen, enchaîné, le dernier Khâ-Khan des Avars, un certain Toudhouin, afin de le baptiser et puis de l'exhiber ainsi que faisaient les généraux romains des rois vaincus.

Le khan Kroumm se proclamera Tsar de tous les Bulgars et Protecteur des peuples slaves, et il envahira le pays avar aussitôt que les armées franques l'auront quitté, et tout le pays au Sud des monts Karpates sera son empire. Il portera de terribles coups à Byzance, il boira le vin des vignes de Byzance dans le crâne de l'empereur Niképhore, mais il mourra sans avoir réalisé son grand rêve : faire de Byzance sa capitale, Tsargorod[1].

Sachez encore qu'Eginhardt et Emma vivront de longues années dans l'amour et la confiance de l'empereur Karl, qu'ils seront heureux et malheureux tour à tour car ainsi va l'humaine destinée, qu'ils auront beaucoup d'enfants, dont quelques-uns vivront, donc beaucoup mourront. Eginhardt survivra à l'empereur Karl assez longtemps pour nous laisser une chronique détaillée des hauts faits de ce puissant prince.

Le seigneur pape sera content d'avoir fait renaître l'Empire

1. « Tsar », « Tsargorod »... Décidément, ces Bulgares étaient déjà slavisés jusqu'à l'os !

d'Occident et d'avoir fait du roi Karl un empereur, car ainsi devenait-il, lui , pape, faiseur d'empereurs, et donc au-dessus des empereurs.

L'empereur Karl aura la douleur de porter en terre Pépin, son fils aîné, et puis Charles, son cadet, si bien qu'à sa mort, en l'an 814, la couronne écherra à Louis, dit le Foireux, dit le Pieux, dit le Débonnaire, et ce prince confit en bigoterie chassera du palais d'Aachen ses sœurs qui tant auront aimé la vie joyeuse et les jettera en de noirs couvents, et quant à leurs galants, à leurs gentils pages et à leurs joueurs de luth, il les fera étrangler sur place, car ce passage au terrestre séjour n'a pas été octroyé à la créature pour jouer du luth et se délecter le cœur et le ventre à la peau des galants, mais bien pour se préparer au céleste jugement.

Hélas, l'Empire de Karl der Grosse, que les romanisés nomment Charlemagne, durera moins encore que n'aura duré l'Empire avar. Trente années après la mort du grand empereur ses petits-fils s'entre-déchireront et l'Empire franc s'éparpillera en de mesquines nations âpres et cupides qui se haïront et se combattront au long des siècles.

L'Empire d'Orient, lui, durera près de sept siècles encore et parfois brillera d'un vif éclat. Tandis que l'Occident sombrera dans la longue nuit féodale, il maintiendra vaille que vaille la lumière grecque, laquelle, grâce aux Arabes et aux Juifs, lui survivra pour de nouveau illuminer le monde. Et puis lui aussi sera dévoré, car tel est le sort des empires.

Quant aux prisonniers avars échappés du chantier des Fosses Carolines, ils ont été exterminés, sauf toutefois deux ou trois qui trouvèrent refuge auprès de charitables veuves qui les cachèrent. Et certains prétendent que c'est la raison pourquoi, parmi les grands Allemands roses aux yeux bleus, il apparaît parfois un petit bonhomme jaune à la tignasse de ténèbres. Mais la vérité est que ce sont les enfants des Kobolds et autres démons de la nuit, et l'on brûle la mère comme sorcière sans faire tant de façons[1].

Luitgarde aux belles hanches sera reine des Francs, et seulement alors le roi Karl pourra se délecter dans la

1. Adolf Hitler et Napoléon Bonaparte furent tous deux noirs de poil, jaunes de peau, médiocres de taille. Tous deux soumirent ou subjuguèrent les peuples germaniques... Maintenant, hein, ne me faites pas dire ce que je ne dis pas !

splendeur de ses blanches cuisses, et puis, partageant la fortune de son maître et seigneur, elle sera impératrice d'Occident, ce qu'elle n'aurait jamais même oser rêver, mais Dieu toujours se plaît à récompenser la vertu.

L'éléphant Abulaz fut longtemps encore l'ornement de la cour d'Aachen, portant sur son dos les petits enfants et aidant les croquants à tirer les lourds charrois. Mais il ne travaillait qu'à ses heures et fantaisies, et seulement sous les ordres d'Ali le gentil compère. Il disparut en 810, bien trop tôt pour un éléphant, mais il avait pris froid. Il se coucha pour mourir, la trompe enroulée autour d'Ali en larmes, et il ferma pour toujours son malicieux petit œil. Voilà pour lui.

Et Renaud le preux chevalier ? Et Raymond le bon écuyer ? Et Tamara la bâtarde, Tamara la louve, Tamara la partagée ? Et Przemyszl, et..., et... Eh bien, si le sort de ces infimes, faufilés dans les interstices des empires et entre les pages de l'histoire, vous semble digne d'intérêt, peut-être pourrons-nous savoir ce que d'eux il advint...

FIN

BIBLIOGRAPHIE

Amédée Thierry : *Histoire d'Attila et de ses successeurs* (Didier et Cie. 1865).

Ch.-M. de la Roncière, R. Delort, M. Rouche : *L'Europe au Moyen Age* (Armand Colin. 1969)

Gibbon : *Histoire du déclin et de la chute de l'Empire romain* (Robert Laffont. Coll. « Bouquins ». Réédition.)

Louis Bréhier : *La Civilisation byzantine* (Albin Michel. 1970)

Louis Halphen : *Charlemagne et l'Empire carolingien* (Albin Michel. 1968)

La Chanson de Roland.

Vassiliev : *Histoire de l'Empire byzantin.*

J. C. Royou : *Histoire du Bas-Empire* (1814)

Pierre Hubac : *Les Nomades* (La Renaissance du Livre.)

Les Grandes Invasions sous la direction de Marcel Brion (Ed. Thomas and Hudson. 1974)

Colin Mac Evedy : *Atlas de l'histoire du Moyen Age* (Robert Laffont. Coll. « Bouquins ». 1985)

Atlas général Vidal-Lablache.

Grand Dictionnaire Larousse du XIXe siècle.

Cet ouvrage a été composé par Eurocomposition (Sèvres)
et imprimé par la S.E.P.C. à St-Amand-Montrond (Cher)
pour le compte des Éditions Belfond

Achevé d'imprimer en août 1986

Imprimé en France
N° d'édition : 949. N° d'impression : 1427
Dépôt légal : août 1986.